孟子

儒學平解

譚家哲

責任編輯　胡瑞倩
裝幀設計　麥梓淇
排　　版　肖　霞
印　　務　龍寶祺

孟子・儒學平解

作　　者　譚家哲
出　　版　商務印書館（香港）有限公司
　　　　　香港筲箕灣耀興道三號東滙廣場八樓
　　　　　http://www.commercialpress.com.hk
發　　行　香港聯合書刊物流有限公司
　　　　　香港新界荃灣德士古道二二〇至二四八號荃灣工業中心十六樓
印　　刷　中華商務彩色印刷有限公司
　　　　　香港新界大埔汀麗路三十六號中華商務印刷大廈
版　　次　二〇二三年十二月第一版第一次印刷

　　　　　ISBN 978 962 07 4692 5
　　　　　Printed in Hong Kong

目次

梁惠王下

公孫丑上　論心之面相一

公孫丑下　論心之面相二

離婁上　論人類存在（種種事情）之本

離婁下　論真與偽之辨

告子下

論人之世俗性格　六零六

附錄：

主題索引

梁惠王上　論現實之最高範疇

〔1〕人類存在之原則：利與仁義
〔2〕論快樂
〔3〕生與死之作為存在原則
〔4〕制度之本質
〔5〕論強大與真正強大
〔6〕對至高者之分析
〔7〕王者之心（憐憫心與推度之心）與王者作為之道

梁惠王下　論個體之現實面相

〔1〕快樂與音樂之本：人倫之樂
〔2〕快樂之基礎：自由
〔3〕快樂之心懷：仁者之心懷
〔4〕賢者之樂：樂於為事
〔5〕負面快樂其可有正面性
〔6〕作為中責任之客觀性
〔7〕作為中之用人
〔8〕作為可有之極致情況：弒君
〔9〕作為之真實與權勢無關
〔10〕作為中取捨與權力力量無關
〔11〕由自身引致之外在困難
〔12〕由自身引致之內在困難

公孫丑上　論心之面相一

公孫丑下　論心之面相二

滕文公上　論道

滕文公下　論君子之道

（1）君子之真實性（直）
（2）君子（大丈夫）之「以順為正」
（3）君子之出仕
（4）君子之食、養
（5）作為之真實性一：事之客觀性
（6）作為之真實性二：環境之客觀性
（7）品格之真實一：不虛偽
（8）品格之真實二：不拖延
（9）人類之惡與君子之致於道
（10）人與道關係之偽

離婁上　論人類存在（種種事情）之本

〔1〕道之本
〔2〕人之本
〔3〕一切作為之本：仁
〔4〕人與人關係之本：自己之正
〔5〕天下之本
〔6〕道存在之本
〔7〕存活之本
〔8〕禍害之本
〔9〕得與失敗之本
〔10〕自暴自棄之本
〔11〕人倫之根本性
〔12〕人作為自身時之本：誠

離婁下　論真與偽之辨

萬章上　論人之主體性

告子下　論人之世俗性格

〔11〕世俗對智之看法

〔12〕世俗對力量之看法

〔13〕世俗對為政與能力之看法

〔14〕世俗對為仕者出仕之看法

〔15〕在世存在中否定性對人養成之看法

〔16〕不教之否定性對人養成之看法

序

著述是我生命中最真誠時刻，而對中國經籍其懿美作解釋與述說，為我盼望已久。人除為眼前人類致力外，對過去所作努力之繼承，亦十分重要。而對孟子思想論述，有着一種前所未有之喜悅：其中每篇每章，都有着意想不到的啟悟與明白；其思路之精微，更歎為觀止。也因這樣心情，這對《孟子》之解釋故短短半年便順利完成，很多時甚至覺似只是抄寫孟子在我腦海中之教導與解說，毫不費力便得見其中意思。這樣快慰，實難以言喻。無論是否對儒學或中國思想有感興趣，我仍期望人人能一讀《孟子》，像這樣精彩而難得書籍，在人類中再不易見到。

孟子思想其處處具體、簡化、其對人心與人性甚至王者之心透徹明白與體會、其對舜之特殊深愛、其客觀而非囿於一己視野、其在道理上之不偏而正、其能高能低之氣度、其溫和與慰人之本性、其果斷而不屈就之精神、其謙虛與不在乎自己，都全然立足在對人民單純之愛。儒學這對百姓之愛，是真理唯一意義。並非求為表面對人善或博愛，如沉淪人類文明邊緣之虛假道德，而是既有對人性肯定、及對人作為人之建立提昇有所真實致力，因而既成就百姓其日常教養與德行、亦對上位者作為有所訴求甚至批評。若非如此，思想也只為追求事實、或只為一己獨特而寫，始終只個體自我間之因襲，非真切對人類有所愛、為其善而致力。

之所以回歸人類始能有所真實，單舉存在意義為例便足以明白：若非由不再講求自我之人倫情感，人存活在意義上無以終究地安立。人只為人而活，任何創為均無以取代心之在人。虛無主義與心靈空虛，是隨着家庭與友情之疏離而形成，非在其他價值之失去。對人性之愛因而唯一地深藏並維繫着人類存在，無可否定或取代。在孔子後而有孟子，實是儒學思想之大幸。

寫作《孟子》對我而言實完成一長久以來心願。

內子幾次在我課堂中講述《孟子》，她對《孟子》細微之分析，使我亦為之吸引，更促成我撰述《孟子》之原因。我希望以此書作為對她的答謝。

公元二零一零年五月五日夏

說明

我們對《孟子》書之解說，目的只為指明章句用意及其中道理，非為文字考據及註釋。雖沒有對《孟子》原文作譯解，然從每章標題，仍可對《孟子》原文意思有一定掌握。至於注解，趙岐注雖非沒有錯誤，然始終至為正確。《孟子》文本極其可觀，除非已對《孟子》熟諳，否則不宜跳越不讀。我們所用版本，主要參考《孟子趙注》，景印元覆宋世綵堂本，台北故宮博物院印行；之外亦參考焦循《孟子正義》，沈文倬點校，北京中華書局出版，1987年10月第一版。文中如〔7〕為指該篇第七章。文內註則以【】並細字表出。又於書末，補上〈《孟子》總義〉與〈《孟子》章義〉兩文，一總言孟子思想主題與道理、另一為對每章道理之簡述。兩文文字基本同一，唯一從主題、另一從章節排列，以便索引而已。是次修訂，主在文字，內容仍與《孟子平解》基本無異。

公元二零二三年中秋修訂

綜論

一、《孟子》書總說

《孟子》與《論語》相同，每篇均有主題，章句間亦有內容上之分組安排。唯差別在：《論語》文句篇幅較短，故更直接述說分組主題道理，《孟子》不同：因以較長對話或情事為形式，而情事本身內在完整性使章句間主旨關係不明朗，故若孤懸地看時，較不易顯示共同主題。對《孟子》主題編排，因而更需從問題本身、作一鳥瞰式理解與推敲，如是始見其用心之精密與深刻。

除事蹟與故事性易對篇章主題有所隱蔽外，由於孟子多只述說與君王之事、甚至似重複地言仁與王政，故深藏着之意義與意圖不易覺察。舉〈梁惠王上〉為例：每篇都似在言君王之道，但除非能越過這樣內容，見其真正主題為對構成現實之種種範疇作分析，否則無以見其深層意義。對主題之定奪，故唯以下方法：所言是否有對其主題達至本質性分析，否則便不應以此為主題。如是〈梁惠王上〉因不能算作對君王之道作本質性說明，主題故非在此而在彼。閱讀《孟子》故須時刻注意孰是其表面、孰是其真正意圖，不應「以辭害志」〈萬章上〉第四章。幸而，若略加觀察，《孟子》處處有跡可循。

《孟子》在主題規劃上與《論語》不同：《論語》有意對道理作整體論說，《孟子》則側重道理真偽及具體細微差異，孟子稱此為「辯」〈滕文公下〉第九章。「辯」非指言語上對立、非「攻乎異端」，而是對道理之原則作進一步解釋分辨。《孟子》故對向着現實中錯誤作辯解。舉例說：《論語》雖教人為仕之道，但沒有進一步討論若人必須求為生活而出仕時應怎辦？像這樣對為仕進一步解釋，即孟子之「辯」。【見〈滕文公下〉第三第四章，及特別〈萬章下〉第五第六章】。「辯」因而是針對現實時道理之更落實、更顯現實之不是。如對隱微「心」「性」道理之論說，故非為成就一心性之學，只為指出：在現實私心外，實仍有着人心及人性善這樣真實事實。《孟子》故對道理混淆之可能性作更深辨別與澄清，此《孟子》之深刻。

從這點言，《孟子》故可視為《論語》之進一步，甚至為儒學概論。孟子不只把儒學道理歸納起來，甚至以其自己方式，使儒學系統化，如把一切德行化約為仁義禮智四者，【甚至仁與義兩者】，以四者貫穿心至天下之真實，為主體獨立性之依據，體系化了德行之複雜性。《孟子》這樣簡化，因而使道理輪廓更為鮮明。從這點言，仁義禮智與心性，成為孟子思想之軸心。

《論語》由於簡略，故思想往往隱沒在章句背後。《孟子》之較長篇幅、其情事性或對話性，反使推論更易於掌握。能見孟子之推敲，這是閱讀《孟子》最大得益與樂趣，亦其思想所以不可思議。

二、《孟子》書之結構

《孟子》今本分七篇，各有上下。上下之分，非只卷冊量上之分，而是在同一主題或相關主題下主次道理之分。七篇除最後〈盡心〉外，其他均以人名命名。七篇獨〈盡心〉無明顯一貫主題，其內容思想與前六篇程度有所差距、對道理明白亦有所偏差、命名與他篇不同、用詞與前六篇並非一致，故只能視為《孟子》外篇偽作。【說明見下】。而有關前六篇主題之構造，則非常嚴謹，如下：

梁惠王上：　論現實之最高範疇

梁惠王下：論個體之現實面相
公孫丑上：論心之面相一
公孫丑下：論心之面相二
滕文公上：論道
滕文公下：論君子之道
離婁上：論人類存在種種事之「本」
離婁下：論真與偽之辨
萬章上：論人主體性
萬章下：論人客體對待之道
告子上：論人性善
告子下：論人世俗性格

六篇主題分為三組：

第一組：〈梁惠王〉與〈公孫丑〉：論現實性與心。

第二組：〈滕文公〉與〈離婁〉：論「道」（含君子之道）與「本」（含對真偽之論述）。

第三組：〈萬章〉與〈告子〉：論人主體性與客體性，及人性善與人之世俗性格。

「現實與人心」、「道與真實」、「人作為主、客體與人性及其世俗性」三組主題故為孟子對道理之整理與論述。

疑為趙岐所作之〈孟子篇敘〉亦以《孟子》七篇為有「相次敘之意」，說：「孟子以為聖王之盛，惟有堯舜，堯舜之道，仁義為上，故以梁惠王問利國，對以仁義，為首篇也。仁義根心，然後可以大行其政，故次之以公孫丑問管晏之政，答以曾西之所羞也。政莫美於反古之道，滕文公樂反古，故次以文公為世子，始有從善思禮之心也。奉禮之謂明，明莫甚於離婁，故次之以離婁之明也。明者當明其行，行莫大於孝，故次以萬章問舜往于田號泣也。孝道之本，在於情性，故次以告子論情性也。情性在內而主於心，故次以盡心也。盡己之心，與天道通，道之極者也。是以終於盡心也」。【見焦循《孟子正義》，沈文倬點校，北京中華書局出版，1987 年 10 月第一版】。這對七篇次序之勾勒，可簡化如下：

〈梁惠王〉　問利國（對以仁義）
〈公孫丑〉　心
〈滕文公〉　道
〈離婁〉　明
〈萬章〉　行（孝）
〈告子〉　情性
〈盡心〉　心

〈孟子篇敘〉對七篇章旨之勾勒，幾近與我們所言《孟子》結構一致，唯偏重上篇並以單詞表出而已。故：論現實性之〈梁惠王〉在「利」、論本與真之〈離婁〉在「明」、論主體性與客體性之〈萬章〉在「行」與「孝」、而〈公孫丑〉之在「心」、〈滕文公〉之在「道」、〈告子〉之在「情性」，則與我們主題結構完全一致。〈孟子篇敘〉故不能說沒有透顯出《孟子》結構與主旨。〈盡心〉其與〈公孫丑〉主題同在「心」，如此重複，明見〈盡心〉之可疑。

三、對〈盡心〉篇之說明

〈盡心〉篇作者，處處體現出一不得志而自我開解性格，亦因此而對自我有特殊肯定，常至如超越般。這些都非《孟子》前六篇所有，亦與孟子思想精神背道而馳。〈盡心〉作者可能為孟子弟子，其中內容似在聆聽孟子後以自己方式記錄、或基於孟子而作進一步講論、甚或單純為自己體會與領悟。議題雖確有孟子痕跡，然文字甚至結論應為作者自己，故不應視與孟子有關。畢竟，若前六篇完整性出自孟子設計，那以此為孟子思想便已足夠。除非有對〈盡心〉思想有感興趣，否則無需以此為孟子思想而研究。

我們列舉一些例子，說明何以〈盡心〉與《孟子》前六篇思想有異。

〔1〕孟子曰：「盡其心者，知其性也。知其性，則知天矣。存其心，養其性，所以事天也。殀壽不貳，脩身以俟之，所以立命也」。

〔2〕孟子曰：「莫非命也，順受其正。是故知命者不立乎巖牆之下。盡

其道而死者，正命也。桎梏死者，非正命也」。

〔3〕孟子曰：「求則得之，舍則失之，是求有益於得也，求在我者也。求之有道，得之有命，是求無益於得也，求在外者也」。

〈盡心〉以「命」問題為首奇怪。「命」對孟子言非為重要，孟子亦不會為「命」左右。「命」之討論唯見於〈萬章上〉第六章而已。〈盡心〉作者在上引三章對命之依賴與重視，非孟子思想、亦非正確道理。

〔4〕孟子曰：「萬物皆備於我矣，反身而誠，樂莫大焉。強恕而行，求仁莫近焉」。

如「萬物皆備於我」這樣對物與我關係之突出，明非屬孟子。孟子從沒有對物作為物之突顯、亦沒有強調人之自我性。「萬物皆備於我」表面雖似提昇人其自我地位，然此只為人不能行於世時始有之超越想法，非切實地平實。

〔5〕孟子曰：「行之而不著焉，習矣而不察焉，終身由之而不知其道者，眾也」。

對眾未能反身於己而覺，雖似在言道之隱微、其不著不察，然實只為對比前章能「反身而誠」之我而說，故有對人之為眾之貶抑，以眾未能有對「察」與「知」覺知之心。如是思想非孟子所有。

〔6〕孟子曰：「人不可以無恥，無恥之恥，無恥矣」。

〔7〕孟子曰：「恥之於人大矣。為機變之巧者，無所用恥焉。不恥不若人，何若人有」。

以上兩章仍在強調人之自覺心，似作者對孟子有關恥個人之反省，非為孟子所有。「不恥不若人，何若人有！」中「不若人」若如趙岐理解為古人或他人德行，這於文字過於含混，但若指一般他人，則道理未正：人不若人多矣，不應處處與人相較（「何若人有」）而言恥或不恥。

〔8〕孟子曰：「古之賢王，好善而忘勢。古之賢士，何獨不然，樂其道而忘人之勢。故王公不致敬盡禮，則不得亟見之。見且由不得亟，而況得而臣之乎？」

「勢」一詞在《孟子》中只言客觀情狀狀態，非言權勢。本章道理雖是，然文字不合於孟子。又以「忘勢」言不在乎地位，反顯作者對地位在意，始用「忘」反說。〈盡心〉作者處處對成就地位重視，故思想多自我安慰，非單純對道理學習。

〔9〕孟子謂宋句踐曰：「子好遊乎？吾語子遊。人知之亦囂囂，人不知亦囂囂」。曰：「何如斯可以囂囂矣？」曰：「尊德樂義，則可以囂

囂矣。故士窮不失義，達不離道。窮不失義，故士得己焉；達不離道，故民不失望焉。古之人得志澤加於民，不得志脩身見於世，窮則獨善其身，達則兼善天下」。

本章似無違道理，以「囂囂」（自得無欲之貌、閑閑）言「人不知」或不在乎人知，可；然以「囂囂」言「人知之」時則除非為突顯個人姿態，否則無多大意義，何況把「囂囂」關連於「遊」言，【句踐之「好遊」，趙岐解為「好以道德遊」】，無論「遊」解作逸遊【《孟子》前六篇唯有此解】、抑如今人解作游說，都似無關。

〔10〕孟子曰：「待文王而後興者，凡民也。若夫豪傑之士，雖無文王猶興」。

以民為「凡民」而與豪傑對，更而貶之，實非孟子。又以豪傑之士能無待「文王猶興」，這對文王態度，絕非孟子。

〔11〕孟子曰：「附之以韓、魏之家，如其自視欿然，則過人遠矣」。

〈盡心〉作者如我們已指出，對自視問題尤為關注。雖似突顯德行之高於富貴，但以德行為「自視」與「過人」、以無視富貴言人之對向德行，非道理之淳。孔子言「於我如浮雲」〈述而〉，亦對向「不義而富且貴」言而已，故若「富而可求也」，孔子「雖執鞭之士，吾亦為之」〈述而〉。

〔12〕孟子曰：「以佚道使民，雖勞不怨。以生道殺民，雖死不怨殺者」。

孟子深愛人民，如「殺民」這樣文詞，無論意思為何，非能出於孟子筆下。

〔13〕孟子曰：「霸者之民，驩虞如也。王者之民，皥皥如也。殺之而不

怨，利之而不庸，民日遷善而不知為之者。夫君子所過者化，所存者神，上下與天地同流，豈曰小補之哉！」

對「霸者之民」仍說「驩虞如也」（感恩地喜樂），實違逆孟子思想。又言「神」「化」或「上下與天地同流」等語，見〈盡心〉作者之如〈中庸〉，喜好形上超越味，故有違儒學之近人而切實，亦始有〈盡心下〉二十五章對大、聖、神其超越性之崇尚。【見「浩生不害問曰：『樂正子，何人也？』孟子曰：『善人也，信人也』。『何謂善？何謂信？』曰：『可欲之謂善，有諸己之謂信，充實之謂美，充實而有光輝之謂大，大而化之之謂聖，聖而不可知之之謂神。樂正子二之中，四之下也』」】。

〔14〕孟子曰：「仁言，不如仁聲之入人深也。善政，不如善教之得民也。善政民畏之，善教民愛之。善政得民財，善教得民心」。

「政」雖孟子所否定，然若為「仁政」或「王政」，則為孟子所肯定。孟子從來把養民（「仁政」

或「王政」）與教民分別而言，非以一者重於另一者、更不會以「善政」為不得民心。於「善政民畏之」用「畏」字，作者心中「政」實非「善」。又以「善政得民財」，這似毫不知孟子思想者。

有關〈盡心〉之偽，不多作分析。讀者在細讀完《孟子》前六篇後，將會明白〈盡心〉思想差距《孟子》很遠；其用詞之不當，非嚴謹思想者所為。〈盡心〉之命名、其與外篇篇名之雷同，實最好說明。【《孟子》外四篇為：〈性善〉、〈辯文〉、〈說孝經〉、〈為政〉。俱亡佚，見趙岐〈孟子題辭〉。趙岐對外四篇不作章句注釋，致使四篇亡佚，其獨保留〈盡心〉，雖誤導歷史，但能使我們更清楚孟子思想與倣託者差距，實仍有其意義在】。思想表面內容可倣效，然嚴謹性與真實性、心態之正偽、對價值之深切明白，均無能倣效。前六篇結構之完整性、如此視野與能力，非一般思想者所能、更非散亂無序〈盡心〉作者所能為。

附帶一提：《孟子》書作者應為孟子自己。孟子弟子未見一人具有書中深度與精確性。書中思想之成熟、精準與宏遠，其結構所透顯問題之深入與全面，除孟子外，沒有一人能及此。若連〈盡心〉作者也只能止於此，除孟子外，再不可能有弟子能成就《孟子》。《孟子》書為孟子所著，應深信不疑。

四、儒學與孟子思想綜論

一、儒學思想總說

以儒學為德行之思非錯誤，唯沒有明白其作為思想時之特殊意義。思想非僅內容差異，其立場之源起亦為重要。構成儒學思想基礎，也只以下一論旨而已：

儒學思想總旨：人類中一切惡，其源起實由上位者權力構成，非來自人民百姓或人性。

「上位者」指有主導能力者。除君主外，主要包含三類人：知識分子、具地位權力者、富有者。從知識、財富與權力三者為禮壞亂之原因可見，此三類人其對社會共體之主導與影響實為決定性。【見《論語・八佾》二十一與二十二句。《論語》以宰我與管仲為例，實見上位者非獨君主而已，亦可如宰我般士人】。

以上論旨至為關要。人類思想，撇開科學不談，始終以存在之善不善為依歸，故與對「惡」之看法有關。【科學表面非關乎人類自身，然作為外於人之價值真理，其立場實仍對人類作為存在價值核心有所否定。一由於物質對反「人」，而二：如此思想之源起（哲學），正為對立人性善而有】。而有關惡，幾近全部人類思想均以惡源起於人類自身，因而為性惡。因人性惡，善及一切價值只能從外於人之其他事物求得。如是價值必然轉向其他存有，遠去以人為本這樣真理。儒學以惡唯由上位者造成，非本於人性，如此立論故特殊而激進。非上位者必然惡，存在之善亦唯由上位者或王者造成而已。以上位者為惡之源起，只言惡與人性或百姓無關。於西方，唯馬克思始見如此事實。一般思想都把惡歸咎於人類自身，或為原罪、或因人類有限，故沉淪甚至虛無。這對人作為人之否定，既不承認人類可有善、亦間接助長權力之暴戾，如西方以超越者（如法律）為善那樣。若善為超越，人類自身將無善可能；若超越為惡，人類更無以去除這樣之惡可能，因超越故。企求超越性之思想故本質本性均負面。如孟子性善、或儒學之以道為中庸平凡，實人類思想獨特看法。非因不企求超越性而平庸，而是：求為超越性只使人類落為負面，再無正面性可能。外於人性之善既對人作為人毫無助益、亦從不見能解決惡，權力本身已為惡故。禮故針對權勢言。【「夷狄之有君，不如諸夏之亡也」《論語・八佾》】。而惡之源起，孟子亦先歸咎於桀、紂。【見〈滕文公下〉第九章】。

儒學其他論旨，都順承此一根本論旨而有：因人性本非惡，故隨人性而有之道，為正道，如：

一、價值應以人民及其存在為本。若有「天」，實亦人民百姓而已。
二、為政亦教民與養民之道而已，非求為事物發展。
三、人作為人之立與達：「仁」，故至為根本而獨一。
四、人倫之道始為道之正，故不應對人倫曲解否定。
五、個體亦應立為人，此人獨立人格與真實性（君子）所在。
六、所謂人文，實亦人性價值之體現而已，此禮與樂根本意思，故非求為個人觀法與技藝之突破（藝術）。
七、遠離「人」之超越價值與物質利益，都因而非真正價值所在。
八、一切對人類而言負面不能光明者，均非正道。

等等。

儒學道理實順承此「人」道而有。性善作為論旨故獨特。見人類上下而以禮制限權力，這唯儒學如是。其他思想，或只把上下推得更遠（形上形下世界）、或把上下視為人與物關係，以人主導並掌控世界，極求物質發展與破壞；故或權力、或力量，不知回歸人性價值之覺醒。雖有盧梭與馬克思，始終未能擺脫超越性而直從人性言。【批判理論所以仍未是，因止於批判惡仍只如「攻乎異端」，始終為對立性，非人性地仁】。現實中法律與制度、知識中資訊與速度、自我之對立與相互超越，都順承着權力發展而有，故均非能人性。【人類存在中表面善之作為：科技、知識、法律、道德、甚至藝術與宗教對美與善之追求，都無一以人類（人作為人）之善為目的，頂多只彌補性或局部、非根本。正因如此，故文明中非人性機制：法律對人性善之違背、宗教善之偽、物質所引致之欲望與強弱、經濟利益對人之勞役、制度與形式對人自由與努力之規限、權力之使人爭鬥對立，均為存在基本模態，並為人類接受；惡歸根究柢在人，其他若有惡，只不得已而必須。對人性否定，因而惡性循環地更造就惡本身】。人類之有儒學、有如堯舜如此王者，實多麼珍貴：否則無以明白人類思想如此普遍錯誤。

像尼采以人性為權力意志，這明顯只順承現實事實言。此時表面上之善（道德感），也只能是人類之一種軟弱甚至虛偽。力量與德性確然為存在兩種形態，故如孟子說：「天下有道，小德役大德，小賢役大賢；天下無道，小役大，弱役強；斯二者，天也」〈離婁上〉第七章。然德性與強弱於孟子是從「天」或存在之客觀性言，非從人性言。人性始終只德性而已，強弱力量則屬存在。故非如西方，以人性同亦為力量欲求。若如是，德性必然虛偽。因以人性仍為力量本性，故尼采始以強弱觀道德。對我們言，人性若為權力意志，這只被造成事實：一因存在已力向化（天下無道）、另一因所面對只「存在」（世界）而非「人倫」；人性實非本然如此。存在若越形困難，人將越好求力量。存在之困難（如經濟資本化、物事科技化）與好求力量故惡性循環地為人類存在軌跡。如是，人無以見人性本然德性善之真實。

存在中強弱與上下分位非同一事。上下猶如親疏那樣，於人類必然。存在本然有所差異故。然以強弱或力量觀一切，反使存在同一化於力量關係中。此時力量或權力必然普及化，為行事之道，一如在資本主義下，人均欲求利益那樣。貧富與強弱兩極之一致化，是二者（強與富）鞏固自身為存在模式之方法。表面上兩極（貧與富、強與弱），然實只一。子貢之「貧而無諂，富而無驕」或孔子之「貧而樂，富而好禮」《論語・學而》，始為對一致化之否定：貧而不諂，已對富有不求為追求；富而好禮，亦不再視富貴為優越。縱使仍有貧與富，然存在再非由財富或權勢而一化。孟子故於〈滕文公上〉論「道」時（最後一章：第五章），特別強調人類存在所有差異性（上與下），而此實為儒學獨一論旨。其他思想，只圖否認或掩蓋這樣事實而已。其結果更為不善。

肯定存在差異性非對不平等現象接受，否定差異性亦非必公平平等。差異性本為存在模態、為事實，非必與所得有關。縱使百姓富庶，仍必有上下差異。否定分位職能差異性，反只掩蓋上位者對百姓之責任、其應有德性與道義，以為同可為利益所有者。從存在言，百姓只求一人倫平實生命，與權力無關。而在位者權力，也只應為德性而行使，「務民之義」《論語・雍也》。上下差異，使權力只為能力、經濟只為養活事，【經濟實也只養活及生活安定事而已，非對財富之追逐；後者只使人與人或國與國競爭，從對方獲取最大利益，甚至剝削，使人類經濟立於與存活無關之虛構發展上，連物也失去其平實性而極盡浪費耗費。人類生活之不安，都源於此：物質與需要不切實與虛構地開發而已】，否則，上下一體同求為力量、同求為利益，實使存在敵對對立而已，無見德行之真實。上引〈離婁上〉第七章孟子所說故是：有道時，上下之役使關係只純從德行（之大小）、非從強弱言。相反，若人類存在以強弱一致地相較、以為役使基礎，這只無道而已。此時，弱小者必不得其養，而強大者亦再無其責。

上位者之能為王者、王者之能如文王武王非為權力而行使力量【見〈梁惠王下〉第十章】；儒學之視「德行」為上位者應有力量，非人軟弱或無能時之姿態；並以人在強力外仍有其人倫平凡真實、以人在表面之惡外仍有其本性之善，故非以存在只能為無奈地負面、或只能藉由破壞與創新始有所肯定；這對人性人道之真正明白、對存在差異性之肯定，故是多麼重要並人性。若非外在地塑造世界為權力，人無必然如此。孟子之「若民，則無恆產，因無恆心」〈梁惠王上〉第七章，多麼明白其中因果關係：若非由於外在存在已為欲望與爭鬥，人不會失去人性而「無恆心」。孟子甚至繼續說：「苟無恆心，放辟邪侈，無不為已。及陷於罪，然後從而刑之，是罔民也」。

人性是善是惡、本於力量抑本於德行；人類存在能「天下平」抑只能悲觀地沈淪；對這浩大人類存在問題，儒學所有立場，也唯只求不加害於人而已，如孟子說：不戕賊人性而已。

人倫之道其根本性、在人倫外不應有其他存在之道，孟子在〈離婁上〉論人道之本時已簡明地指出：「道在邇而求諸遠，事在易而求之難。人人親其親，長其長，而天下平」〈離婁上〉第十一章。在論述人類存在其極致狀態時，孟子亦唯以「事親」及「從兄」為仁與義其終極體現。【見〈離婁上〉第二十七章】。故於「天下平」時，君王也只如舜：「視天下悅而歸己猶草芥也，惟舜為然。不得乎親，不可以為人；不順乎親，不可以為子。舜盡事親之道而瞽瞍厎豫」〈離婁上〉第二十八章。對人類存在之極致，孟子似極端地簡約，然事實確應如此。若撇開一切已扭曲情況不談，人類存在其最終安與樂，也只「人倫」這親近之快樂而已，此所以人性實為存在之本。盧梭於描繪人類以人倫為主之黃金時期亦說：「這應該是最幸福而最持久的一個時期。對於這一點我們越加深思，便越覺得這種狀態極不易發生變革，而且也是最適合於人類的一種狀態」。【《論人類不平等的起源和基礎》，李常山譯，北京商務印書館，1996 年，第 120 頁】。這人倫素樸而平實之存在狀態，從人性言，再不可能更善。問題故非在這人倫存在是否懿美，而在為何人類並非如此。

二、儒學及孟子思想之正道性格

儒學所體現思想為正道性格。正道非只因對象為至真實，更是從一切事物各自確切之善而衡量。【正道性格源於古弈學。西方邏輯只從一定點（假設）作推演，因而沒有他物之整體在，所有也唯這一定點所涵攝之整體而已。中國圍棋之思不同：棋法每着之思，必須參照整體其他發生及可能變化而言，不能只考慮單方面進行，此棋着之正與不正，其所考慮為整體善，非單純一面】。真實故非從事物自身（物自身）、亦非從一至高者立場單向地言。【單向關係於理論體系中至為明顯：體系雖表面整體，然只為一定點所覆蓋而已；自上而下關係故只單向，為上者取決。如此單向性，使體系偏而無法正。正道非如此，必也參照各各自身之善，非只取決於單一至高者。知整體之善而觀，始為正道】。舉例說：神靈之完善，若沒有同時從「人作為人」所應有善而言，無論神靈多高遠，仍非為正道。科學同樣：若所探求只物質之善，沒有亦考慮人或其他存有各自之善，如此善始終非為正道。黑格爾思想表面之整體性，故為正道思想之對反：其似窮盡一切而整體，實只從各各事物之「否定」言而已，非考慮事物個別之善，故最終只揚棄一切、否定而非肯定一切。

孟子思想之正道性格體現在以下三點：

一、因顧及事物各自之善，儒學故強調人倫差異性。父子、夫婦、君臣、朋友其善，必須參照各有之分位言。對君與對友，其道故差別，非能單一平等地對待。父攘羊而子為父隱，不以國法泯滅父子人倫之情，始為正。儒學反對墨子兼愛原因亦在此。孟子故在論「道」之〈滕文公上〉僅有五章便以最後兩章說明「萬物」與「人倫」中層次之差異性，以之反駁如許行或墨子之單一化，然又不落為多元主義所有之對立性格。

孟子甚至明白：人之善有着種種不同層次，善故非只一種，是亦有一鄉之善士、一國之善士、天下之善士、甚至歷史中之善士等不同層次與差異。【見〈萬章下〉第八章】。《孟子》中對微細情況之討論，如權位者應怎樣召見賢者、賢者在何情況下始往見（出仕），都源於情況及人心感受之差異性。像這樣細微道理，純由對事物體察而致，非僅單一化從強弱或利益考慮。儒學由整體差異性而有之正道性格，於人類思想故獨特。言人性，故正為對天地萬物一切肯定，非一切只言利益利害而已。儒學故非統攝性、甚或獨裁思想。

二、非唯見事物差異，正道更從事物之正面言。求為從正面觀事物，如以人為人性善，這是儒學特色。作為正道思想不會只見負面（現實）不見正面所在。縱使如私心、【見〈公孫丑下〉第七章】、甚至如王之好貨好色，【見〈梁惠王下〉第五章】，對孟子言仍有其正面性可能。對舜不告而娶，孟子故單純由「男女居室」解釋，非由於無後而不孝。【見〈萬章上〉第二章】。如此人性地對待一切，始能為正道。若只從負面而不從正面看，是無以見事情應有正道。道故只從事物正面、無法由否定或負面言。若只見存在之負面性、只於其上另立真理，這樣真理無以為道，事物已被否定故。

三、因儒學體察一切而見其正，故於想法偏差時，儒學之修正意想不到。思想之正，非能靠複雜性或抽象性達致，更非只思想本身之事。思想本身也只一事而已，其多為構造（理論與體系），故亦無正道感。對思想本身之正（修正），此孟子思想所以精彩。舉三例說明：

1. 一般只以憐憫心為人性心感受，憐憫亦及他人故。然憐憫非必能理性，故又為西方思想視為不足者。理性因而始終對立感性，亦間接對立人性，感受本身過於狹隘故。孟子討論憐憫心時非如此：雖知憐憫心不足、甚至止於眼前感受與偏愛，然始終為人性之始，故孟子正此而說：王者之心非只憐憫心，但又非去憐憫心而求理性，而是人性地結合着兩者：王者之心在推己及人時心之推度上。【見〈梁惠王上〉第七章】。能見心之人性推度，既人性亦理性，唯孟子能，否則心也只落為理性而已，非同為感受。於心感受仍見王者之可能、非止於憐憫之狹隘、又非只理性計量性，如此始為正，非只思想想法而已，更對人心之真正明白。若非孟子心如此，是無以能見心如此真實的。縱使為深奧思想，本亦非困難，始終只分析綜合之事。唯思想之「正」不然，其困難毫無方法企及，必也由自身真實如此始致。

2.

於討論性善時，孟子固然對種種詰難一一回答。然於公都子最後舉出人性善與惡兩面事實時，孟子之回答反而是：「乃若其情，則可以為善矣，乃所謂善也」〈告子上〉第六章。這是說：若我們止於人有不善現象而以為性惡，這本身無多大意義。若如人所言，百姓隨着統治而善或暴，因而「性可以為善，可以為不善」；又或個體其善不善完全是自己事、毫不受影響，因而「有性善，有性不善」；那麼，這已表明：人實已知怎樣致人為善，都在統治為文武抑為幽厲而已；而若作為個體有舜、微子啟等善、又有「堯為君而有象」之惡；若明白如此種種實情、明白善惡非不能有所改變，那歸咎於性惡而不致力改變，這將無義、毫無意義而已，非不能。能因應而改，人始終仍可善，這即性善本來意思與目的，故非只能言性惡；強言人性惡，故亦無意義。這是孟子「乃若其情，則可以為善矣，乃所謂善也」意思。像這樣能抽離於性善性惡辯論而見原初應有心懷、直從心欲為善言性善，非再困囿於思想中，更明白性善本只人類對善之訴求、本是人心價值與感受，能返回如此事實，非止於思想，此始為正道之思，亦非一般思想能及。

3. 一般所言主體，或從對外主控、或從能獨立自己不受制於外言；主體故仍只自我而已。孟子不同。孟子固然知人之主體在其自我，然因作為人較作為自我更真實，故孟子出人意表地、從舜言主體。作為君，舜之自我最高。然因舜毫不講求其自我、只在乎人性真實，故體現在舜身上之主體，反而是舜於在乎人倫情感時之一種主體、一種獨立性，其獨立可至如父對舜雖無所愛，然舜仍始終終身慕父母，其對父母之人性情感獨立至為主體狀態，不因父母怎樣而反應。孟子亦以此說明如何從「人性情感」言「主體性」，而這是一切人類思想有關主體性所無能者。對如「主體」這樣事情，孟子仍不受限於其意思而能突破，甚至歸正：以人性情感之獨立性為主體，不再囿限於自我之虛假；對道理明白至如此地步，無所受限而正，這樣思想上之正道，唯孟子能。

作為總結，儒學及孟子思想之正道性格，見於以下三點：一、對事物其各自之善環顧，以達一真實整體之善，非只統攝地攬於一觀點下。二、雖不以事物為必然樂觀，然始終仍唯以事物所能有正面性為其本、為其道。三、使思想非再囿限於思想自身之觀點與虛構，使思想回歸具體真實而切實。【如對人之惡，非虛假地訴諸於莫明之形上本能因素，而是單純從其發生原因求切實改變】。以上為儒學及孟子思想之正道所在。

有關儒學思想綜論，我們簡述如上。

梁惠王上

論現實之最高范疇

〈梁惠王上〉為《孟子》第一篇。〈梁惠王〉上下篇雖表面環繞君王或王者之道為對象，然孟子意圖非止於此：孟子借助君王這最高位，論述「現實」七個最高範疇、七種影響人類存在之最終事實，換言之，構成「現實存在」之七個主要因素。從這樣安排啟始，孟子思想氣度宏大，亦前所未有。「現實存在」七個最高方面為：

一、利
二、樂欲
三、戰
四、政（制度）
五、強
六、至高者
七、君主

以上七方面，並非從人類存在全部方面、單就「現實」言而已，如知識等便沒有提及。七者如潛藏在人類作為背後、其價值取決上最終因素：或出於利益心與求樂之欲、或為戰事與制度之禍害、或由於好強大甚至求為至高者、或最後由於君主這最高權位。七者其影響至巨，故為現實存在最高範疇，亦孟子所以列為第一篇。若必須進一步分組，七者將會是：一與二為第一組、三與四為第二組、五與六為第三組、七為獨立一項。利與樂構成現實存在之本、戰與政為現實存在之手段與方法、強大與至高性為現實存在之最高終極，三者分別為現實存在之起始、中介，與終結，為人類現實存在之構成。這前六個範疇都從普遍方面言，獨最後範疇以「君主個體」為對象，其與前章所論「至高性」差別在此。之所以仍把「君主」包含於七個範疇內，因對人類存在言，君主之影響力最大，如同一普遍範疇那樣，故列入。事實上，若君主同為王者，實可左右前六者。孟子故在這一討論中，如總結性地，對王者之道作一綜論，為七章中最詳盡一章。此〈梁惠王上〉結構。

*

一、論現實存在最高範疇一：利

〔1〕人類存在之原則：利與仁義

孟子見梁惠王，王曰：「叟不遠千里而來，亦將有以利吾國乎？」孟子對曰：「王何必曰利？亦有仁義而已矣。王曰『何以利吾國』，大夫曰『何以利吾家』，士庶人曰『何以利吾身』，上下交征利，而國危矣！萬乘之國，弒其君者，必千乘之家。千乘之國，弒其君者，必百乘之家。萬取千焉，千取百焉，不為不多矣。苟為後義而先利，不奪不饜。未有仁而遺其親者也，未有義而後其君者也。王亦曰仁義而已矣，何必曰利」。

孟子這一為人人所誦之一章，其意思簡明。一言蔽之，亦「何必曰利」而已。語關鍵在「必」一字。孟子意思是：人類存在，從來只講求以利行事、以此為唯一必然，而不知：若單純從存在言，實無必然如此。人類實亦可以仁義為方向，存在不會因此而有所減少、亦無不可能之處，故「何必曰利」。仁從人對人、而義則人對物。人與物實為存在中一切，以仁與義為道，故是人類存在可遵循之最終原則，實本來無須以利為方向而存在。

仁義與利雖表面上為人類存在兩可能方向，事實不然。作為存在原則，利是從對他人中獲得而言生存，仁義則從為人與事情之真實與必需性言生存。以利言生存，故必有我與他人之對立，亦因而引致強弱間相互傷害、限制、甚至如戰事般為擁有而致之破壞。從這點言，雖人為生存而求利，然利本身作為原則實對立存在，使存在越加困難而非容易、使存在喜悅減少，徒增痛苦。當孟子說：「王曰『何以利吾國』，大夫曰『何以利吾家』，士庶人曰『何以利吾身』」時，他明白指出：以利為生存原則時，人必各從己利而言，因而亦必造成人與人本然對立。故「上下交征利，而國危矣」。利益使下犯上，試圖奪取更多，其至者為「萬乘之國，弒其君者，必千乘之家。千乘之國，弒其君者，必百乘之家」。利亦同樣使上對下有所吞併與佔領，故「萬取千焉，千取百焉，不為不多矣」。【「取」一詞在《孟子》中多解為「取得」，亦可有「侵佔」甚至「吞併」意思，見〈梁惠王下〉第十與十一章。這裡亦應解為強對弱之奪取，一切奪取都不會有所饜足，故「不為不多」及「不奪不饜」】。以利而行，故必「上下交征利，而國危矣」。人類存在在利這前提下，是無以更好、只會更為敗壞而已。

相反，若以仁義為原則，存在始會更好而非更壞。「未有仁而遺其親者也，未有義而後其君者也」：以仁義存在，人不會對任何他人有所遺棄與怠慢、不會不重視人之生存與需要。作為存在原則，故「亦有仁義」或可「亦曰仁義而已矣」。孟子對人類存在這兩原則之指出，非隨便說說而已：人類若對存在關心，是應反省這兩種方向之孰是孰非，不應盲目地以相反之道而行，否則只自取滅亡而已，是不應以為唯利始能生存。利故是人類存在敗壞之最根本原因或範疇，故為孟子列第一。

*

二、論現實存在最高範疇二：樂欲

〔2〕論快樂

孟子見梁惠王，王立於沼上，顧鴻鴈麋鹿，曰：「賢者亦樂此乎？」

孟子對曰：「賢者而後樂此；不賢者，雖有此不樂也。《詩》云：『經始靈臺，經之營之，庶民攻之，不日成之。經始勿亟，庶民子來。王在靈囿，麀鹿攸伏；麀鹿濯濯，白鳥鶴鶴。王在靈沼，於牣魚躍』。文王以民力為臺為沼，而民歡樂之，謂其臺曰靈臺，謂其沼曰靈沼，樂其有麋鹿魚鼈。古之人與民偕樂，故能樂也。〈湯誓〉曰：『時日害喪？予及女皆亡！』民欲與之皆亡，雖有臺池鳥獸，豈能獨樂哉？」

存在第二範疇：「欲樂」，為人人所求。以「欲樂」為在「利」後而獨立，原因在於：利益未必等同快樂，二者非為正比：如存在因利益而惡化，人於其中所得快樂越少。利益與快樂故相反；若因利益而得快樂，也只一時及微不足道而已，真正快樂不可能在利益前提下形成，而人與人若懷着利也只能表面並虛偽而已。對快樂，故仍應區別其真假。

為何孟子從梁惠王遊觀鴻鴈麋鹿之樂始？因由大自然而得之樂，正為遠去人類利益心者；人於大自然中，始能回歸淳真無利益時心原始感受。就算人多麼功利，始終仍有着這樣心懷。

縱然是梁惠王，故也如文王之樂靈臺那樣，對大自然無利益之美感到悅樂。梁惠王對孟子之問「賢者亦樂此乎？」是說：賢德的人亦會對快樂有所欲求嗎？換言之，人能以快樂作為存在原則？抑對這人性向往（快樂）應有所限制？不因求樂之欲致害於人類？孟子之回答「賢者而後樂此；不賢者，雖有此不樂也」更指出：如快樂有真偽那樣，快樂之為快樂，是有着一基本條件：快樂並非單純由對象事物而致，在此之先，更有着人自身本來心況為因素。一無法感到平安之心，無論在怎樣對象前，都無法感到快樂。正因快樂本是心感受之事，心自身狀態怎樣，是先在地決定着人快樂與否。這是為何「不賢者，雖有此不樂也」之原因：人之有所不賢，必使其心有所不寧，故無以真正快樂。對君王言，故若有上述「國危矣」狀態、或如湯伐桀時「民欲與之皆亡」之危殆在即，是無以能對臺池鳥獸有感快樂者。快樂故非單純物質對象之事，更先是人自己賢與不賢、善與不善之事。不賢不善，是無以能真有所安與樂。此孟子「賢者而後樂此」之意思。「後樂」兩詞更喻快樂於人類中應為後來、居後之事，是在其他道義達成後，始能言樂，如人應「先難而後獲」《論語．雍也》那樣。人對晚年安樂之期望故非不善，唯不應為首先追求對象。古代言「成於樂」《論語．泰伯》，亦與樂這「後」有關。快樂首先為心況之事、及其應為後來始有，這是孟子對快樂之剖析。

孟子故以文王為例，舉《詩．大雅．靈臺》說：「經始靈臺，經之營之，庶民攻之，不日成之。經始勿亟，庶民子來。王在靈囿，麀鹿攸伏；麀鹿濯濯，白鳥鶴鶴。王在靈沼，於牣魚躍」。文王之靈臺，是人民百姓樂於其成而自動自發地使之及早建成者。無論是人民對其事之樂、抑靈臺中鳥獸之安與樂，均反映出文王其賢德與其快樂正比關係。孟子藉着這樣故事，說出有關快樂第三個道理：真正快樂，是在與人共享中而為（更大）快樂的，孤獨快樂無以能為真正快樂。原因實亦簡單：人性是對人之悅樂而更感快樂，故是先對人倫、而非對事物有所樂，是不可能在見痛苦前仍矛盾地感快樂的。以自虐虐他言快樂，這只是無奈於人相殘而求樂這樣事實而發之理論而已，並非不知真正快樂必非如此。孟子之說「古之人與民偕樂，故能樂也」因而指出：快樂之更高層次，是在見人之快樂而有，這是古代君王與民同樂之原因，其樂在此、非在事物上，故因而亦為百姓皆「歡樂之」之原因，其樂非先在己、而在人故。能如此，無論是怎樣的快樂，都不會為人所拒斥。

孟子有關快樂之分析，以快樂先在心而非在物、先在事後而非在事前、及先在他人而非先在自己，甚至先在人倫而非先在事物，都同時指出：真正快樂，是以德行為基礎，非悖離德行而仍能有所謂快樂者。作為存在原則，人類故無須摒棄快樂之求得，只須對快樂之真實明白而已；

快樂非必無道，實仍可為有道時之事。對梁惠王之問「賢者亦樂此乎？」，其錯誤故先在「亦」一詞上，以為不賢者亦能有真正快樂。而不知：若非賢者，實是無以有真正快樂可能。「賢者而後樂此；不賢者，雖有此不樂也」故亦可理解為：唯有賢者始然後能有所真正快樂，不賢者雖表面能有所樂，然始終非真實、非為真正快樂。

*

三、論現實存在最高範疇三：戰

〔3〕生與死之作為存在原則

梁惠王曰：「寡人之於國也，盡心焉耳矣。河內凶，則移其民於河東，移其粟於河內。河東凶亦然。察鄰國之政，無如寡人之用心者。鄰國之民不加少，寡人之民不加多，何也？」孟子對曰：「王好戰，請以戰喻。填然鼓之，兵刃既接，棄甲曳兵而走，或百步而後止，或五十步而後止。以五十步笑百步，則何如？」曰：「不可。直不百步耳，是亦走也」。曰：「王如知此，則無望民之多於鄰國也。不違農時，穀不可勝食也。數罟不入洿池，魚鼈不可勝食也。斧斤以時入山林，材木不可勝用也。穀與魚鼈不可勝食，材木不可勝用，是使民養生喪死無憾也。養生喪死無憾，王道之始也。五畝之宅，樹之以桑，五十者可以衣帛矣。雞豚狗彘之畜，無失其時，七十者可以食肉矣。百畝之田，勿奪其時，數口之家可以無飢矣。謹庠序之教，申之以孝悌之義，頒白者不負戴於道路矣。七十者衣帛食肉，黎民不飢不寒，然而不王者，未之有也。狗彘食人食而不知檢，塗有餓莩而不知發；人死，則曰『非我也，歲也』。是何異於刺人而殺之，曰『非我也，兵也』。王無罪歲，斯天下之民至焉」。

有關戰之為人類存在最高範疇之一，這非從其作為正面原因言，而是作為反面時之最終原因言，換言之，存在之反面、其最極致者，即一切之破壞，而此即戰爭所有意思。孟子所欲討論，故是戰事所帶來對一切之傷害。

梁惠王以為其於自身國家與察諸鄰國之政已盡心盡力，然始終仍無所增益其國度，故而問。孟子之回答：「王好戰」表示：無論人於事情正面性似作多少努力，一旦有如戰事這樣破壞力量存在，一切努力與盡心，都只變得徒然。人若以為能透過這樣力量而更有所得獲，這只自欺欺人而已，戰事之本質只在破壞，非在所得。故無論多少用心，都無以與如戰事之破壞性可相比。

孟子不單指出戰事之破壞力量，他更指出另一事，而這是「請以戰喻」所欲說明的。「請以戰喻」並非是以戰事說明為何梁惠王之盡心仍無所增多之原因；若五十步喻梁惠王所以為努力之事，那百步所指，即戰爭單純破壞性之事。換言之，梁惠王所以為作者，實只五十步之事而已，而以五十步笑百步，這其實仍同樣破壞而已，只五十與百其全之差別而已，並非沒有破壞而有所真正建樹。孟子這比喻是說：若人所以為作之努力，其實仍是以如戰事之破壞性為原則，【即若仍是向着如戰事這樣破壞性而致力】，其表面雖非為戰事，然實亦一樣而已，是不能算作正面作為者。作為故非因其為作為便必然正面。人類很多作為，雖本身非即破壞，但也只是五十步與百步之差別而已，始終仍是依據着或因循着破壞性而始有。甚至如梁惠王之「移其民」與「察鄰國之政」，對孟子言，仍稱不上任何正面性，始終如藥物那樣，本身非單純正面而光明。這相反戰事而單純為人類存在正面之事，孟子以養民之道其正面性說明。養民之正面性、與只是凶況時之移民，仍相差很遠，非對人民民生真實致力故。對這「生」而非「死」之原則，孟子以種種事物其生長而致用作為解釋，換言之，生也單純是生而已，如「不違農時」、「數罟不入洿池」、「斧斤以時入山林」等等不犯破壞性之弊時，事物之生始得以成其為生，故「穀不可勝食也」、「魚鼈不可勝食也」、「材木不可勝用也」。盡力於生，這始是盡力之正面性，其他一切非是，也可能只五十步與百步之差別而已。孟子甚至說：「穀與魚鼈不可勝食，材木不可勝用，是使民養生喪死無憾也。養生喪死無憾，王道之始也」。「養生喪死無憾」，這是說：縱然致於死喪，然人民仍感為生，故無憾其死，其生多麼是生、多麼正面而絲毫無負面憾恨。這是存在其正面性之極致，一如戰事作為破壞性是如何極致地負面那樣。生與死之為存在原則，其於作為中之影響力實如此。喪而不感喪、生而不感生，這是存在其極致之相反兩面。能以生為原則，故為「王道之始」。

孟子之後更具體地言此生民之王道，說：「五畝之宅，樹之以桑，五十者可以衣帛矣。雞豚狗彘之畜，無失其時，七十者可以食肉矣。百畝之田，勿奪其時，數口之家可以無飢矣。謹庠序之教，申之以孝悌之義，頒白者不負戴於道路矣。七十者衣帛食肉，黎民不飢不寒，然而不王者，未之有也」。若人民百姓均得其養，亦有孝悌人倫道義之教，使連老者亦不需有所負重於道路而必有所幫助，此如「里仁」般國度，始是對人民正面之努力。王者之道亦不外如此而已。如戰事般對人之殺，故亦可只是「狗彘食人食而不知檢，塗有餓莩而不知發」，雖未必由一己所致，【「人死，則曰『非我也，歲也』」】，然實與兵之殺人無異。換言之，人雖表面上不以戰事殺人，然其所作為，與兵戰之殺人無異，亦五十步與百步之差而已。孟子在本章中所說明的，故為人類於其存在中所以為正面作為，實亦與戰事如此破壞性作為無異：非養民使人類能生之道，而只是使人類生如死喪之作為而已。

*

四、論現實存在最高範疇四：政（制度）

〔4〕論制度之本質

梁惠王曰：「寡人願安承教」。孟子對曰：「殺人以梃與刃，有以異乎？」曰：「無以異也」。「以刃與政，有以異乎？」曰：「無以異也」。曰：「庖有肥肉，廄有肥馬，民有飢色，野有餓莩，此率獸而食人也。獸相食，且人惡之；為民父母行政，不免於率獸而食人，惡在其為民父母也？仲尼曰：『始作俑者，其無後乎！』為其象人而用之也。如之何其使斯民飢而死也」。

若非養與教，如戰事般殺人，亦有「政」。【孟子雖亦有用「仁政」或「王政」（見下章），然這時之「政」只廣義言，即舉凡一切養民之「作為」，都可稱為政。如此之政故多從其內容、非從其作為制度時之形式言。相反，狹義之「政」則單純指對人民施加之制度，所強調為規限性，非養民之作為】。

制度之殺人，也只五十步與戰事百步之差異而已，其本質始終負面而非正面。人類以為由制度可達成目的，然完全忽略其深遠影響。一方面由於制度仍只由人制訂，故多未善、始終只為一時而偶然；另一方面，制度多非由於人性，對人言只一種外來禁制，甚至壓抑着人性應有自覺性之發展，對人類言始終負面。【如針對殺人者之法，殺人者畢竟極少數，然法則涵蓋一切人，使人與人因講求法而敵對，如視對方為殺人者那樣。由是社會分裂、失去本然人性之美。在禁止殺人者之先，法已滅去人性。結果是：殺人者仍然，唯人性不再而已】。

若如孟子所說，百姓有其穩定生計是不會因喪失人性心而為惡，【見〈梁惠王上〉第七章：「若民，則無恆產，因無恆心」】，同樣，若人類不以利而以仁義存在，人亦不會為惡。人為惡之原因非不可知，不真實地相應而改變而已；既以利欲誘惑、又不安定人人生活；對百姓之不是，只歸咎於其應有自律，不能時即以制度規限，並使之合理化，無視人性在如此制度下之扭曲。這一切，莫不如同殺人。這是為何孟子說：「〔殺人〕以刃與政，有以異乎？」。【若人性為善，惡即由人自我而生，無論由於利抑由於欲望均然。人越是自我，其惡越深陷極端。唯教導人其人性，使超拔於自身自我，人始能回歸善。此人善與惡之所由：亦人性抑自我而已。而法制，實只加深人其自我而已、使人與人更形對立而已】。

然為何孟子接着說：「庖有肥肉，廄有肥馬，民有飢色，野有餓莩，此率獸而食人也。獸相食，且人惡之；為民父母行政，不免於率獸而食人，惡在其為民父母也？」原因在於：國家實以物質事物重於人之生死，國之為政，實也只為了種種層次事物，制訂對人反而有害之規定，這始制度本質：以為事情必有所規定始能行，然實無視規定對人之傷害。以政制行，故非單純養民，反往往只造就權力對民之規限，使民生活更形困難、甚至更權力化。制度其本質唯在法之執行，故從不理會「民有飢色，野有餓莩」；人民情狀，非制度所關懷，其所關心，只國家自身或社會本身之運行、只國家是否「庖有肥肉，廄有肥馬」而已，制度從不以民之艱困為主體。此所以孟子直斥說：「為民父母行政，不免於率獸而食人，惡在其為民父母也？」

孟子之後引孔子言：「仲尼曰：『始作俑者，其無後乎！』為其象人而用之也」，是為說明政制之本性。孔子比喻意思是說：那發起或發明偶俑之製造者，難道他自身沒有後代？孟子補充說：孔子所以這樣說，是因人俑像人故。孔子比喻如何與政制道理有關？

俑雖非活人本身，然其意義始終仍以人為死者陪葬。由其為人俑，故陪葬非一般事物，而是「人」之意。正是這樣意圖，故為孔子不忍，意仍為以人送死故。孔子之說「始制俑者，難道他沒有後代嗎？」表示：孔子深明人類常有現象：今雖只以人偶，然他日必以活人陪葬。人類作為於其起始時雖似無害，然一想法一旦出現，其後果再無法預料及掌控，此人類求創新時常有現象。除非人從來不作這樣始點，否則一事縱使初始似無害，然其未來禍害難以估計。孔子之歎說「其無後乎！」是說：想出作俑之人，難道他不擔憂有日其子孫亦以生送死？難道他已無後因而再無這樣顧慮？孟子之解釋是說：俑像活人，雖只物品，然由其像人，是難保將來不會以活人為陪葬者。這是孔子對俑之擔憂，亦其對始作俑者之批評。孟子以「俑」喻「政」，故基於以下兩點而發：

一、俑是一種摹擬人之形式而制成虛構之物品，是由一意圖或想法而致者。政同樣，作為一種規範人之形式，制度都有其心目中之「人」為對象，作為其形式制訂時之依據，如認為有不改過之人，始有種種越加嚴厲之刑罰那樣，其作為規定，先是針對着特定人之構想而發，非直接面對具體人而有。這與俑摹擬活人同一，兩者均以虛構的人為始發對象，非以活人本身為對象。因非針對着真實之人而發，故這樣對人之假定，於其落實執行時，反往往使構想成真，人都在這樣構想下被塑造為事實，如俑雖為虛構構想，然終會成為事實那樣。制度對人負面構想，故多使人轉化為真實如此。此制度與俑所以共同，其終亦殺人而已。

二、俑雖本只為物品，然其摹擬人這一想法，【以人為陪葬這一想法】，其不對即不對，不會因只為俑

（非為活人）而為對確。無論是否以俑替代，以人陪葬一事不是即不是。同樣：以規定約束人類，無論原初理由或根據為何，其作為對反人之為人、對反人性自覺性，無論所基於事實為何，其不是即不是，不會由其（對人之）構想或理由而為正確。制度下之人性，非人性真實或懿美，制度更非為成就人性之真實而有，如禮那樣。制度對人性之否定，反使這樣非人性之人成為事實，此制度所以偽。

以俑喻政，因而取其兩面：一、俑為「人」；二、俑為人之「形式虛構」。政亦然：政一方面為對「人」而言政，但另一方面又實只為由構想與意圖而致；既直接針對人而為規範、然實本只為虛構構想，非基於人性與人倫真實而發。俑這不真實之人、與政之不真實對人，【或對人不真實地構想、甚或使人變得不真實】，兩者表面對人無害，然實對人其害巨大，此孟子以俑喻政之原因。政之殺人，猶俑之殺人，故為孟子批評為：「為民父母行政，（…）如之何其使斯民飢而死也」。政之虛偽，盡於孟子此言：若政從來有其為人之真實，何以會有民飢而死？政故一如其他現實範疇，非單純養民正面之道，實與戰或刃無異。

*

五、論現實存在最高範疇五：強

〔5〕論強大與真正強大

梁惠王曰：「晉國，天下莫強焉，叟之所知也。及寡人之身，東敗於齊，長子死焉；西喪地於秦七百里，南辱於楚，寡人恥之，願比死者壹洒之，如之何則可？」孟子對曰：「地方百里而可以王。王如施仁政於民，省刑罰，薄稅斂，深耕易耨，壯者以暇日，脩其孝悌忠信，入以事其父兄，出以事其長上，可使制梃以撻秦、楚之堅甲利兵矣。彼奪其民時，使不得耕耨，以養其父母；父母凍餓，兄弟妻子離散。彼陷溺其民，王往而征之，夫誰與王敵？故曰：『仁者無敵』，王請勿疑」。

若「利」與「樂」為現實最基本方向，而「戰」與「政」為現實常用方法，那「強大」甚至「至高者」，則為最大欲望，上自國與國、下至人與人，均以求強為致力方向。利與樂若為人內在取向，強大與至高性則為人外在取向；梁惠王之說「及寡人之身」，故是從國家或個體其各自求強而言。

所以求強大，由梁惠王所言，可歸納為三：一為人之生存；【這裡以「東敗於齊，長子死焉」而喻】；二為恐有所損失；【這裡以「西喪地於秦七百里」而喻】；而三則為恐受人侮辱。【這裡以「南辱於楚」及梁惠王「恥之，願比死者壹洒之」喻】。對一己生存、對所擁有、及對自己之尊貴性，人都因這三種理由而求強或權力，既想有所擁有、亦求為人尊敬或重視、甚或以強大為生存所必須，否則只會致於死地。強故是現實範疇之一，從來如是。

孟子回答之最終結論是：「仁者無敵」。非說仁者因其強大故無敵，而是相反：仁者因其仁而再沒有敵人。換言之，孟子實見強之不必需：以仁行，亦同樣可獲致如強所有結果，此其對強之討論。

求強大也只為求無所對立而已，但真正無所對立，實非由強、而是由仁，故「誰與王敵？」。強大始終有敵對，故終不能為絕對強者，如梁惠王之說晉國本「天下莫強焉」，及至其自己則再非是，強無法始終保持強大。

對「仁者無敵」，孟子怎樣說明？首先，於言強大時，必先假定人有一定能力力量，否則無以言強與否。問題因而只是：此時能力應為強而用、抑為仁而用？若忽略能力問題，言強與言「仁者無敵」再無任何意義。若假定人有致強能力，孟子之回答故是：應以這樣能力為仁，如此所達致結果，始真正無敵，非如表面強大，始終仍有敵對存在。所謂強大，也只把力量或能力用於對立關係而已，如軍事之強，也只強於對立其他武力而已，強大與否，始終不離對立性而言，其為力量故仍負面、非正面，如戰那樣。孟子所言故正相反：人若有其能力力量，是應單純用於正面為人之致力，如是是無人欲與為敵者。

此時所需能力，實不多：若從國家層級言，「地方百里而可以王」。對立他人之力量必須有一定、亦必須視乎對方力量多大，但為人致力之力量則再不為對象所限，能力有多少，便有其能為人之多少，故無限、無一定。此所以地方只百里而仍可以王之原因，為仁無一定限制故。

而有關「施仁政於民」，孟子所列舉者，主要亦兩面而已：一為養民使其生活能安定，另一即為對人倫之教育，使民能各有其應為人之覺識。這兩者，是人人所本然關切者。故：「省刑罰，薄稅斂，深耕易耨，壯者以暇日，修其孝悌忠信，入以事其父兄，出以事其長上，可使制梃以撻秦、楚之堅甲利兵矣」。

孟子甚至相反說：若有所謂強敵而不如此為時、若國之強大是在對立其自身人民之養而致時，換言之，若強大非以仁政為基礎時，如「奪其民時，使不得耕耨，以養其父母；父母凍餓，兄弟妻子離散」，若如是，無論表面多強大，始終為一切人所對立，如此之強大，將不征而勝。人始終不能以對立他人之強大而為強大。一切強大與能力，故只能以為仁為道，是不能以對立人而有之強大為道者。無論哪一種情況，都不可能如此。為仁故非只理想之事，縱使為現實，得人而強與對立人而強，後者始終無以為真正強。孟子最後之「王請勿疑」，更教人深思其事實而已，其為事實，無可質疑。此孟子對「強」之分析。

*

六、論現實存在最高範疇六：至高者

〔6〕對至高者之分析

孟子見梁襄王，出語人曰：「望之不似人君，就之而不見所畏焉，卒然問曰：『天下惡乎定？』吾對曰：『定于一』。『孰能一之？』對曰：『不嗜殺人者能一之』。『孰能與之？』對曰：『天下莫不與也。王知夫苗乎？七八月之閒旱，則苗槁矣。天油然作雲，沛然下雨，則苗浡然興之矣。其如是，孰能禦之？今夫天下之人牧，未有不嗜殺人者也。如有不嗜殺人者，則天下之民，皆引領而望之矣。誠如是也，民歸之，由水之就下，沛然誰能禦之』」。

若強大為現實所求，能達致「至高者」地位，將更是人人欲望。從個人自尊至天下至高者，都實為「至高性」種種層次。本章所言之「一」，非單純統一，更是從至高者這樣分位言。本來，若真為至高者，應有相當尊貴性。孟子對梁襄王而說：「望之不似人君，就之而不見所畏焉」，明白反諷地表示，梁襄王實沒有作為至高者之氣度。梁襄王之問「天下惡乎定？」明顯有質問之意；其意必以為在人世間只有戰亂狀態，是無以有天下安定太平之可能。其卒然而問，必也聽聞孟子有天下太平之說，故不以為然地質問。【「卒然問」趙岐注為：「卒暴問事，不由其次也」。所以為質問，從之後追問及孟子回答之簡略便可看到】。孟子之回答是：「定于一」，這是說，天下由有至高者、在其下而一體，這是天下能安定之原因。梁襄王對至高者必有所誤解，以為至強而能統一天下者即為至高者，故問「孰能一之？」孟子明其意故反面地說：「不嗜殺人者能一之」。這樣回答明顯只針對梁襄王言，非真實回答：不嗜殺人者非必為至高者故。梁襄王故再追問，其問明顯又是誤解，甚至有對孟子刻意反駁：「孰能與之？」【這裡「與」字，仍應作「給與」解。若為「跟隨」，答案已在所問中，孟子之回答便將再無意義】。這是說，若真有人能為天下之最高者，那誰讓他成為這最高者？這人不是較至高者更高？這樣無窮後退，不實是至高者之不可能實現？孟子所言不因此而錯誤？

孟子之「對曰」是：「天下莫不與也」。這是說，之所以能為至高者，既非由更高者之給予而致、亦非由強大戰勝一切他人而為最高，反而，至高者是由天下人願居其下，因而使其為至高，如「天下之民，皆引領而望之矣」那樣。而其所以能致此，因能居下為王，如「水之就下，沛然誰能禦之」那樣。至高性故是由一切歸順而為至高，非如今以為能由嗜殺人而達至高。孟子之多次比喻，如「天油然作雲，沛然下雨，則苗浡然興之矣」、或「水之就下」，都為說明對至高者之歸向，實多麼如不能阻擋（「孰能禦之？」）。這樣之至高者，始為真正至高者，由人人所歸向、非強為至高者。

能達致至高者地位，故必由仁德始能。然孟子這裡實無須提及王者之道，其所欲說明只是：任何意義上之至高性，均由歸順而致而已。而由歸順而致之「上」，反而如水之就下那樣，由居下而得達。這是至高性之真實：非從地位過人或強大、反而是從天下人之歸向言。老子故亦說：「江海所以能為百谷王者，以其善下之，故能為百谷王」《道德經》六十六章。此至高者之真實。

*

七、論現實存在最高範疇七：君王

〔7〕論王者之心（憐憫心與推度之心）與論王者作為之道

齊宣王問曰：「齊桓、晉文之事，可得聞乎？」孟子對曰：「仲尼之徒，無道桓、文之事者，是以後世無傳焉。臣未之聞也。無以，則王乎？」曰：「德何如則可以王矣？」曰：「保民而王，莫之能禦也」。曰：「若寡人者，可以保民乎哉？」曰：「可」。曰：「何由知吾可也？」曰：「臣聞之胡齕曰：『王坐於堂上，有牽牛而過堂下者，王見之曰：『牛何之？』對曰：『將以釁鐘』。王曰：『舍之！吾不忍其觳觫，若無罪而就死地』。對曰：『然則廢釁鐘與？』曰：『何可廢也，以羊易之』。不識有諸？」曰：「有之」。曰：「是心足以王矣。百姓皆以王為愛也，臣固知王之不忍也」。王曰：「然。誠有百姓者，齊國雖褊小，吾何愛一牛？即不忍其觳觫，若無罪而就死地，故以羊易之也」。曰：「王無異於百姓之以王為愛也。以小易大，彼惡知之。王若隱其無罪而就死地，則牛羊何擇焉？」王笑曰：「是誠何心哉！我非愛其財。而易之以羊也，宜乎百姓之謂我愛也」。曰：「無傷也，是乃仁術也，見牛未見羊也。君子之於禽獸也，見其生不忍見其死，聞其聲不忍食其肉，是以君子遠庖廚也」。王說曰：「《詩》云：『他人有心，予忖度之』。夫子之謂也。夫我乃行之，反而求之，不得吾心；夫子言之，於我心有戚戚焉。此心之所以合於王者，何也？」曰：「有復於王者，曰：『吾力足以舉百鈞，而不足以舉一羽；明足以察秋豪之末，而不見輿薪』。則王許之乎？」曰：「否」。「今恩足以及禽獸，而功不至於百姓者，獨何與？然則一羽之不舉，為不用力焉；輿薪之不見，為不用明焉；百姓之不見保，為不用恩焉。故王之不王，不為也，非不能也」。曰：「不為者與不能者之形，何以異？」曰：「挾太山以超北海，語人曰『我不能』，是誠不能也。為長者折枝，語人曰『我不能』，是不為也，非不能也。故王之不王，非挾太山以超北海之類也；王之不王，是折枝之類也。老吾老，以及人之老；幼吾幼，以及人之幼；天下可運於掌。《詩》云：『刑于寡妻，至于兄弟，以御于家邦』。言舉斯心加諸彼而已。故推恩足以保四海，不推恩無以保妻子。古之人所以大過人者，無他焉，善推其所為而已矣。今恩足以及禽獸，而功不至於百姓者，獨何與？權，然後知輕重。度，然後知長短。物皆然，心為甚，王請度之！抑王興甲兵，危士臣，構怨於諸侯，然後快於心與？」王曰：「否！吾何快於是，將以求吾所大欲也」。曰：「王之所大欲，可得聞與？」王笑而不言。曰：「為肥甘不足於口與？輕煖不足於體與？抑為采色不足視於目與？聲音不足聽於耳與？便嬖不足使令於前與？王之諸臣，皆足以供之，而王豈為是哉？」曰：「否！吾不為是也」。曰：「然則王之所大欲可知已，欲辟土地，朝秦、楚，莅中國而撫四夷也。以若所為，求若所欲，猶緣木而求魚也」。王曰：「若是其甚與？」曰：「殆有甚焉！緣木求魚，雖不得魚，無後災。以若所為，求若所欲，盡心力而為之，後必有災」。曰：「可得聞與？」曰：「鄒人與楚人戰，則王以為孰勝？」曰：「楚人勝」。曰：「然則小固不可以敵大，寡固不可以敵眾，弱固不可以敵強，海內之地，方千里者九，齊集有其一，以一服八，何以異於鄒敵楚哉？蓋亦反其本矣。今王發政施仁，使天下仕者皆欲立於王之朝，耕者皆欲耕於王之野，商賈皆欲藏於王之市，行旅皆欲出於王之塗，天下之欲疾其君者，皆欲赴愬於王，其若是，孰能禦之？」王曰：「吾惛，不能進於是矣。願夫子輔吾志，明以教我，我雖不敏，請嘗試之」。曰：「無恆產而有恆心者，惟士為能；若民，則無恆產，因無恆心。苟無恆心，放辟邪侈，無不為已。及陷於罪，然後從而刑之，是罔民也。焉有仁人在位，罔民而可為也？是故明君制民之產，必使仰足以事父母，俯足以畜妻子，樂歲終身飽，凶年免於死亡，然後驅而之善，故民之從之也輕。今也制民之產，仰不足以事父母，俯不足以畜妻子，樂歲終身苦，凶年不免於死亡，此惟救死而恐不贍，奚暇治禮義哉！王欲行之，則盍反其本矣！五畝之宅，樹之以桑，五十者可以衣帛矣。雞豚狗彘之畜，無失其時，七十者可以食肉矣。百畝之田，勿奪其時，八口之家可以無飢矣。謹庠序之教，申之以孝悌之義，頒白者不負戴於道路矣。老者衣帛食肉，黎民不飢不寒，然而不王者，未之有也」。

〈梁惠王上〉這最後一章，以論君王甚或王者為其對象。君主是一具體個體，非如前六章，為現實構成時之普遍範疇。所以列君主於其中作為最後項，因雖只個體，然對人影響至大，甚至可左右前六因素，改變人類命運，是從這影響力言故為現實範疇，總結着現實與王者之道其差異。此本章特殊詳盡之原因。

齊宣王所問，為齊桓、晉文二霸之事，本章故明為問君主之道，唯一般所謂君主，指霸者、非王者。「霸」即前六範疇統合於一身，唯王者須進一步分析，亦孟子轉移對王者討論之原因：「仲尼之徒，無道桓、文之事者，是以後世無傳焉。臣未之聞也。無以，則王乎？」又因只為對向齊宣王而說，王者之道於此，故只從其最起碼方面言，而此有三：王者之心、王者對人倫之重視、及王者對百姓之養。一從自身、二從對人、而三從民生（物）言。三方面均王者至為基本。

王者必由德行而為王，故齊宣王直接問：「德何如則可以王矣？」孟子回答是：「保民而王，莫之能禦也」。這仍如前，以王者由百姓歸順而致，故若能安定人民，沒有不能為王者之理由，王者亦由此而無敵，故「莫之能禦」。正因回答已言最強者，故齊宣王不得不順承「保民」而問：「若寡人者，可以保民乎哉？」孟子之言「可」沒有逢迎或欺騙之意。王者之道只為與不為、非能不能問題。文中孟子故亦說：「故王之不王，不為也，非不能也」。【王之不王，「非挾太山以超北海之類也」；王之不王，是折枝之類也」】。

之後，文即從王者之心討論起（以上第一方面）。齊宣王非王者，明沒有如此心懷，然孟子仍回答「可」，可見此時所言，只王者心之最『根本』處，即人人憐憫心這心之根本事實。因為人人心所共同，亦應為齊宣王所同有，故孟子回答「可」。對向齊宣王，也只能言此心之根本，無能再言更高。然這亦表示：王者之道本微不足道地根本而已，非偉大艱巨之事。這裡有關王者之討論，故應視為其最基本者。須分辨：心其最根本時之憐憫心，非惻隱之心。惻隱之心為不忍人之心，對象為人；然憐憫心所不忍，只受苦者，故對象可廣及一切生物，如齊宣王對牛之「觳觫」與「無罪而就死地」所有不忍那樣。【有關憐憫心與惻隱之心其不同，見〈公孫丑上〉第六章】。孟子藉由憐憫心，帶出心其他面相問題，而此有四：一、私愛心與憐憫心之對比；二、心之不可知與心之推度；三、心作為欲望與作為志；四、士人、百姓與王者之心。

有關私愛心與憐憫心：齊宣王見牛之「觳觫」而不忍其「就死地」，故以羊易之。然對百姓言，這只「以小易大」而已，實仍只一種偏愛心。若是憐憫，應直接「廢釁鐘」（「然則廢釁鐘與？」），非只以羊易牛（「若隱其無罪而就死地，則牛羊何擇焉？」）。孟子固然知齊宣王不忍牛之「觳觫」確出於憐憫，唯因心作為心，除從感受言外，更應從能推度言。縱使知憐憫，若無能推度，此仍心之狹隘。於此故可見：人心非不知憐憫，多不能推度而已，故對他人心有所不知（「彼惡知之」），百姓以齊宣王以小易大為偏愛便如此。孟子明其心，故代為解釋說：「無傷也，是乃仁術也，見牛未見羊也。君子之於禽獸也，見其生不忍見其死，聞其聲不忍食其肉，是以君子遠庖廚也」。王者之心其根本，故先在知憐憫：「是心足以王矣」。心有所不忍，已為其善之表現，對牛「觳觫」故已顯其真實。憐憫故為王者心之根本。雖為根本，然心之真實更在其擴充，由知推度、由能推己及人，始為心更高真實。有關心之推度，如齊宣王以孟子為知其心（「《詩》云：『他人有心，予忖度之』。夫子之謂也。（…）夫子言之，於我心有戚戚焉」。）、百姓不知齊宣王之憐憫心、甚或齊宣王之不知自己心（「夫我乃行之，反而求之，不得吾心」），都實顯示：心所以對他人有所不知，實由於不推度而已；若有所推己及人，縱使為他人心，仍不會不知。正是心這一推度性，可使君主能明白百姓所受苦難，及更可由心之推廣，成就如仁義禮智之德行。王者不王者，全繫於此。齊宣王若心仍有偽，非在沒有不忍心，只其心不推度而已，故連自己，亦可有所不知。而心之不推度，非有所不能，不為而已。故於齊宣王更問：「此心之所以合於王者，何也？」時，這仍是其心不試圖推度而始有。這時之不推度，如「今恩足以及禽獸，而功不至於百姓者」，非心有所不能，實不為而已：見百姓受苦而不知保，只心完全個人化、只為滿足個人感受，絲毫不同亦體會他人。齊宣王之「於我心有戚戚焉」，實亦只在乎自己感覺、非在乎他人感受。如是而言憐憫，故仍偽，雖對他物如有所感，然所在乎，實唯自己感受、非對方；此亦何以齊宣王對羊所受痛苦不為所動。孟子故直以「不用力」、「不用明」以言齊宣王，以其「百姓之不見保」而仍「不用恩焉」。孟子之「王之不王，不為也，非不能也」故明指出心之虛偽。齊宣王之辯（「不為者與不能者之形，何以異」），只更顯其虛偽而已，亦孟子訓誨說：「為長者折枝，語人曰『我不能』，是不為也，非不能也。故王之不王，非挾太山以超北海之類也；王之不王，是折枝之類也」。

孟子之後所言人倫孝悌之道，【「老吾老，以及人之老；幼吾幼，以及人之幼；天下可運於掌。《詩》云：『刑于寡妻，至于兄弟，以御于家邦』。言舉斯心加諸彼而已。故推恩足以保四海，不推恩無以保妻子。古之人所以大過人者，無他焉，善推其所為而已矣」。有關孝悌之道，亦參考〈離婁上〉第十一章：「道在邇而求諸遠，事在易而求之難。人人親其親，長其長，而天下平」】，關鍵仍在推己及人之心：故「老吾老，『以及』人之老；幼吾幼，『以及』人之幼」。故連百姓，其心之真偽，仍從推度見。若連百姓亦知「刑于寡妻，至于兄弟」，那作為君主如齊宣王者，為何反不知推己及人之心？為何不能「舉斯心加諸彼」、或「推恩足以保四海」？

由是可見，不忍心仍只王者心其初始而已，關鍵更在推己及人之心上，此所以孟子說：「古之人所以大過人者，無他焉，善推其所為而已矣」。孟子更明白地說：「今恩足以及禽獸，而功不至於百姓者，獨何與？」這明顯是對齊宣王憐憫心之反詰。「獨何與？」中「獨」一詞，既指單純憐憫心之無濟於事、亦指出其可只為個人自我感受，不知更推及他人故而偽。憐憫心故非已為推己及人之心；問題反而更在心之推己及人、非在憐憫上。對心這推度，孟子更解釋說：「權，然後知輕重。度，然後知長短。物皆然，心為甚，王請度之！」若對物須有所推度始有所知，那為何不更對人心如此？「王請度之」實是對齊宣王心不推度之教訓甚至批評。

在揭示心其不推度時之虛偽後，孟子更進而指出：心其虛假在欲望，而其真實在志。若推度（推己及人）為心之形式，欲望與志則為其內容。對齊宣王其心欲望，孟子批評說：「抑王興甲兵，危士臣，構怨於諸侯，然後快於心與？」。以求「快於心」這樣方式解釋齊宣王霸行，又於齊宣王笑而不答時仍以「為肥甘不足於口與？輕煖不足於體與？抑為采色不足視於目與？聲音不足聽於耳與？便嬖不足使令於前與？」作為解釋，是為指出齊宣王所為實其心之欲望而已。人作為若確有其客觀真實性，這樣作為不會由於欲望。然若作為其價值與意義純只主觀並唯與個人自身有關，這時行為，將只單純欲望。欲望與否，全取決於其事是否有客觀意義與價值。而客觀性非從一事之是否能實行言，而是從其是否確有真實價值與意義言。若所為只是「興甲兵，危士臣，構怨於諸侯」而非對桀紂等之討伐，這樣作為，也只能視為個人欲望而已。欲望之所為故與心之所為正相反。齊宣王之回答：「否！吾何快於是，將以求吾所大欲也」，稱自己所為為

「大欲」，既順承孟子解釋、然又以自身欲望不同於一般欲望，應為一種大志向，故「笑而不言」。齊宣王之不知欲望與心志差異、又連自己欲望不可能得達而不知，實其愚昧之表示。當孟子指出：「然則王之所大欲可知已，欲辟土地，朝秦、楚，莅中國而撫四夷也。以若所為，求若所欲，猶緣木而求魚也」時，「欲辟土地」、「以若所為，求若所欲」等，明為欲望、非心志。心志與欲望，其分野唯在一點上：若所欲為自己益處即欲望，若為他人之善則為心志。欲對物事，而心必對人。齊宣王之「大欲」因唯在「辟土地，朝秦、楚，莅中國而撫四夷」、為一國力量之擴張，故也只欲望而已。若是心，應如孟子之後所言，為「今王發政施仁，使天下仕者皆欲立於王之朝，耕者皆欲耕於王之野，商賈皆欲藏於王之市，行旅皆欲出於王之塗，天下之欲疾其君者，皆欲赴愬於王」，換言之，所欲是對向着他人、甚至是對向着他人心言，非只一己而已。心始終須對向人、對向着人之心言，王者之心更是。若只對向着國土、反向他人心，如此必也只一己欲望而已。而若是有違逆他人心之欲望，終究言只會帶來禍害。

對齊宣王其失敗原因之解釋，孟子所教導，故是由一身之狹隘，廣及人民與他人，如是始能得達一己所欲。「心」故包涵「欲」、為「欲」其更大擴展，唯「欲」對立「心」而已。一己之只為君抑更能為王者，實由此。這樣擴展，如上述，仍為心之推度，從知天下人心言故。如是，故「孰能禦之？」」。齊宣王之接着說：「吾惛，不能進於是矣。願夫子輔吾志，明以教我」，亦見其終有對「欲」更進之心。於此故可總結：如同憐憫心，欲望雖亦自然而有，然除非有所擴展、由一己而及他人，否則無以為「心」。

在最後，孟子故說明王者之心，亦間接提及士與百姓其心之差異：「無恆產而有恆心者，惟士為能；若民，則無恆產，因無恆心。苟無恆心，放辟邪侈，無不為已」。士與百姓心之差異，在是否知遠去物欲而已。固然，物（恆產）確為生活所需，但連如此所需心仍能有所獨立，「惟士為能」，一般百姓是無能致此，故仍會「放辟邪侈，無不為已」。這雖由百姓自身所致，然王者仍不願使民「及陷於罪，然後從而刑之」。「是故明君制民之產，必使仰足以事父母，俯足以畜妻子，樂歲終身飽，凶年免於死亡，然後驅而之善，故民之從之也輕」。王者之心其於土地物產，故只為他人所需而已，非為己所欲。非為百姓而言之物欲，故都只無道。故：「今也制民之產」、使民「仰不足以事父母，俯不足以畜妻子，樂歲終身苦，凶年不免於死亡」，這只「反其本」而已。王者於物產之道故為：「五畝之宅，樹之以桑，五十者可以衣帛矣。雞豚狗彘之畜，無失其時，七十者可以食肉矣。百畝之田，勿奪其時，八口之家可以無飢矣。謹庠序之教，申之以孝悌之義，頒白者不負戴於道路矣。老者衣帛食肉，黎民不飢不寒，然而不王者，未之有也」。

作為個體而仍有對人類存在最大影響力者，故都非在個體之偉大性上，其所以至大，純由心能推己及人而已。孟子之所以從憐憫心說起，正為指出這能及人時之人心而已。從憐憫心至心之推度他人、從個人之欲至為他人之志，心這層層推廣，使其大，亦使其對人之影響更大。王者之為王者，固然在其心志、其人倫之教、及其對百姓之養三方面，然始終，三者都共同本於心之推及他人而已，既由有所不忍而知推度他人心、亦由「老吾老」、「幼吾幼」人倫之情「推恩(足)以保四海」、更由一己「辟土地」之欲而知「制民之產」使民有「恆產」，如此從一己而有之推及他人，實為人與人中其影響力至大者。故「然而不王者，未之有也」。在人類存在中，在現實利、樂、戰、政、強與至高之「一」外，至為大者，故唯「心」而已。王者不忍人而仁政之心，實於人類現實中，至為大者。

有關〈梁惠王上〉分析，至此終。

公元二零一零年四月十日

梁惠王下

論個體之現實面相

〈梁惠王下〉雖仍針對君王個人言道理，然只就其作為至高個體時之現實性甚至世俗性言。〈梁惠王上〉若為對現實範疇之分析，那〈梁惠王下〉即為對至高個體（君主）其個人現實性之分析。人作為個體之現實存在，孟子分為三方面：

一、現實中個體所欲之層面（1至5）。
二、現實中個體所能之層面（6至10）。
三、現實中個體所必須面對之困難層面（11至16）。

所以用「層面」一詞，因所討論非個體自身問題，而是其於現實中所必須面對層面，及其對這樣層面所應有道理。無論人位置如何，都有其個人所愛所欲、有其所能作為之事、及其不能如願地不得不面對之困難。人之存在，都擺動於三者間，從最能自己至最不能自己。孟子這裡以君主言只表示：縱使為最高權位，仍實如一般人那樣，有其現實不得已處，非因特權而特殊。篇故只借君主以言現實存在其個體所有道理而已。差別唯在：上篇從現實存在之範疇、而下篇則從個體角度指出其現實存在之三種面相。若人類現實沒有錯誤，是根本無須有所謂道理的。〈梁惠王〉上下篇，其意義在此。而以現實分析先行於一切道理，這是孟子思想之獨特。

*

一、論現實中個體所欲之層面〔1至5〕

如君主之個體，其於現實層面可有之欲望，孟子以以下幾方面言：

一、好樂（音樂）、田獵

二、苑囿

三、結交、勇

四、遊觀

五、毀明堂、好貨、好色

以上五方面，趙岐各分別為一章，表面看雖不見為何如此，然細想則仍見其意義：五者作為欲望層次實由至為正面至至為負面者。好音樂與好田獵為欲望中仍對人有其客觀甚至正面價值與意義，一從心情感感受之修養、另一從人之身體體力與鍛煉言。對苑囿（「囿」）之好，由於苑囿為大自然草木鳥獸愛好之延伸、亦一種於居處中求為接近大自然之美時之表現，故這樣愛好，由大自然本身無利益興趣之德性、為人不好世俗利益價值時之表現，故仍與德性修養有關；故縱使為欲望，仍可有其善意在。至於好結交與好勇，這從人性情言仍為正面。好結交是人與人關係之所由、亦為人處世中人與人自然之道。好勇則其反面：於面對敵對時仍能勇，這確是人生存中不可缺少之力量。好結交與好勇，一正一反，雖未如上兩類仍有德性修養上之意義，然都是從人生存言有所需要者。至於第四類好遊觀則不然。雖作為休閒活動仍有其休息義，甚至從遊觀亦可有見識、或有接近人文與大自然之意義，然始終不如上述三類，直接與人自身有關，甚至可能與「敏於事」之德性有所違逆，故列於前三類之後並獨立為一類。至於最後一類所列三種欲望，明顯為最下：毀明堂、好貨、好色，三者作為所好其價值與意義最不是。所謂毀明堂，因明堂指泰山下之明堂，為周天子巡狩時朝見諸侯之地，齊侵而得之，又「因諸侯不用明堂可毀壞」（趙岐注），故從前後文之言欲望言，毀明堂意應指齊宣王自言不好行政事、不欲視朝見諸侯等事務；明堂故有如沒有，為人謂明堂可毀。毀明堂故喻人好逸樂不好為事，猶今日所言慵懶這樣欲望。慵懶所以先行於好貨、好色，因好逸樂雖毫無正面意義，然始終只個人事，未如好貨之浪費甚至奢侈、或好色之更在人與人間造成傷害，使自己沉迷而惑亂、失卻自立力量。無論怎樣，最後三種欲望均較前者為負面，故列為同一章。以上欲望之先後排列，故有其深思意義，明非偶然。孟子對人類這種種欲望怎樣回答？這為以下一至五章所討論。

〔1〕論快樂與音樂之本：人倫之樂

莊暴見孟子曰：「暴見於王，王語暴以好樂，暴未有以對也」。曰：「好樂何如？」孟子曰：「王之好樂甚，則齊國其庶幾乎！」他日見於王曰：「王嘗語莊子以好樂，有諸？」王變乎色曰：「寡人非能好先王之樂也，直好世俗之樂耳」。曰：「王之好樂甚，則齊其庶幾乎！今之樂，猶古之樂也」。曰：「可得聞與？」曰：「獨樂樂，與人樂樂，孰樂？」曰：「不若與人」。曰：「與少樂樂，與眾樂樂，孰樂？」曰：「不若與眾」。

「臣請為王言樂。今王鼓樂於此，百姓聞王鐘鼓之聲，管籥之音，舉疾首蹙頞而相告曰：『吾王之好鼓樂，夫何使我至於此極也！父子不相見，兄弟妻子離散』。今王田獵於此，百姓聞王車馬之音，見羽旄之美，舉疾首蹙頞而相告曰：『吾王之好田獵，夫何使我至於此極也！父子不相見，兄弟妻子離散』。此無他，不與民同樂也。今王鼓樂於此，百姓聞王鐘鼓之聲，管籥之音，舉欣欣然有喜色而相告曰：『吾王庶幾無疾病與？何以能鼓樂也？』今王田獵於此，百姓聞王車馬之音，見羽旄之美，舉欣欣然有喜色而相告曰：『吾王庶幾無疾病與？何以能田獵也？』此無他，與民同樂也。今王與百姓同樂，則王矣」。

有關音樂之愛好，如我們已說，是人重視其心靈修養之始。音樂從來都為對內心感受言之教化，故古代中國視為與禮（「禮樂」）同構成「文」之教養者。雖如此，對子游於武城以樂教，孔子仍笑之為「割雞焉用牛刀」。莊暴大概不識樂，故「未有以對」，其問孟子「好樂何如？」表示：孟子亦必如孔子那樣，對音樂有所素養。孟子之說：「王之好樂甚，則齊國其庶幾乎！」明顯對音樂作為教化肯定，故以齊王若好樂甚，亦同於齊國其庶幾乎治。當孟子見到齊王而提及好樂一事而王變色，這是因為齊王心知自己所好之音樂，只世俗媚悅、非先王雅正之樂，故變色說：「寡人非能好先王之樂也，直好世俗之樂耳」。然孟子不在乎其所樂之音樂為何，反而只說：「王之好樂甚，則齊其庶幾乎！今之樂，猶古之樂也」。像這樣回答，在孟子思想中比比皆是。非孟子不知古樂與今樂其本質差異，只是，孟子全只在乎人民百姓，沒有對任何事物執着。能回歸至百姓其人倫與基本生活、能回歸至存在之人性安定狀態，這對孟子言，已極足夠，孟子再不奢求其他美好。這可能是其思想本身之落實而素樸，也可能是其時代之不安與混亂，使一切更高價值之求索變得奢侈。故對一切，孟子均寬厚地、不計較地對待；故始說：「今之樂，猶古之樂也」。能喜好音樂便是，不再奢求其所好音樂怎樣。

對這樣回答，齊王必然驚訝，故問：「可得聞與？」即為何今之樂與古之樂無異，又為何如此之好樂即齊國之治？孟子之回答：「王與百姓同樂，則王矣」。這「與民同樂」或「眾樂樂」問題，之所以能與治國同步而語，實非與音樂本身有關，而只是借齊王對音樂之愛好，教齊王應同樣使人民百姓亦有其快樂，如此其對快樂之追求，實亦已為王者之道，因知推己及人故。【見〈梁惠王上〉第七章】。不過，這裡「與人樂樂」或「與眾樂樂」非言多少人；無論是音樂抑快樂，其本質都以與人同樂為本：音樂若非能和諧，非真正音樂；而快樂，無論對象內容為何，都以能與人分享為其真實。終只能孤獨無所共鳴或無所回應之快樂或喜悅，是無以為真正快樂或喜悅的。人倫為人之存有狀態，是不能遠離人而感生存之意義的。故對人類言之快樂及一切感受，都須在能與人分享這前提下始有意義。與人同樂故為快樂之本質，亦孟子對齊王之提醒。齊王若非只作為個人而樂，而是作為王而與民同樂（使民亦樂），無論其所樂為何，實已為治理。此時，實已有王對人民、及人民對王之快樂於其間，而這始是樂之根本，亦同為古樂之本意，如〈韶〉一體和諧之美那樣。能樂與民，這實亦對古樂之樂了，更實為治理之實現。孟子之「王之好樂甚，則齊其庶幾乎！今之樂，猶古之樂也」故確為實說，非虛說。表面各所樂不同，【百姓之快樂為：「父子不相見，兄弟妻子離散」這樣人倫悲劇不再發生】，然更深而言，君與民實各關切着對方其狀態、二者又同為快樂狀態所維繫着。如是人倫關切與快樂，為一切快樂（其他快樂）之本：人是先作為人、非先作為物對象性地快樂故。關鍵故都非在對象上，先在人倫與快樂其真正本質而已，這是孟子對齊王之回答。

在這回答中，因非只是齊王之好「鐘鼓之聲，管籥之音」，亦有提及「王之好田獵」、「百姓聞王車馬之音，見羽旄之美」，故田獵之樂亦應視為其中所舉樂之一種。其中如「羽旄之美」，已顯示人對「美」而感到快樂，「美」亦是人修養能提昇之本。這裡雖只從羽旄言，但也只是順承齊王性格言而已，如其好鄭聲之樂那樣。始終，對美之求索，仍是人教養與心對價值有所重視之原因。而有關羽旄之用，從孟子言「羽旄之美」可見，其時羽旄之美必然確實，非如今多只流為形式而用，絲毫不見其美，故而偽。

對好樂與好田獵，無論對象內容為何，孟子所指出，非只其事本身所有美與樂，【如古樂之樂或「車馬之音」、「羽旄之美」】，更先是快樂本身之基礎：一在與人同樂、而另一在人倫相互關切間，如百姓見王之樂而樂其樂那樣。兩者作為快樂之道，故直與人類存在相繫，此孟子對快樂首先分析。

〔2〕論快樂之基礎：自由

齊宣王問曰：「文王之囿，方七十里，有諸？」孟子對曰：「於傳有之」。曰：「若是其大乎？」曰：「民猶以為小也」。曰：「寡人之囿，方四十里，民猶以為大，何也？」曰：「文王之囿方七十里，芻蕘者往焉，雉兔者往焉，與民同之；民以為小，不亦宜乎？臣始至於境，問國之大禁，然後敢入。臣聞郊關之內，有囿方四十里，殺其麋鹿者如殺人之罪；則是方四十里為阱於國中，民以為大，不亦宜乎？」

第二章為齊宣王對苑囿之樂之問。齊王以其苑囿只方四十里，未及文王苑囿方七十里為大，然民仍以之為過大。孟子之回答雖如一切求樂欲望之回答那樣，言若能「與民同之」，民將以之為小；民若以之為大，因不與民同樂而已。道理雖表面上相同，然從內容觀，仍是有發人深省之意義。

在苑囿問題中，孟子特別指出，之所以人民百姓以齊王苑囿為大，這是因為：「臣始至於境，問國之大禁，然後敢入。臣聞郊關之內，有囿方四十里，殺其麋鹿者如殺人之罪；則是方四十里為阱於國中」；換言之，齊王苑囿之存在，對百姓言只是一種禁地，甚至一種陷阱，「殺其麋鹿者如殺人之罪」。苑囿對齊王言是其即近大自然之處，如於居處本身已有大自然之景觀在，而大自然景觀，又是人心靈得以遊憩者，更是人遠去人偽與功利而心靈得以自由者。然相反，對百姓言，這樣苑囿之存在反只是一種「大禁」、一種於國中之「阱」、一種如「囿」鳥獸（及人民）之地，換言之，剝奪人民自由之處所。若如上章所說，音樂所顯為快樂之必須建基於人倫和諧上，那在苑囿這樣快樂中，所顯則為快樂必須建基於人之自由上。不自由，無論甚麼，都無以稱為快樂。文中強調「大禁」、「阱」、「囿」等詞，是為指出此而言。

真正快樂，無論對象內容為何，因而都必須既有人倫和諧、亦有人之自由作為基礎。絲毫背離人倫及人之自由都無以能為真正快樂。在表面「與民同之」這樣回答中，孟子實對快樂作了一有關其基礎之分析，一在人倫並與人同樂、另一在（民之）自由上。

〔3〕論快樂之心懷：仁者之心懷

齊宣王問曰：「交鄰國有道乎？」孟子對曰：「有。惟仁者為能以大事小，是故湯事葛，文王事混夷。惟智者為能以小事大，故大王事獯鬻，句踐事吳。以大事小者，樂天者也。以小事大者，畏天者也。樂天者保天下，畏天者保其國。《詩》云：『畏天之威，于時保之』」。

王曰：「大哉言矣！寡人有疾，寡人好勇」。對曰：「王請無好小勇。夫撫劍疾視曰：『彼惡敢當我哉！』此匹夫之勇，敵一人者也。王請大之。《詩》云：『王赫斯怒，爰整其旅，以遏徂莒，以篤周祜，以對于天下』。此文王之勇也。文王一怒而安天下之民。《書》曰：『天降下民，作之君，作之師，惟曰其助上帝寵之。四方有罪無罪惟我在，天下曷敢有越厥志？』一人衡行於天下，武王恥之，此武王之勇也。而武王亦一怒而安天下之民。今王亦一怒而安天下之民，民惟恐王之不好勇也」。

在音樂、田獵、及苑囿之樂後，由交友而致之快樂，如上述，實是人與人間既具快意、亦有實際需要者。好勇相反，好勇意味着不得不有所敵對時之力量。齊宣王之問：「交鄰國有道乎？」雖沒有表示其對交際有所好，然如此問已表示：齊王希望能與鄰國交好、甚或於交誼時有所愉快。之所以問同亦表示：齊王於交際必有其困難在，否則無須問。朋友交往本既有快意、亦有所必需，故可為一種好與樂。然前提是：雙方須有一定平等、甚至無利害關係，否則交往將不為愉快亦不會容易。齊王之問，故實是針對如此情況而言，即在雙方有所差異時，如兩國間有大小強弱，此時之交往應如何？仍能樂？對這樣問題，孟子之回答如下：

「惟仁者為能以大事小，(…)。惟智者為能以小事大，(…)。以大事小者，樂天者也。以小事大者，畏天者也。樂天者保天下，畏天者保其國」。孟子之回答若從反面言是說：若有大小強弱這樣差異在，一切交際將無能遠離利害關係，因必有爭鬥在，故無能愉悅。此時，小者所承受禍害必然大，其能愉悅亦最少。雖然如此，小國並非不能有其善之可能，唯須有智慧：「智者為能以小事大」，並因而保全其身。此為小國於交際仍能有幸之條件。若無智，與大國交往是難不為其吞併或欺侮。孟子舉小國為例是為說明：這樣交往一般言是難有其愉悅可能。「畏」此時必其心況，故不可能有所「樂」。而對大國言，其心情實同樣，也只「畏」而已：因始終有所爭鬥，故縱使為大國，仍無以真正為快。

在具有大小差異之交往下，唯一能致樂情況，故是此時大者亦同為仁者。而這樣情況，即為交際之正道，亦孟子所以說：「惟仁者為能以大事小，(⋯)。以大事小者，樂天者也。(⋯)樂天者保天下」。能明白快樂之道並以之面對一切，這唯仁者始能。若非仁者，其存在心態也只能為負面而「畏」。仁者之能樂，因其心切願一切人善並樂；故若有樂，必與眾共。孟子稱此為「樂天」。正因有這樣心懷，故縱使為大國，亦能事小而再無欺壓之虞，並由此而保天下，使天下太平，達至交際時之悅樂狀態。快樂其最大者，故亦唯仁者能；若有所爭、有所私、或有所畏，都無以達至真正快樂、更無以使天下同為樂。「樂天」之心，故亦與眾同樂之心而已，一切以與人共為切願故。當然，若非為大，仍是未能致此。此時之道，須由仁而使天下歸順於己、由大而樂天下。從交際言仁，故可為人與人之道：亦仁而已、由仁而樂天而已，否則，是無以致真正快樂者。

而有關勇，孟子回答亦同樣。若只匹夫之小勇，始終仍有所敵對而未能終究安天下，故無法樂。勇亦須大，如文王、武王之勇那樣：「文王一怒而安天下之民」、「一人(紂)衡行於天下，武王恥之，此武王之勇也」；二人之勇仍是基於與人同樂，故大、亦能安天下。

無論是交國之道抑勇，故都仍基於與人共樂為道，其所應好在此，非唯在個人一己。若連一己所好亦能推己及人，如此所好，不會因為所好而不善。

樂除以人倫及自由為本外，故亦以仁為道：既能安人、亦能保人；此孟子有關好樂進一步說明。

〔4〕論賢者之樂：樂於為事

齊宣王見孟子於雪宮，王曰：「賢者亦有此樂乎？」孟子對曰：「有人不得則非其上矣。不得而非其上者，非也。為民上而不與民同樂者，亦非也。樂民之樂者，民亦樂其樂；憂民之憂者，民亦憂其憂。樂以天下，憂以天下，然而不王者，未之有也。昔者，齊景公問於晏子曰：『吾欲觀於轉附、朝儛，遵海而南，放于琅邪，吾何脩而可以比於先王觀也？』晏子對曰：『善哉問也！天子適諸侯曰巡狩，巡狩者，巡所守也。

諸侯朝於天子曰述職，述職者，述所職也。無非事者，春省耕而補不足，秋省斂而助不給。夏諺曰：『吾王不遊，吾何以休？吾王不豫，吾何以助？一遊一豫，為諸侯度』。今也不然，師行而糧食，飢者弗食，勞者弗息，睊睊胥讒，民乃作慝。方命虐民，飲食若流；流連荒亡，為諸侯憂。從流下而忘反謂之流，從流上而忘反謂之連，從獸無厭謂之荒，樂酒無厭謂之亡。先王無流連之樂，荒亡之行，惟君所行也』。景公說，大戒於國，出舍於郊，於是始興發，補不足。召太師曰：『為我作君臣相說之樂』。蓋〈徵招〉、〈角招〉是也。其詩曰：『畜君何尤？』畜君者，好君也」。

於第四章，孟子對較為負面之好與樂作討論。逸遊之樂所以獨立為一章，因如是之樂始終只自己事，未如下面毀明堂、好貨、好色對人可有傷害。齊王之問：「賢者亦有此樂乎？」明顯暗示：以下所言樂，是有其不賢或不善在，故始有「賢者亦有此樂乎？」問題。

雪宮，閻若璩《釋地》云：「蓋齊離宮之名，遊觀勝跡。（…）蓋亦以其地曾為先齊君臣共遊觀（…）」。【見焦循《孟子正義》】。對齊王之問，在舉晏子對齊景公之回答前，孟子自己之回答是：「有人不得則非其上矣。不得而非其上者，非也。為民上而不與民同樂者，亦非也。樂民之樂者，民亦樂其樂；憂民之憂者，民亦憂其憂。樂以天下，憂以天下，然而不王者，未之有也」。孟子回答之首句，近人分斷為：「有。人不得則非其上矣。不得而非其上者，非也」。這樣分句所以不如傳統，因於下文，孟子並沒有以肯定方式說賢者亦有遊觀之樂；分句故仍應如趙岐為正。孟子之回答是：作為賢者，其憂與樂都非在己，而在人或民上，此所以：「樂民之樂者，民亦樂其樂；憂民之憂者，民亦憂其憂」。於「樂」而言人之賢不賢，應為這樣道理而已。正因如此，故始有：「為民上而不與民同樂者，亦非也」一道理。而這是說：作為上位其樂若非與民同樂者，則非為賢。而之所以更先指出：「有人不得則非其上矣。不得而非其上者，非也」，這是因為：若為賢者，不但自身不求一己之樂，其君若有如此求索，亦會有所諫止；如是始為真正賢者。故在引晏子為例後，孟子解詩句：「畜君何尤？」而說：「畜君者，好君也」。「畜」字在《孟子》中唯解「畜養」，亦有內在約束之意，非如對父母之「養」那樣，純視為上者。因有約束之意，故始為孟子進一步解釋：賢者對君實有所約束，而這實出於對君有真實愛好。在晏子例子中，即為晏子對齊景公言說上之規勸，故趙岐注為：「言臣說君謂之好君」。《正義》引王念孫把趙氏句解為：「言臣悅君謂之好君」等等故為非，與文前後義不合。孟子所指出故為：賢者對其君因求為約束故非其行為。為免產生誤解，孟子故先指出：「有人不得則非其上矣。不得而非其上者，非也」。換言之，若只是因一己之不得而非其上，這當然並非對確。賢者表面上雖亦否定其君之樂，但實有所不同：其樂必為非，故此時「畜君」，實亦「好君」而已。賢者故亦不求如此快樂，這是孟子對齊宣王輾轉之回答，亦其先言「有人不得則非其上矣。不得而非其上者，非也」之原因。

從上可見，晏子對齊景公之回答實清楚：先王之出遊，非為一己享樂，而是為對人民生活與諸侯等情況之視察，故曰「巡狩」。而諸侯若有所出遊，亦只因為朝見天子、逑其所職。先王等之出遊，故不會無事而純為遊玩與享樂，此亦百姓所以樂見君出遊之原因。然今時之君其出遊相反，也只勞民傷財而已，只為一己遊樂享受而已，非為助益於民。孟子（藉由齊景公與晏子）所言道理，故實明白，也與前幾章意相同。出遊一事，若非為民而事，是再無其真正意義的。

〔5〕論負面快樂其可有之正面性

齊宣王問曰：「人皆謂我毀明堂，毀諸，已乎？」孟子對曰：「夫明堂者，王者之堂也。王欲行王政，則勿毀之矣」。王曰：「王政可得聞與？」對曰：「昔者文王之治岐也，耕者九一，仕者世祿，關市譏而不征，澤梁無禁，罪人不孥。老而無妻曰鰥，老而無夫曰寡，老而無子曰獨，幼而無父曰孤，此四者天下之窮民而無告者。文王發政施仁，必先斯四者。《詩》云：『哿矣富人，哀此煢獨』」。王曰：「善哉言乎！」曰：「王如善之，則何為不行？」

王曰：「寡人有疾，寡人好貨」。對曰：「昔者公劉好貨，《詩》云：『乃積乃倉，乃裹餱糧，于橐于囊，思戢用光，弓矢斯張，干戈戚揚，爰方啟行』。故居者有積倉，行者有裹囊也，然後可以爰方啟行。王如好貨，與百姓同之，於王何有？」

王曰：「寡人有疾，寡人好色」。對曰：「昔者大王好色，愛厥妃，《詩》云：『古公亶甫，來朝走馬，率西水滸，至于岐下；爰及姜女，聿來胥宇』。當是時也，內無怨女，外無曠夫，王如好色，與百姓同之，於王何有？」

最後，有關幾近全然負面之樂，孟子列舉三：由「毀明堂」所喻人之慵懶、【而此可能順承前章為民而事一主題而發】、好貨、及好色三者。慵懶是從不為事或無所用心言為負面，【故孔子說：「飽食終日，無所用心，難矣哉。不有博弈者乎？為之猶賢乎已」《論語．陽貨》】，好貨與好色則因有所奢侈浪費及有所迷惑、甚至對人有所傷害言為負面。無論怎樣，都似難有所意義。

「毀明堂」喻人之好慵懶，【見本組討論引言】，其反面為「敏於事」《論語．學而》甚或對人困難之協助。上位者若慵懶，必以民為無事、無所困難，故孟子借由文王之王政指出：人實是有着種種困難必須協助與解決。舉老而無妻、老而無夫、老而無子、幼而無父四者，只舉人事中無可避免之事實，故「文王發政施仁，必先斯四者」，直針對人所有困難而發。引《詩》云：「哿矣富人，哀此煢獨」，更是為對比富而無事與人必有困窮這樣相反事實。孟子舉四者，故非只為言「敏於事」而已，更為指出：人於存在中必然有種種困難，為人為事首先應從此言，亦孔子所言「孝悌」之根本義。人故不應自我地以為人世無事，作為自身慵懶之借口。上位者尤是。

同樣，無論國家抑人民，都有着種種物資需要，故對貨物，是應更針對人這真實需要而發。個人對事物之好與樂，若不與人基本生存物資需要有關，只一味求為稀世難得之貨，如此個人物欲與樂，都非為物之正道。舉周先祖公劉遷民於豳而積倉、裹糧於囊，這始是對好貨所應有之道，與人真正需要有關、非只求個人於物品之好樂。

至於好色，仍是有其更客觀真實與意義。除為人類之延續外，亦可使男女能達成其居室而有所安定。舉古公亶父之「爰及姜女」，亦是為言「聿來胥宇」（審視其所欲定居之地）這樣道理。故「當是時也，內無怨女，外無曠夫」，男女均有其居室而安定，此實好色其更客觀並正面意義：非在興發欲望，在使心能更有所安定而已。【心未有定向，始有好色問題，故：「血氣未定，戒之在色」《論語·季氏》】。

孟子在這一至五章，確實對快樂嘗試作分類。雖非如孔子那樣對快樂之損益作總覽，【見《論語．季氏》：「孔子曰：益者三樂，損者三樂。樂節禮樂，樂道人之善，樂多賢友，益矣。樂驕樂，樂佚游，樂宴樂，損矣」】，然更直是針對上位者之好與樂言，示其對快樂之欲仍可怎樣有其善。故縱使明知「毀明堂」、好貨、好色三者為非，孟子仍極力使之回歸正面性。當然，三者之正道仍是以「與民同樂」為基礎。然孟子在此外更指出：事情無論多負面，始終仍必有其正面性可能，故如〔毀〕明堂本可從為民行仁政言、好貨亦可為國家糧食或人之必需而積累、而好色更可為男女居室大倫之安定，【見〈萬章上〉第二章：「男女居室，人之大倫也」】，一為對人民之政、二為對人民之活、而三為對人民家室之安定。三者表面上負面，然始終仍可有其正面意義在。此孟子對欲望負面性所示之正道。

我們對以上五章作一列表：

一、好樂、好田獵	樂於人倫、與人同樂
二、好苑囿	樂於自由
三、好結交、好勇	樂於安人與保民（仁者之樂）
四、好遊觀（逸樂）	樂於為民（人）而事（賢者之樂）
五、好慵懶、好貨、好色	樂於民政、樂於人民物資、樂於人民居室（男女）生活

以上五者，一言人倫之樂、二言人存在自由之樂、三言國家或人民安定之樂、四言為民事而視察之樂、五更具體言對民政、物資及人民居室（男女）生活之樂。五者一層一層從存在至普遍方面至生活至具體細微言，為快樂其廣大及真實時之體現。快樂故不應只理解為個人之私（慾樂），更可是與人、甚至為人類存在整體之事：為人類存在本身之樂。孟子有關欲樂所言，故為快樂其正道：音樂（及一切人文創制）之樂在人倫、苑囿之樂在自由自得、好結交或好勇之樂在存在安定、遊觀之樂在人事體察與咨詢、閑逸能為人而從事（好義、行義）、好貨意義在生活富庶、而好色意義則在居室之安定。以上為孟子有關欲樂其正道或正面性之說明。

*

二、論現實中個體其所能之層面〔6至10〕

人於現實除有其可欲(欲樂)純然主觀一面外，亦有其所能作為這主動一面。因為作為，故應有其客觀性為原則。孟子在下面五章所討論，正是這樣問題。不單只原則或方法應客觀，甚至此時作為所可達至之程度仍應從情況之客觀性定奪。孟子這裡並非對「作為」其具體內容作說明，只對人其若有所作為時，其時基本道理應怎樣。如同前一組問題，本組亦分五章：

一、人在作為中之盡責
二、人在作為中之用人
三、人在作為中之極致情況(如弒君)
四、人在作為中物事之客觀真實性(專業知識)
五、人在作為中其所涉人(承受者)感受之客觀真實性

以上五點雖僅原則，然極為基本，更是對向作為者所作戒惕。舉君王為例，也只舉其至能

主動者而已。若有所不能，本無須言作為，一切也只能沉默面對，或如下組所言，只能被動地反應。所以分為五章，除言盡責外（第六章），更言與人有關（七與八章）、及與物或對象（如百姓）有關方面（九與十章）。

〔6〕論作為中責任之客觀性

孟子謂齊宣王曰：「王之臣，有託其妻子於其友而之楚遊者，比其反也，則凍餒其妻子，則如之何？」王曰：「棄之」。曰：「士師不能治士，則如之何？」王曰：「已之」。曰：「四境之內不治，則如之何？」王顧左右而言他。

本章道理明白。作為而不負責任，若為下屬，則去之；若為朋友（無去不去問題），則棄之。棄之或去之故為作為中對人不負責任時之道。本章道理，故言於事作為中，應負起其責任並盡力。

責任本有其客觀性在，故連齊宣王，亦知受託未盡責或「士師不能治士」時為過錯；亦於被指出「四境之內不治」時，則無言以對。於事而負責，這是人於作為中首先道理，其為道理明白。

〔7〕論作為中之用人

孟子見齊宣王曰：「所謂故國者，非謂有喬木之謂也，有世臣之謂也。王無親臣矣，昔者所進，今日不知其亡也」。王曰：「吾何以識其不才而舍之？」曰：「國君進賢，如不得已，將使卑踰尊，疏踰戚，可不慎與？左右皆曰賢，未可也；諸大夫皆曰賢，未可也；國人皆曰賢，然後察之；見賢焉，然後用之。左右皆曰不可，勿聽；諸大夫皆曰不可，勿聽；國人皆曰不可，然後察之；見不可焉，然後去之。左右皆曰可殺，勿聽；諸大夫皆曰可殺，勿聽；國人皆曰可殺，然後察之；見可殺焉，然後殺之。故曰國人殺之也。如此，然後可以為民父母」。

本章開首所言「故國」，喻具有歷史悠久因而珍貴者；非只從事物、更從優良人才與傳統言。【這實於國家傳統更為重要】。人多只知喬木之難得，不知世臣之珍貴。所謂世臣，指能以道事君、文累世建功者。孟子指出，齊王所以問用人之道，因其所用人，已非賢德之士，故有捨棄之意而問：「吾何以識其不才而舍之？」」。

用人多非由精心詳審或真對人有所知後而用，故常因「不得已」而用不當用之人，亦往往只造成「卑踰尊，疏踰戚」這樣情況：使卑下者超越尊貴者、或使那不真實地親近者越過真實地親信於（忠善於）自己者。當孟子之後更說不應隨便聽任於左右人之意見時，這正是因身邊所用人非必賢德真實，故「左右皆曰賢，未可也；諸大夫皆曰賢，未可也；國人皆曰賢，然後察之；見賢焉，然後用之。左右皆曰不可，勿聽；諸大夫皆曰不可，勿聽；國人皆曰不可，然後察之；見不可焉，然後去之。左右皆曰可殺，勿聽；諸大夫皆曰可殺，勿聽；國人皆曰可殺，然後察之；見可殺焉，然後殺之」。無論是用人抑去人，故都應盡其客觀真實；甚至非只是「國人皆曰賢」

或「國人皆曰不可」，更是自己進一步「察之；見賢焉，然後用之」及「察之；見不可焉，然後去之」，換言之，自己極盡其真實。

孟子有關這用人之道，故實指出其客觀性可有之兩面：一從人其過去之功績定斷，如世臣；另一從人其賢否是在百姓認知下所定奪，是不應只信任自己身邊人之意見、甚或只聽信具有權威或特殊階層如諸大夫之意見，不能更客觀地聆聽一切人普遍意見與認知。人與人間，是易有謀合或非議關係在，甚至在特殊階層或標準下，是有一定相互維護之必然，故均不可信任。本章所教人道理故有二：一在有所作為時，必須人之協助，故有用人問題；二為對人之任用，或由於其過去功績之真實、或由人人共同而普遍認定之客觀性取決，非由於表面關係或權位（如今日所以為學歷文憑）。此人於作為中，其與「人」有關之第一點。

〔8〕論作為可有之極致情況：弒君

齊宣王問曰：「湯放桀，武王伐紂，有諸？」孟子對曰：「於傳有之」。曰：「臣弒其君，可乎？」曰：「賊仁者謂之賊，賊義者謂之殘，殘賊之人，謂之一夫。聞誅一夫紂矣，未聞弒君也」。

在作為中與「人」有關之第二點，孟子以「臣弒其君」一問題討論。對至上者如君之弒殺，這是與人關係中其作為上從否定方面言之極致者，一種作為上之極端情況。孟子舉這樣情況，是為說明在人之作為中，其所有極致極端可至何種程度（仍為真實）、及人其權位實不代表任何意義，無須作為考慮因素。

若如桀紂般之無道，縱使為君，仍可為臣弒殺。齊王之「臣弒其君，可乎？」是對這樣作為質疑。而孟子之回答表示：人其所是，是由其作為而定奪，不應只考慮其外在地位與權勢。若如桀紂之賊仁賊義，也只一夫而已，再無須以君之尊貴而衡量，故「聞誅一夫紂矣，未聞弒君也」。對賊仁賊義者之捨棄甚至弒殺，故仍是作為上之真實。作為上之真實只考慮其事之真實而已，非考慮地位權力。

孟子以上兩章，故可視為言在作為中之上對下及下對上可有關係；更可視為除事之作為外，亦有對人之作為，故：「國人皆曰可殺，然後察之；見可殺焉，然後殺之。故曰國人殺之也」，或「誅一夫紂」。作為中之有道無道、人之賢與不才、其用與去、其所有真實與只權位之表面等等，故為人於作為及於與人關係中，不可不察道理。

〔9〕論作為之真實與權勢無關

孟子謂齊宣王曰：「為巨室，則必使工師求大木，工師得大木，則王喜，以為能勝其任也。匠人斲而小之，則王怒，以為不勝其任矣。夫人幼而學之，壯而欲行之，王曰：『姑舍女所學而從我』，則何如？今有璞玉於此，雖萬鎰必使玉人彫琢之。至於治國家，則曰：『姑舍女所學而從我』，則何以異於教玉人彫琢玉哉？」

若上兩章針對人，那第九第十兩章則針對事或物：一以「為巨室」與「雕琢玉」喻「治國家」、另一從「伐燕」「取之」言。

事情之作為其背後必有事情本身之真實，勝任與不勝任，取決於此，是不能因權力而任意妄為，失去事其真實。像這樣道理，無論事為何，多為人所知；唯於治國，或於似無直接後果之事情上，人始往往胡作非為，既輕視其事之重要性、亦不承認自身無知、甚或以人之不知而更行欺騙，始終虛假而偽，故有如孟子這裡所說：「姑舍女所學而從我」這樣荒謬性。雖然荒謬，但又是常見事實：無知者決定着有知者、無能者支配着有能者，使世界顛倒着行走而虛假虛偽。為事或一切作為必須有其客觀真實，亦必須由幼學而致，是不能因任何如地位權勢等原因而無視事情真實的。此人作為中基本道理。

〔10〕論作為中之取捨與權力力量無關

齊人伐燕，勝之。宣王問曰：「或謂寡人勿取，或謂寡人取之。以萬乘之國伐萬乘之國，五旬而舉之，人力不至於此，不取必有天殃，取之何如？」孟子對曰：「取之而燕民悅，則取之。古之人有行之者，武王是也。取之而燕民不悅，則勿取。古之人有行之者，文王是也。以萬乘之國伐萬乘之國，簞食壺漿，以迎王師，豈有他哉，避水火也。如水益深，如火益熱，亦運而已矣」。

除權力地位不應左右或決定事情作為之真實性外，同樣，若權力力量能左右一事之成敗時，仍是不應以此為取捨，更應取決於其事本身之客觀真實。孟子所舉例子為齊王之取燕國。雖同為萬乘之國，然齊之伐燕能輕易而勝。然對齊王之欲取下燕國，孟子說：「取之而燕民悅，則取之」，「取之而燕民不悅，則勿取」，以其國自身人民百姓是否悅於其取視為唯一客觀因素，其他一切理由，都非相關。若權力力量不應左右事情其知識之真實性，同樣，權力力量亦不應決定着事情所關係之人其客觀真實性，如在政治中之人民百姓，一切事情取決於此，非取決於權力本身。

若前章所言客觀真實性在物，本章所言客觀真實性則在人；一為知識專業事、另一即為政治事。孟子所教是：無論怎樣作為，均有其事情本身之客觀真實性或對象在，故不應任憑個人主觀意欲或權力而妄為。

本組問題五章，撇開其第一章（篇第六章），其餘四章在內容上均有一安排：第七章言世臣與賢與不賢者、第八章言弒君、第九章言治國知識、第十章言取決於人民百姓。第七故與第九對，而第八則與第十對。七與九均言在作為中所用之協助力量：一在賢人、另一在事情知識；而八與十則以君與人民相對反，君雖為至高權力然仍可弒，人民雖為至下位階然事情取決在他們身上、非在權力。八與十故言作為所針對對象，非如七與九從作為之協助者言。而如「君」這至上位、及「民」這至下對象，前者並沒有代表客觀性，反而後者始是。協助者與對象，二者為一切作為所涉之客觀面。協助者之在人與在物（知識技能）、對象之為上位權力抑下位承受者，都是人在作為中必然遇到之層面與問題。孟子雖表面上只在乎事情之客觀真實性，然實已對上述層面所涉及之道理作了回答：如無須在乎權力與上位，反應在乎人之賢能與否；應立於事情本身專業之真實性，及立於承受者之真實感受，非取決於權力與上位者，這些都是人在能主動作為時應有道理。人必須為人而作為（服務）、人必須負起其職責、人必須用賢人與知者之協助、人應重視其承受者所有感受、人無須在乎行作者之權力地位……，這些道理，是孟子針對作為者所有教導。人於現實存在中各有其所能作為，然始終必須真實，不能依憑權勢或時勢而妄為。

*

三、論現實中個體其所必須面對之困難層面〔11至16〕

在現實存在中，除欲樂（欲求）及作為外，個體仍有不能自己之一面。這不能為人左右之一面，是人無論位置多高或權力多大都無法免去者。人雖羨慕地位權貴，然無論人多麼優越、境況多麼富裕，始終都有着艱難不如意甚至無奈之一面，任誰都無法避免。故對地位財富之羨慕，都只幻想而已：不同處境，始終有着不同層次之無力與無奈。孟子舉各種上位者為例，所指出正是各所有困難。因困難無窮無盡，其內容亦無法一一列舉，故孟子所言，只對向事情不同困難程度（自輕微至無奈）時人應有態度。因是從一國之上位者言，故所舉例子均為國家所面臨之種種威脅。

〔11〕由自身引致之外在困難

齊人伐燕，取之。諸侯將謀救燕，宣王曰：「諸侯多謀伐寡人者，何以待之？」孟子對曰：「臣聞七十里為政於天下者，湯是也。未聞以千里畏人者也。《書》曰：『湯一征，自葛始』。天下信之，東面而征西夷怨，南面而征北狄怨，曰：『奚為後我』？民望之，若大旱之望雲霓也。歸市者不止，耕者不變，誅其君而弔其民，若時雨降，民大悅。《書》曰：『徯我后，后來其蘇』。今燕虐其民，王往而征之，民以為將拯己於水火之中也，簞食壺漿，以迎王師。若殺其父兄，係累其子弟，毀其宗廟，遷其重器，如之何其可也？天下固畏齊之彊也，今又倍地而不行仁政，是動天下之兵也。王速出令，反其旄倪，止其重器，謀於燕眾，置君而後去之，則猶可及止也」。

作為國家所有困難之第一層次，孟子仍接着上幾章從齊之伐燕言。齊為強國，故此時所有困難，相對言較為輕微。齊宣王之問，是由於齊伐燕然其他諸侯共謀救燕，故對立齊時所形成之困難。孟子舉湯征伐為例，【有關湯征伐之事，見〈滕文公下〉第五章】，言若征伐是為救民於水火，如此沒有人不能接受並感到慶幸（「燕虐其民，王往而征之，民以為將拯己於水火之中也」）。相反，若齊王之伐燕只是加深燕民之災難，「殺其父兄，係累其子弟，毀其宗廟，遷其重器」，又只是藉着征伐加強自身之強大，如是不可能不為他國所懼而謀劃對反。這第一類困難，其困難故是由自身無道所引起，如是困難仍有解決方法，即改其無道便是。故如「王速出令，反其旄倪，止其重器，謀於燕眾，置君而後去之，則猶可及止也」。換言之，若齊王能把燕國歸還於其人民，並停止對其傷殘，使人見齊非貪婪而有道，如是仍可止一切對立。力量無論多大，若無道，始終會招致自身危殆或困難，非因強大而無敵。

〔12〕由自身引致之內在困難

鄒與魯鬨，穆公問曰：「吾有司死者三十三人，而民莫之死也。誅之則不可勝誅，不誅則疾視其長上之死而不救，如之何則可也？」孟子對曰：「凶年饑歲，君之民，老弱轉乎溝壑，壯者散而之四方者，幾千人矣。而君之倉廩實，府庫充，有司莫以告，是上慢而殘下也。曾子曰：『戒之戒之！出乎爾者，反乎爾者也』。夫民今而後得反之也，君無尤焉？君行仁政，斯民親其上，死其長矣」。

鄒穆公以其人民沒有一個願為其官吏而死，以民「疾視其長上之死而不救」。孟子指出，這些所謂長上，在人民凶歲困難時，沒有一個向上稟告，沒有一個協助人民解其困阨，故曾子說：「出乎爾者，反乎爾者也」。換言之，出於人自己的，是終會同樣發生在自己身上。一個人怎樣對待他人，這也就是他人會怎樣對待自己。這樣困難，表面上似他人非是，然實先出於自己之不是、先出於自己，非由於他人。故孟子教誨說：「君行仁政，斯民親其上，死其長矣」。本章與前章之差異，在其外與內：前章所言困難由外致，本章所言困難則由於內；「出乎爾者，反乎爾者也」即言此內在關係。但無論困難外來抑內致，都必為自己所造成，故能改變自己、依正道而行，如此困難仍自然會迎刃而解。

〔13〕對無可奈何困境之道一：至死而不去

滕文公問曰：「滕，小國也。閒於齊、楚，事齊乎？事楚乎？」孟子對曰：「是謀，非吾所能及也。無已，則有一焉，鑿斯池也，築斯城也，與民守之，效死而民弗去，則是可為也」。

從本章所言困難始，再非由於自己引致，確由外來處境形成，故有無奈在。孟子在這裡舉滕國為例。因滕國弱小，其所面對首先困難，為夾於大國之間，故不得已而感無力。滕文公所言之第一種困難，即為面對齊、楚兩大國時，應事齊抑事楚這樣問題。從孟子說：「非吾所能及也」可見，困難若單純發生於自己，仍可改變；若非由於自己，則實難於解決。不過，孟子仍試圖給出解答，非從改變、而從怎樣應對言。

孟子之回答是：「鑿斯池也，築斯城也，與民守之，效死而民弗去，則是可為也」。換言之，在無可奈何時，只盡力加強自己，盡力守護一切，至死而不放棄（其人民），這是唯一仍能作為的。心若始終懷着所應為（所可能為）而為，至死不去，這是人在面對無奈情況下，仍能正面地作為者。這是面對無可奈何困難時之第一種可能反應。

〔14〕對無可奈何困境之道二：強為善而已

滕文公問曰：「齊人將築薛，吾甚恐，如之何則可？」孟子對曰：「昔者大王居邠，狄人侵之，去之岐山之下居焉。非擇而取之，不得已也。苟為善，後世子孫必有王者矣。君子創業垂統，為可繼也。若夫成功，則天也。君如彼何哉？強為善而已矣」。

面對無可奈何困難其第二種態度是：「強為善而已矣」。若如狄人之侵，周太王無奈而不得不躲避，居於岐山之下，這是「不得已」而已。人其努力是否會成功，這始終是天意之事，非人能自決。人致力於善之一切努力（「強為善而已矣」），是仍會為人（他人）所繼承的。至於成敗，這則非人力之事，能得人繼承便已足夠。故能守護其事而盡善，使他人能繼，這已是在無可奈何情況下自己仍能致力的。

〔15〕對無可奈何困境之道三：捨棄

滕文公問曰：「滕，小國也。竭力以事大國，則不得免焉，如之何則可？」孟子對曰：「昔者大王居邠，狄人侵之，事之以皮幣，不得免焉；事之以犬馬，不得免焉；事之以珠玉，不得免焉。乃屬其耆老而告之曰：

『狄人之所欲者，吾土地也。吾聞之也，君子不以其所以養人者害人。二三子何患乎無君，我將去之』。去邠，踰梁山，邑于岐山之下居焉。邠人曰：『仁人也，不可失也』。從之者如歸市。或曰：『世守也，非身之所能為也，效死勿去』。君請擇於斯二者」。

至於面對無可奈何困境時其第三種反應：若強為善仍不能，如滕之「竭力以事大國」仍不能免，或如周太王之事狄，「事之以皮幣，不得免焉；事之以犬馬，不得免焉；事之以珠玉，不得免焉」那樣，那也只有自己放棄其地（放棄所有）而離去；因為人所欲者，始終也只其所有而已；以此讓於人，人不會再作損害或傷害。故大王對耆老說：「狄人之所欲者，吾土地也。吾聞之也，君子不以其所以養人者害人。二三子何患乎無君，我將去之」。

於無可奈何時，極端地言，也只能有二途而已：或如第一點所言至死而守、或如第三點所言捨棄而讓（躲避而離去）；除此兩者外，再無他法。孟子故總結說：「君請擇於斯二者」。不過，無論是哪一種方法，始終仍不能因畏強怕死而妥協於無道。人之「強為善」、「君子不以其所以養人者害人」，這始終仍是必守之道。至於其所有能否保存抑必須捨棄，這始終仍可選擇。人唯不應為保有其所有而放棄善道。

孟子在以上五章中所討論的問題，為人於存在中不能免去困難之不同程度：或由己致故能改變、或非由於己故只能效死以對……。而一切存在困境，終究言，也只由於強弱差異而已。然無論強抑弱，仍各有其自身所懼、仍是有恐失陷失去者。強者之改其不善、弱者之仍致力於善（強行善），這是無論在強抑在弱勢中，唯一仍能守道之法。此孟子在此五章中所始終指出者。故無論多大之強弱差距與困難，守道而善，仍為唯一正道。其他一切，只天意而已，非人力可為。孟子故以以下最後一章，言人行止與天命之關係。

〔16〕對無可奈何困境之總結：天意

魯平公將出，嬖人臧倉者請曰：「他日君出，則必命有司所之；今乘輿已駕矣，有司未知所之，敢請？」公曰：「將見孟子」。曰：「何哉！君所為輕身以先於匹夫者，以為賢乎？禮義由賢者出，而孟子之後喪踰前喪。君無見焉」。公曰：「諾」。樂正子入見曰：「君奚為不見孟軻也？」曰：「或告寡人曰：『孟子之後喪踰前喪』。是以不往見也」。曰：「何哉？君所謂踰者，前以士後以大夫，前以三鼎而後以五鼎與？」曰：「否。謂棺槨【同「槨」】衣衾之美也」。曰：「非所謂踰也，貧富不同也」。樂正子見孟子曰：「克告於君，君為來見也。嬖人有臧倉者沮君，君是以不果來也」。曰：「行或使之，止或尼之，行止非人所能也。吾之不遇魯侯，天也。臧氏之子，焉能使予不遇哉？」

對魯平公之欲見孟子，始終有嬖人阻攔，終不能遇。孟子以這樣故事最後說明以下兩點：

一、無論人作多少善之努力，都始終可為小人所扭曲；如以孟子為例：孟子對其母之喪為人扭曲其背後真實，以有踰對其父之喪，這樣事實歪曲，是人常見之無奈。

二、縱使孟子實有其賢、縱使亦有樂正子從中協助，然事之不成仍然不成，此亦人常有之無奈。對善之歪曲、善之不能行，這是繼上五章人於強弱中所有無奈外，人類存在另一種最為遺憾之無奈，再與強弱無關。對這樣由小人引致之無奈，人亦是無能有所作為，故孟子也只能總結說：「行或使之，止或尼之，行止非人所能也。吾之不遇魯侯，天也」。這是說：人之行與止、其行與止之或由於外使之、或由於外而受阻，都實非人力所能取決者。如人之遇與不遇那樣，都只天意而已，非人力能決。孟子雖然似歸咎於無奈，但實反而教人：因為事實甚或為天意，故不應再有無奈或遺憾之感。若視不能遇為天意，是無須因臧氏如此小人而致有所遺憾。無奈之事因非人力所能改變，故無須無奈，這是孟子對以上各章之總結。

以上為孟子對個體其於現實存在中所有層面之說明：或有其欲樂主觀一面、或有其能作為之一面、亦有其無奈不能免之一面。而對〈梁惠王上〉現實基本範疇孟子均歸結於仁道之正，那在〈梁惠王下〉對個人其現實性，孟子則歸結為一種更客觀時之真實性、以此正其種種不是：如於主觀欲樂中仍可有更為客觀之快樂、又或如作為中仍有更為客觀之方法與對象等等。孟子是以如此客觀性解人其個體之現實性，一如以道之仁解一切現實範疇那樣。道之對向存在整體現實、客觀真實性之對向個體現實性，這是孟子在〈梁惠王〉這首篇所討論者。有關孟子對存在現實範疇與對個體其現實層面之分析，我們至此終。

公元二零一零年四月十九日

公孫丑上

論心之面相一

〈公孫丑〉論說「心」為主題。我們都知，心性問題為孟子思想代表。然孟子處理心，非對心作抽象理論分析，相反，若明白〈公孫丑〉為對心種種面相之分析，那能如此具體地見心，「心」一問題不再只是理論論說對象。若真有理論需要，也只應立足於心這些具體面相、而對心進行整理。心始終非不可知見之實體。

〈公孫丑上〉由九章、〈公孫丑下〉則由十四章構成。上下篇章數雖不一，然均分為四組，四組亦有所對應。結構如下：

〈公孫丑上〉

一、論心自身所有真實（1、2）

二、論對外時之心（3、4）

三、論心之所悅與所不忍（5、6）

四、論心之自我性格（7、8、9）

〈公孫丑下〉

一、論一般人心之真實（1、2）

二、論心之知（3至6）

三、論心與欲望——私心（7至10）

四、論個人內心，如心之誠、心之期盼與怨、及心之志等（11至14）

上下篇之各四組，因而有一方向上對應：「心自身真實」（上篇第一組）對應「人共同心況」（下篇第一組）；「對外之心」（上篇第二組）對應「心之知」（下篇第二組）；「心之所悅與不忍」（上篇第三組）對應「心之欲望」（下篇第三組）；而「心之自我性格」（上篇第四組）則對應「個人內心面相」（下篇第四組）。而在上下篇各自分組內部，亦有安排：上篇「心自身真實」（上篇第一組）對反「向外之心」（上篇第二組）；「心之所悅與不忍」（上篇第三組）則對向「心之自我性格」（上篇第四組）；下篇「人一般心」（下篇第一組）因從心感受言，故對向第二組「心之知性」；而第三組「心之所欲」則對向「個人心所有志向與內心期盼等面相」（下篇第四組）；如是孟子具體地窮究心種種真實與問題。能這樣對心作全面討論，自古至今無能相比。

*

一、論心自身之真實〔1、2〕

有關心自身所有真實，孟子從兩方面言：一為心縱使在外在被動中，本身仍有真實性可能（心自身真實性）；二為心在種種外在性前自身可不受改變（不動心）。【見第一、第二章】。這第一組與第二組「論對外時之心」其差異在於：第一組所言雖未必與外在無關，然始終只是心自己之真實，非如第二組，是從對外態度之關係言。心之作為態度已反映出，此時關鍵先在對象，心只反應而已，因而始終非從心自身所有真實言。這是第一與第二組問題之差異。

〔1〕論心自身真實性

公孫丑問曰：「夫子當路於齊，管仲、晏子之功，可復許乎？」孟子曰：「子誠齊人也，知管仲、晏子而已矣。或問乎曾西曰：『吾子與子路孰賢？』曾西蹴然曰：『吾先子之所畏也』。曰：『然則吾子與管仲孰賢？』曾西艴然不悅曰：『爾何曾比予於管仲？管仲得君，如彼其專也；行乎國政，如彼其久也；功烈，如彼其卑也。爾何曾比予於是？』曰管仲，曾西之所不為也，而子為我願之乎？」曰：「管仲以其君霸，晏子以其君顯，管仲、晏子猶不足為與？」曰：「以齊王，由反手也」。曰：「若是，則弟子之惑滋甚。且以文王之德，百年而後崩，猶未洽於天下；武王、周公繼之，然後大行。今言王若易然，則文王不足法與？」曰：「文王何可當也。由湯至於武丁，賢聖之君六七作，天下歸殷久矣，久則難變也。武丁朝諸侯，有天下，猶運之掌也。紂之去武丁，未久也。其故家遺俗，流風善政，猶有存者。又有微子、微仲、王子比干、箕子、膠鬲，皆賢人也。相與輔相之，故久而後失之也。尺地莫非其有也，一民莫非其臣也，然而文王猶方百里起，是以難也。齊人有言曰：『雖有智慧，不如乘勢；雖有鎡基，不如待時』。今時則易然也。夏后、殷、周之盛，地未有過千里者也，而齊有其地矣。雞鳴狗吠相聞，而達乎四境，而齊有其民矣。地不改辟矣，民不改聚矣，行仁政而王，莫之能禦也。且王者之不作，未有疏於此時者也。民之憔悴於虐政，未有甚於此時者也。飢者易為食，渴者易為飲，孔子曰：『德之流行，速於置郵而傳命』。當今之時，萬乘之國行仁政，民之悅之，猶解倒懸也。故事半古之人，功必倍之，惟此時為然」。

有關心自身真實性之討論，孟子主要從三方面言：一由孟子自己及曾西代表、二由文王代表、而三則由百姓心代表。三種心向度均各有其對真偽之辨，亦因而顯心自身真實性。

公孫丑問孟子若能在齊國掌權，是否會建立如管仲、晏嬰般功業？本來，本章故事所討論，似只功業問題，與心無關。然孟子所說正是：單純功業無可判別人其真實與否。正因如此，公孫丑始有所惑（「若是，則弟子之惑滋甚」）。若一切作為都無法可由其本身判別其內裡究竟，這內裡究竟，終究言，也只能落於人之志向上，換言之，落於其心上。人及一切作為（功業）之真與否，故都不能表面地看，必須從內裡真實地、從察知每人情況之不同、甚至從察知每人心其真實而定：不同情況所顯，最終亦人之心而已。又因心應有對真偽察知之能力、及有作為自身心志之真實，故人自身心若真實，是自然會見對方之真實的。若所見不真，亦必人自己心本非真實而已，如公孫丑。公孫丑之提問、及孟子與之討論，故也只這樣真實性問題而已。若人自己心不真實，是無以辨別外在功業成就之真偽而必惑於其表面。若非有「心」之真實、有如心這樣層次之真實性，人類是再無真實與否可言，那時一切將只取決於表面與外在而已：有功業即有、無成就即無，再無所謂真與偽。表面上本章沒有提及心，但若不從心解釋，是無以見功業之真偽的。本章從功業與人其真偽之分辨切入，故是教人見人心其本然所有真實性、及心之為一切真實性之本這樣道理。是這樣真實性決定着其他一切真實性，亦是心其真實性為一切與人類自身有關事情其真實性之本與最終決定者。故孟子之回答沒有順着問題本身而說能與不能，反而指出：他與曾西一樣，從不以如管仲般之功業為功業，換言之，是不會只見表面之成就而不知分辨真偽的。孟子之「子為我願之乎?」,直指自己心,直指自己心之真實,故不願,非不能。

對公孫丑之辯說管仲輔齊桓公而有霸業、晏嬰輔齊景公而名揚天下,難道不值一學時,孟子之回答是:人之成就可單純由外在環境與時勢造成,而這意味,人之作為非必由於心志之真實。管仲、晏嬰二人正因時處齊國之強,故始能有如此成就。大國而能統一天下,易如反掌,故非代表這即其人內裡真實。孟子順承公孫丑以文王為例而指出:如文王般真實,因其時代困難,文王故也只能從方百里之地立起,對其言統一天下,是極困難之事。人及事情其內裡真實,與外在表面之成就,二者故毫無關係,是不能由人或事情之外表成就,推斷其內裡真實者。因而如齊國之強仍未能為王者,實反顯齊王內裡根本無此王者之心與能力。若有,對如那時之民情(「民之憔悴於虐政,未有甚於此時者也。飢者易為食,渴者易為飲」),行仁政實易如反掌:「民之悅之,猶解倒懸也」。

本章故事所論述,故是內裡真實與外在表現兩者間其真實性上之差異。若沒有內裡真實,是無以能有外在真正成就的。事情內裡之真,終歸言,亦人心之真與偽而已。而心其內裡真實,或體現在如曾西與孟子之知分辨真偽、或體現在如文王王者之心、甚或單純體現在人民百姓如飢者渴者心之真實,那見仁政而悅之百姓心。換言之,無論是心主動如文王之真、抑如曾西孟子知真偽之辨、甚或只如百姓作為承受者時人性心感受之真實，無論那樣地位與處境，心始終有其自己真實性。心之真實，故與外在強弱絲毫無關。心始終有其獨立性，縱使在無奈之飢者渴者身上仍然：只會因見仁政而悅，不會泯滅心之真實而虛假。心之真實故有三：其主動德行（仁）時之真、其知真偽而不惑時之真、及其人性本然之真。心之真實盡於此三者：或從作為之心（志）言、或從知辨之心言、又或從人性感受之心言。三者均有心其在欲望與成就外、在一切表面性外之獨立性，此孟子對心其獨立真實之說明，亦〈公孫丑〉有關心之討論首章主旨。

〔2〕論不動心與對人心之知見

公孫丑問曰：「夫子加齊之卿相，得行道焉，雖由此霸王不異矣。如此則動心否乎？」孟子曰：「否，我四十不動心」。曰：「若是，則夫子過孟賁遠矣」。曰：「是不難，告子先我不動心」。曰：「不動心有道乎？」曰：「有。北宮黝之養勇也：不膚橈，不目逃，思以一豪挫於人，若撻之於市朝；不受於褐寬博，亦不受於萬乘之君；視刺萬乘之君，若刺褐夫，無嚴諸侯；惡聲至，必反之。孟施舍之所養勇也，曰：『視不勝，猶勝也。量敵而後進，慮勝而後會，是畏三軍者也。舍豈能為必勝哉？能無懼而已矣』。孟施舍似曾子，北宮黝似子夏，夫二子之勇，未知其孰賢，然而孟施舍守約也。昔者曾子謂子襄曰：『子好勇乎？吾嘗聞大勇於夫子矣。自反而不縮，雖褐寬博，吾不惴焉；自反而縮，雖千萬人，吾往矣』。孟施舍之守氣，又不如曾子之守約也」。

曰：「敢問夫子之不動心，與告子之不動心，可得聞與？」「告子曰：『不得於言，勿求於心；不得於心，勿求於氣』。不得於心，勿求於氣，可。不得於言，勿求於心，不可。夫志，氣之帥也。氣，體之充也。夫志至焉，氣次焉。故曰持其志，無暴其氣」。「既曰志至焉氣次焉，又曰持其志無暴其氣者，何也？」曰：「志壹則動氣，氣壹則動志也。今有蹶者趨者，是氣也，而反動其心」。「敢問夫子惡乎長？」曰：「我知言，我善養吾浩然之氣」。「敢問何謂浩然之氣？」曰：「難言也。其為氣也，至大至剛，以直養而無害，則塞于天地之閒。其為氣也，配義與道。無是，餒也。是集義所生者，非義襲而取之也。行有不慊於心，則餒矣。我故曰：告子未嘗知義，以其外之也，必有事焉而勿正。心勿忘，勿助長也。無若宋人然：宋人有閔其苗之不長而揠之者，芒芒然歸，謂其人曰：『今日病矣，予助苗長矣』。其子趨而往視之，苗則槁矣。天下之不助苗長者寡矣。以為無益而舍之者，不耘苗者也。助之長者，揠苗者也。非徒無益，而又害之」。「何謂知言？」曰：「詖辭知其所蔽，淫辭知其所陷，邪辭知其所離，遁辭知其所窮。生於其心，害於其政；發於其政，害於其事。聖人復起，必從吾言矣」。

「宰我、子貢善為說辭，冉牛、閔子、顏淵善言德行，孔子兼之，曰：

『我於辭命，則不能也』。然則夫子既聖矣乎？」曰：「惡，是何言也！昔者子貢問於孔子曰：『夫子聖矣乎？』孔子曰：『聖則吾不能，我學不厭而教不倦也』。子貢曰：『學不厭，智也。教不倦，仁也。仁且智，夫子既聖矣』。夫聖，孔子不居，是何言也！」「昔者竊聞之：子夏、子游、子張，皆有聖人之一體；冉牛、閔子、顏淵，則具體而微。敢問所安？」曰：「姑舍是」。曰：「伯夷、伊尹何如？」曰：「不同道。非其君不事，非其民不使，治則進，亂則退，伯夷也。何事非君，何使非民，治亦進，亂亦進，伊尹也。可以仕則仕，可以止則止，可以久則久，可以速則速，孔子也。皆古聖人也，吾未能有行焉。乃所願，則學孔子也」。「伯夷、伊尹於孔子，若是班乎？」曰：「否。自有生民以來，未有孔子也」。曰：「然則有同與？」曰：「有。得百里之地而君之，皆能以朝諸侯、有天下；行一不義，殺一不辜，而得天下，皆不為也。是則同」。曰：「敢問其所以異？」曰：「宰我、子貢、有若，智足以知聖人，汙不至阿其所好。宰我曰：『以予觀於夫子，賢於堯、舜遠矣』。子貢曰：『見其禮而知其政，聞其樂而知其德，由百世之後，等百世之王，莫之能違也。自生民以來，未有夫子也』。有若曰：『豈惟民哉！麒麟之於走獸，鳳凰之於飛鳥，泰山之於丘垤，河海之於行潦，類也。聖人之於民，亦類也。出於其類，拔乎其萃，自生民以來，未有盛於孔子也』」。

若〈公孫丑〉首章為指出心所有三種真實性，那第二章、這著名有關孟子「不動心」之討論，即在言如何始能達致上述三種心之真實，此「不動心」一章主旨。不過，由於第三種心乃人性本然感受上之反應，故沒有怎樣達致問題。遺下唯王者或仁者心、與一般個體心之真實這兩問題。此即「不動心」一章所討論。

這第二章仍始於公孫丑之問：若能作為齊國卿相、因而得實現心中行道理想，如同成就霸業王業那樣，那時，孟子會否為此而動心？「動心」一詞在這裡指心之改變，改變本心原有之念、其本有真實性。若心只隨着外在利害關係而改變，這已同於說：心實沒有其自身真實性。心真實與否，故全繫於是否會受外來利害所惑而改變。公孫丑之問，故明顯針對前章而發，因而也是對心所有真實性之質疑甚至反駁。

孟子之回答是：「我四十不動心」。這回答顯示：從個體心之真實性這問題言，心之真實必須由努力達致，非如感受時心之真實那樣，是人性本然之事。「四十而不惑」《論語・為政》，孟子心之努力亦至四十始然後不為所動。而能致此，孟子以之非為困難之事，因告子先他已做到如此。從其後所舉數人而觀，從個人言心之不動，實仍有種種可能。之所以有多種，因雖同樣達致不為所動，然其背後所反映，實各人內裡心之不同。北宮黝與孟施舍之比較，是為說明心之不動這一外表仍有多種可能；而告子與孟子之比較，則言在能致心之不動背後，心實由不同原因而致此。

首先，有關北宮黝與孟施舍之比較，為何從「養勇」問題切入？原因也簡單：能置身度外之勇，必已無視於一己利害；作為個體，無論心是否最終真實，能做到如二人之勇、臨懼而心不為所動，最低限度，心已在利害之偽外，近於真實。

北宮黝之勇來自性情、性格，類如百姓人性之本然，唯從個體性情、非從人人共同人性言。

孟子舉此例，明為說明：就算從個體言，不為利害所動之真，亦可由人性情而致。人不為利害所動，本身故是一種事實，非不可能。如北宮黝之「不膚橈，不目逃，思以一毫挫於人，若撻之於市朝；不受於褐寬博，亦不受於萬乘之君；視刺萬乘之君，若刺褐夫，無嚴諸侯；惡聲至，必反之」，像這樣無視外在大小強弱，致能無所畏懼而不動心，就算再無其他真實，因不再為利益所誘，故最低限度仍不會偽。

孟施舍則不同。其勇再非由於性情，而是經由反省思慮而致，故說：「視不勝，猶勝也。量敵而後進，慮勝而後會，是畏三軍者也。舍豈能為必勝哉？能無懼而已矣」。孟施舍所以似曾子，因曾子所重視，正為自身之真實性，特別自身作為人時之真實性（君子）。而當孟施舍以「量敵而後進，慮勝而後會，是畏三軍者也」為利益計量心故非心之真實時，其對勇之反省，【真實之勇，是不應有所計量而後進】，確已是心思慮後所有真實、由辨別真偽而致之真實，再非純然性情反應。二人心之真實固然只止於此不為所動之外表，故未算為心自身之真實，只關注於自身是否為利害所動而已，非對心自身之真實更有所求。從不為所動言雖非偽，然孟子對二人之評說「未知其孰賢」，確就二人心仍未知真實而言的。孟施舍之所以「守約」，雖因其勇確有原則、為思慮後而致，故已源自心對真實性有所反省，非只性情之事，然若相較於曾子之「守約」言，孟施舍之「守約」，對孟子言只是「守氣」而已，而這指出：人心之思慮與反省，就算均朝往真實性而致力，仍實有種種程度差異，故而有種種真實性不同可能。孟施舍所守，只止於對利害之反省、只知自身不應為大小所困，其心之真實也僅止於此。曾子不同。從其引孔子言大勇可見，他所思慮而守，是自身心於理中坦然之正而勇，故「自反而不縮，雖褐寬博，吾不惴焉。自反而縮，雖千萬人吾往矣」。這時所以為大勇，因既非只由於性情、亦非只守着自身不為大小利害所動時之行為狀態（氣）【見下解釋】，而是更求自身有道有理時之真實。這知求理之心，從心之真實或從思慮之真誠言，較前兩者為更真。這時之不動心或守約，故本於一真實之心、本於心自身之真實。心自身真實，行文至此始呈露。如此心之不動，非止於勇、亦非只外表，而是心自身的、屬人心智的。對這樣心之討論，為之後告子與孟子二人所論。

心之真實若非歸根究柢從上智之心言，【上智為對至高真實（人性道）有所知者】，一般也只能從心是否知辨別真偽言。這即告子與孟子有關「知言」之討論：怎樣從言，能知見人心之真實。

告子對這一問題之回答是：「不得於言，勿求於心；不得於心，勿求於氣」。告子採一聰明解決法：對他而言，人不可能全知而沒有錯誤，要求心時刻能分辨是非對錯始算真實，這實只讓心永無法真實而已；因而若能如孔子：「知之為知之，不知為不知」《論語．為政》，這對告子言已足夠、已是知了；故說：「不得於言，勿求於心」。這是說：若我們對他人所說無法判別其真偽，我們是不應強求心必須知其是非對錯的，如此始不陷心於錯誤與虛假。這樣看法，幾近為常識，亦多為哲學家所言。【如笛卡爾】。告子更進一步說：「不得於心，勿求於氣」。這是說：若心有所不知，是不應因無知而妄作為。「求於氣」意謂任憑外表行為或身體作直接反應，如順承一己性情、一時激情或衝動、甚或不經思慮地直接表露於色。換言之，對告子言，若心有所不知，是不應順隨那主導身體行為之性情、激情等（從身體方面言之主動性）而妄作為、妄行動或反應。告子之所謂「不動」指此。這確實極為謹慎態度，也是心唯一保持不陷於錯誤之方法。然告子這「不動心」，雖保有心之不錯誤，然始終消極。於「不動心」問題雖已觸及心自身真實性、非止於利害關係下心之真偽，然始終如前兩人，沒有正面解答心如何始能真實。若能正面回答，始算作真正解答心如何能在自身中而真實一問題。負面地回答故仍不足。

對告子所言，孟子之回答是：「不得於心，勿求於氣，可。不得於言，勿求於心，不可。夫志，氣之帥也。氣，體之充也。夫志至焉，氣次焉。故曰持其志，無暴其氣」。意思是說：若心真有所不得（有所不知）而不妄作為為正確，【孔子之「不知為不知」亦含此意，請參閱我們《論語．存在正道平解》一書。然孔子只教人誠實地面對自身之知與不知而已，不應不知仍以為知，失去自身真實性；但孔子絲毫沒有自限之意，故接着教人「多聞」「多見」】，那若遇有不知而不求知，對心作為分辨真偽之能力言，始終非正確態度。雖於一事前無偽，然長遠言實已陷心於虛偽了，如此之心始終虛假。這樣之「不動心」故非真實之「不動心」，心非由有所真知而獨立不動故。對單純由身體主動性(氣)而致之行為或反應，確應謹慎不妄為：「無暴其氣」；然有關心自身，特別其自身獨立之「志」言，心應主動求其自身、及使其自身真實。若心無志、若心不求其自身真實，這樣之心已為虛假。在心與身體兩者間，固然身體應最終由心志取決並主導，非任憑身體自作主張而激動盲目、或取決於性情喜好與偏愛，為氣而非為志所主導，如告子不動或不暴其氣所言；然心(志)始終應盡求真實，不應只如告子以為：「不得於言，勿求於心」。正確故應是：「志，氣之帥也。氣，體之充也。夫志至焉，氣次焉」。氣雖充斥身體，如主動導引一切(身體)行為與反應那樣，然若正確，身體不應為氣所主動，【無論是性情、性格、激情、好惡等】，而應本於志、由志所主導，非盲目地作為與反應。能如此，一切始本於心、始由心之真實而真實。始終，心之真實仍唯由志而立、是不能失去志求真時之主動性的，此「持其志」意思。人之「不動」若由心志之真而不動，始為真正「不動心」：由心真實之獨立而致故。由心之真實，故再非無知於外、亦不再因一時之氣而虛假；一切由心志之努力(求真時心志之努力)使自己行為真實故。

於見孟子解釋志、氣關係因而見心志於真實中應有主動性與主導性時，公孫丑故繼而問：若既說氣應跟隨志，那為何說「無暴其氣」，如視氣仍有其自身主動性與主導性那樣？若氣再無主動性，為何仍說「無暴其氣」？單純說「持其志」不已足夠？對此，孟子故解釋說：「志壹則動氣，氣壹則動志也。今有蹶者趨者，是氣也，而反動其心」。之所以仍說「無暴其氣」，因於氣主導身體時，如「一朝之忿」《論語．顏淵》那樣，氣所主導，非只身體而已，亦是心與志，反過來導引着心志於更大錯誤與虛假，如在忿恨事之後，仍一心計劃着尋仇報復、或使心思心態更而虛妄。志若專一固然主導氣，然若氣一旦亦專一，亦會動志。正確時故應是：志由其長遠思慮之正主導氣，氣跟隨志而不妄作，這是至為正確關係。但因氣始終有其主動性在，於盲目時故可反過來主導着志，使心志虛妄；故在「持其志」外，仍須「無暴其氣」；因始終，雖非為正確，氣仍可壹而主導志。氣之所以「暴」，故非單就身體言，亦可有對志扭曲。

孟子這些解釋，雖說明心志怎樣始真實地關係於身體，然始終，對怎樣達致心之真實、應怎樣志向、怎樣始為真實「不動心」，仍未具體說明。故公孫丑再問：若告子未能達致真正不動心，那孟子怎樣能做到？孟子何以能達致更正確之不動心？孟子之回答有二：一為知言、另一為浩然之氣之養：「我知言，我善養吾浩然之氣」。有關心之真實性，這一回答故為關鍵，亦全章核心。

有關孟子之回答，請注意以下一點：對這一問題之回答，本來答案應直接在「知言」：心之真實與否，直在是否能辨別真偽上，「知言」故應為答案，特別當氣應由心志主導、不應有其自身之真偽時。事實上，孟子之回答亦先是「知言」。之所以獨舉「知言」仍不足夠，一方面因氣始終可在心志外有其自身主動性，故須獨立地面對，致有「養」問題；另一方面，（而這點顯示孟子回答之精確而深思），作為人，人其心思本無法單純獨立於身體影響；心思無論多獨立，都與人為一整體，非如西方哲學以為，心思與身體（心身）為二元地分割開。並非說心無獨立性，只是說：無論多獨立，心身始終在我們人類中結合着。正因這原因，過去習慣、傳統、性情、心情、激情、喜好、心態等等均會不自覺地影響着心，甚至塑造心之樣貌及決定志之所向。心志於其形成與成長時，非能完全獨立故。就算在成長後，若來自身體之主動性沒有由修身而正，思想與心態仍無法正。心思無論多麼獨立或主導，作為人，始終仍關連於身體、關連於由身體而致之主動性。雖然最終應深思熟慮後始行、並由正確志向之反省而主導，然始終不應以為，心思可在身體外有其完全獨立性、可無視身體而正確。若無修身，心思與心志始終無以純然正確。這是人之事實，人非單純理性存有者故。因而在孟子回答中，必須有兩面：一、「知言」言心在對象前其判斷怎樣能真實；及二：心思與心志從平素自身言如何能真實（正），而此須由平素修身而致，即孟子「養氣」問題，後者從背後間接地塑造着心之邪正，為心真實性最終決定因素。心之正，作為能力言時，在「知言」；而心作為一物時（因而與身體相關），其正則在人平素「養氣」上，即平素性情、心態、好惡等等之究竟怎樣，或簡言之，在人平素是怎樣的一個人。對這樣問題，一般言鮮會理會：人常以人品性為不可改易故。孟子不然：從「善養氣」言，孟子非常重視自己究竟是怎樣的一個人。也因人鮮關注自己之作為人，故公孫丑立即問：「浩然之氣」是怎樣的？換言之，若不從心志之正或心思在面對對象時怎樣由分辨而能真實這方面言，若行為只訴諸身體直接反應，這時反應，怎樣仍能正確不虛妄、怎樣的修身使我們身體之主動性仍能正確而真實？浩然之氣怎樣達致？

因這涉及人自身之正確性，無論所對對象為何或在哪一時刻，故孟子之回答是：要說明浩然正氣並非容易（「難言也」）。氣若非心思志向當下之決定力量，而是長久沉澱成如習性般行為性格與反應、一種不再自覺之瞬間主動力量，那若這樣主動力為依據心真實努力於平素中養成其正，此即浩然之氣。浩然之氣作為氣，孟子從兩方面言：一、「其為氣也，至大至剛，以直養而無害，則塞于天地之間」：若人行為反應均是依據浩然之氣行為作為，結果將是：其所作為，將至大亦至剛。大，因此時所作為再非依據一己狹隘之利害與利益；剛，因此時作為非再受外來誘惑不能自己而欲望。人若平素都能〔無需反思地〕依據這樣之氣而為，這對己對人將再無害，亦可普行於天下，作為人人行為時直接之道。孟子這一說明，只是對浩然之氣外在之說明，仍未直指其本身怎樣。故再次說：二、「其為氣也，配義與道。無是，餒也。是集義所生者，非義襲而取之也。行有不慊於心，則餒矣」。這一說明，始解釋浩然之氣其本身怎樣及怎樣養成。氣之所以能浩然剛大，因它是順承着道與義（義：人真實需要）而形成養成。換言之，在平素中，若如顏淵那樣「三月不違仁」《論語．雍也》、若平素一切行為作為均能「就有道而正」《論語．學而》，那日久下來，其人一切作為，無論是否再經反思，均自然地配合於道與義，再不會違道與義而妄行。相反，若平素行為非由於道與義，無論作為是甚麼，都無法能單純地正而不惑。若浩然之氣即依據道與義行為時之正，那養成這樣之行為取向，也只由平素為義而積累沉澱形成而已，再無其他方法或途徑。「集義所生」是說：浩然之氣是養成問題，非單純能靠心智知識或理性而成就。「集義」指日積月累地藉由為義而形成；相反，若單靠心知道理或種種依據類如正義之理由、於一時間而作、以為依理即可使自身為正，如此根本不可能。「非義襲而取之」是說：縱使以為有理、以為以道義『為理由』而行便是正、只於事情發生時以理之名義或利用道義之名便以為自己所行為正，不在平素無事或小事中先致力於道與義、不平素以道與義為志、不平素地「養」此道與義之心，只在急需時利用道義為名以行事（「襲義」），如是都始終外於道與義而已、不知道與義於自己中必須日夕養成、是自己志向、是自己平日事，非偶爾有事發生時之事。人於道與義都只「義襲而取」而已，非於自己一身中由「集義」而真實地養成自身之正。孟子更批評說：「行有不慊於心，則餒矣」。即這樣「義襲而取」之人，若他們如此所作所為（行）都於心無愧、毫不感遺憾（慊），這真是空乏地虛妄。告子便正如此。【「慊」亦見於〈公孫丑下〉第二章，意思只能解作「遺憾」，此處故亦不應正面解釋。「行有不慊於心，則餒矣」一語故是承接「義襲而取」之行而言，非正面地、而是否定地】。

孟子故接着說：「我故曰：告子未嘗知義，以其外之也，必有事焉而勿正」。這是說：告子不知義為何，因而只「義襲而取」；其不知義原因有二：【告子不知義之原因，不應如傳統以告子曾說「仁內義外」解釋。（見〈告子上〉第四章）。原因在於：孟子此時是對向着公孫丑談論告子，其所指故應直接是較早告子之言，非告子其他論說。故當孟子前面說告子「不得於言，勿求於心」為「不可」時，這即為告子不知義所在】；一若告子知事情該怎樣，則不應說出如「不得於言，勿求於心」這樣似是而非道理、以之為不動心。二為告子唯知從「得於言」及「得於心」認知上分辨以為心之正，但不知心正須由氣養成而至，非單純知與否之事。人都以道與義為知與不知之事，而忽略：道與義須由養而至，故以為謹慎

(「不得於言，勿求於心；不得於心，勿求於氣」)便為正，不知此仍實「外之」而已。而外於道與義，非必從無道言，更可於「必有事焉而勿正」言，即若非遇事情發生而必須講理，人平素無正身之志與養，然「正」非能如此，必須由養始為真實。以為有事始正，多已非是、甚至多只偽而已。

因浩然正氣乃平素日養之事，孟子在結束討論前，故對「養」可有錯誤更糾正說：「心勿忘，勿助長也」。即若「必有事焉而勿正」為錯誤，同樣，從養言，忘記與過分助長亦是錯誤。「忘」實無志、而「助長」因急功近利已實非義，義須由正而言。從這點言，孟子非只養、更是善養：「善養吾浩然之氣」。若非如此，實已「外之」而已。

孟子有關浩然之氣之討論，指出非常重要道理：心之獨立真實性，非單純心智或理性之事，更有養及志向問題。心此時必須從志、非只從知言；非只對方、更是自己一方之事。因而道與義於人，不應只因遇着着事情時始講求，更是自身平素對道與義之養成，使自身為正氣。道與義故非只在心知中、更在氣與體中。這樣修身，為西方道德思想所沒有。西方道德都只原則、只對向着人之理性知性言，故須言自律與意志自由。然人實受限於身體(性情、習性、情緒等等)及環境，無以純言理性、更無以能從原則言自律，一切仍須由平素之養成言。西方道德故實外於人性事實，以為人人平等而無環境特殊限制，故往往空談，更以為道德即外在行為之事，如不殺人、不違反法律等，而不知先有「人」、人為有限存有而須先言「養」、從「養」言正，非只講求行為自律而已。孟子之「義襲而取」因而極深刻：守法般道德，仍只外在事而已、只遇事時理由借口而已；此時道與義，與成就一己人及人格無關。

至此始明白，為何這第二章須從養勇問題說起：明顯是為「氣」與「知」之對比而設。從北宮黝純然守氣之不動心、至告子單純從心知言之不動心，孟子明白指出：雖心之真實性最終在「知言」，然始終，心之真實仍須先從人自身言、須能體現在氣與身體上，如此始是心之真實；心與身體非根本獨立故。孔子於論思之真實性時故亦說：「學而不思則罔，思而不學則殆」《論語・為政》。除思外，亦須學，從力行時之真實言，否則始終外在，亦終徒然。

在養氣而真實一問題後，終仍須回答：人怎樣「知言」、由「知言」而真實不誤不妄？這亦是對告子「不得於言」之回答。對這一問題，孟子之回答是：「詖辭知其所蔽，淫辭知其所陷，邪辭知其所離，遁辭知其所窮。生於其心，害於其政；發於其政，害於其事。聖人復起，必從吾言矣」。從這回答仍可見，孟子思慮實極微而細膩。

首先，為何孟子那麼肯定人必能「知言」？為何不會如告子那樣有「不得於言」之時？須明白：辨別真偽一問題，在這裡實與現今所謂知識之對錯無關：人之真偽，非知識認知之事；知識正確，非代表其人作為人真實。知識如同「義襲而取」，都只外於人自身，只與知識能力有關，非與心之真偽有關。正因如此，與人心真偽有關之「知言」，其關鍵，在是否知人心、知人心其真偽而已。人往往只從人我關係觀人，頂多從如此關係見人是否真實、有否對自己欺騙。此時真偽問題，已從屬利益下，非單純與心之真偽問題有關。縱使人說謊，實仍有種種原因可能，非即其心或其人必為不善；反之，鄉愿亦非善。故若只從表面言，始終無能見人心真偽。人心真偽，故唯從「知言」見而已；由「知言」，人始不會迷惑於對方之虛假。【「言」不必限於言辭，亦可包含行為作為；《論語》亦同樣，見〈衛靈公〉第八、第二十三句。只若是行為作為，其善不善更明顯。舉「言」言，一因「言」往往直從心而發、二因「言」非行動，沒有行動之實際後果，故更易有偽，亦難於分辨】。對「知言」問題，孟子怎樣回答？

所謂「知言」，並非分辨所言對象內容本身之真偽，而是分辨人或人心之真偽。當孟子說：「詖辭知其所蔽，淫辭知其所陷，邪辭知其所離，遁辭知其所窮」，所知非辭本身內容（所指），而是其所蔽、所陷、所離、所窮。而辭之所以為詖、淫、邪、遁，從其本身實可當下直見，非其所言內容之為不可知。換言之，若人以為有所不知，只其自身從無求為正，故對對方之辭（所言），只視如內容般，無以分辨其對錯。孟子相反，於見偏頗不正、過分放任、邪僻與閃躲之言辭時，直知此時說話之人，其心必有所虛假。言辭本身是否偏頗不正、過分放任、邪僻與閃躲，這直接為言辭本身之事，所反映亦其人與心，故非不能知。「知言」故非知「言」內容本身，而是知說者其人之心態。也因如此，故能「知言」為必然之事，非如告子以為，有不可得或不知者。孟子確實更為正確。若連言之偏頗不正、過分放任、邪僻與閃躲而不知，這非沒有應有知識，只我們自身本不正、本無道與義、或把道與義只視為外在毫不在乎而已，故始有見偏頗不正不視為偏頗不正、過分放任不以為過分放任、邪僻不知為邪僻、閃躲不覺為閃躲，故不知。「知言」之所以必然，因對他人言辭，應直從其言辭之正與不正觀，非從所說內容與我們是否有關而觀。能如孔子那樣「退而省其私」《論語・為政》，旁觀地觀察辭之怎樣，是不會不知人或人心的。言（內容、所言）可欺騙，然辭無以躲藏其偽。真偽在心，亦先見於辭，與所言內容無關。辭態度之是否偏頗不正、過分放任、邪僻與閃躲，這些心態，一如道與無道、正與不正，均無以偽裝，如同人無以偽裝浩然之氣那樣。若如告子以為可有不得於言，實已把人心之真偽外化為事情內容之真偽而已，如是告子實不知言、不知於言中究竟應分辨甚麼、從辭中應聆聽甚麼。孟子以告子為外於道與義，確實如此。作為結論：人心之是否真實，無論從其自身抑從對方心之辨別言，都在人是否配於道與義而已。是即是、不是即不是，言辭無法偽裝為有道。此所以孟子能肯定地說「我知言」之原因。人所以不知言，只因從言求一己心之欲與所悅而已，故無以見言辭中道與義之真偽。

最後，為何孟子舉四者？原因亦明白。辭若有所不正，是從相對道言，一切偏離道者即為不正。孟子所舉四種辭，實為四種偏離姿態：「詖辭」因片面而偏，故「蔽」；「淫辭」因過分不實，故「陷」；「邪辭」離道而他立，故「離」；而「遁辭」迴避遠去道，故「窮」。一者局部而不真，二者過分而不實，三者遠去故邪偽，四者逃避故辭窮，均相對道而偽。心之配道與義、與心之棄道與義，此言辭真偽、及人心真偽之所由。故最後，孟子補充說：「生於其心，害於其政；發於其政，害於其事。聖人復起，必從吾言矣」。一切均最終言生於心。然心之偽，小者在言，大者在政，莫不有其害。言與政雖人所為，然實害於其事。心與言之真偽，故不可不察。孟子最終更肯定地說，其所言真確無偽。非孟子自大，自大不能有所真實，孟子只心切於道、切於言與心真偽之辨而已。

「知言」討論本可至此終，然因前章曾指出：心之真實有三種向度：百姓心、個體心、及王者心，故仍須對此作回應。因百姓心作為人性感受其真實性無偽可能，故無可討論，唯人人須自行反省自身感受便是；至於個體心與心知之真偽，即上述「知言」與「養浩然之氣」問題，其討論已見於前；【個體真實性若非如孟子，仍最低限度可如北宮黝及孟施舍，雖與道義無關，然因不受利害所惑，故仍為平凡個體可有真實性：既體現在其養勇之「氣」度、亦於人而具體真實】；所遺下故唯王者心仍須討論。這一問題，在前章是透過文王例子言，而在這裡，則透過孔子而言，亦為孟子對「知言」之應用、其對他人心真實之辨析。

文中引發討論的，仍為公孫丑。由於個體真實性由兩面構成：養浩然之氣與知言，故公孫丑繼而問：「宰我、子貢善為說辭，冉牛、閔子、顏淵善言德行，孔子兼之，曰：『我於辭命，則不能也』。然則夫子既聖矣乎？」這問題是說：像宰我、子貢善為說辭，故可算知言；而冉牛、閔子、顏淵則有德行，可說能配於義與道；因孔子同具兩者然仍說，自己在辭命上有所不能，然孟子非是：既說自己能善養浩然之氣、又說能知言，甚至若「聖人復起，必從吾言」，若連孔子亦不敢稱自己兩面俱備，那孟子是聖者嗎？這一問明顯是對孟子個人質問。然在文中，其意義則藉由這樣質問，引入對聖者其知之真實一問題。事實上，公孫丑自以為知何為聖者之真實，這點可從其指出孔子兼有言辭與德行、及從下一問中他已知「子夏、子游、子張，皆有聖人之一體；冉牛、閔子、顏淵，則具體而微」兩事可見。也因以為知，故更質問孟子。然若細看，公孫丑有關聖人之知實表面：因無論從言辭抑從德行觀聖人，公孫丑都或只從成就、或只從外表觀而已。言聖人有德行這當然對確，但正因人人都知如此，故實不代表為對聖者之真知，特別當公孫丑所言是「善言德行」而非單純「德行」，故連對德行，他仍只從外表成就觀而已，其所關心，非德行本身。

若撇開公孫丑之問為對孟子質問，【即孟子回答中兩次「是何言也」所指：若連孔子亦不敢居聖：「夫聖，孔子不居」，那孟子自己更是，故「是何言也！」】，單純從道理言，孟子對聖人真偽之知，其回答確實深思。若從結論說起，對聖人之知有三種層次，即孟子以三段回答：一為：「（惡，是何言也！）昔者子貢問於孔子曰：『夫子聖矣乎？』孔子曰：『聖則吾不能，我學不厭而教不倦也』。子貢曰：『學不厭，智也。教不倦，仁也。仁且智，夫子既聖矣』。（夫聖，孔子不居，是何言也！）」；二為：「可以仕則仕，可以止則止，可以久則久，可以速則速，孔子也」；而三為：「宰我、子貢、有若，智足以知聖人，汙不至阿其所好。（…）」一段。三者各代表對聖人（孔子）之知之三種層次：一為對聖者其心志之知，二為對聖者其人真實之知，而三則為從人類及人類歷史對聖人其偉大性之知。對一切聖人之知，因而是有着三種層次可能：一為聖者之本質，二為聖者其個體自身，而三則為聖者其歷史層次之高度、從「人類整體而觀」這樣高度。三者層次不同：由外至內、及由下至上。這是孟子對人其偉大性（偉大如聖者王者）之知之三方面。

對聖者第一種知：公孫丑以說辭及（善言）德行為聖者本質時，無論這樣看法多似正確，也只能是表面、甚至只為常識。對超乎一般人之聖人言，這樣理解沒有指出其真實。相對一般人以成就觀人這層次言，聖人反而應從其反面明白，即非從作為與成就、而更從其心志（之真實）觀。此所以孟子反面地回答：「昔者子貢問於孔子曰：『夫子聖矣乎？』孔子曰：『聖則吾不能，我學不厭而教不倦也』。子貢曰：『學不厭，智也。教不倦，仁也。仁且智，夫子既聖矣』。夫聖，孔子不居，（是何言也！）」。這一回答有兩方面：一、聖者之心志非在成聖（成就）、非自居為聖，只「學不厭、教不倦」而已，再無其他。這「學不厭、教不倦」及不自居為聖故始是聖者心之志向，如孔子常言「志於學」等平凡心志、及其：「若聖與仁，則吾豈敢！抑為之不厭，誨人不倦，則可謂云爾已矣」《論語・述而》等不敢自居為聖那樣。能從心志明白聖人，始為對聖者真實之知：應在其心、非在其成就與表面作為上。二、就算從成就或作為這些表面方面觀，仍應如子貢所指出，更知其中真實，故子貢回答：他既知孔子心志在「學不厭、教不倦」，然更知在兩者背後，孔子實是由於仁與智，非泛言說辭與德行而已，更有仁與智於其中：「學不厭，智也。教不倦，仁也。仁且智，夫子既聖矣」。【仁與智兼具，故實為聖人之真實】。對人知之真實，最低限度應如此，非止於常識或表面，更從其心志及內裡真實。

之後公孫丑繼而問：「昔者竊聞之：子夏、子游、子張，皆有聖人之一體；冉牛、閔子、顏淵，則具體而微。敢問所安？」。此問表面上對孔子更有所知，事實不然。一因只人與人比較、只在乎多少【「一體」與「具體」之差異。四肢各為體之一（「一體」），而「具體」則意謂具身體之全】與大小（微），另一因實仍以為「一體」與「具體」等方面即人學為聖人時目的，【故問孟子：「敢問所安？」】，故對學為聖人時之心實仍無知。學為聖人之努力實非表面上這一面、那一面問題，這樣區分仍只表面，與人內裡真實無關。【故之後孟子說：「吾未能有行焉。乃所願，則學孔子也」】。於再次見公孫丑之不真實，故孟子回答：「姑舍是」，不欲順承錯誤繼續討論，亦覺再次糾正無義。

對聖者第二種知：大概公孫丑也感到自己所問不真實，故改變說：「伯夷、伊尹何如？」請注意，這一問與之前所不同在於：這次公孫丑再沒有表示任何已知。提及伯夷、伊尹亦表示，公孫丑此時所問，已直是每人自己之所是，非只對人表面之歸類、或只問聖人所以為聖人之本質，而是從其作為個體自身而問。這樣對人理解確進一步，非繫於任何已知、亦非再只是說孔子是仁且智這類與個體特殊生命無關之認知。這對人作為獨特個體之問，故屬第二層次。

正因縱使同為聖（「皆古聖人也」），然作為個體實各不相同，孟子對公孫丑之回答故是：「不同道。非其君不事，非其民不使，治則進，亂則退，伯夷也。何事非君，何使非民，治亦進，亂亦進，伊尹也。可以仕則仕，可以止則止，可以久則久，可以速則速，孔子也。皆古聖人也（⋯）」。雖同為古聖人，然各人之道不同。這已表示，問題非只在聖不聖，更在每人作為個體自己時之差異。對人作為個體能至如此之知，已如知音那樣，實非容易事、更非一般人與人關係可有。孟子之回答指出，三人之差異在：伯夷作風有待其對象而反應，故「非其君不事，非其民不使，治則進，亂則退」；伊尹作風正相反：完全無視無待其對象，只任憑一己而作為，故「何事非君，何使非民，治亦進，亂亦進」。孔子異於二人，既非有待、亦非任憑一己所欲；既非取決在他人、亦非取決在自己；而是對向事情事實本身，能則為、不能即止，只對向事情客觀成敗言而已，與他人怎樣或自己怎樣無關，故「可以仕則仕，可以止則止，可以久則久，可以速則速」，均由事之可以不可以取決而已。雖同為聖人，然作為個體之真實，實仍有層次高低差異。孟子這一回答，仍如同前，實較人一般見解為深，故能直見人內裡難於洞察之真實：既知孔子作為聖人時其心志在「學不厭、教不倦」如此謙虛但真實努力上（第一種對人之知），又知人作為個體自己時其在作為上所已達致之境界，而此又非一般見識所能洞見。【請注意，孟子對孔子、伯夷、伊尹之說明，是對人其全面，非片面或只一方面。故既知孔子「可以仕則仕」、亦知孔子「可以止則止」；既知「可以久則久」、亦知「可以速則速」。能對人如此全面認知，必也一番明白後，非表面可致】。無論在第一種知人抑第二種知人上，孟子都如此真實，如顏淵言孔子境界那樣。【顏淵說：「仰之彌高，鑽之彌堅，瞻之在前，忽焉在後。夫子循循然善誘人。博我以文，約我以禮（⋯）」《論語・子罕》】。

對聖者第三種知：公孫丑之問：「伯夷、伊尹於孔子，若是班（齊等）乎？」孟子之回答：「否。自有生民以來，未有孔子也」更開啟最後一層對孔子之認知與反省：非只知人其個體自己之真實而已，更知人其在人類歷史中之價值與偉大性。這一層次之認知，非只對人內在真實有所反省而已，更是自己對人類歷史及其價值有所向往與明白始能致；故孟子回答是如此肯定，並敢於說：「自有生民以來，未有孔子也」。其後同異之比較，只是進一步說明此層次之知而已。所同為：「得百里之地而君之，皆能以朝諸侯、有天下；行一不義，殺一不辜，而得天下，皆不為也。是則同」。孟子既知人之偉大（「得百里之地而君之，皆能以朝諸侯、有天下」）、亦知人作為個人內心之道與義（「行一不義，殺一不辜，而得天下，皆不為也」），因而再一次顯示孟子對人作為個體自己多麼深刻明白。至於異，因所對為孔子，其偉大已難一言而盡，更非對公孫丑能一時盡釋，故孟子引宰我、子貢、有若三人之評語為證，【之所以引三人之語而非自己直說，一為孟子於偉大性前自謙、另一引三人之言實為表明孔子其偉大確然客觀、非孟子個人意見與價值觀而已】，說：「宰我、子貢、有若，智足以知聖人，汙不至阿其所好。宰我曰：『以予觀於夫子，賢於堯、舜遠矣』。子貢曰：『見其禮而知其政，聞其樂而知其德，由百世之後，等百世之王，莫之能違也。自生民以來，未有夫子也』。有若曰：『豈惟民哉！麒麟之於走獸，鳳凰之於飛鳥，泰山之於丘垤，河海之於行潦，類也。聖人之於民，亦類也。出於其類，拔乎其萃，自生民以來，未有盛於孔子也』」。三人評價，為一層一層遞進。先是賢於堯、舜，再是賢於一切王及甚至「自生民以來，未有夫子也」，而最後，孔子實如麒麟、鳳凰、泰山、河海那樣，高於一切，既「出於其類，拔乎其萃」、亦「自生民以來，未有盛於孔子也」。【「自生民以來，未有夫子也」只『有沒有』問題，「自生民以來，未有盛於孔子也」則是『有無如此盛大高遠』之問題】。三人對孔子之評語，都從歷史價值出發，亦本段欲言道理。三人所共同指出，為孔子其偉大性超乎人類之上，如宰我說，甚至超乎堯舜之上。像這樣似過分誇大之評論，若靜下心來想想，無論堯舜多麼偉大，然從人類歷史言，孔子其影響確更深遠，這樣評價因而非言過其實。而這表示：作為個體就算一人地位在另一人上，然從人類歷史言，則未必如此：人其歷史價值與真實，不只窮盡於作為個體當時所是，更可有其於歷史此另一向度。而孔子所以能致此，必也因其心早已關注於此，始能成就自身之歷史性。故當孔子平淡地說「述而不作，信而好古」《論語・述而》等有關歷史時代之話語時，在其心中價值，早已全在如此歷史向度與真實，否則不可能成就自身於歷史中之偉大與永恆。【如這樣層次，亦參考：「一鄉之善士斯友一鄉之善士，一國之善士斯友一國之善士，天下之善士斯友天下之善士。以友天下之善士為未足，又尚論古之人，頌其詩，讀其書，不知其人可乎？是以論其世也。是尚友也」〈萬章下〉】。而三人（孟子亦然）所以「智足以知聖人」，亦因其智（其心）所關注及明白，為歷史向度之真實性；非只歷史作為事實、更是從人類歷史中所見之價值與真實。除非真知人類存在如此最終價值，否則無以對人能作如此評定的。孔子之所以「好古」，亦由於其作為價值時之真實而已，非個人對某些歷史偶然性之偏好。由是始見孔子「自生民以來，未有盛於孔子也」如此般偉大，實亦其心早已有對人類歷史中價值與真實之期盼。知人之真實與知人心之真實，莫致於此。王者聖者心最終真實，亦盡於此。

〈公孫丑〉此第一、第二章，內容雖極為複雜，然其對人心種種真實性向度之分析，無論是事實抑人心所致力、無論是人自身抑對他人之明白、無論是個體抑是聖者，都是不可思議地深思後之結果。作為個體之真實因而有如北宮黝、亦有如孟施舍與曾子；有如告子亦有如孟子；甚至有如伯夷、伊尹，更有如孔子；而作為聖人之真實，有如「學不厭、教不倦」心志之平實與不自居、亦有仁且智之兼具而聖；有「可以仕則仕，可以止則止，可以久則久，可以速則速」之境界、亦有「得百里之地而君之，皆能以朝諸侯、有天下；行一不義，殺一不辜，而得天下，皆不為也」時之道與義；有「我於辭命則不能也」之卑微、亦有「自生民以來，未有盛於孔子也」時歷史向度之偉大。能結集如此深刻豐富之內容並對之作全盤反省，孟子過人之賢，實與孔子同。

*

二、論對外時之心（3、4）

第三、第四章所討論，為心對外時樣態。孟子取其兩端說明：第三章言心對外之心服、第四章則言心之受外來侮辱。心服與侮辱，為心向外時兩種典型心況（對外時兩種常見關係），一肯定、一否定。之所以從這兩種狀態言，因人於世存在，非必能有如人倫至親般情感關係，人始終只能以面對如他者般外在關係以存在。若人無人性心，存在無論多麼他者化，仍不會構成問題。正因人有心，故外來他者可構成極負面侮辱，而其極正面時又可使人心悅誠服。由二者，故見

「心」之存在與真實。從平素人與人關係言，「心」故由二者而明顯。心悅誠服與侮辱，故為心與外在關係之代表，亦為心肯定否定時狀態。

〔3〕論心服

孟子曰：「以力假仁者霸，霸必有大國。以德行仁者王，王不待大，湯以七十里，文王以百里。以力服人者，非心服也，力不贍也。以德服人者，中心悅而誠服也。如七十子之服孔子也。《詩》云：『自西自東、自南自北，無思不服』。此之謂也」。

有關心悅誠服，孟子對比以力假仁之霸言。以力量與以德行而行，是人類存在中作為之兩種模態。【參考：「天下有道，小德役大德，小賢役大賢；天下無道，小役大，弱役強；斯二者，天也」〈離婁上〉】。力量以強力強大成就所欲；心悅誠服相反，以自身德行與努力使他人由悅服而跟隨。以力，故

「霸必有大國」，即必須依靠雄厚勢力作為基礎；而以德行而行時，則無待這樣外在條件，故「以德行仁者王，王不待大，湯以七十里，文王以百里」。換言之，以德行而行始真正獨立無待，非如以力量行事者，處處必有所待；若非依靠着勢力，事無能獨立以成。「以力服人者，非心服也，力不贍也」，這是說，以力行事者，只他人力不足抵抗而已，非真對人有所折服；其反面故是：「以德服人者，中心悅而誠服也」，其時誠服是從心而發、真正誠服，非力量不足抵抗時之屈從。對強行者，力量若足夠，人不會誠服，亦再無屈從（跟從）可能。以德行服人者其影響力故如《詩・大雅・文王有聲》：「自西自東、自南自北，無思不服」。

不過，有關德行之心悅誠服，不應忽略，仍是對有能力者言。若非有能，仍無以由德行而成就，這點不可不察。又：當孟子開首說：「以力假仁者霸」時，孟子所以多加上「假仁者」三字，因連以無道行事者，其表面仍是假托仁義德行為名、為口號（以行），否則縱使為力量，實仍無以行。【我們今日往往以「正義」、以「普世價值」為名，背後實仍力量之爭而已，非德行之行、更非求為德行】。而這顯示，霸者對自身力量是知為無道，亦知德行始是。故若連德行外表也沒有，縱使多大勢力，仍只招致自身敗亡而已，單純力量始終無法成事。這已說明：能真正成事（成事之道），唯德行而已；其偽者假托德行之名、其真實者以行仁（德行本身）為目的（「以德行仁者」）。此兩者最終差異故在：

或以德行為最終目的、或反德行（假德行）而只求個己欲望。因僅為個己欲望，故只能以力量強人而行；若無須力量並人人心悅誠服，那唯所求為德行始能：德行始人人認同、欲望只個人事而已。故對力量，實只力不足反抗而已；足，則不再有此誠服之假象。

〔4〕論心之侮辱

孟子曰：「仁則榮，不仁則辱。今惡辱而居不仁，是猶惡濕而居下也。如惡之，莫如貴德而尊士，賢者在位，能者在職，國家閒暇。及是時，明其政刑，雖大國必畏之矣。《詩》云：『迨天之未陰雨，徹彼桑土，綢繆牖戶。今此下民，或敢侮予』。孔子曰：『為此詩者，其知道乎？能治其國家，誰敢侮之』。今國家閒暇，及是時，般樂怠敖，是自求禍也。禍福無不自己求之者。《詩》云：『永言配命，自求多福』。〈太甲〉曰：『天作孽，猶可違；自作孽，不可活』。此之謂也」。

縱然是一外在者人仍可心悅誠服，那相反，無論心多麼內在自己，仍可被外來否定而感侮辱。若力量欺壓人使人不悅，侮辱更是，為人心在任何情況下所憎惡。人若對他人德行心悅誠服，同樣，德行亦可致他人心悅誠服故榮。人多認為，招受侮辱因我們勢力不足，足則不會有所受辱，這實非根本原因。受辱歸根究柢仍來自我們自身之不仁，無論是從我們自己、抑從我們對待對方言。無論對方為何，人始終不敢對德行者侮辱。此德行所以可使人榮幸，無德則可致人受侮之原因，都先在德行而已。以為力量能不受侮者，在力量低於或只是同等時則始終仍可招至他人侮辱；問題故仍先在自己之有無德行而已。

有關侮辱之分析，孟子沒有如孔子那樣，從人與人關係言。孔子說：「恭近於禮，遠恥辱也」《論語．學而》。這人與人關係，實亦人性反應：恭，則自然遠恥辱。孟子分析不同：非從人與人，而單純從人自己言。從自己言時，若他人敢於侮辱，這必由於我們自身有所不正；正，則他人將不敢侮辱，無有鄙視之原因故。孟子之言：「(⋯)貴德而尊士，賢者在位，能者在職，國家閒暇。及是時，明其政刑，雖大國必畏之矣」所指出是：無論是一國抑一身，其所謂德行不受辱，也只在行事之正而已，如國治理上之「賢者在位，能者在職」及「國家閒暇(⋯)時，明其政刑」。之所以不受辱，終究地言，甚至只是自己之是否怠惰而已，與其他方面或成就無關，此所以孟子強調「國家閒暇」之意。【孔子之「恭（⋯）遠恥辱」，實也因非有所怠慢態度故】。故更說：「今國家閒暇，及是時，般樂怠敖，是自求禍也」，亦引《詩．豳風．鴟鴞》云：「迨天之未陰雨，徹彼桑土，綢繆牖戶。今此下民，或敢侮予」。人卑微居下、不受人重視以致侮辱，只在其絲毫努力也沒有而已；人受人尊重最根本原因，也在有所努力、非怠惰怠慢，其他均只外在而已。故侮辱與尊重，雖表面上來自外，然實先在自己，在自己是否重視自己而努力而已，終究地都與其他原因無關。孟子更把這自身努力視為人一切禍福之根源，故說：「禍福無不自己求之者。《詩》云：『永言配命，自求多福』。〈太甲〉曰：『天作孽，猶可違；自作孽，不可活』。此之謂也」。

心有其誠服，亦有其受侮辱之可能。而原因，終究亦在德行而已。對向德行而誠服，喪失努力這最基本德行則招至侮辱：人心唯與德行相關故。若心悅誠服與侮辱始終是事實，那德行之道亦始終是人之事實，唯一能致真實之事實。

*

三、論心之所悅與所不忍〔5、6〕

〈公孫丑上〉一、二兩章論說「心自身」所有獨立真實性，三、四章則相反論說「心對外」之兩種狀態，並由此對外見心之真實。今五、六兩章所分析，為「心感受」本然所有真實。非如心服與侮辱那樣由於外，而是心本然所有者。

有關感受，西方哲學從來都把感受歸結為快樂與痛苦兩端。無論感受為何，最終均歸屬於快樂與痛苦下，前者提升、而後者則減弱生命力量。由於人首先為心感受之動物，故快樂與痛苦二者，在人生命中往往決定性。精神分析學甚至認為二者存有地塑造着人其全部，連知性能力取向都根源於此。

孟子對感受之處理怎樣？首先，一般所言快樂與痛苦也只扣緊人作為個體時之欲望而言，故得所愛則喜、失所愛則悲，都只與個人欲望有關，其所有真實也止於此。孟子相反。孟子之分析非止於這兩種感受本身，而是探進其中，見二者其人性事實，並藉此揭示人心其人性真實。故非只快樂與痛苦而已，更顯人心其人性所在。第五章故從人人心之所悅言，而第六章則從人人心之所不忍言，二者直揭示感受其作為人性心時之真實，這是孟子有關感受過人之深思。

〔5〕論喜悅感受中之人性

孟子曰：「尊賢使能，俊傑在位，則天下之士，皆悅而願立於其朝矣。市廛而不征，法而不廛，則天下之商，皆悅而願藏於其市矣。關，譏而不征，則天下之旅，皆悅而願出於其路矣。耕者助而不稅，則天下之農，皆悅而願耕於其野矣。廛，無夫里之布，則天下之民，皆悅而願為之氓矣。信能行此五者，則鄰國之民，仰之若父母矣。率其子弟，攻其父母，自有生民以來，未有能濟者也。如此，則無敵於天下。無敵於天下者，天吏也。然而不王者，未之有也」。

喜悅若有其人性一面，必從人人心之喜悅言，孟子所舉故為以下例子：天下之士、天下之商、天下之旅、天下之農、及最後，天下之民五者。五者各有所悅：天下之士所悅為君王之「尊賢使能，俊傑在位」；天下之商所悅為「市廛而不征，法而不廛」【提供儲藏貨物之貨棧但不特別征收貨稅，遇有滯銷時國家以法定價格購入】；天下之旅所悅為「關，譏而不征」【雖設有關卡稽查，但不征稅】；天下之農所悅為「耕者助而不稅」【只需協助耕種公田但不另征稅】；而天下之民所悅則為「廛，無夫里之布」【對一般居民豁免其地稅與免役錢】。國家能如此有道地對待百姓及種種階層之人，這是人民對君主國家悅樂之原因。

當孟子舉以上例子時，請注意以下兩點：

一、表面上所舉為不同類型人之所悅，然他們所悅，非與各人自我有關，故非特殊對象，而是生活一般期望。如是期望絲毫無所過分，既人性亦合理。在生活困難中，國家能對待人民以人性，實為人人喜悅之原因。若孟子所舉為所有人共同對象而非人在生活中事，如在宗教中人對神靈之喜悅，表面上雖因更為共同故似同一一致，然因與生活事無關，反可只是人類〔集體性〕欲望而已，非如孟子所舉喜悅真實無妄。【如是，黑格爾所以為絕對價值者：藝術、宗教、及哲學真理，實只人類欲望而已，與人性真實無關】。因為百姓生活事，上列喜悅故更是人性的，非過分奢望。雖似有別，然始終因是生活而共同；如是期盼，故仍屬心。孟子這裡所以不舉人倫之樂為例，我想是為指出，縱使內容亦涉所得，然這樣所得始終仍可單純發自人性心，與欲望無關。人對生活基本所求、人在生活中對國家之期望，始終仍屬人性，非個人利益所得；如此悅樂，故顯人人心其人性之真實。

二、以上例子雖仍扣緊所得言，然其為喜悅，對象實在國家或君王上，換言之，喜悅仍是對人之喜悅、非因物之所得而喜悅，這從第一例子最為明顯：君王若能「尊賢使能，俊傑在位」，這是天下之士所喜悅者。其所喜悅在人、非在物。若所喜悅為人，而這人又與自己毫無私下關係，非因個人情感，【故孟子強調「天下之士」、「天下之農」、「天下之民」等等，因而更撇除自身民族國家之情這樣可能】，如是喜悅，明顯為人性。【非言人倫之樂非為人性，只人個體間悅樂，仍可與個人欲望有關，故如情愛，仍可淫可傷：「〈關雎〉樂而不淫，哀而不傷」《論語．八佾》】。從以上喜悅故見人性喜悅之真實：既言喜悅可為人性而非必與欲望有關、更言人性實亦可從心感受甚至快樂言：其為真實如此平凡、其為感受亦可如此單純正面。

〔6〕論不忍人感受中之人性、並總論心之人性方面

孟子曰：「人皆有不忍人之心。先王有不忍人之心，斯有不忍人之政矣。以不忍人之心，行不忍人之政，治天下可運之掌上。所以謂人皆有不忍人之心者，今人乍見孺子將入於井，皆有怵惕惻隱之心，非所以內交於孺子之父母也，非所以要譽於鄉黨朋友也，非惡其聲而然也。由是觀之，無惻隱之心，非人也；無羞惡之心，非人也；無辭讓之心，非人也；無是非之心，非人也。惻隱之心，仁之端也；羞惡之心，義之端也；辭讓之心，禮之端也；是非之心，智之端也。人之有是四端也，猶其有四體也。有是四端而自謂不能者，自賊者也。謂其君不能者，賊其君者也。凡有四端於我者，知皆擴而充之矣，若火之始然，泉之始達。苟能充之，足以保四海；苟不充之，不足以事父母」。

除喜悅有其人性一面外，人之難過哀傷亦然，此孟子舉惻隱之心例子之原因。本章雖終在言心之四端，然其本應只為言惻隱之心（對比前章心之所悅）。故本章開首以「不忍人之心」啟，所指應為惻隱之心而已，心其他三端無以從「不忍人之心」言。四端之心故或是順帶引出、或作為人性心其全部面相之總結。

何謂惻隱之心？孟子說：「人皆有不忍人之心。先王有不忍人之心，斯有不忍人之政矣。以不忍人之心，行不忍人之政，治天下可運之掌上。所以謂人皆有不忍人之心者，今人乍見孺子將入於井，皆有怵惕惻隱之心，非所以內交於孺子之父母也，非所以要譽於鄉黨朋友也，非惡其聲而然也」。從「人皆有」可清楚看到，所討論之心實為人人之事、非個人私下事，所指故是人性心。惻隱之心所以為人性，因此時對象非在事物、而直在人，亦孟子特別標明為「不忍人之心」意思：非不忍其他事物或禽獸。【見〈梁惠王上〉第七章】。孟子甚至說，王者所以為王者，因有「不忍人之心」而已。【統治者若非由「不忍人之心」而是由其他私自欲望而統治，此時統治，將非為王者之治】。

為說明所以「人皆有不忍人之心」，孟子舉「孺子將入於井」為例說明。對孺子將入於井，有兩種事實：一怵惕之心、另一惻隱之心。前者只是人所均有吃驚害怕反應，與德性無關，因而之後再不提及。而所謂「惻隱」，惻隱之心所以為人性心，因沒有「〔非所以〕內交於孺子之父母也，

〔非所以〕要譽於鄉黨朋友也，〔非〕惡其聲而然也」等原因：既非由特殊原因與關係、亦非與利益有關；甚至，非單純因自身對痛苦有所憐憫而致，故純由人之人性而已。孟子這「非惡其聲而然也」一語重要。趙岐解說：「非惡有不仁之聲名」，而朱熹跟隨說：「聲，名也」，兩人均錯誤。二人解釋不單只使孟子語變得重複，【「非所以要譽於鄉黨朋友也」】，它更失去孟子思想之深刻。「聲」在《孟子》中只解為聲音；本語意思故是：見孺子將入於井而有惻隱之心，非因不想聽見其痛苦所發出聲音；換言之，非出於對痛苦之憐憫心。這「聲」問題同樣在〈梁惠王上〉第七章有關王者之心討論中出現，亦與憐憫心問題有關。【見：「君子之於禽獸也，見其生不忍見其死，聞其聲不忍食其肉，是以君子遠庖廚也」】。齊宣王不忍宰牛，實如其自己說，是出於憐憫心。一方面因牛正在齊宣王眼前、另一因確實感受到牛之痛苦，故迫不得已以羊易之。憐憫心確實基於對象受苦而有之感受與反應，其所不忍為痛苦，非在對象本身，故齊宣王以羊易牛，所在乎只眼前感受。孟子之說：「君子之於禽獸也，見其生不忍見其死，聞其聲不忍食其肉，是以君子遠庖廚也」中「聞其聲」所指，明為痛苦哀號之聲。君子因不忍聽見禽獸哀鳴之聲，故遠庖廚且不食其肉。這都出於憐憫心，但與惻隱之心完全不同。當孟子說：「非惡其聲而然也」時，這已表示：惻隱之心並非單純憐憫心、非單純針對痛苦感受而發，而更因對象為人類、非僅為生命。

首先有關「惻隱」兩字。「羞惡」、「辭讓」、「是非」三組詞明顯相對。「是非」明為相對，不用再釋；「羞」針對自身之不是、「惡」則對向他人之不是；「辭」對向他人所給予、而「讓」則對自身所擁有或所是言讓。「惻」與「隱」故應同樣。若如「王若隱其無罪而就死地」中「隱」為指「不想見到」，那「惻」應指不得不見到時內心如「痛」與「悲哀」等感受。此時所言「痛」與「悲哀」，非如憐憫之對痛苦，而是因對方為「人」而始有悲憫之情。孟子實已清楚作分辨：齊宣王故事中之「不忍」若非只「觳觫」而更是生命（「隱其無罪而就死地」），那惻隱之心所不忍非只為生命，更是「人」。故孟子於〈梁惠王〉故事中所說為：「君子之於禽獸也，見其生不忍見其死」，所強調為「之於禽獸也」。因為禽獸，其至珍貴者也只生命而已，故所不忍為見其死。本章不同：因此時對象（孺子）為人，故所不忍，非只其死或生命，而是因其為「人」。此所以孟子以「人皆有不忍人之心」明言，非不忍見生命之死或痛苦而已（「見其生不忍見其死」、「非惡其聲而然也」），更因對象為「人」故不忍。【人一般多忽略對象上差異，只見自己心之憐憫感受，故不見人性問題。孟子故特從「人皆有不忍人之心」言。若只憐憫心，此時之心，是不足用於王者身上而言治理的：「先王有不忍人之心，斯有不忍人之政矣。以不忍人之心，行不忍人之政，治天下可運之掌上」。從王者「不忍人之心」可見，如此心與憐憫心故無關】。因唯與「人」有關，孟子結論故說：「無惻隱之心，非人也」；換言之，惻隱之心如其他四端之心，一方面因對方是人、另一方面因其為感受本於人心真實，非有其他原因，如與己有關、個己聲名、或不忍痛苦等。人作為人因有對人不忍時人性心在，故始於「無惻隱之心」時，「非人也」。

無論是喜悅抑哀痛，人故是有其人性心之真實在。心非處處自私欲望而已、非只個人愛惡而已，縱使於快樂或痛苦感受，仍是見人性真實在，此本章與上章所言。

因已提及惻隱心，故孟子順承此對人其人性心作一總結：「由是觀之，無惻隱之心，非人也；無羞惡之心，非人也；無辭讓之心，非人也；無是非之心，非人也。惻隱之心，仁之端也；羞惡之心，義之端也；辭讓之心，禮之端也；是非之心，智之端也。人之有是四端也，猶其有四體也。有是四端而自謂不能者，自賊者也。謂其君不能者，賊其君者也。凡有四端於我者，知皆擴而充之矣，若火之始然，泉之始達。苟能充之，足以保四海；苟不充之，不足以事父母」。惻隱心與前章喜悅之心是從人性心有「感受」言；是非之心是從人性心其本有對是與非（道理）之「認知」言；羞惡及辭讓之心則從人性心有「意志」行動能力言。【意志對外有所欲望、或知對自身欲望約束，故一為羞惡心、另一為辭讓心，二者均與意欲行為有關】。人心靈這幾方面（感受、認知、意志或欲望），故均有其人性真實在。作為心之端或人性之端雖在惻隱（亦含上章所言喜悅）、羞惡、辭讓、與是非，然其擴充即為仁、義、禮、智四種人性德行。禮與義從客體方面言、為客體所須德行；仁與智則從人自己主體方面言、為人自身德行之極致。此外，仁與禮對象在人，為「人與人」之事：仁立人達人，禮為人倫其人性正道，如敬、和與情感等，二者都相對人而言。智與義則關乎事物與事情之行作：智對事物道理認知與明白，而義則本於人存在有對物質之需求與必需，二者與存在事情有關。四者關係如圖：

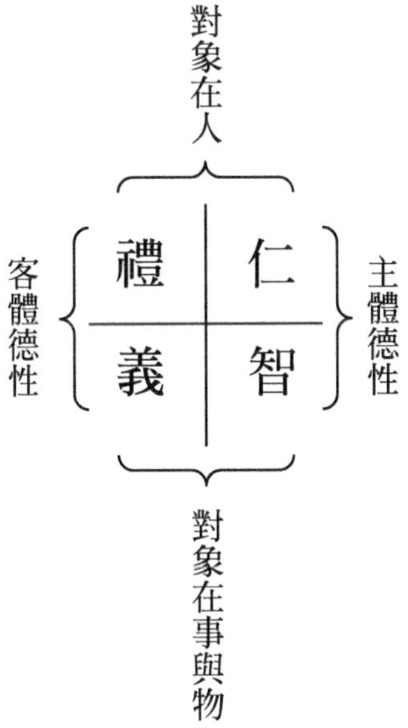

從以上可見：人與人人倫正道及德性在「禮」，人對人存在需要之義務努力在「義」，人由立

人達人而致之道在「仁」，而人解決困難及致道修德時「學」之能力在「智」。仁、義、禮、智故是人類存在其全部人性德性所在，為人性心擴展於人與物時之四方面。其近者如為「事父母」，其遠大者則為「保四海」。無論是人類存在哪一方面，仁義禮智故為其德性之全部，而這是本於人其人性心所本有之真實，換言之，本於惻隱、羞惡、辭讓、是非四者。

仍須補充：〈公孫丑〉至此對人性心之總結，只心問題之一部分，心仍有其他面相，如心與人之自我、心與欲望、心作為內心時之期盼、其誠懇與志向等，都為〈公孫丑〉之後討論。之所以仍把人性相關於心靈能力言（知性、感受、與意志），這是因為，人心靈怎樣構成，是根本地決定着人與人關係；故如人有感受，人與人關係、其人性，因而亦須從感受言。同樣，若人有意志或知性，那對人之意欲與明白，都構成人性所在。除非能力如記憶力那樣完全與人無關，否則心靈能力仍應有其人性真實在。非說人性取決於心靈能力，人性只取決於其是否本於「人作為人」這樣性向與真實而已。孟子所以在惻隱之心後對人性心面相作總結，因〈公孫丑上〉一、二章已碰觸人其知性一面，三、四章則與意志方面有關，而五、六章則為言人之感性；故心靈三種能力，實於這前六章觸及了，這是孟子於此作總結之原因，為對人之知性、意志與感性三者所有之人性事實作一總結，而此即心之四端與仁義禮智四種德行。人性其內容向度盡於此。

*

四、論心之自我性格〔7、8、9〕

在討論心之真實、其對外心況、及其所有喜悅與不忍各面相後，〈公孫丑上〉進入有關心討論最後部分，即心作為人「自我」時所有性格面相。若單純從「自我」言，此時心主要也只三種方面而已：一為心之所恥、【所恥包含所傲。因而對反下章心之謙虛】、二為心之謙卑、而三為心之狹隘與固執。前二者為「自我」本然姿態，而心之狹隘與固執，此亦自我常見渺小。

〔7〕論心對自我之肯定：人之自尊與自恥

孟子曰：「矢人豈不仁於函人哉？矢人惟恐不傷人，函人惟恐傷人，巫匠亦然，故術不可不慎也。孔子曰：『里仁為美，擇不處仁，焉得智？』夫仁，天之尊爵也，人之安宅也。莫之禦而不仁，是不智也。不仁不智，無禮無義，人役也。人役而恥為役，由弓人而恥為弓，矢人而恥為矢也。如恥之，莫如為仁。仁者如射：射者正己而後發，發而不中，不怨勝己者，反求諸己而已矣」。

心與自我之最根本關係，孟子從恥一問題切入。原因在於：自我都扣緊自尊而立，若無所謂自尊，自我無以成為自我。所謂自尊，實即人對其自身之為自我之肯定感。自我是相關於這樣感受而建立。若把自我視為如西方之自我意識（「我思」），這只從自我之為一獨立存有言而已，即對自我其存有真實性之證成而已，非針對人在現實存在中之自我言。後者更應在人與人之間、人對其自身之肯定感。如是，自尊心始是自我真正所本，非「我思」為本。而有關自尊心，其最明顯顯示即在「恥」一問題上：自尊實即一種羞恥心而已。【這裡「羞恥心」，非孟子所言「羞惡之心」。「羞恥心」或「恥」只針對自我言，非如「羞惡之心」因為對道義之覺識，故有所羞與有所惡】。當然，人亦可無羞恥心，但這只因不再重視自身形象而已：即既不重視他人、亦不重視自己者。人對自我有所重視，始有自尊、始有所恥。這是恥與自我之關連。

孟子對恥（心其自我面相）怎樣說明？首先，人肯定自身自我，主要亦由兩方面：一為自身之價值，由價值而肯定自我；另一則直接從自我獨立性言：能獨立，這是自我所以優越。人對自我之肯定，主要亦此二者。如人求富貴般外在價值，縱使虛妄，仍只為求得一種自我價值而已。而人之叛逆行為，縱使亦未必真實，亦只為表示自身自我之獨立性、其不受宰制時之肯定感而已。像這些虛假自我肯定，往往反顯其人受物質財富奴役、或單純出於一種我執之無知，其所謂自我都非真實。孟子有關自我，故亦順承這兩方面言。

雖然人藉以肯定自我之價值往往虛偽，但若為正確，如仁這樣價值，將是人對自我肯定之至為真實者。此時若因不仁而有所恥，這再無話可說，自己確不仁故。然孟子所舉例子非如此。舉矢人（製造弓箭的人）與函人（製造盔甲的人）為例是為說明：若此時之不仁有迫不得已在、非單純道德事，如由自身職業所致，這樣不仁，人仍是會感到羞恥。【因職業而恥，此時實仍假定社會價值未被扭曲；若已扭曲，如只以致富為是，那恥與否只落在富與貧差異上，與職業再無關】。故孟子說：「矢人豈不仁於函人哉？矢人惟恐不傷人，函人惟恐傷人，巫匠亦然，故術不可不慎也」。這是說，縱使單純由於職業，人對其自身之不是始終有所恥。對這樣不得已，孟子故說：「如恥之，莫如為仁」，即從為仁重立自身價值，由見自身價值而不再對己感到羞恥。「不仁不智，無禮無義，人役也」是說：若人絲毫價值也沒有，既「不仁不智」、又「無禮無義」，如是之人，必為人所役，毫無自我肯定可能。人若對自己這樣狀態有所恥，那唯一可能，仍是從自身真實價值立起，由此而對自我肯定，故「如恥之，莫如為仁」。從「人役也」、及「人役而恥為役」言自我之恥，明針對一般自我言，即此時自我，不欲屈居人下、不欲為人所役。此人人自我所必然。然若這樣事實往往為現實必然如此，人難擺脫現實卑下性而如富者般自我肯定，故有如「弓人而恥為弓，矢人而恥為矢」那樣有迫不得已在，那唯有如仁者，從「為仁」而重立自身價值與自我。唯由「為仁」這樣價值，人其自我重立始可無條件，不受現實約制或有所不能。若仍然似不能(自我似不能於人前而立、有所肯定)，因「仁者如射：射者正己而後發，發而不中，不怨勝己者，反求諸己而已矣」；換言之，知仁這樣價值，縱使未能實現，仍只會「正己而後發」，發而不中仍不會對己有怨、不會埋怨勝己者。仁者坦然，其任何未能，只會「反求諸己而已矣」。人自我之價值，始終應由此而立：既不會因現實而迫不得已地無自我肯定而恥、亦不會因虛假價值而虛偽，縱使似有所未能，仍始終能對自身肯定：既能「反求諸己」、亦能無怨(再無恥)。此「如恥之，莫如為仁。仁者如射：射者正己而後發，發而不中，不怨勝己者，反求諸己而已矣」意思。

孟子這對人自我自尊心之說明，故指出三點：一為人必有求索自我肯定這樣事實；二為人若只從現實求索自我，若非虛假，也往往只如弓人、矢人般難於自我故多有恥；故而三：唯從如仁這樣德性，人始能對自身自我有所（無條件）肯定，德性作為價值必然真實無偽故。縱使似未能，如德行這樣價值，實已使人超拔於現實上，其自我再不會因現實而感為人役，如此自我始為真正自我、如此自尊始為真正自尊，此「夫仁，天之尊爵也，人之安宅也」意思：人自我由仁而尊、人自我亦由仁而安。此德行與人自我關係，為人真實自我所由與所本。仁作為自我之立故有兩方面：一為仁成就人其最高價值、另一為仁亦是人能獨立之最終依據；前者即「仁，天之尊爵也」，後者即「（仁），人之安宅也」。「天之尊爵」是從價值之尊貴言；「人之安宅」則從人再無需依靠言（無須依賴現實而立），故如能獨立自己般，達致對自我肯定。孔子有關仁之自主獨立性亦說：「我欲仁，斯仁至矣」（《論語．述而》）。由仁作為價值言，人如是始再無否定感、再無如恥之自我否定。

孟子本章所指出，故是心其自我感受：若能致對自我肯定、因而無所恥，最終也只能由「為仁」而致而已，再無其他能使人對一己自我如此肯定者。

〔8〕論心其無自我時之更高真實

孟子曰：「子路人告之以有過則喜，禹聞善言則拜。大舜有大焉，善與人同，舍己從人，樂取於人以為善。自耕稼陶漁以至為帝，無非取於人者。取諸人以為善，是與人為善者也。故君子莫大乎與人為善」。

若前章言人「為仁」始真能對自我心有感不恥而肯定，那本章反過來說：縱使從自我言，人其自我仍可怎樣以為一更真實自我，致使自我可再無所虛假虛偽。若自我所以虛假是由於人對自我刻求而致（如自尊心），那若能相反不刻求自我，無論是單純謙虛抑更真實從自我改過與改善言，這樣去自我之心，是人能成就自身為一更真實自我者。謙卑之心，故是心其自我性格或人其自我、之更真實者。

孟子舉三人為例：子路、禹、舜。子路遇人「告之以有過，則喜」，而「禹聞善言，則拜」。兩人自我之心，一在謙卑而改過、另一在謙卑不自大而向善力學；能改過與向善力學，都為人

『從自我言』時之真實：不執着自我而使自己更有所昇進故、努力成一更真實之自己故。【人不能昇進，故往往由過度自我、不能學而致】。

至於舜，孟子說，舜更是偉大。他不只關注自身自我之真實，更關注人（他人）其自我。他明白人之自我往往自然會對立他人，特別當他人亦以自我面對自己時。舜為鬆懈這自我與自我間對立，故「善與人同，舍己從人，樂取於人以為善」。這是說，面對對方時，他所強調的，是他人自身所有善，完全放棄自己與自我，如毫無自我那樣；如是而他人自我亦自然順承而落於這善（自身所有善）之一面，既遠去受人批評時所有自我對立、亦不自覺地加強了自身善之一面，因這一面正是在對方眼中那代表自己之自我者。這是舜「善與人同，舍己從人」之意思。而有關其自己，舜亦不再強調自己之善，而是「樂取於人以為善」，即盡力學習他人之善作為自己之善；舜如是地無自我之自我，故實偉大：既自身不以自我而自居、亦使對方不以自我而自居，甚至雙方由舜之善而更善，成就更真實的人自我、人更大昇進。舜自「耕稼、陶、漁以至為帝，無非取於人者」。而這樣之「取諸人以為善」，實已是「與人為善者」，即間接幫助、助長、鼓勵了對方之行善；如此地真實之自我，故是多麼偉大而真實。

孟子在本章中故教人：在恥之外，心可怎樣不在乎自我而謙卑、及怎樣成就自己為一更真實自我者。心之不感自我、不再強調在他人前之自尊、不處處刻求自我肯定，這實反而是一更懿美甚至更偉大之自己，如舜。此自我可有之真實：非固執於一己自我，更是心純然向往善時之自己。

〔9〕心有自我與似無自我之偽

孟子曰：「伯夷非其君不事，非其友不友；不立於惡人之朝，不與惡人言。立於惡人之朝，與惡人言，如以朝衣朝冠坐於塗炭。推惡惡之心，思與鄉人立，其冠不正，望望然去之，若將浼焉。是故諸侯雖有善其辭命而至者，不受也。不受也者，是亦不屑就已。柳下惠不羞汙君，不卑小官，進不隱賢，必以其道，遺佚而不怨，阨窮而不憫。故曰：『爾為爾，我為我，雖袒裼裸裎於我側，爾焉能浼我哉！』故由由然與之偕而不自失焉，援而止之而止。援而止之而止者，是亦不屑去已」。孟子曰：「伯夷隘，柳下惠不恭。隘與不恭，君子不由也」。

在這最後一章，孟子繼上兩章有關心與自我問題作一總結，指出：縱使心由真正價值而對自我有所自尊，及心由無自我時謙卑態度而能致人自我於更善，若這有自我與無自我均有所太過、均只為姿態，如是反而無益而偽。孟子所舉例子為伯夷與柳下惠。二人各以其方式對自我固執而偽：一在自我之自視與狹隘、另一在似毫不在乎自我而致不恭。

伯夷過分執持自身之善，致使「非其君不事，非其友不友，不立於惡人之朝，不與惡人言」，甚至把這種作風推廣至與人一切情況上：一旦如鄉人般「其冠不正」，伯夷便望望然離去，縱使有以善言聘請者，因以之為不屑，故亦不接受。如此自我與自尊，因過於自我而偽。

相反，柳下惠雖似不在乎其自己、或以其自身與他人毫無關係，故縱使事於不善君主仍不感羞愧，地位卑微也無所在乎，人於自己身旁赤身露體地無禮亦不感玷污，始終認為人與人之你我有別而無關，人若挽留因不屑離去而留住，致使自身往往如無自我般任意隨便，失去恭敬與有所尊重之心……，如此自我，表面雖似無所自我，然實仍偽，過於自視、以為能無所彼此，因而實失去真正自我之穩重，再無知於恭敬。如此似無自我之自我，故仍偽。

孟子結論故說：「君子不由也」，即真實之人不會這樣。這是孟子對心與自我問題之結論。從自我言心，故或是自我有所恥而求「為仁」而肯定、或自我謙卑改過向善而真實，若非如此而只自我執着，無論似有抑似沒有自我，其時姿態，仍因只為自我感而偽而已。

從〈公孫丑上〉分析可見，心作為心，其主要面相只有四方面：心其自身真實性、其不受動時之真實性、其人性面相、及其自我面相四者。心有其在自身時之真實，亦有其不為外在所動（不為世所動）時之真實，更有其作為人性之真實，及最後有其作為自我之真實。若明白「心」問題多麼重要而困難，孟子本篇對「心」透徹之分析，其貢獻與價值鉅大。人之真實，實先由心而已。從孟子對心分析，故應明白，人能真實，也只有以下幾種可能：或為百姓；【百姓之真實在生命淳一於人倫及生活事而「思無邪」《論語．為政》，若有所現實地貪婪欺詐，已非為百姓】；或為王者之愛人為民；或為個體之知人而生命配道與義；若非這幾種生命形態，那人之真實，也唯在其人性、在其能獨立而不為世所動、【世多虛妄，人故唯由能獨立於世、不為世所動心，始能有所真實】、及在其自我謙卑改過向善而無自我時之真實上；唯能如此，人始能作為人而真實。【人故非由於知識、非由於能藝術創造、非由於向往外在真理、更非由於現實地位與聲名而真實】。此孟子對「心」分析之結果。能知心如何有其人性一面，又知心其如何與人自我有關，更知應如何說明心在其自身中種種真實性，因而亦教人能怎樣達致不動心如此心之獨立，並知他人甚至聖者心之境界……，對「心」如此討論，是在人類思想史中前所未有。當我們試圖說明孟子心性理論時，再不應忘記：孟子並沒有對心只作一抽象而虛構理論，反而，能從如此具體而真實之心面相作討論、揭示心其具體真實，這始有關心之討論唯一真實者。

公元二零零九年七月十九日

公孫丑下

論心之面相二

〈公孫丑上〉對心四個主要面相分析：心自身真實性、心不為（世與外在）所動時之真實、心其人性面相、及心其自我面相四者，孟子以此對比〈公孫丑下〉所論心其次要方面。心這次要面相，是從心關連於、或相關於人其他具體方面言，而此主要亦四：一、人一般心之真實；二、心其知之真實；三、心與欲望（私心）之真實；及最後，四、心作為人內心時之真實。因已相關於認知或欲望等方面，故非從心自身言，而已涉現實層面，此心其次要面相意思。我們把〈公孫丑下〉這四組主題列表如下：

一、論人一般心之真實（1、2）
二、論心之知（3至6）
三、論心與欲望——私心（7至10）
四、論個人內心：如心之誠、心之期盼與怨、及心之志向等問題（11至14）

一、論人一般心之真實（1、2）*

〈公孫丑上〉已曾提及百姓心，而在本篇首兩章，孟子更試圖指出人一般心況究是怎樣。這從人一般言之心，故是人類其存在之真正維繫因素，其他心所向，縱使向往所謂真理，仍未必能算作真實、更無以為人類存在之維繫因素。這能維繫人與人其存在之心，（因而亦為共體所本），實即由禮所顯示「人性心」而已，唯人性心始能真實地維繫着人與人。若明白禮實源於人性三種關係，【和、敬、愛（情感）。見《論語．八佾》】，那應明白，所謂人一般心、其真實，也不外此三種人與人至為懿美之關係而已：和睦、相互敬重、及情感；三者正構成人與人間「禮」之所本。〈公孫丑下〉只討論前二者，沒有論及情感，原因可能有二：一為情感於人較特殊、二因情感非人可左右，故難視為人與人一般關係。〈公孫丑下〉第一章故只討論「和睦」，而第二章則討論「尊敬」，二者為在一般關係中，人心其人性訴求與真實。

〔1〕論和睦

孟子曰：「天時不如地利，地利不如人和。三里之城，七里之郭，環而攻之而不勝。夫環而攻之，必有得天時者矣；然而不勝者，是天時不如地利也。城非不高也，池非不深也，兵革非不堅利也，米粟非不多也，委而去之，是地利不如人和也。故曰域民不以封疆之界，固國不以山谿之險，威天下不以兵革之利。得道者多助，失道者寡助。寡助之至，親戚畔之；多助之至，天下順之。以天下之所順，攻親戚之所畔，故君子有不戰，戰必勝矣」。

於本章，孟子提及天時、地利、人和三觀念。人一般以這三觀念為平等地並置，但這非孟子意思。孟子所說是：「天時不如地利，地利不如人和」。所以舉天時與地利這與天地相關事實，是為突顯：在天地間，再沒有任何事情較「人和」更重要、更真實。是為指出人間和睦其重要性，故始以天時、地利作為對比。在討論三者時，孟子仍以戰事為背景，因戰事多危急，更能顯出人和之力量。非平素人和睦不重要，唯欲指出：就算於戰事，人和作為力量仍較其他一切力量為大，故從人類存在言，人和始人心最一般真實，亦是最大力量，沒有任何其他力量能與之相比。

如是孟子必須說明，從何意義言「人和」為真正力量？首先須明白，所謂力量，是在人與人對立時取勝之方法，其前提故是：此時人與人是對立或敵意的。唯有在對立中，始有運用力量之必須，而這同於說，若非有所對立，實無須力量之存在。

「人和」並非對立力量時之力量，而是去力量所有前提、去人與人對立這樣關係：「和睦」正是「對立」之反面故。能使沒有對立，這才是真正勝利。以力量壓人而勝，這只勝利之假象而已，非能長久。但人能無條件與人和睦？對方若確實鄙陋，何能言和睦？像這樣情況，當然難有所解。孟子所討論，故非一般情況。【對向鄙陋者，故仍應如孔子所說：「恭近於禮，遠恥辱也」〈學而〉、「躬自厚而薄責於人，則遠怨矣」〈衛靈公〉、甚或「犯而不校」〈泰伯〉。因而：「見齊衰者，雖狎必變。見絻者與瞽者，雖褻必以貌」〈鄉黨〉、「子見齊衰者，絻衣裳者，與瞽者，見之，雖少必作，過之必趨」〈子罕〉等】。孟子所以把「人和」與「力量」並言，是為討論「和睦」更高層次、其更構成人類現象中嚴重事，即：在位者或掌握權力、力量者，其作為，應是與人和睦、抑與人對立？權力者應挑起不和？

若已具有地位與權力，本已無所（無須）對立。若對方較自己居下而仍有所對立，如此對立必由自己引起、非由對方。然事實往往是：在位者均利用其力量引起對立，漠視人和之真實。孟子故深刻地說：「域民不以封疆之界，固國不以山谿之險，威天下不以兵革之利」，換言之，統治者之以疆界限定百姓、以險要之地防範鄰國、以兵革之力量顯耀於天下，這樣舉動，已是一種與人對立了。換言之，連君主對人民之限定，如我們今日法制，都多為權力對人之一種對立。這樣對立，只能由上位者所引起。對立故非先由人民、非人民對制度之不從順而形成，更先是在位者以法制之名對立人民；不和與對立是從此意義言。「人和」能與「力量」並言，故是在這更深層次。於此，以力量抑與人和，都只選擇而已，非事情只能以力量。而在人和與力量兩者間，人和始真能達致所欲，孟子故說：「得道者多助，失道者寡助。寡助之至，親戚畔之；多助之至，天下順之」。與人和者（以道而行）多助，其極致時連天下亦順之；與人對立者（以力量而行）寡助，其極致時連親戚朋友亦與之對立。故在力量與人和兩者間，終究地言，仍是人和始為正確方法。「故君子有不戰，戰必勝矣」。

於此可見，以戰事為背景以論人和，雖為極端情況，然由此始知人和之真實。一般以人和為在力量下，故起不了作用，然正確應以力量與人和兩者在同等位置衡量，即在位者之以人和抑以力量而治始更為真實。此時，以人和而治必然更得人心，不會再造成對立。若連在戰爭這極端情況人和更是致勝之道，那在其他非極端情況下，人和之為道更明顯。如孟子所指出，對立其本在上位者對下位者之限制，這始對立或不和之根本。若如酒醉駕駛之禁限，人都以其為害，實是無違人性感受之處。故唯上位者以制度限制，純然求為權力與利益，如此禁限，始為對立真正原因，亦孟子「域民不以封疆之界」所言。這樣不和之禁限，實為社會整體自上而下對立心態。社會中人與人對立，實源於此。

〔2〕論尊敬

孟子將朝王，王使人來曰：「寡人如就見者也，有寒疾，不可以風，朝將視朝，不識可使寡人得見乎？」對曰：「不幸而有疾，不能造朝」。明日，出弔於東郭氏。公孫丑曰：「昔者辭以病，今日弔，或者不可乎？」曰：「昔者疾，今日愈，如之何不弔？」王使人問疾，醫來。孟仲子對曰：「昔者有王命，有采薪之憂，不能造朝。今病小愈，趨造於朝，我不識能至否乎？」使數人要於路，曰：「請必無歸而造於朝」。不得已，而之景丑氏宿焉。景子曰：「內則父子，外則君臣，人之大倫也。父子主恩，君臣主敬，丑見王之敬子也，未見所以敬王也」。曰：「惡！是何言也！齊人無以仁義與王言者，豈以仁義為不美也？其心曰『是何足與言仁義也』云爾，則不敬莫大乎是。我非堯、舜之道，不敢以陳於王前，故齊人莫如我敬王也」。景子曰：「否！非此之謂也。禮曰：『父召無諾，君命召不俟駕』。固將朝也，聞王命而遂不果，宜與夫禮若不相似然」。曰：「豈謂是與？曾子曰：『晉、楚之富，不可及也。彼以其富，我以吾仁；彼以其爵，我以吾義，吾何慊乎哉？』夫豈不義而曾子言之，是或一道也。天下有達尊三：爵一，齒一，德一。朝廷莫如爵，鄉黨莫如齒，輔世長民莫如德。惡得有其一，以慢其二哉？故將大有為之君，必有所不召之臣，欲有謀焉則就之，其尊德樂道，不如是不足與有為也。故湯之於伊尹，學焉而後臣之，故不勞而王。桓公之於管仲，學焉而後臣之，故不勞而霸。今天下地醜德齊，莫能相尚，無他，好臣其所教，而不好臣其所受教。湯之於伊尹，桓公之於管仲，則不敢召。管仲且猶不可召，而況不為管仲者乎？」

有關敬重或尊敬這人心一般訴求，孟子舉與齊王例子。故事表面處處可見孟子對齊王毫無敬意，藉由此而見敬重實仍有真偽之別。

孟子本「將朝王」，然齊王反使人來說：「寡人如就見者也，有寒疾，不可以風，朝將視朝，不識可使寡人得見乎？」孟子本沒有對齊王不敬或不朝見之意，反是齊王在見孟子一事上本應往拜孟子，唯因以自身尊貴，故以疾託辭，要求孟子於朝中相見。對孟子言，這實已表示齊王對自己無敬，故打消朝見齊王之意而回答：「不幸而有疾，不能造朝」。故事繼續說：「明日，出弔於東郭氏」，換言之，孟子確已放棄朝見齊王，另為他事。公孫丑對孟子此舉不認同，說：「昔者辭以病，今日弔，或者不可乎？」孟子反駁說：「昔者疾，今日愈，如之何不弔？」於孟子出弔時，齊王再使人問疾，亦遣醫者隨伴。孟子堂兄弟孟仲子急遣人攔截孟子於途中，囑其即往朝見、不得返歸。孟子不得已而暫宿齊大夫景丑家。

從故事表面上看時，似感齊王對孟子尊重而不見孟子對齊王尊重，然孟子以齊王不親訪為齊王對孟子之不重視；這其中關鍵也在一點而已，亦本章第一個道理：在一般社會關係中，敬重都立於人之地位：下位者應先對上位有所敬，敬與不敬全繫於此，亦齊王認為孟子應朝上拜會之原因，以自身地位高於孟子故。然孟子所欲教人道理是：建基於地位上非真實尊敬，既非真實地對人、亦非真實地由有所敬而致。尊敬有兩面：一為人對人內在敬之真實、另一為人對人外在之敬，後者仍應由有所真實。對人內在之敬即景丑所質問：「內則父子，外則君臣，人之大倫也。父子主恩，君臣主敬，丑見王之敬子也，未見所以敬王也」。【這點對等《論語．八佾》「君使臣以禮，臣事君以忠」一道理】。而對人外在之敬即景丑修正其質問後所問：「禮曰：『父召無諾，君命召不俟駕』。固將朝也，聞王命而遂不果，宜與夫禮若不相似然」。【這亦對等《論語．八佾》「事君盡禮，人以為諂也」一道理】。

有關對人內在之敬，景丑之質問是：若君臣間主敬，那其所見只為「王之敬」孟子、未見孟子「所以敬王」。這時所言敬，非只禮之表面，更是齊王遣使與醫探問孟子、對孟子個人真實之敬；孟子之回答故亦針對此而言：「惡！是何言也！齊人無以仁義與王言者，豈以仁義為不美也？其心曰『是何足與言仁義也』云爾，則不敬莫大乎是。我非堯、舜之道，不敢以陳於王前，故齊人莫如我敬王也」。意思是：若從內在對人敬重言，仍不可說孟子對齊王沒有敬意。原因在於：若真對人有所敬，是應對人真實地忠，如孔子於上下間禮而說：「臣事君以忠」《論語．八佾》那樣。縱然為齊王，孟子仍敢把堯舜之道直陳於王前，非如齊國人不敢直對齊王言仁義，以齊王本為「何足與言仁義」。這種先設定對方之不是，縱使表面上不敢得罪（敬之假象），實已非對人真實之敬。真實之敬人必先對人忠，無論對方地位或性情如何。唯以最真誠之心面對，始為從內在言對人真實之敬。孟子這對人敬之看法，故正相反人對人敬之表面，後者只繫於對方地位權勢而已，其所謂敬，也只順承對方所欲而已，非真為其仁義敢於進言。從內在對人真實之敬言，敬故與外表敬意之假象正相反，亦與地位權勢等無關，直對向每人內在之真實言故。

至於對人外在之敬，即孟子對景丑第二質問之回答，而這相關君臣之禮而言。景丑以君臣之禮應「君命召不俟駕」，【見《論語．鄉黨》：「君命召，不俟駕行矣」】，這明顯是從外在表現言；因為君臣關係，故孟子仍應「不俟駕」而行。孟子回答有兩面，二者仍須從真實言。一為：上下尊卑其差異之真實為何？而二為：君臣關係其真實為何？有關前者，世人都唯知富貴爵位為重，然都不以仁義德行為重。若真有所重視而尊貴，非應只地位而已：「天下有達尊三：爵一，齒一，德一。朝廷莫如爵，鄉黨莫如齒，輔世長民莫如德。惡得有其一，以慢其二哉！」」。除地位外，亦有年長與德行之尊貴。故縱使為君臣關係，真實為君者，若「尊德樂道」，「必有所不召之臣」而「就之」，如此始是「將大有為之君」，如商湯、或最低限度如桓公：「湯之於伊尹，學焉而後臣之，故不勞而王。桓公之於管仲，學焉而後臣之，故不勞而霸。今天下地醜德齊，莫能相尚，無他，好臣其所教，而不好臣其所受教。湯之於伊尹，桓公之於管仲，則不敢召。管仲且猶不可召，而況不為管仲者乎？」。換言之，真實地為君者，對賢德之臣是應先學而後臣、是應好臣其所受教，而非只好阿諛奉承者，這始君臣間敬之真實。【不僅君臣應如此；在人與人間對賢能者之尊敬亦應在「學」，否則言尊敬實已偽，此孔子「賢賢」〈學而〉之意，亦參考：「見賢思齊焉」〈里仁〉】。君對臣故反而應有所「不敢召」，是不應以為「君命召不俟駕而行」始為尊敬。對人與人外在言之敬，故仍須有所真實，不能單就外在表現言。【《論語》「君命召，不俟駕行矣」非言禮或敬，言人對事情應對時「責任感」之重視而已，見我們《論語・存在正道平解》】。

我們不應以孔子所言與孟子不同。孔子雖說：「事君盡禮，人以為諂也」《論語・八佾》，然從

「人以為」可見，孔子「事君盡禮」非由於地位權勢而諂媚，始終只心對人及對禮真實尊敬而已，故言「盡」。故在言「事君盡禮」後，立即補充說：「君使臣以禮，臣事君以忠」，所強調仍只忠。從「君使臣以禮」故可見：君臣間實不應強調地位高卑，始終應求為相互禮之真實。唯有如此，始有禮人性意義之可能。禮始終不能違逆真實、不能違逆事情作為之「以忠」、亦不能無對賢者敬而受教。孟子所言故與孔子同，唯似極端地突顯地位之尊貴性問題而已。始終，敬仍須有對人之真實在，非徒講求尊卑地位而已。

*

二、論心之知〔3至6〕

若「和」與「敬」均屬人性因而為人人心所訴求，同樣，心作為「知是與非」亦有其共通性，此孟子在本組問題所討論。

心知之共同，孟子分四方面言：一為心實知甚麼應該不應該，因而心對應然與否本有所知；

二為心對是與非、特別對自身之是與非應有反省能力；三為心於行為、作為中應知進退；而四為心對自身之能與不能亦本應能識別。自身應與不應、自身之是與非、自身作為之進退、及自身之能與不能，如此四方面，均屬心本然所知範圍，亦人心所共同，為人對自身行為一切應負責之原因。四者實即孟子所言心四端中「是非之心」，【見〈公孫丑上〉及〈告子上〉】，亦人所言「良知」。

〔3〕心對應不應有所知

陳臻問曰：「前日於齊，王餽兼金一百而不受；於宋，餽七十鎰而受；於薛，餽五十鎰而受。前日之不受是，則今日之受非也。今日之受是，則前日之不受非也。夫子必居一於此矣」。孟子曰：「皆是也。當在宋也，予將有遠行，行者必以贐，辭曰『餽贐』，予何為不受？當在薛也，予有戒心，辭曰『聞戒，故為兵餽之』。予何為不受？若於齊，則未有處也。無處而餽之，是貨之也。焉有君子而可以貨取乎？」

有關心對自身應然與否之知，孟子舉陳臻之問以說明。陳臻問孟子為何不接受齊王而接受宋國與薛地餽贈？齊、宋、薛三者對孟子言都沒有情誼上差異，且齊餽金一百不受，而宋餽金七十或薛餽金五十而受，這受與不受故與多少無關，接受一者不接受另一者故顯得疑惑。陳臻所問為是與非（應不應）問題，【「前日之不受是，則今日之受非也。今日之受是，則前日之不受非也。夫子必居一於此矣」】，非原因問題。對此，孟子之回答是：「皆是也」。原因如下：「當在宋也，予將有遠行，行者必以贐，辭曰『餽贐』，予何為不受？當在薛也，予有戒心，辭曰『聞戒，故為兵餽之』。予何為不受？若於齊，則未有處也。無處而餽之，是貨之也。焉有君子而可以貨取乎？」。無論在宋抑在薛，都有或是主觀需要（將有遠行）或是客觀原因（有戒心），而餽贈亦只為如此原因而發，非有其他目的，故可接受。非說餽贈者必不有其他用心或目的，只其時接受因有客觀原因在故正當，是在這樣意識下故接受。然在齊情況不同：既無任何接受原因、餽贈者亦沒有說明餽贈之意圖，如此餽贈故只單純金錢賄賂，非有任何客觀原因或需要在，其接受因而毫無正當性。人並非不應接受他人金錢上幫助，唯須有真正原因，否則未為正當。

孟子在舉這樣例子時，非與道德或德行有關，只平素人與人利益或現實問題。心對應不應，是無須至道德良心始有知，連單純餽贈，心實都知該不該接受，而這是人人所同然明白。縱使非與道德有關，單純只如餽贈之利益事，人心均同然清楚明白，無自欺可能。雖似只言利益與否，然這現實利益心實為一切行為甚至德性對錯其最終原因：人有所不仁不義，終亦與此有關而已。言道德與否，故亦先在人對利益與否之覺識；一切應然與否問題，故實先與利益問題有關，應不應之是與非，其根本在此。孟子例子故說明：心對利益其應然與否必有所知，而若非由於利，人實可坦然接受他人幫助，與自身尊卑無關，自己非由於利益故。

〔4〕心對是與非之知

孟子之平陸，謂其大夫曰：「子之持戟之士，一日而三失伍，則去之否乎？」曰：「不待三」。「然則子之失伍也亦多矣：凶年饑歲，子之民，老羸轉於溝壑，壯者散而之四方者，幾千人矣」。曰：「此非距心之所得為也」。曰：「今有受人之牛羊而為之牧之者，則必為之求牧與芻矣。求牧與芻而不得，則反諸其人乎，抑亦立而視其死與？」曰：「此則距心之罪也」。他日見於王，曰：「王之為都者，臣知五人焉。知其罪者惟孔距心」。為王誦之。王曰：「此則寡人之罪也」。

除應然與否外，心對事情及對自身是與非其知亦必然；人對自身因而都實有反省能力，無論上位者抑百姓均然。有關心對是非之知，孟子舉孔距心為例。

對孟子之問：「子之持戟之士，一日而三失伍，則去之否乎？」，孔距心不假思索便回答：「不待三」。因「一日三失伍」明顯為不負責任之過失，故為人人所明白。然當孟子更指出這樣過失實孔距心自己所犯時：「然則子之失伍也亦多矣：凶年饑歲，子之民，老羸轉於溝壑，壯者散而之四方者，幾千人矣」，孔距心反而否認說：「此非距心之所得為也」。當孟子更解釋說：「今有受人之牛羊而為之牧之者，則必為之求牧與芻矣。求牧與芻而不得，則反諸其人乎，抑亦立而視其死與？」，孔距心則知自身過失並承認：「此則距心之罪也」。為何如此？此始為孟子有關是與非之知所欲說明道理。

錯誤若為純然客觀，人均知其非；然若錯誤為自己所犯，則人皆自然會否認。關鍵在於：

對向人自身言是與非，實非單純只事情之客觀對錯而已，因涉人自己，故問題更在是否知能怎樣行。若見所能行而自己確實沒有作為，人始知自己之不是；若不知能怎樣行（改善），那縱使為過錯，人都必然否認，實不知怎樣行以改正故。過失若只是純然客觀，其是與非人皆知之；然過失若在自己，則不再僅是是與非問題，更涉具體行作。人對過錯之否認，故是其不知怎樣行作（改善）之反映；是非於人自身，故由行作定奪，非單純是與非之事。故於孟子指出孔距心能怎樣作為時，距心即明白自身錯誤所在。此是非於事與於人之差異：於人，非只知其事而已，更須知怎樣行；知其怎樣具體，於人始為知，亦人是否能見自身過失之關鍵。若反轉言故可見：於否認自身過失時，人均似無能知是非對錯，然若把同樣對錯置於純粹客觀面言，如從一第三者位置觀事情時，那任誰都能分辨其是非。言不知分辨是非，故只因關涉自己而已，若與一己無關，人自然知是非分辨，此心必有對是非之知之原因。孟子所欲說明故為以上兩道理。

舉孔距心例子來說，單純指出「凶年饑歲，子之民，老羸轉於溝壑，壯者散而之四方者，幾千人矣」，雖為客觀事實，然正因如此客觀性似難於改變，故距心無以意識到問題與自己有關。然於孟子以比喻說出問題時，因已具體化其事，故孔距心即知自己錯誤。人唯由能作始明白自身過失。教人明白其自身過失，故應從其所能作為言。若單純指出事，沒有更教人能怎樣作為，人只否認而已：不知自身能怎樣作為、甚或不知其事之客觀如何與自身有關。此孟子對人心能知對錯是非之分析。

孟子之後對齊王再提及孔距心之事：「王之為都者，臣知五人焉。知其罪者惟孔距心」，並向齊王述說故事經過，這次雖非直接指出齊王之不是，然因所涉實為齊王能力範圍內事，【「凶年饑歲，子之民，老羸轉於溝壑，壯者散而之四方者，幾千人矣」】，且已有孔距心反省在前，故齊王無法否認與自身無關，故說：「此則寡人之罪也」。

孟子向齊王所說：「王之為都者，臣知五人焉。知其罪者惟孔距心」，實反映另一事實：人雖必然知曉是與非，亦於見能怎樣行知自身錯誤所在，然事實仍有人縱使明知自己有過仍不承認，非不知，單純不承認而已，此「知其罪者惟孔距心」一語所指出。這樣之人，實佔大多數，五人只距心一人願承認而已。有關是非之知，始終，這於人心必然。若非能於自身，仍是可作為第三者客觀地知曉。

〔5〕心對作為與進退之知

孟子謂蚳鼃曰：「子之辭靈丘而請士師，似也。為其可以言也。今既數月矣，未可以言與？」蚳鼃諫於王而不用，致為臣而去。齊人曰：「所以為蚳鼃則善矣，所以自為則吾不知也」。公都子以告。曰：「吾聞之也：有官守者，不得其職則去。有言責者，不得其言則去。我無官守，我無言責也，則吾進退，豈不綽綽然有餘裕哉！」

除是非對錯外，人對自身行為進退其應怎樣亦必有所知。孟子舉齊大夫蚳鼃故事說明。蚳鼃辭退靈丘而請為士師（刑官之屬），在生命去留抉擇中作了一決定。靈丘為齊邊邑，離齊王遠。辭去靈丘之官而為士師，是為能更接近齊王，目的可能因其時刑罰多不中，故欲借此職能上諫於齊王，否則蚳鼃無須有違自身心意而為士師。【從為士師而「諫於王」可見，蚳鼃必以其時刑法為非】。人對自身抉擇，實知自己為何如此。然數月以降孟子仍未見蚳鼃上諫齊王，故問。孟子之問，一在問言之可否進〔退〕，亦同時問：蚔鼃為何沒有履行其進退原初抉擇？蚔鼃故「諫於王而不用，致為臣而去」。

為何蚔鼃於為士師後，數月仍未上諫？原因大概是：於為士師而接近齊王後，蚔鼃始知對齊王進諫無用、不會接納，而又知若諫而不用，則應履行原初決定，不見用時離去，放棄甚或失去一切職位。蚔鼃大概都知後果，故數月不諫，不敢辭去士師一職。然於孟子追問下，又確知自身原初本意，故不得不進諫，又於不見用時離去。這些都表明，人均知自身進退抉擇之意。人一切主動作為與選擇、人作為之意圖、甚至其應負責任、其後果等，都為人自己清楚明白。沒有人對自身作為，特別是重大抉擇與轉變，不知其意義與責任的。人應負責，是從此意義言，特別當其時行為，如進退抉擇，非一時興起之事、亦非在不能自己情況下決定。若蚔鼃只為求一職，那他本無須辭去靈丘而請為士師、求一違心之職。請為士師故本應盡進諫之義，不諫或不能，便應辭去。蚔鼃對自己這一切決定，故須負其後果與責任。

人對孟子告誡蚔鼃雖本於責任善道，但人認為孟子實如人一般，只知他人所應負責任，不知自己應有責任，如上章人從第三者言必知是非對錯，但不承認自身過錯，故反詰責孟子說：「所以為蚔鼃則善矣，所以自為則吾不知也」。孟子之回答是：「吾聞之也：有官守者，不得其職則去。有言責者，不得其言則去。我無官守，我無言責也，則吾進退，豈不綽綽然有餘裕哉」。這是說：若人有官職，必應盡其職，若不能，便應辭去職位，如同有進言責任者，若言不見用，則應離去。這都為職責本來意思。若不能盡職或不願盡職，是不應處其職位的。人都知這些職責上取捨道理。至於孟子自身，所以說「我無官守，我無言責也」，非孟子不想負起責任、或只求為一己無官守言責時之自在自由，並非如此。當孟子說「則吾進退」時，孟子實仍是有求為人而進退，唯因他較人更清楚自己（於為人時）所求為何，故始不以任何官守或言責形式與職能限定自己而已，非其生命沒有為人而有所進，其所進更甚於一般人而已，是為此故更求自己進退之獨立性與自主性。

無論人有職能、抑似不求職能而獨立，人都清楚自身作為之意義，甚至知自身所可能為人。人心一般故不單只對事情之應不應、及對是與非等有所知，更對自身於行為進退間意圖、所應負責任等均有所知，如有官守或言責者則應負其責任，不能時辭去。此有關行為及進退時責任或職責之道理；人一切行為抉擇，其意義與後果，均自身清楚明白，非不知。

〔6〕心對自身能與不能之知

孟子為卿於齊，出弔於滕，王使蓋大夫王驩為輔行。王驩朝暮見，反齊、滕之路，未嘗與之言行事也。公孫丑曰：「齊卿之位，不為小矣。齊、滕之路，不為近矣。反之而未嘗與言行事，何也？」曰：「夫既或治之，予何言哉？」

最後，除對事情應然與否、其是與非、及對作為與進退其意義與責任後果等均有所知外，心對自身之能與不能，亦必清楚知曉，此孟子與王驩一故事所言。

齊王使王驩輔孟子出弔於滕。王驩為齊王寵臣，雖表面輔助孟子出弔，但明顯自專行事、無所聽命於孟子，故雖「朝暮見」、雖「齊滕之路，不為近」，然孟子始終「未嘗與之言行事」。此所以公孫丑問其原因。表面上孟子為主、王驩為輔，【故公孫丑說：「齊卿之位，不為小矣」】，然因兩人與齊王關係不同，王驩為齊王寵臣，敢獨專行事而不聽命，孟子故知與議之徒然，對公孫丑之問故答說：「夫既或治之，予何言哉？」意思明白說：縱使孟子非無能於行事，然因所處情況與所對之人均非能用其力者，故「予何言哉？」。人對自己之所能與不能，實清楚明白。此能與不能，非只能力問題而已，更是情況與處境之能與不能，如孟子這裡見王驩「夫既或治之」，其自己也只能「予何言哉？」地無柰。

縱使未能實行，然人對其自身能與不能，仍清楚知曉。這能與不能，或是從能力、或是從所處處境言。有關能與不能，故無能自欺、亦無須白費苦心。

以上四章，孟子對心知四個方面作了分析。心之知，非知識外在之知，而直與人心自己有關，是心對與自身有關之應不應、是與非、其行為抉擇之一切、及其能與否等之清楚明白與自覺。如此認知伴隨人心而有，與人知識能力無關。是非之心所以為心四端之一，亦與上述知之四面有關而已。如此本心之知，故為人對道理明白之本，亦構成人存活之智慧、其明智與否、甚至為其人真實與否首先所在。人所有虛假虛偽，故必為自知之事，非能以為無知。上言知之四方面，故為人性靈所在，為天賦人本然所有。應不應、是不是、行與不行、能與不能，此四者，實構成人存在全部面相。孟子所指出故為：人心於此，是無以自欺欺人者。此孟子對心知之分析。

仍須補充：孟子這裡有關知之必然性，只就事與人或與人道義有關方面言而已，若如人類存在或世界之虛假性，縱使仍從道理言，則未必為人所能通達，人仍須學須受教，原因由此。

*

三、論心與欲望（心與私心）〔7至10〕

繼上兩組論人一般心及心本然之知外，本組論述心與欲望關係，即所謂私心問題。有關欲望與私心，孟子分四方面言：一為私心之仍然正確；二為私心之錯誤；三為私心之改正；而四為私心之大惡。各以一章討論。

〔7〕論私心之仍正確者

孟子自齊葬於魯，反於齊，止於嬴，充虞請曰：「前日不知虞之不肖，使虞敦匠，事嚴，虞不敢請。今願竊有請也，木若以美然」。曰：「古者棺槨無度，中古棺七寸，槨稱之，自天子達於庶人；非直為觀美也，然後盡於人心。不得，不可以為悅；無財，不可以為悅；得之為有財，古之人皆用之，吾何為獨不然？且比化者，無使土親膚，於人心獨無恔乎？吾聞之：君子不以天下儉其親」。

私心之仍為正道，孟子舉母葬一事說明。孟子對其母所用棺木，充虞認為過於華美，以此為孟子私心。孟子回答說：「古者棺槨無度，中古棺七寸，槨稱之，自天子達於庶人；非直為觀美也，然後盡於人心。不得，不可以為悅；無財，不可以為悅；得之為有財，古之人皆用之，吾何為獨不然？且比化者，無使土親膚，於人心獨無恔乎？吾聞之也：君子不以天下儉其親」。人用華美棺木，非單純為美觀而已，更望能「無使土親膚」。人心對其父母，這人倫間情感，不應視為不正當私心。「君子不以天下儉其親」，人倫間親情，於其無害於他人時，不應視為私心。若視為私心，這樣私心仍然正當。心對其親之不安，這仍是人性真實，非心之偽。「君子不以天下儉其親」故仍為人倫客觀之道。

儒學非如西方或一般想法，以為絲毫私意即為私、或以人對人之欲望必為錯誤。若因為親而私、或有所欲，如此之私欲，始終正當，均人性故，非以為去人倫內在關係始為無私。孔子甚至指出：「葉公語孔子曰：吾黨有直躬者，其父攘羊而子證之。孔子曰：吾黨之直者異於是：父為子隱，子為父隱，直在其中矣」《論語．子路》。以上為孟子對私心之首先說明。

〔8〕論不正當私心

沈同以其私問曰：「燕可伐與？」孟子曰：「可。子噲不得與人燕，子之不得受燕於子噲。有仕於此，而子悅之，不告於王而私與之吾子之祿爵，夫士也亦無王命而私受之於子，則可乎？何以異於是！」齊人伐燕。或問曰：「勸齊伐燕，有諸？」曰：「未也。沈同問：『燕可伐與？』吾應之曰：『可』。彼然而伐之也。彼如曰：『孰可以伐之？』則將應之曰：『為天吏則可以伐之』。今有殺人者，或問之曰：『人可殺與？』則將應之曰：『可』。彼如曰：『孰可以殺之？』則將應之曰：『為士師則可以殺之』。今以燕伐燕，何為勸之哉！」

私心其不正當，主要有兩面，孟子以兩事說明。

一：「沈同以其私問曰：『燕可伐與？』孟子曰：『可。子噲不得與人燕，子之不得受燕於子噲。有仕於此，而子悅之，不告於王而私與之吾子之祿爵，夫士也亦無王命而私受之於子，則可乎？何以異於是！』」燕王子噲擅自把國家給與燕相子之，子之亦從子噲私下接受燕國，兩人私相授受，為燕國人民不悅，故孟子說燕國可伐。國家本屬人民，非屬執政者，縱使為燕王，仍不應把國家視為私有而授與任何人。同樣，燕相子之也不應接受燕王此一贈予。這把公共事物視為私有，為私心典範，亦私心基本意思。【當孟子論及吞併之道時，見〈梁惠王下〉第十章，亦曾舉燕國此事為例：「取之而燕民悅，則取之。古之人有行之者，武王是也。取之而燕民不悅，則勿取。古之人有行之者，文王是也」。國家故應取決於人民，非任何其他人】。

二：私心其另一類型，孟子以同一事說明：「齊人伐燕。或問曰：『勸齊伐燕，有諸？』曰：『未也。沈同問：『燕可伐與？』吾應之曰：『可』。彼然而伐之也。彼如曰：『孰可以伐之？』則將應之曰：『為天吏則可以伐之』。今有殺人者，或問之曰：『人可殺與？』則將應之曰：『可』。彼如曰：『孰可以殺之？』則將應之曰：『為士師則可以殺之』。今以燕伐燕，何為勸之哉！』」換言之，燕可伐與誰可伐燕，這本身是兩回事。私與不私，非只從擁有或據為己有言為私而已，於執行言亦有私之可能。執行者表面雖沒有據為己有，故似與私心無關，然實不然。執行者亦有正當性問題；非正當之執行，仍為一種私。私與不私，故有兩面：從擁有言之私、及從一己想法或執行言之私。想法與執行上之私，仍為不正當，非只佔有始為私心。縱使燕國可伐（因無道而可伐），若以齊伐燕，如以燕伐燕一樣（以如同燕般無道之國伐燕），都無正當性可言。故非因可伐便任誰可伐，可伐仍不能由私意決定或執行，執行仍須有其正道故。對非自己所擁有者，人往往仍各以私意左右其事，而此實仍屬私心之一種形態。

〔9〕論私心之改過

燕人畔，王曰：「吾甚慚於孟子」。陳賈曰：「王無患焉。王自以為與周公，孰仁且智？」王曰：「惡！是何言也？」曰：「周公使管叔監殷，管叔以殷畔。知而使之，是不仁也。不知而使之，是不智也。仁智，周公未之盡也，而況於王乎？賈請見而解之」。見孟子，問曰：「周公何人也？」曰：「古聖人也」。曰：「使管叔監殷，管叔以殷畔也，有諸？」曰：「然」。曰：「周公知其將畔而使之與？」曰：「不知也」。「然則聖人且有過與？」曰：「周公弟也，管叔兄也，周公之過，不亦宜乎？且古之君子，過則改之；今之君子，過則順之。古之君子，其過也，如日月之食，民皆見之；及其更也，民皆仰之。今之君子，豈徒順之，又從為之辭」。

對由私心而致之錯誤，人應怎樣反應？孟子舉周公與管叔一事說明。事起因於齊伐燕，然燕人始終不歸順於齊而叛變。齊之伐燕，本為孟子所否定，故見燕人最終仍不歸順時，齊王對孟子感到愧疚。齊大夫陳賈對齊王說：「王無患焉。王自以為與周公，孰仁且智？（…）周公使管叔監殷，管叔以殷畔。知而使之，是不仁也。不知而使之，是不智也。仁智，周公未之盡也，而況於王乎？賈請見而解之」。齊王對自己伐燕之私意感到錯誤，但陳賈為巴結齊王而舉周公事以掩飾其過，以周公私用其兄管叔監殷而管叔反以殷叛亂，這或是周公之不智、或是周公之不仁。陳賈亦以此事問於孟子，以為如此便能替齊王過失解釋。孟子對周公事解釋說：「周公弟也，管叔兄也，周公之過，不亦宜乎？且古之君子，過則改之；今之君子，過則順之。古之君子，其過也，如日月之食，民皆見之；及其更也，民皆仰之。今之君子，豈徒順之，又從為之辭」。周公為管叔弟。【亦有說為管叔兄。今暫從孟子】。周公（及武王）之以管叔監殷，從人倫親情言，其私心過失仍可理解。至管叔叛亂時，周公即出兵討伐，此仍見周公非只求為私心，仍以正道行；故孟子說：周公對其自己過失，非圖掩飾，「如日月之食，民皆見之；及其更也，民皆仰之」。【見《論語・子張》：「子貢曰：君子之過也，如日月之食焉。過也，人皆見之；更也，人皆仰之」】。若因私心而有過，仍應光明正大地改過，此對私心過失之正；故不應順承而了事、更不應託辭掩飾，如陳賈。

〔10〕論私心之大惡：壟斷

孟子致為臣而歸。王就見孟子曰：「前日願見而不可得，得侍同朝，甚喜。今又棄寡人而歸，不識可以繼此而得見乎？」對曰：「不敢請耳，固所願也」。他日，王謂時子曰：「我欲中國而授孟子室，養弟子以萬鍾，使諸大夫國人皆有所矜式。子盍為我言之」。時子因陳子而以告孟子。陳子以時子之言告孟子，孟子曰：「然，夫時子惡知其不可也？如使予欲富，辭十萬而受萬，是為欲富乎？季孫曰：『異哉！子叔疑。使己為政，不用則亦已矣，又使其子弟為卿』。人亦孰不欲富貴？而獨於富貴之中有私龍斷焉。古之為市也，以其所有易其所無者，有司者治之耳。

有賤丈夫焉，必求龍斷而登之，以左右望而罔市利，人皆以為賤，故從而征之。征商自此賤丈夫始矣」。

私心而構成人類最大惡者，莫過於壟斷。有關壟斷，孟子以兩形態說明：一似無所佔有，然實為與自己勢力擴張有關；另一直接佔有一切自己所可能，此即壟斷。前者例子為：齊王因孟子欲離去故提出「我欲中國而授孟子室，養弟子以萬鐘，使諸大夫國人皆有所矜式」，及子叔疑之「使己為政，不用則亦已矣，又使其子弟為卿」這樣作風。而後者即「古之為市也，以其所有易其所無者，有司者治之耳。有賤丈夫焉，必求龍斷而登之，以左右望而罔市利，人皆以為賤，故從而征之。征商自此賤丈夫始矣」一例。

對自己勢力與力量之鞏固與延伸，就算表面上與自己直接利益無關，然實仍是壟斷之一種方式。像齊王之對待孟子，這實非尊敬，只從擴張其勢力以為能對孟子巴結而已，非對人真有所敬重。因世人往往以求力量與勢力行事，像這樣壟斷，故鮮為人視為壟斷。表面上雖沒有佔有他人所得而致害於人，甚至以為力量與勢力之延伸實為一己之能力，然對勢力力量之佔有，仍是壟斷，剝奪他人之平等機會與可能故。

至於從佔有而言之壟斷，在資本主義經濟形態或所謂工商業自由競爭下，往往被視為理所當然，如適者生存那樣。孔子早已指出，人應「釣而不綱，弋不射宿」《論語・述而》，即不應盡求益於己、不應盡取己之所能，只應依據自己切實需要而取。縱使在自己能力內，仍不應壟斷地取得，如一網打盡那樣。孟子則說：「古之為市也，以其所有易其所無者」，縱使為市（商人交易），仍只是以有易無，非試圖壟斷一切。無論是勢力之擴張抑利益之佔有，均為霸道。人類從存在言之大惡，實不外此而已。孟子之比喻，說壟斷者「必求龍斷而登之」，此即求超越一切人、求超越於人平凡或平常狀態。如此超越性，實為人類一切惡之本態，至今仍然。孟子故稱此為「賤丈夫」。

孟子從對不是私心而人以為私心之分析始，至人以為不是私心而是力量之表現之壟斷終，對私心欲望問題，實作了一極扼要精簡之分析。雖只四章故事，然欲望與私心問題，亦盡於此。在最後一組有關「心」之問題中，孟子所欲處理，即從個人或個體自己言，其內心之種種真實，如心之誠、心之期盼與怨、心之志向等。而此，既回應〈公孫丑上〉最後一組有關心之自我性格問題，亦回應本篇〈公孫丑下〉開始時對人心共同真實之分析。

*

四、論個體內心之真實：心之誠、心之期盼與怨、心之志向等〔11至14〕

有關個體內心之討論，分四方面：心之誠、心之期盼、心之無怨、及心之志向。這四個方面，一從心單純對向外在人事言，是心向外時唯一真實樣貌；二則言心自己時所有樣態，即通常心對事情所有期盼這一事實；三所言則為期盼失落時，心是否由此而怨尤一情況；而最後，四則為心其最內在自己時一面，非在意欲或期盼，而在其志向。心之志向，這是心最內在自己時之真實；心之期盼與怨，仍與外在有關；而心之誠，則為心於面對外在人與事時之真實。孟子對個體心真實與否之分析，故從這四方面述說，均舉孟子自身離開齊國時四事言。

〔11〕論心之誠

孟子去齊，宿於晝，有欲為王留行者。坐而言，不應，隱几而臥。

客不悅曰：「弟子齊宿而後敢言，夫子臥而不聽，請勿復敢見矣」。曰：「坐，我明語子。昔者魯繆公無人乎子思之側，則不能安子思；泄柳、申詳無人乎繆公之側，則不能安其身。子為長者慮而不及子思，子絕長者乎，長者絕子乎？」

甚麼是心真實之誠？孟子離開齊國，代齊王留行者，跪坐而對孟子言。孟子不應，倚几而臥。留行者不悅，以為自己已盡誠，說：「弟子齊宿而後敢言，夫子臥而不聽，請勿復敢見矣」。孟子回答說：「昔者魯繆公無人乎子思之側，則不能安子思；泄柳、申詳無人乎繆公之側，則不能安其身。子為長者慮而不及子思，子絕長者乎，長者絕子乎？」。換言之，若真是盡誠於人，是不應再對其人之反應有所設定與要求。對人誠而若仍要求人亦對自己有如對等地反應或回應，這實已非對人真實地誠懇。誠摯地對人，是不能要求對方如己所想地回應、不能再抱持一己之自尊或自我的。若仍有自我，如此只是自己絕人而已，非人絕己。

〔12〕論心之期盼

孟子去齊，尹士語人曰：「不識王之不可以為湯、武，則是不明也。識其不可，然且至，則是干澤也。千里而見王，不遇故去，三宿而後出晝，是何濡滯也！士則茲不悅」。高子以告。曰：「夫尹士惡知予哉？千里而見王，是予所欲也。不遇故去，豈予所欲哉！予不得已也。予三宿而出晝，於予心猶以為速，王庶幾改之。王如改諸，則必反予。夫出晝而王不予追也，予然後浩然有歸志。予雖然豈舍王哉？王由足用為善；王如用予，則豈徒齊民安，天下之民舉安。王庶幾改之，予日望之。予豈若是小丈夫然哉！諫於其君而不受則怒，悻悻然見於其面，去則窮日之力而後宿哉！」尹士聞之曰：「士誠小人也！」

有關心期盼之真實，孟子舉自己對齊王之心為例。於孟子離開齊國時，齊人尹士向人批評孟子說：「不識王之不可以為湯、武，則是不明也。識其不可，然且至，則是干澤也。千里而見王，不遇故去，三宿而後出晝，是何濡滯也！士則茲不悅」。這批評主要說：既不知為何孟子想到齊國，若非求為富貴，那便是對齊王之不能為湯武這事實有所不明；甚至，若不能與齊王有所作為而離去，為何仍留三個晚上始然後離去晝地？孟子之回答是：「夫尹士惡知予哉？千里而見王，是予所欲也。不遇故去，豈予所欲哉！予不得已也。予三宿而出晝，於予心猶以為速，王庶幾改之。王如改諸，則必反予。夫出晝而王不予追也，予然後浩然有歸志。予雖然豈舍王哉？王由足用為善；王如用予，則豈徒齊民安，天下之民舉安。王庶幾改之，予日望之。予豈若是小丈夫然哉！諫於其君而不受則怒，悻悻然見於其面，去則窮日之力而後宿哉！」。孟子所說，主要亦一事：即其心期盼實多麼真誠；分三點：一、孟子千里想見齊王，這確實是他本來切願，與齊王是否有所作為無關，只求其用而已。若用，孟子將能使齊民安定、甚至能使天下民安定。孟子始終是抱着這樣用心見齊王，故既非不知齊王之非湯武、更非為自己富貴。這是說，孟子對天下安定之期盼，是其見齊王之原因。無論齊王或外在情況怎樣，這始終是孟子心之期盼。故是尹士對孟子心不了解。離去故始終非孟子所願。二、當孟子知不見用而決定離去時，孟子實仍希望齊王能及時改變主意，故宿於晝地三日；孟子仍然沒有放棄其心之期盼。直至再見不到齊王有改其意始然後離去。三、縱使離去，孟子對其本初期盼始終沒有改變、始終仍希望齊王能改變其政事，使人民得到安定。這始終仍是孟子心之期盼。換言之，若是心真誠期盼，這應與人一己自我再無關。如上章心之誠懇應再與人自我無關那樣，真誠之期盼亦與一己自我或自尊無關，不應因不見用便否定自己當初願望，不應不見用便立即形於色而怨懟，急速離去如表示抗議。對心之期盼，無論所遇怎樣，若真實是心之期盼，應始終無我。這是孟子對心期盼其真誠之說明。故尹士感慨說：我真是小人。小人心之期盼，是多麼自我地有所求。

〔13〕論心之怨

孟子去齊，充虞路問曰：「夫子若有不豫色然。前日虞聞諸夫子曰：『君子不怨天，不尤人』」。曰：「彼一時，此一時也。五百年必有王者興，其間必有名世者。由周而來，七百有餘歲矣，以其數則過矣，以其時考之則可矣。夫天未欲平治天下也。如欲平治天下，當今之世，舍我其誰也？吾何為不豫哉！」

有關真實之心是否有怨這樣問題，孟子仍舉自己為例。同樣於孟子離開齊國時，充虞見孟子好像有不愉快神色，故問：「君子不怨天，不尤人」？【「不怨天，不尤人」《論語．憲問》】。孟子回答：「彼一時，此一時也。五百年必有王者興，其間必有名世者。由周而來，七百有餘歲矣，以其數則過矣，以其時考之則可矣。夫天未欲平治天下也。如欲平治天下，當今之世，舍我其誰也？吾何為不豫哉！」。孟子回答意思是說：因充虞引孔子語以言孟子為怨，故孟子首先指出，以往時代與現今不同。於孔子時，因五百年便有王者興起，其中亦必有聞名於世者，故那時若不能為這樣王者任用、不能遇見名世者，必有所怨，此亦孔子所以說：「君子不怨天，不尤人」之原因。但現在已不同：自周以來已有七百多年。若以時間計算，早已該有王者或名世者出現；或若以現時情狀考量，亦應有王者之需求。故若仍不見有王者出現，這實說明了天未欲平治天下。若天仍有平治天下之意，換言之，若在現世實有王者，誰又會對我有所捨棄？（捨棄我者，這會是誰？）。這反喻地說：若我在現世真有被人捨棄（如齊王），這樣之人怎會是以平定天下為任者？對這樣非以平定天下為務者，又怎能使我有所怨尤？

孟子之回答因而指出：構成人所以怨尤，一在人對其所欲有所不得，而孟子所求，也只為平定天下這樣努力，若天本沒有平治天下之意，那孟子又怎會有所怨？而二：假若天有平治天下之意，而孟子仍未為賢者所用、或無法遇見如此賢者，因而有被捨棄之感，這確實為構成怨尤之原因。然若現今捨棄孟子者均非王者、均非以平治天下為務者，那縱使被捨棄，這又怎會使人（孟子）有所怨。

在這樣時世，真實心懷者因而實無怨：一因其志只在天下之平治，非在一己得失，故無個人之怨；另一若有所被捨棄不能致用，因現世實已無王者、無真實以天下為任者，捨棄人者因本身無任何真實性，縱使被這樣人捨棄，又怎會構成怨尤？若（虛假）怨尤由欲望之不得而生，那因被捨棄而生之怨尤（能為真實之怨尤）亦隨捨棄者本身之虛假再不構成怨。故「舍我其誰也？吾何為不豫哉！」。此孟子對心怨尤真偽之分析。

〔14〕論心之志

孟子去齊居休，公孫丑問曰：「仕而不受祿，古之道乎？」曰：「非也。於崇，吾得見王，退而有去志；不欲變，故不受也。繼而有師命，不可以請；久於齊，非我志也」。

在心期盼與怨尤之真偽問題後，個體心之真實，莫過於從人自己內在言之志。之所以從「仕而不受祿」問題言起，因真實志向，都必然非以俸祿為目的，但也無須拒絕。孟子之後所說明，只為解釋其不接受俸祿之原因，而這在於：當孟子見到齊王而知齊王非行仁政之人，本想離去，因而不接受俸祿。孟子雖說古之為仕者不會拒絕俸祿，但他們志向始終真實，非為俸祿而偽。問題故實非在俸祿本身上，若遇非人，為仕者之志仍不會為俸祿而留下；這實已是另一種不受祿之意思，更真實地不接受俸祿、不為俸祿而致自身虛假。志之真實故實與俸祿富貴無關、始終不在俸祿之接受與不接受或求與不求這樣問題上；作為志之真實，只純一在志之是否能行而已，既非與所得問題有關、亦非從志自身之高潔遠俗言。刻意對反世俗或現實而言志，始終只自我，非為人而真實。孟子最後更解釋其造成人以為孟子不受祿之原因，因孟子那時有戰事，不便提出離去，故一方面仍居留於齊、另一方面又不接受俸祿，使人誤以為他刻意不受俸祿。這一切世間考慮，「非我志也」。換言之，祿與不祿、去而不去，均與其志無關，亦非真實之志所應在。真實之志，在志（道）之行而已，故與現實無關，更非刻求對立，此始志之真實。

以上為孟子〈公孫丑下〉對人心一般「和」「敬」之人性真實、心知之基本面相、欲望中私心問題、及個體內心誠、期盼、無怨、志向四方面簡明但扼要分析。這樣說明，再非以心為抽象或理論問題，而是教人直見其具體真實與道理。心性論故應繫於心之具體言，不應以為有所謂心體，如此只造成空洞不實之思辨而已。有關〈公孫丑〉，我們分析至此終。

公元二零零九年十二月十日

滕文公上

論道

〈滕文公上〉為對「道」之論述，分五章，主題如下：

一、道之第一方面：對「道」本身論述
二、道第二方面之一：禮
三、道第二方面之二：養民之道
四、道第三方面之一：存在之道之差異性
五、道第三方面之二：人道之差異性

有關道之討論，一般言，實有三種可能或方向：一從道本身「是甚麼」言；二從人類存在「應為怎樣」言道；三則基於天地萬物而由思想想法或價值觀對道立論。一從道之本體、二從人類存在之必須、而三則從思想想法與價值觀言道。道這三種面相，是有關道其討論可有之三方面。〈滕文公上〉第一章對應第一方面，其第二、第三章則為第二方面，而最後兩章則為第三方面。〈滕文公上〉因而有關道之討論極為完整，亦反映孟子思想對問題處理時之全面性。

＊

一、道之第一方面：對道本身之論述〔1〕

〔1〕論道之唯一

滕文公為世子，將之楚，過宋而見孟子。孟子道性善，言必稱堯、舜。世子自楚反，復見孟子。孟子曰：「世子疑吾言乎？夫道一而已矣。成覸謂齊景公曰：『彼丈夫也，我丈夫也，吾何畏彼哉？』顏淵曰：『舜何人也？予何人也？』有為者亦若是。公明儀曰：『文王我師也，周公豈欺我哉！』今滕絕長補短，將五十里也，猶可以為善國。《書》曰：『若藥不瞑眩，厥疾不瘳』」。

從這有關「道」簡短敍說中，孟子想指出三點：

一、「道」即堯舜之道而已，再無其他。

二、這堯舜之道，實為人人之道，其道亦以人為本而已。

三、孟子自身除了確認堯舜之道為唯一外，他亦以性善為其論說中心。

孟子所以從滕文公對道之疑惑這樣話題啟始，因有關道，其最首先問題，即怎樣確定所言者實為「道」，非任何其他異端或個人想法主張。人人都會各有所視為真理者，但怎樣確定所說即為(真實之)道，這是有關道首要問題，亦孟子在本章所欲說明。本章從世子對孟子所言有所疑惑啟，故是為針對上述問題而設。

孟子之後引三人言，其意是：孟子所言之道，實非任何個人看法、更非人不知之事物真理或理論，而是單純從人、從每人自身作為人時可直見者；是人作為人時之道理，非其他立場或目的對象之論說；其真不真、是否為道，故是每人自身所能直見並體驗、甚至驗證者；因道作為人之道，所言實只人觀點下之正確性(道)，非不能知之事物真理。

成覸對齊景公所說：「彼丈夫也，我丈夫也，吾何畏彼哉？」首先是說：若從人各單純是人這角度言，人與人是沒有甚麼上與下或知與不知這樣差異性，人本均作為人而相同故。這是為何成覸對齊景公無所畏之原因，各本只是人而已。舉此例，孟子之意明白：若不論其他而單就人之作為人言，人人均相同，彼丈夫、我亦丈夫，因而不應以為先在地有所差異，這是第一點。

孟子再引顏淵之言：「舜何人也？予何人也？」則進一步說：縱使偉大如舜，其所以偉大，也只『作為人』而偉大而已，非因其他方面而偉大。若從強弱言，人若知人人本只是人，因而實無本然高下強弱差異（前成覸之言），那從偉大性言，舜之偉大因只是作為人而偉大，故亦與人無本然差異。此所以顏淵說：舜是怎樣的人，其作為人難道與我（作為人）有所差異？我實亦人而已。故若舜有所能，我作為人同樣亦有所能，均只本於『作為人』而已，非本於其他。能明白此並敢於如此說，故孟子以一切有為者均應如此：「有為者亦若是」。

若無論從強弱抑從偉大性言，一旦僅只從人作為人這樣立場與角度言，因人單純作為人實無任何差異性，那最後從道理言，情況亦相同，此孟子引公明儀之言之意思：「文王我師也，周公豈欺我哉！」這是說：若人所學是文王仁善之道、作為人而善這樣道理，縱使才美如周公，仍無以對我（於人善道方面）能有所欺騙。周公之才在禮文之美上，故孔子說：「周監於二代，郁郁乎文哉。吾從周」《論語・八佾》，又說：「如有周公之才之美（…）」《論語・泰伯》。公明儀以周公與文王相比較，固然非為對周公貶抑，只為說：縱使禮確本為道，【這點在下章討論。禮故為道首先內容】，然始終，若不從具體內容而從其本身言，道也只仁善而已，至於其他具體內容，如道之為禮，這始終仍必須基於或本於仁善而言，否則，縱使為禮，仍不能視為道。此所以孔子說：「人而不仁，如禮何？人而不仁，如樂何？」《論語．八佾》。孟子引公明儀之言故是說：道之為道，其本在仁善而已，因而道其他具體方面、其種種內容，都無法取代仁善為道之本，道無法以任何其他說法蒙蔽。若人師文王善道，縱使為周公禮文之美，都無以欺瞞道其真實。人之仁善，這本身已為最終極，故無可欺騙。若其他道理因非單純從人作為人（因而只針對人之仁善）言故可欺，那單純作為人並只教人仁善之道理，是再無欺騙可能：仁善非任何外來之道或價值，而是直由於人自身故；仁善作為道，故是人人本然之事，任誰都無法欺騙使對這樣道理無知，更無以任何其他價值使其為偽。縱使周公仍然。【我們這裡讀法，非對周公有所不敬。因若只把「周公豈欺我哉」如傳統解為：周公難道會欺騙我？因而只表示對文王與周公之信賴，這反而無法顯出道之不能欺這一特點，而這正是孟子針對世子之疑問而回答的；故若單純教人仁善，無論怎樣，都無以有欺騙可能；其他論說因人不知其是非對錯，故可欺。善之為道，是無以任何其他道理使其非為唯一之道者。從這欺騙問題可見：孟子甚至較笛卡爾更早以無可欺騙為真理之說明。對笛卡爾言，惡魔無論怎樣試圖欺騙，都無法使我不為我、使我不存在，故「我思故我在」必然而自明。孟子同樣：從道之為人之道言，因對人言仁善為最終極之真實，其所是故實再無欺騙可能，任誰都無以使善不為道，此所以仁善作為道顛撲不破，其為善即為善，因已為終極真實故。道於人故同樣不可疑，無可欺騙故】。

孟子引三人之言，是為說明以下幾點道理：一、人單純作為人時，人人相同相等；二、人之作為，若單純作為人言時，縱使偉大，亦同樣是人人相同而可能，沒有作為人時之偉大性非人人能同樣達致，因而若舜可偉大，我亦可偉大；三、從有關道之知言，因道直就只是人道，只為教人仁善，再無其他論說，故其為道理，無可欺騙可能，人人自知其（道之）所是：善即善，無可扭曲為惡，道之真實，故無可（因思想或理論而）偽化。這樣道理，因本於人人、為人人之事，故非外於人而有所不知、非能有所疑惑者。如是道只一，（非能多）；「夫道一而已矣」，其為唯一亦必然真確，原因在此。孟子藉由對滕文公疑惑之回答，所說明故為道之唯一與不可疑這一道理。

由於道只人類自身之道，非其他事物之道，故其所以能疑惑，也只從其可疑為不能行這方面言，道不真實是從此言。然從孟子回答可見：作為（人之）道，因亦人人所能之事，無分上下能力、亦無不能之偉大性，道始終只扣緊人作為人言，故道本身無不能行、亦不可疑。之後孟子故更說：「今滕絕長補短，將五十里也，猶可以為善國」。即無論是怎樣情況、無論是怎樣國家處境，仁善是在任何情形下均可為，單純致力於仁善是無不能為仁與善的。道故無可疑、無可欺，單純言仁與善故。孟子最後甚至說：若道似有可疑，這只因道如藥物那樣，作為醫治人類無道之錯誤，既有似偉大、亦如藥物使病者感「瞑眩」而已；道之使人有感可疑，這也只因人已有疾，故感「瞑眩」而已。藥不如此，是無以治癒的。故若人返回其人性平實之真實而單純作為人，便可見道之為道其不可欺、不可疑。

孟子於本章，故實以如此簡明之法說明：道之為道，其內容實也只堯舜之道而已，而堯舜之道，實亦人人之道而已、人作為人及為人時仁善之道而已，此其所以不可疑惑而唯一。也因如此，故孟子自己亦只「道性善」並「言必稱堯、舜」。〈滕文公上〉這第一章，故是對「道一」之說明。道之確鑿不可疑，非如哲學「我思」作為理論時之基礎性，「我思」或「存有」之自明而必然，本身無可更進內容，亦無法回歸從存在真實言為「道」。「道」單純針對人作為人其人性仁善而更為根本、更為真實，非理論；是在這樣基礎上而為唯一，為人類所首先必須。此〈滕文公上〉第一章有關「道一」之說明。

*

二、道第二方面之一：禮〔2〕

〔2〕論禮之道與禮之為道之第一方面

滕定公薨。世子謂然友曰：「昔者孟子嘗與我言於宋，於心終不忘。今也不幸，至於大故，吾欲使子問於孟子，然後行事」。然友之鄒，問於孟子。孟子曰：「不亦善乎！親喪固所自盡也。曾子曰：『生事之以禮，死葬之以禮，祭之以禮，可謂孝矣』。諸侯之禮，吾未之學也。雖然，吾嘗聞之矣：三年之喪，齊疏之服，飦粥之食，自天子達於庶人，三代共之」。然友反命，定為三年之喪。父兄百官皆不欲，曰：「吾宗國魯先君莫之行，吾先君亦莫之行也。至於子之身而反之，不可。且志曰：『喪祭從先祖』」。曰：「吾有所受之也」。謂然友曰：「吾他日未嘗學問，好馳馬試劍。今也父兄百官不我足也，恐其不能盡於大事。子為我問孟子」。然友復之鄒問孟子。孟子曰：「然，不可以他求者也。孔子曰：『君薨，聽於冢宰』。歠粥，面深墨，即位而哭，百官有司莫敢不哀，先之也。上有好者，下必有甚焉者矣。君子之德，風也。小人之德，草也。草尚之風必偃。是在世子」。然友反命，世子曰：「然，是誠在我」。五月居廬，未有命戒，百官族人可謂曰知。及至葬，四方來觀之，顏色之戚，哭泣之哀，弔者大悅。

在以下幾章，孟子對「道」作具體說明。「道」從具體方面言，首先在「禮」。原因在於，禮因為人性體現，故實為人與人全部層面基礎。西方把這樣基礎立於法律，以法律涵蓋人一切領域，無論經濟商業抑人與人社會關係。中國相反，唯以禮為道，始終教人以人性方式為本，並給予人獨立自主可能，非以法律禁限行事。對人其人性教育、教人怎樣作為人地對待他人、因而全部人倫之道，這即禮。從這點言，道其具體故首先在禮，亦必然如此。在禮問題後，始有更實際養民之道。非現實生存不重要，而是，現實存在方式可有多種，若非先言禮，存活事未必會回歸以人性為本這樣方向。作為道，故須先從禮言，以此定立人存在之道，否則，存活可因利益而立於悖離人性之方面，如今日以法律為共體之道便如此。因人性存在與現實生存（人與事、或禮與義）二者正構成人類全部面相，故道實不外二者：一為禮、另一為養民之道。道因而非抽象至不可理解，亦無須從玄奧方面想。若明白這些，縱使簡短，本章實為孟子對禮論述之代表，閱讀故應朝這一目的致力。

孟子怎樣說明禮？孟子選擇君薨一主題切入。原因有二：一為親喪涉及人倫至親之事，故更突顯禮（人倫對待）問題；又因對方已為逝者、已無現實必需性，故更有禮作為形式制度問題。二為君薨涉及君主之事，因而亦為國家或代表國家層級者，非只人與人間事，如是而更顯禮其共體意義。孟子故藉由君喪之禮，對禮作為禮、及禮共體性這兩面作討論，這是本章意圖。【文中所引《論語》，原文如下：「曾子曰：吾聞諸夫子，人未有自致者也，必也親喪乎？」〈子張〉、「孟懿子問孝。子曰：無違。樊遲御。子告之曰：孟孫問孝於我。我對曰：無違。樊遲曰：何謂也？子曰：生事之以禮。死葬之以禮，祭之以禮」〈為政〉、「子張曰：《書》云：高宗諒陰，三年不言。何謂也？子曰：何必高宗，古之人皆然。君薨，百官總己以聽於冢宰三年」〈憲問〉、「季康子問政於孔子曰：如殺無道以就有道，何如？孔子對曰：子為政，焉用殺？子欲善而民善矣。君子之德，風；小人之德，草；草上之風必偃」〈顏淵〉】。

有關孟子對禮之說明，我們分五點討論：

一、首先，孟子以「生事之以禮，死葬之以禮，祭之以禮」作為禮內容之全部總結。因「生事之」之事無必然一定，又為每日日常者，故禮範圍之第一面，即在日常事情中，人與人之對待關係，而此與儀文之禮無關。雖非儀文制度，然其所涉至廣，涵蓋一切人與人生活事故。相反，死葬與祭事，因特殊而有一定，並因對象已非存活，故此時所言禮，較是形式或為儀文，為禮其制度性體現。禮這兩種形態，在《論語．八佾》見詳論。孟子在這裡只總結而已，指出禮所涵蓋，為人一切方面而已，無論是人與人之生活事、抑共體制度與風俗。禮因而包含形式與非形式、日常及非日常、個人以至社會共體事；簡言之，生與死一切事。多言「祭」，除先祖外，連天地等類同宗教對象亦包含其內；故無論世間抑超世間事，都立於禮。

禮其作為共體基礎，在西方，即法制。人類群居、其共體性，不能沒有一共體基礎。這樣基礎唯有兩種可能：或為法律、或為禮。對禮之討論，故應參照法律言。禮與法其根本差異為何？禮本於人性，故對人及人性有所肯定；法則由對人及人性否定而有，故純以禁限為形式。因法只從規限言，故其基礎只能從外於人性時如理性而立，非立於人性內在基礎上。法對人言故外在，而禮因本於人性故內在，前者多與物事或社會利益有關，【故言公平正義或權利等利害問題】，後者因本於人性性向，故顧及人感受而亦為教育考教化。正因如此，禮所涵蓋故較法律更廣，法只包含如物事或行為般利害層面，甚至往往只範圍在公共事上，非如禮更涵攝人與人一切及一般關係；對這一切，法無以有所指正，唯禮始能。故在以法律為主體之共體中，仍須講求禮貌以為彌補，然因禮貌只外表甚至只階層教養，故未能使人自覺其自身人性、更未能使人有所立（「立於禮」《論語．泰伯》）。

二、若明白禮之涵蓋性及其為共體基礎，那首先須回答，禮如何為必然？法之必然性從刑罰言：人均害怕刑責與懲罰，此法律執行時之心理基礎。然是否能如此實未必：人本有對不可能者超越之欲望，故有對禁限越度（transgression）之本性；【見巴塔耶】；人類故未有因法之存在而不犯禁，反只更圖踰越一切禁限而已。反而，禮所以必然，如「禮尚往來」那樣，人實自然有如道義般『相互之心』，此所以孟子回答：「先之也。上有好者，下必有甚焉者矣。君子之德，風也。小人之德，草也。草尚之風必偃」。這是說：人類（社會）實有一下對上倣效關係，【社會風氣風俗，也由此形成】，人民之（怎樣）作為，故有其必然：全視乎（倣效）社會中居上者態度與作為而行。事實上，無論在怎樣社會中，就算在法治社會中，上行下效現象比比皆是；百姓是否守法非因法律本身，仍是由社會上位者風氣造成而已、仍只一種上行下效而已。故若上位者為所欲為地求利益而僭越法度，百姓由倣效亦自然違逆自身人性與德行而自暴自棄【《論語．子張》之「民散久矣」】。無論在人類那處，倣效這樣關係，始終必然。禮所以能立、所以必然，原因在此，故實無須如法律以懲罰造就自身必然性，禮立於人類倣效之必然性便可。甚至，若此時倣效是順承着人性內容而有，因而為人人所悅樂與悅見，如以德行對人心折服那樣，如此是再無違逆自身人性（禮）可能。此「上有好者，下必有甚焉者矣」，及「君子之德，風也。小人之德，草也。草尚之風必偃」意思。「甚焉」與「偃」都在對這必然性肯定，亦禮其所以能必然之原因與依據。

三、那麼，禮之客觀性何在？對這問題，孟子舉三年之喪為例，並從「自天子達於庶人，三代共之」與「吾宗國魯先君莫之行，吾先君亦莫之行也」這樣對反立場說明。

表面上，以上兩立場都各有其自身認為之客觀性，後者甚至引志說：「喪祭從先祖」。但為何孟子反而刻意舉此不利於己之反對立場言？因由如此對反，更能說明客觀性之真實。從「父兄百官皆不欲」所代表之立場，孟子所欲指出是：客觀不客觀，這實與人所認定無關。縱使是人人皆如此認定，仍不代表即為真正客觀。人於事情中所以為客觀性，往往僅只如此而已。其中所謂倣效，也只一種默守而已，非見德行而有所自覺時之跟從。之所以三年之喪始為客觀，因如孔子有關三年之喪所說：「子生三年，然後免於父母之懷」，故「夫三年之喪，天下之通喪也」《論語・陽貨》。若不考慮現實或時代背景偶然因素，喪之三年其意義為對父母三年懷育之回報，是基於人性這客觀事實始有，其客觀性在此。其他理由或原因，只外於此人性事實而為各自私下時可有原因：或只為利益考量、甚或只時代習慣與約定俗成，其所謂客觀，只人意欲之主觀而已，非有人性依據而為客觀者。禮之一切客觀性，故均以人性事實為依歸，非由人意欲而主觀。又其所涉客觀性，因與人自身攸關，故非事物事情之客觀性可相比、亦非所謂傳統所能對反。孟子舉這樣事例，故明顯為教人分辨客觀性其真實與表面之差異，並由是指出：禮確有其真實客觀性在，在人性、非在任何利益目的或功能上。

四、若禮有其必然性與客觀真實性，此時其人性客觀性又怎樣定奪？其最終依歸在何？這實即世子跟隨孟子言後，縱使本為「父兄百官」所反對，然由努力實行三年之喪，最終為「弔者大悅」所顯示。換言之，若確然為真實人性，是應為人人有所感而悅於其事的。從這點言，人性感受雖似主觀，然實是共同地客觀，無以偽飾。作為感受之真實，故較其他思想理由辯說之真實性更為真實、更為客觀。悅與不悅於人，雖外表可偽裝，然作為感受，非如想法理由那樣，始終無以自欺。

五、最後，若禮有其人性客觀性依據，致對已成為習俗之做法仍有修改改變可能，那禮於人是否亦同樣有其主觀依據，特別如我們前面指出，除儀文形式外，禮更包含人與人不成文（無法成文）之事，故應更有其依循可能？故禮之未必有形式可循，怎樣始不會違禮？禮終究由於甚麼而為禮？對禮終極本質問題，孟子在本章兩次刻意但間接地指出：禮之為禮，因最終為人對人之事，故其最終依據，也唯在「固所自盡也」及「是誠在我」這「自盡」與「自誠」上。孟子「固所」二字，非泛泛之詞，而正指出本質所在：如對親喪一事，從最終言，禮與無禮，實在怎樣自盡而已。請注意，非只人欲怎樣為便已是禮，而是，人自己必須有所盡，換言之，致其至誠始然後為禮。誠與不誠，故非只事情起初時心況態度，而須是貫徹到底、甚至無視其對象之反應，而盡己。【見前〈公孫丑下〉第十一章】。禮對人之敬、和，與愛，其所本之誠，是必須無條件地盡其誠的，否則仍未為禮。孔子對這樣誠敬故說：「每事問」，又說：「事君盡禮，人以為諂也」《論語．八佾》。「每」與「盡」二詞實亦為指出「誠」之徹底性；

換言之，能如此以誠待人，非只一時而表面，而是盡己所能，這實即禮。禮表面雖似為形式，然實不然：其真偽與形式無關，更先在人自己是否有盡其誠意與心而已，若有，縱使為「父兄百官」所反對，始終是會為人所明白而大悅。故對甚麼是禮，我們最終應說：從其外言，即人性性向事實（如和、敬、情感）之體現；而從內言，即盡誠而已。此禮全部真實。【有關誠，亦參考〈離婁上〉第十二、第二十四，及〈告子下〉第五章】。

作為對禮總結，孟子以「君薨，聽於冢宰」一事說明，謂禮之實行，乃自上而下之事。縱使只為喪，然因是子對父母（或代表國家之君對前任君主）孝多麼重要時刻，故縱使有務在身，君仍守此三年之喪以為世人典範，無法他求於人，其事務故由「百官總己以聽於冢宰三年」《論語·憲問》，獨喪無法他求於人故。以君先行禮、以君行禮以誠，這是有關禮其行與否多麼重要關鍵，亦禮是否能真實時關鍵所在，否則，禮將會如刑法那樣，只為對百姓之箝制與規限而已，非人性體現。

孟子雖以一故事而說，然其中對禮所涉基本問題，實多麼重要而扼要。有關禮之道，我們討論至此。

*

三、道第二方面之二：養民之道〔3〕

〔3〕養民與經濟之道：道之第二方面

滕文公問為國，孟子曰：「民事不可緩也。《詩》云：『晝爾于茅，宵爾索綯，亟其乘屋，其始播百穀』。民之為道也，有恆產者有恆心，無恆產者無恆心；苟無恆心，放辟邪侈，無不為已。及陷乎罪，然後從而刑之，是罔民也。焉有仁人在位，罔民而可為也！是故賢君必恭儉禮下，取於民有制。陽虎曰：『為富不仁矣，為仁不富矣』。夏后氏五十而貢，殷人七十而助，周人百畝而徹，其實皆什一也。徹者，徹也。助者，藉也。龍子曰：『治地莫善於助，莫不善於貢。貢者，校數歲之中以為常，樂歲粒米狼戾，多取之而不為虐，則寡取之；凶年糞其田而不足，則必取盈焉』。為民父母，使民盻盻然，將終歲勤勤不得以養其父母，又稱貸而益之，使老稚轉乎溝壑，惡在其為民父母也？夫世祿，滕固行之矣。《詩》云：『雨我公田，遂及我私』。惟助為有公田。由此觀之，雖周亦助也。

設為庠序學校以教之。庠者，養也。校者，教也。序者，射也。夏曰校，殷曰序，周曰庠，學則三代共之，皆所以明人倫也。人倫明於上，小民親於下，有王者起，必來取法，是為王者師也。《詩》云：『周雖舊邦，其命惟新』。文王之謂也。子力行之，亦以新子之國」。

使畢戰問井地，孟子曰：「子之君將行仁政，選擇而使子，子必勉之！夫仁政必自經界始。經界不正，井地不鈞，穀祿不平。是故暴君汙吏，必慢其經界。經界既正，分田制祿，可坐而定也。夫滕壤地褊小，將為君子焉，將為野人焉；無君子莫治野人，無野人莫養君子。請野九一而助，國中什一使自賦。卿以下必有圭田，圭田五十畝，餘夫二十五畝。死徙無出鄉，鄉田同井，出入相友，守望相助，疾病相扶持，則百姓親睦。方里而井，井九百畝，其中為公田，八家皆私百畝，同養公田。公事畢，然後敢治私事，所以別野人也。此其大略也。若夫潤澤之，則在君與子矣」。

有關養民之道經濟問題，其複雜性明顯難在這樣空間全然論述，孟子故只能說：「此其大略也。若夫潤澤之，則在君與子矣」。我們這裡只希望對這養民與經濟道理作一勾勒，對古代制度爭議性問題，非我們這裡所應關注。

對這一「不可緩」之民事，孟子分析分三部分：一為國家取於民之制度、二為國家對人民之教育、三為國家對人民所行政制。表面上一與三始與經濟問題有關，然因前兩者直是國家與人民兩者間事，故並列在一起；第三部分因只是國家政制本身事，非對人民之直接取得或教育，故列於後。

有關國家取於民之制度這第一部分，孟子首先引《詩》指出：人民百姓生活，本身實極艱困。人民之道，實也只是「有恆產者有恆心，無恆產者無恆心；苟無恆心，放辟邪侈，無不為已」。換言之，百姓其存在心況，都單純取決於生計能力；有穩定生計或生存能力，其心始有所穩定；若無穩定生活能力，百姓心將會邪僻妄為；此時若治以刑罰，也只「罔民」而已，非仁者所為。不但國家不應「罔民」，國家亦不應以自身致富為目的，孟子故說：「是故賢君必恭儉禮下」，這是說，國家不應以自身為主，反而應恭儉禮下，非為己而求致富。引陽貨言更為指出：為仁者不求富，求富者實不仁。【陽虎為虛假之人，見《論語．陽貨》。其言：「為富不仁矣，為仁不富矣」道理雖正確，然必非其所為。因虛偽，陽貨之言故應反讀為：「欲想富貴是不應講求仁愛，要講求仁愛就別想富貴」這對仁反諷意味始是】。這是為何國家必須有一正確賦取制度，否則若只使人民生活困難，這樣政府至為無道。有關賦取制度，孟子比較夏、商、周三種不同方法。三者雖最終均為什一，即國家取人民十分之一作為賦稅，然取法不同。對孟子言，若單純從什一言沒有不對。【〈告子下〉第十章亦有對此什一制肯定】。問題只出於取法，而此主要有兩種：由夏代表之貢法、及由殷代表之助法。「貢者，校數歲之中以為常」是說：無論豐年抑凶年，國家對人民賦稅有一定，稅收始終一樣。豐年與凶年之多與不足，由人民自行承擔，政府每年所徵收始終如一。故孟子說：「為民父母，使民盻盻然，將終歲勤勤不得以養其父母，又稱貸而益之，使老稚轉乎溝壑，惡在其為民父母也？」因豐年之餘多只為棄，故於凶年仍同一徵收，只會使人民無以養父母。這是為何龍子以貢法最不善：「治地莫善於助，莫不善於貢」。助法相反。助法以歲豐凶之多少為多少，故其盈虧與民同。助法以八家共耕公田，孟子說：「方里而井，井九百畝，其中為公田，八家皆私百畝，同養公田。公事畢，然後敢治私事」。如是而公田所得多少，與人民因歲之豐凶所得多少同。至於周之徹法，因恐人民不盡力於公田，故把公田分授八夫，至收穫時巡野觀稼，合百一十畝通計而取其什一，其精神基本上與助法相同。故孟子說：「由此觀之，雖周亦助也」。無論怎樣，孟子意思清楚：即國家對人民賦稅，必須依據人民情況徵收，不能以政府自身利益為優先，一切反而應以人民情況為優先。在政府與人民兩者間，一切應以人民為優先，此助法精神所在：以民之養為先於一切其他需要。

然問題是，當孟子同時對比三種賦稅法、並於結束時引《詩》「雨我公田，遂及我私」時，我想，在政府向人民賦稅一問題外，孟子更意識公與私這樣問題。事實上，賦稅所得，本身即一公私間關係。而有關此，若撇開封建制度不談，從助法本身，我們可得到怎樣啟發？

當孟子在下面說：「無君子莫治野人，無野人莫養君子」時，他明白國家經濟必須有統治與勞動生產階層這樣劃分。當孟子刻意指出：「夫世祿，滕固行之矣」時，這是說，諸侯卿大夫若有功德者則連其子孫雖未任官職仍可食父祿，那人民百姓亦應同樣有此對待，換言之，這已涉及百姓所擁有之私產問題。突顯公田這公私分別，應是為教統治者在相當程度應給予人民其私之自主性。假若我們以此作為不同經濟體系之做法，那孟子想法將是：人民應同時擁有其自身生存條件，非如我們今日資本主義，以為人民均可擁有其財富便以為足夠、便以為是一自由經濟狀態；而事實只是，財富之自由佔有，反使百姓大多數失去其生存條件之擁有，變得一無所有而不得不作為無產者而勞動。對人存活而言，問題明顯非在財富擁有是否自由上，而更先在：構成一切生產之物質條件，這我們今日稱為資本者（土地與生產質料及工具等），是否平均地為每人所分配與擁有，因而人人均有其生存努力可能？我們可想像，若以生產條件為參照，經濟模式可有四種：一為如封建制度那樣，土地及一切生產條件為上層階級所擁有，因而農民也只能如奴隸般依靠；【我們暫跟隨一般對封建制度看法，是否為奴隸制，實仍可商榷】；二為如共產主義般以一切資產為國家所有，人民只從分配而得其生活薪資；三為如資本主義那樣，表面上於私有制為自由，人可私有其財產，但實掩蓋了其背後更重要的生產條件（資本）實為少數人所佔有這不平等事實，因而財富之自由實只資本之不自由、非平等地佔有，一般百姓因而仍只被剝奪其生存條件，落為被剝削之無產階層；四則為孟子這裡所肯定，即人民各應公平地擁有其生產條件，【即孟子所言之「八家皆私百畝」】，非只表面財富之自由佔有而已。如是始真正保證人人之生存，各仍有其於生存中之獨立努力可能。孟子對這公私之分明，甚至對公田賦稅之必須與民同，若不考慮其時代背景之只為農業社會，而以同樣道理擴展至資本之共同與平均分配，使人人各得其獨立勞動與生產可能，這是於養民之道中，至為正確者。事實上，我們今日所謂經濟，無論是哪一種體系抑學說，都只以致富為目的。而所謂致富，實是從對方所有中奪取得來之手法，無論此時手法表面上多似合理。以致富（強大）為目的的一切經濟體系，都因而有我他這樣對立，利益即只為從對方中取得者。這樣經濟體系，因而必然造就財富之差異，因其本在致富、在強弱，非單純在養民上。孟子這裡所言經濟形態，故與一切求富強或求利益之經濟形態相反。經濟若非單純以養民為目的，而以各自利益佔有與富強為目的，就算此時富強是國與國間其強大與物質拓展，這樣經濟形態，最終必使百姓生活致於「盻盻然，將終歲勤勤不得以養其父母，又稱貸而益之，使老稚轉乎溝壑」；就算這樣人民非我國而是他國人民，始終，這樣經濟制度，只助長上層階層或強國之富有而非以養民或養人類（使人人能平穩存活）為目的。這樣經濟，故明顯非正道。經濟之應為養民抑以致富為本，這實可從孟子所言推想得知。

有關國家對人民教育這第二部分，孟子說：「設為庠序學校以教之。庠者，養也。校者，教也。序者，射也。夏曰校，殷曰序，周曰庠，學則三代共之，皆所以明人倫也。人倫明於上，小民親於下，有王者起，必來取法，是為王者師也。《詩》云：『周雖舊邦，其命惟新』。文王之謂也。子力行之，亦以新子之國』」。當孟子以「夏曰校，殷曰序，周曰庠」言三代對民之教育時，他對三者之解釋：「庠者，養也。校者，教也。序者，射也」，我想，非只對庠、校、序三者之說明而已，更是借此三者指出對民之教育可有三方面，即一從養言教、二從確切之教而教、而三則從比試（射）而有等級地教。教故非只單一之事，除確切具體地教外，養亦非常重要，如孟子在〈告子上〉第八、九章有關人本性之養所言那樣。【有關養、教、射三種教，趙岐注說：「養者，養耆老。教者，教以禮樂。射者，三耦四矢以達物導氣也」。對「養耆老」，若從教育言，應理解為由老者把自身生命體驗傳授給年少者這樣之教，而「教以禮樂」則言社會共體成人之教，因禮樂為文、為人性體現，故社會對人民教育，應以禮樂為先。孔子故說：「興於《詩》，立於禮，成於樂」《論語．泰伯》。至於「三耦四矢以達物導氣也」之射，則可理解為技藝教育，一方面能達物、另一方面可作為每人自己生命所寄，故「導氣」。這樣解釋，以人對人體驗親自之傳授、以成人立於禮樂教化、及以特殊技能為個體生命，實仍有相當意思，唯與孟子之後所言教以人倫一事作為內容不盡合而已，故只能視為參考】。

而教之主要內容，因對象為人民百姓，故所教應主要為人倫道理：「人倫明於上，小民親於下」；這是說，藉由教育，使人倫之道普行於人人中，百姓故能以平素心親近或相待；這樣教養之社會，連王者亦必然效法。孟子最後引《詩．大雅．文王》：「周雖舊邦，其命惟新」是為說明：國之能一新其舊，亦唯由於教育而已。藉由真正教育，國與人民品格始能有所改變，社會面貌由是始能煥然一新。

至於國家政制這第三部分，孟子分四點言：一為國家整體規劃、二為國家內部分制、三為百姓生活、而四為人民生產勞動。

一、「夫仁政必自經界始。經界不正，井地不鈞，穀祿不平。是故暴君汙吏，必慢其經界。經界既正，分田制祿，可坐而定也」。國家必須對其國土經界明確劃分。因土地是財富本源，國家經界分明表示：國家對其所有明示於人人、盡其公平公道、光明明確至不容貪汙。經界之正、井地之鈞、穀祿之平，無論此時分有多少，都為國家從內部言能安定之原因，人民百姓所有均平等故。作為為國政制之第一步，故必須一切平均平等、事事分明、無所蒙蔽，因而不會滋長任何特權與貪婪之不公。雖先從經界言，但實可引申為一切制度之明確與公平，此國家政制從整體言之第一步。

二、其次是，有關國家內部分制，孟子說：「夫滕壤地褊小，將為君子焉，將為野人焉；無君子莫治野人，無野人莫養君子。請野九一而助，國中什一使自賦。卿以下必有圭田，圭田五十畝，餘夫二十五畝」。這是說，滕國地域雖狹小，但難道便因此沒有禮樂教養之士階層與勞動人民這樣劃分？【「野人」一詞應從不受禮樂教養者（為仕階層）言，因而指以勞動為主之人民階層。《論語．先進》故有：「先進於禮樂者，野人也。後進於禮樂者，君子也。如用之，則吾從先進」。上言對百姓人倫之教（上第二部分），故為最廣義及基本，非必含禮樂文之教養於其中，後者唯與為仕者有關。國家之有國中與野之劃分，故明見兩層次。野非言無道，只相對禮樂教化（文）言而已】。換言之，無論地方大小，都必須有國中與野、士與勞動階層、甚至有文化生產者與勞動生產者這樣分別。這是一地方內部分制。而有關兩者之賦取，亦應依情況而差異。「野九一而助」，國中則什一而賦。野因從分有公田之耕作故言助，國中官吏則從其俸祿徵收故言自賦，各有什一之賦稅。九一與什一之差異，可能針對國中與鄉野生活水平不同而有，鄉野生活水平較低，故九一。【趙岐以孟子意為以國中之什一為過重，應為二十而稅一，而郊野則應為什一，非九一，不知如此解釋是否正確。然孟子意思，以賦稅應視情況而定這一點，應正確無誤】。養公田者受田百畝，而卿以下之士，在俸祿外，若為廉潔者，亦受田五十畝，此為圭田。【〈萬章下〉第二章有：「下士與庶人在官者同祿，祿足以代其耕地」。此言士受俸祿代耕地。圭田故為在俸祿外之賞賜】。又若一家中仍有餘力可耕者，則受田二十五畝，求為力盡其用、德盡其賞。「圭田」與「餘夫」兩語，故是針對士與農作補充，而這表示：國家所有制度，非只是大體、更須盡其細微。

三、至於百姓一般生活，國家應能做到：「死徙無出鄉，鄉田同井，出入相友，守望相助，疾病相扶持，則百姓親睦」。換言之，無論是喪葬抑搬遷，都無需離開本來家鄉：「死徙無出鄉」。同樣，「鄉田同井」，鄉里間於物品需要，應可做到相互與共，如共用一井那樣。而人與人、家與家相互間，都能「出入相友」、「守望相助」、「疾病相扶持」。這是從生活共存言，人與人之親近與和睦。國家於百姓生活，應能做到「百姓親睦」這樣狀態，人民安享其家鄉，既人與人有所安定、亦相互間和睦親近並協助。

四、最後，有關百姓之生產勞動，孟子說：「方里而井，井九百畝，其中為公田，八家皆私百畝，同養公田。公事畢，然後敢治私事，所以別野人也」。這表面似在重複上言井田制，然在明確指出如此制度外，【前面雖已對這樣制度提及，然始終沒有明確說明。這裡重提，故非冗贅】，孟子更想指出的是：「公事畢，然後敢治私事」這人民無私精神。故在前言人與人和睦後，更言人民與國家一心一體，這始為國最高理想：非由箝制而一體，而是人民自發地對其國家因情感而一體。「所以別野人也」最後說：這樣百性，縱使未必受禮樂教養，然能知公私分別、又能各去私心，如此人民百姓，故再非只各為其私，如獨立獨行之野人那樣。

以上為孟子對養民為國之道之說明。

孟子所說養民之道，既有基本原則、亦有執行方法。然無論是原則抑方法，都實為正道。我們故不應以之只為過去古代，作為道理，是沒有過去與未來區別的，只目的與取向不同而已。如我們所說，經濟以養民為目的、抑以致富為目的，雖相差很大，然從道理言孰是孰非，這實明白。若以養民為目的，其後做法，必自會順理成章、有一定應對方法。無論時代與境況怎樣，有道仍是有道，不會因境況不同而變為無道。孟子這裡所說養民之道，故無須視為特殊，應視為一切經濟之共同原則與應用、為從經濟言之正道，非只為古代農業社會始有之經濟模式。

*

四、道第三方面之一：存在之道之差異性〔4〕

〔4〕道與萬物之差異性

有為神農之言者許行，自楚之滕，踵門而告文公曰：「遠方之人，聞君行仁政，願受一廛而為氓」。文公與之處，其徒數十人，皆衣褐，捆屨織席以為食。陳良之徒陳相，與其弟辛，負耒耜，而自宋之滕，曰：「聞君行聖人之政，是亦聖人也。願為聖人氓」。陳相見許行而大悅，盡棄其學而學焉。陳相見孟子，道許行之言曰：「滕君則誠賢君也。雖然，未聞道也。賢者與民並耕而食，饔飧而治。今也滕有倉廩府庫，則是厲民而以自養也，惡得賢？」孟子曰：「許子必種粟而後食乎？」曰：「然」。「許子必織布然後衣乎？」曰：「否，許子衣褐」。「許子冠乎？」曰：

「冠」。曰：「奚冠？」曰：「冠素」。曰：「自織之與？」曰：「否。以粟易之」。曰：「許子奚為不自織？」曰：「害於耕」。曰：「許子以釜甑爨，以鐵耕乎？」曰：「然」。「自為之與？」曰：「否。以粟易之」。「以粟易械器者，不為厲陶冶；陶冶亦以其械器易粟者，豈為厲農夫哉？且許子何不為陶冶，舍皆取諸其宮中而用之，何為紛紛然與百工交易，何許子之不憚煩？」曰：「百工之事，固不可耕且為也」。

「然則治天下獨可耕且為與？有大人之事，有小人之事。且一人之身而百工之所為備，如必自為而後用之，是率天下而路也。故曰：或勞心，或勞力。勞心者治人，勞力者治於人；治於人者食人，治人者食於人，天下之通義也。當堯之時，天下猶未平，洪水橫流，氾濫於天下，草木暢茂，禽獸繁殖，五穀不登，禽獸偪人，獸蹄鳥迹之道交於中國。堯獨憂之，舉舜而敷治焉。舜使益掌火，益烈山澤而焚之，禽獸逃匿。禹疏九河，瀹濟、漯而注諸海，決汝、漢，排淮、泗而注之江，然後中國可得而食也。當是時也，禹八年於外，三過其門而不入，雖欲耕得乎？后稷教民稼穡，樹藝五穀，五穀熟而民人育。人之有道也，飽食煖衣，逸居而無教，則近於禽獸。聖人有憂之，使契為司徒，教以人倫：父子有親，君臣有義，夫婦有別，長幼有敘，朋友有信。放勳日勞之來之，匡之直之，輔之翼之，使自得之，又從而振德之。聖人之憂民如此，而暇耕乎？堯以不得舜為己憂，舜以不得禹、皐〔皋〕陶為己憂。夫以百畝之不易為己憂者，農夫也。分人以財謂之惠，教人以善謂之忠，為天下得人者謂之仁。是故以天下與人易，為天下得人難。孔子曰：『大哉堯之為君！惟天為大，惟堯則之，蕩蕩乎民無能名焉！君哉舜也，巍巍乎！有天下而不與焉』。堯、舜之治天下，豈無所用其心哉？亦不用於耕耳。吾聞用夏變夷者，未聞變於夷者也。

陳良、楚產也。悅周公、仲尼之道，北學於中國，北方之學者，未能或之先也。彼所謂豪傑之士也。子之兄弟事之數十年，師死而遂倍之。昔者孔子沒，三年之外，門人治任將歸，入揖於子貢，相嚮而哭，皆失聲，然後歸。子貢反，築室於場，獨居三年，然後歸。他日，子夏、子張、子游以有若似聖人，欲以所事孔子事之。強曾子，曾子曰：『不可。江、漢以濯之，秋陽以暴之，皜皜乎不可尚已！』今也南蠻鴃舌之人，非先王之道，子倍子之師而學之，亦異於曾子矣。吾聞出於幽谷，遷于喬木者；未聞下喬木而入於幽谷者。〈魯頌〉曰：『戎狄是膺，荊、舒是懲』。周公方且膺之，子是之學，亦為不善變矣」。

「從許子之道，則市賈不貳，國中無偽，雖使五尺之童適市，莫之或欺。布帛長短同，則賈相若；麻縷絲絮輕重同，則賈相若；五穀多寡同，則賈相若；屨大小同，則賈相若」。曰：「夫物之不齊，物之情也。或相倍蓰，或相什百，或相千萬，子比而同之，是亂天下也。巨屨小屨同賈，人豈為之哉？從許子之道，相率而為偽者也。惡能治國家？」

若道本身莫過於仁善，而道具體言也只禮及養民兩方面，那道第三方面，即「道之於天地萬物及之於人倫時」一問題。此時所謂道，雖因涵蓋天地萬物故更似是道，然因萬物眾多而複雜，道反而變得更不明確，致使對此時道之論述，因各取向不同、有不同價值觀，故有種種不同立場與說法可能。從思想想法或價值觀言道，因而可極不相同、甚至相互矛盾。道若只為言說中道，其真實性故將成問題。孟子在這最後兩章，對這樣問題作回答。

問題是，道於萬物因有無數多種說法可能，故怎能一一反駁或回答？孟子做法並非如此而更為深奧：他沒有對不同道之理論一一討論，反只討論這一切立場之基設，從根本處指出這些立場之錯誤，因而無須一一回答。

這有關萬物之道其基設何在？無論是世界萬物抑人類，此時道必然從一切之共通處言。若非共同，是無以言為道者。從政治所求之統一以至科學所求物質本質之一致，一切規律，都建基於相同或共同性這基礎上。事實上，任何能作為「道」這樣層次事物，都必然基於「一觀點」而發，為「一觀點」所統攝，因而能以「一體系」之方式呈現。而觀點之一，必是基於事物之相同或共同始可能。「一切均為□□」這樣觀法，故為一切言道時之共同點，從無例外。所謂主義，也是從以事物必有所同而說，否則只能分別地言，無以作為共同之道而立論。這從事物共同性或統一性而言之道，因無視事物之差異性，故往往帶有專制獨裁意味，此所以當今批判哲學致力於瓦解這樣統攝性為務，視一切整體中心化為暴力。問題全出於道之求同或同一這樣設準。

我們不應誤會，當孟子或儒學以仁與善為道之「一」時，同犯着上述錯誤。並非如此。以仁與善為道之「一」時，這只就道之為道本身所應有意義言，因若非為善，道再無任何意義，與不言道毫無差異。而以仁言道時，這只因我們自身是人、從作為人（立人）言仁而已，非再有其他目的。從善或仁言道之一，故絲毫沒有以為萬物之道為單一、沒有試圖以任何單一觀點或單一道理涵蓋一切，使一切同歸屬其下（如上帝），因而主導着一切事物之價值與意義，不容例外。善與仁明顯非如此，反而容許事物各自間之差異性，從不求統一一致、或求為絕對化；這點在說明養民之道時，孟子對私之肯定已有提及：既非以財富落入少數人手中、亦非以生產力或土地、田地為國家所純粹佔有。相反，若人把道立論於對反人性或善時，此時，在人性與善外，觀點實如萬物那樣有各式各樣可能；而對這樣觀點作堅持，因觀點本無窮，故都只能終為獨裁：以一攝萬、並肯定一者即排斥另一者。

當孟子把道分三層次（道作為道其唯一、道具體時之兩面、及道與萬物及人倫之差異性）論述時，他實對道其自身與道之於萬物差異性有深刻明白，因而不會以萬物之道為有所唯一而獨斷。道以上三方面，因而對應道本身、人類存在、及人類思想想法這「道」問題之三方面（三層次）：一者作為道自體故不可疑；二者因與人類存在有關故客觀必然，非能視為理論主張；唯第三者因與人思想看法有關（思想各以單一事物為絕對），故始有真實與否問題，亦孟子於這部分舉許行與墨子學說為例之原因，均單純學說故而可偏頗；道而有真偽，是從這點言。

對向事物言道，儒學立場始終非以求「事物之同」為「道」所在；若必須言萬物之道，只應從其差異性言而已，不應以為事物作為事物必有同一之道者。這樣思想立場，縱使於今日，仍極為罕見。故不應以為儒學於言仁與善時，便必然抹殺事物本然差異性，以為只有單一之真實。

明白這點後，我們應怎樣閱讀許行一章？表面上看，本章似在言分工問題，細想不然。孟子文字鮮冗長，若只為反駁許行，單純指出許行不能同時織布、同時為鐵匠等便足夠，由是便可見分工之必然。縱使更進一步為指出有勞心與勞力這樣差異，仍無須反覆以種種比喻而說。

孟子之既舉堯、舜、禹，甚至后稷等，更舉子貢怎樣對待孔子之喪這似與分工完全無關情事，其用意何在？若簡化推論過程，〈滕文公上〉這第四章可簡述如下：

一、陳相轉述許行對滕文公之批評：「賢者與民並耕而食，饔飧而治」。

二、孟子對許行批評：因「百工之事，固不可耕且為也」，故「然則治天下獨可耕且為與？」。

三、孟子指出以下各事：「有大人之事，有小人之事」。

四、「或勞心，或勞力。勞心者治人，勞力者治於人；治於人者食人，治人者食於人」。

五、堯、舜、禹、后稷之憂民，其治之困難，故不得而耕。堯、舜之憂與農夫之憂與用心二者故差異。

六、夏與夷之分別。

七、陳相對其師陳良，與子貢及曾子對其師孔子之差異。

八、幽谷與喬木之比喻。

九、許行之道：「市賈不貳，國中無偽，雖使五尺之童適市，莫之或欺。布帛長短同，則賈相若；麻縷絲絮輕重同，則賈相若；五穀多寡同，則賈相若；屨大小同，則賈相若」。

十、孟子最後回答並總結：「夫物之不齊，物之情也。或相倍蓰，或相什百，或相千萬」、「子比而同之，是亂天下也」。「從許子之道，相率而為偽者也。惡能治國家？」。

我們可把以上各點列表如下：

存在之差異性		
一、治	與民異	與民同（耕）
二、為活	百工之異	獨耕
三、事	大人之事	小人之事：實用（耕、工、賈）
四、勞動形態	勞心	勞力
五、心志	用心、憂心於治天下	用心、憂心於耕
六、文明形態	夏	夷
七、對人之情感	子貢、曾子對孔子	陳相對陳良
八、自然	喬木	幽谷
九、貴賤與量多少	物有貴賤	物賈相若、市賈不貳、單憑以量計
十、萬物	物之不齊	物之齊、同

從列表可見，問題雖環繞治道與分工這樣主題，然從之後種種比喻與引申可看到，孟子實試圖囊括種種事物層次層面，是這樣囊括構成本章論旨，非只治道與分工一主題而已。從孟子之用詞，如「並耕」、「百工」、「獨可」、「不貳」、「同」、「相若」、「不齊」、「比而同之」等等更可看到，孟子所真正關心，為同與不同、或同與差異性這樣問題。若參照下章墨子「愛無差等」之說，這同與異主題更是明顯；分工與治道只其表面而已。故若不把以上層面只視為種種比喻，而視之為各代表一獨立事物層次，孟子實已枚舉了事物廣泛形態及其中差異性。若閱讀只求這種種（差異）層面之「同」，不見其所透顯差異性，這樣閱讀與許行或陳相又有何異？孟子明顯非如此。那麼，孟子所言究竟為怎樣道理？

孟子所欲指出是：若從存在事物這樣層面言道，那道實既非這、亦非那；道既非單一事物、亦非事物之所同處；既非統一一切、又非舉任何一者為獨尊。道此時落在事物之差異性上，隨着事物之差異而差異，並不求其自身之絕對。道因而實如沒有道那樣，只任隨事情之差異而求各自真實，非立任何單一或獨一真實性為事物之共同真實性。故如堯、舜、禹與后稷之治與憂，各有所不同；天下之大，困難亦種種，非只單一：既有洪水、亦有五谷；既有禽獸、亦有人倫。而人倫亦既有「有親」、亦有「有別」；既有「君臣」、亦有「朋友」。從治道之差異性、至人存活勞動之差異性；從事情之差異、至人心與力之差異；從心志之差異、至人對人情感之差異；從文明形態之差異、至大自然本身之差異；從事物貴賤與質量之差異、至事物形態上之不齊；如此種種，若仍以為能「比而同之」，這實只是「亂天下」而已；如此之道，(或若以為道即如此)，實只是「相率而為偽者也」。人若對(事物之)道試圖有所論說，是不應再犯如此錯誤。

進一步言，問題不只在事物之道有所差異上，甚至，如我們今日之批判思想那樣，以為只應多元而不應有君這樣差異性思想，本身又只以「差異」為絕對，這實仍是一種齊同而已、只是一種對反齊同而求一「差異性本身」之為齊同而已，非真正對差異性有所肯定與深切明白。孟子非如是。舉例說，當孟子思想以民為本甚至為天時，孟子仍不會因此而完全否定君主之主導性與其居上位置，不會因勞力而無視於勞心，更不會因認同人民百姓而只言「與民並耕」，如許行所主張那樣。當孟子見夏與夷之差異而仍對夏有所肯定時，他並沒有盲目地只以自身一己之立場而否定對方，不會偏向人民百姓而無視統治階層所應有之獨立性與地位，亦不會因認同人民百姓之立場而不見貴賤上下這樣價值上之等級差異。所謂見事物之差異性，非再只是盲目地對反齊同，這樣對反，只再次掉進齊同之陷阱而已。見事物之差異性，是應對雙方均見其各有之真實，再非只以一者為是、另一者為非。換言之，以事物為有所差異，必同時對各自之價值肯定，因而有在價值上差異性之肯定的，故仍有大與小、高下或上下、及貴與賤等種種從價值言之差異性；非以為對立上位者權力便必須求磨平一切、只盲目求平等，無視差異性事實。提及夏與夷這樣對比，明顯仍有對價值上之優異性肯定，非無視於優劣。孔子故亦說：「夷狄之有君，不如諸夏之亡也」《論語．八佾》。君無論於統治上多麼重要，但都不能因此而抹殺禮樂之價值及其優異性，故若夷狄有君而諸夏再沒有，縱使如此，夷狄仍是有不如諸夏者。至於權力，權力之弊是一回事、差異與價值之優劣又是另一回事。因權力之弊而反求一切平等與磨平，以為這樣始能去一切權力，這仍是一種盲目之「比而同之」之偽亂而已，非求事物真實時其各有之道。故如力量，孔子只言「為力不同科」《論語．八佾》而已，非求為去一切力量。一切實用主義、一切反統治階層、一切反正統價值者，因而都仍犯着同一錯誤。真實地看待事物與事情之差異、並求其各自之道，與只單一想法或單一心態地看待事物，【對事物若從價值觀，已非一種單一心態，否則無以見真正價值者】，以為道在觀點、言說、主義本身上，這實仍有很大差別。孟子非主張一種差異性哲學、非多元主義，而是真實地見事物與事情之差異、及其各自真實，非只論說差異性為主義而已。

那麼，在孟子所列舉事物層次中，其中之價值差異性是怎樣的？若治道非同於工耕賈之道、若人有大人與小人亦有大人之事與小人之事，換言之，若人心志及所勞均有所差異、若文明與禮樂等實踐各有其在價值上之差異性、若人對其所親與所敬者之情感可有所差異、若巨大喬木(王者)與幽晦不明之幽谷有其偉大性與安立性上之差異、若物有形態與貴賤之差異……，由如是差異性所顯價值，正因其為價值有所差異，故更應從其價值之差異見道。差異性思想是不應對價值有所否定者，反而應正視一切價值之差異而致力。雖非以一者否定另一者而求同與統一，然仍是見價值之為價值者，非虛無主義或泯滅一切價值而求同等。勞力雖是勞力，然仍有真實勞心者在，就如真正王者非桀紂那樣，是不應只見表面而不見事物內裡其真實究竟時之差異，如不見堯舜與桀紂其差異那樣。若以為一切均只量上之大小與多少，因而再無貴賤之別，如我們今日資本主義下之價值觀法，純以財富外在量之多少取決尊貴性，因而磨平一切不能量化之價值，如此之世界存在、如此盲目無價值性，只更無道而已。見事物各有其道、及見事物其價值上之差異性而更有道，兩者之不去，始真正明白差異之道。此孟子在既論述道一而仍從差異性問題切入之原因。簡言之，若無差異與價值、無事物所是之差異與價值上之差異，是再無所謂道者。

*

五、道第三方面之二：人道之差異性〔5〕

〔5〕**道與人倫之差異性**

墨者夷之，因徐辟而求見孟子。孟子曰：「吾固願見，今吾尚病，病愈，我且往見」。夷子不來。他日，又求見孟子。孟子曰：「吾今則可以見矣。不直則道不見，我且直之。吾聞夷子墨者，墨之治喪也，以薄為其道也。夷子思以易天下，豈以為非是而不貴也？然而夷子葬其親厚，則是以所賤事親也」。徐子以告夷子，夷子曰：「儒者之道，『古之人若保赤子』，此言何謂也？之則以為愛無差等，施由親始」。徐子以告孟子，孟子曰：「夫夷子信以為人之親其兄之子為若親其鄰之赤子乎？彼有取爾也；赤子匍匐將入井，非赤子之罪也。且天之生物也，使之一本，而夷子二本故也。蓋上世嘗有不葬其親者，其親死，則舉而委之於壑。他日過之，狐狸食之，蠅蚋姑嘬之，其顙有泚，睨而不視。夫泚也，非為人泚，中心達於面目。蓋歸反虆梩而掩之。掩之誠是也，則孝子仁人之掩其親，亦必有道矣」。徐子以告夷子，夷子憮然，為閒，曰：「命之矣」。

〈滕文公上〉最後一章，在事物差異性問題後，孟子繼而論人倫差異性問題。若以為人性或人亦一而已，似不應言差異，此非為道。

首先，為何孟子不見夷之？若如孟子之後所說，夷之表面上主張薄葬而事實上厚葬其親，如是夷子必為虛偽之人。其求見孟子，也如趙岐所說：「求見孟子，欲以辯道也」。故當孟子試探說：「吾固願見，今吾尚病，病愈，我且往見」時，夷子不來。若真有意見孟子，更應探問其疾。若非只因好辯，是不應不來見孟子者。選擇事後再求見，故只求為辯而已，非為其他，故孟子始說：「我且直之」，夷子實曲而不真實。

道之為道在直，不直，無以言道。而於事物言直，明應見事物其所是，而此同於見事物之所有差異。若只以一說法涵蓋一切，明顯非直，事物本有差異故。此孟子「不直則道不見」所指；此時「不直」，故應從不直於事物之差異解。因真實與否先在人自己，故對夷子，孟子說「我且直之」，「直」指人其客觀真實故。夷子所以偽，因既主張薄葬、而又自厚葬其親；既不直於一己感受、亦於言論中曲說薄葬為道。孟子固然以這樣例子指出：一切只執持論說而罔顧人性感受者必有所偽。然孟子更想指出：對事物真實固然在對其差異性有所察，然對人之真實甚至真誠，是應從人所有差異性實情言、從對人時所有感受上之差異言。若心對親人有所厚葬之情，是應直於如此人性感受，不應再以任何外在理由否定，硬言薄葬始為道。情況是否許可是一回事，其是否為道又是另一回事；因種種原因致不能厚葬是一回事，心以為不應厚葬又是另一回事，是不應因任何理由而對厚葬其親愛者之人性心與情有所否定。由是可見，人情感有親疏之別，這始為人性事實，亦為人對人感受之道。孟子之後所舉見親無葬而為「狐狸食之，蠅蚋姑嘬之」時「其顙有泚，睨而不視」之感受，亦教人於人事中，直見自己心之真實而已；一切言說思辨，是無以否證人性心感受之本然真實的。真實地直從人心感受言人性、並由是見人倫差異性，這始為人性論之真實，與單純論說人性同一故不同。以人為「同」而一視之、以為「同」故言「愛無差等，施由親始」，這只言說立論而已、非人性心感受之真實。而若把親疏感受之差異說為人自私自利之心，實更不見親疏感情之為人性事實與真實而已。「古之人若保赤子」是一事，「人之親其兄之子」多於「親其鄰之赤子」這又是另一事；見赤子將入於井而救之是一事，兄之赤子與鄰之赤子同入於井而先救其兄之赤子這又是另一事；非不愛或不感惻隱於鄰人赤子、亦非因「赤子之罪也」，只是，人實本然有此親愛差等事實，非不愛，而是愛始終仍有親疏差別。人本然為有限存有，非無人倫差異性而人人磨平平等地關係。親與不親、愛與不愛故有所本而不相同，非不親必不愛、亦非能因愛而再無親。親與愛本身始終為兩事，人倫差異之道亦由於此。先救兄之子而後救鄰之子，故不能視為救人者之罪。人與人所以「施由親始」，非只是「愛無差等」時只（愛之）先後而已，更因親為親、非只愛。心對親之情懷故始終不一樣。「夷子思以易天下」之「思」，其以薄葬之道為貴，因而偽。是不能只以理由之說而不直見人性感受之事實而能為道者。

有關道於人差異性之總結，因道必須由人性感受之真實言，故不能只以為先後之別而磨平人倫差異。存在中一切有生命者，均各有其所本，此親疏所由。所謂情感，實亦先是對此生命所本之愛、對生命之本獨有之情懷與感謝，這始為一切生命本然之道及其懿美。以其他原因而磨平並消去其本，以為如此始無差等，實只不見「本」本然之美與事實而已。「天之生物也，使之一本，而夷子二本故也」。

孟子之所以以「一本」一語終結本篇對道之討論，實為回應道與差異性問題：差異之非一，似與道之一本矛盾。然縱使見事物之差異性而仍知人倫情感為一本，這始孟子其有關差異性所見最終真實與誠懇：無因「一本」而否定事物差異性、亦不會因事物差異性（無一本或一同）而以為生命如人者亦無本。孟子從沒有執着「本」與「一」，亦沒有執着差異之為差異，故始真見差異性，甚至見「比而同之」之「一」與生命「一本」之「一」本身之差異，【後者之「一」產生而非消毀差異】，此其言差異性時之真實。人倫間之差異與生命之「一本」因而又結合在一起，非只能為二本。道故必須真實、必須靈活而誠懇地真實。任何一種意想與認為，若不直見事實真實，都無以為道。若更只執着所見之片面而不體察萬物與事情其精微，亦無以為道。此孟子對萬物之道與人倫之道之說明，亦示人有關道應有之真實性：一切只能由言說而立論者，始終非為道、始終只偽。

有關〈滕文公上〉，我們討論至此。

公元二零一零年三月十九日

滕文公下

論君子之道

〈滕文公下〉以君子之道為主旨。換言之，本章所欲說明，為人怎樣成為一真實之人。這一問題為人人所應反省，亦《論語．里仁》所探討。《論語》對君子本質總結為：「君子食無求飽，居無求安。敏於事而慎於言。就有道而正焉，可謂好學也已」（《論語．學而》）。這明顯有三方面：一為生存生活方面、二為為事或言行方面、而三為面對真實性或道時之態度。這三面於人極重要，為其真實與否之構成。孟子這裡分析則分為五，各兩章，仍基本上環繞此三面言，只更細緻更落實而已。孟子五方面如下：

一、君子之為君子：直道〔1〕與禮〔2〕

二、君子之生存：君子之出仕（為事）〔3〕、君子與食養〔4〕

三、君子作為之道：作為之時〔5〕與地〔6〕

四、君子品格：君子之不虛偽〔7〕、君子之果敏〔8〕

五、君子與道：對正道之向往與言論〔9〕、不盲目於道義〔10〕

*

一、君子之為君子〔1、2〕

〔1〕論君子之真實性（直）

陳代曰：「不見諸侯，宜若小然。今一見之，大則以王，小則以霸。且志曰：『枉尺而直尋』，宜若可為也」。孟子曰：「昔齊景公田，招虞人以旌，不至，將殺之。志士不忘在溝壑，勇士不忘喪其元，孔子奚取焉？取非其招不往也。如不待其招而往，何哉？且夫枉尺而直尋者，以利言也。如以利，則枉尋直尺而利，亦可為與？昔者趙簡子使王良與嬖奚乘，終日而不獲一禽，嬖奚反命曰：『天下之賤工也』。或以告王良，良曰：『請復之』。強而後可。一朝而獲十禽。嬖奚反命曰：『天下之良工也』。簡子曰：『我使掌與女乘』。謂王良，良不可。曰：『吾為之範我馳驅，終日不獲一；為之詭遇，一朝而獲十。《詩》云：『不失其馳，舍矢如破』。我不貫與小人乘，請辭』。御者且羞與射者比，比而得禽獸，雖若丘陵，弗為也。如枉道而從彼，何也？且子過矣！枉己者，未有能直人者也」。

真實之人（君子）其本質首先在真實性，而從人言真實性，在古代，往往以「直」與「信」言。「直」從人作為之態度，而「信」則從事成方面之真實言。孟子因所言為人，故從「直」言。「直」在〈滕文公上〉最後一章已有提出，所言為人應直於自身人性感受、直對向自身作為人之事實（如人倫親疏關係），不應以外在原因否定。本章目的不同：「直」因從人格言，故為體現在對事與對人上，為行為作為之真實性問題。本章所引「齊景公田，招虞人以旌」一例子，在〈萬章下〉第七章再次提及。〈萬章下〉例子是從權勢與賢者間對待關係言，本章則單純從人格言。

陳代所言：「不見諸侯，宜若小然」非因其時有事，只言為何孟子不從謁見諸侯求自身更高昇進，如心胸狹小那樣。陳代理由是，無論得與不得，謁見本身無害，甚至，「大則以王，小則以霸」。像如此理由，實為現實為事之原則，一切從利害考量而已，再無其他。然陳代所用理由，非僅利益而已，他更明白，除（事之）利益外，亦有人自尊在：人可為自身自尊而不考慮利益；陳代以為心胸狹小是從此言，故引志曰：「枉尺而直尋」，人應屈小伸大，此本章道理關鍵。「尋」為八尺，句故言：若能取其大，應委屈其小（屈小以伸大）。陳代所以為大，指利益、甚至現實中成就，其所謂小，即人對自身人格甚或自尊之執着；兩者相較，明顯成就為大、自尊為小。孟子舉「昔齊景公田，招虞人以旌，不至，將殺之。志士不忘在溝壑，勇士不忘喪其元」是為說明：縱使純從成就與自尊兩者考慮，實仍有（仍應）如虞人那樣，對向虛假之人絲毫不妥協，至死不屈。孔子對這樣人之讚美，也因其不違道義而行故，故「非其招不往」。這例子故已指出：人所有真實，實首先從其人格言而已：人格與志向之真實、其不為現實利益與成就所屈，始人真實性所在，而此於人為首先重要者，故非只以為小而已。

孟子所以更舉王良例子，是為指出：陳代引志而說「枉尺而直尋」，實是錯誤。原因在於：事實非只利益與人格（自尊）兩者間問題而已，更有事情真實性問題在；人格之真實，是對向此後者而言，故非只個人自尊問題而已。孟子「枉尋直尺而利，亦可為與？」是說：若所損害為大者而只為得到小利，人能如此作為嗎？陳代之錯誤正在於：以為人格為小事、利益始為大事，然孟子反指出：事情本身真實性始為大，利益（個人利益）相對此言實為小；陳代實不知分辨大與小，其所以為大（利益），實小而已，事情本身真實性始為大。陳代所以無真實性、所以不明君子之真實性在此：真實之人是為事情之真實而堅守人格，非只求為個人自尊而已，此人其人格與真實性所在，亦「直」之意思與真實。王良以直御而嬖奚不獲一禽，以枉御則一朝而獲十禽，非王良不是，嬖奚不是而已。以真實為事者屈從於虛假為事者，此王良所不為（「御者且羞與射者比，比而得禽獸，雖若丘陵，弗為也。如枉道而從彼，何也？」），本不能以真實屈從於虛假故，此君子所以直道而行之原因，無他，求為真實而已。況且，非直道必不得，只嬖奚無能而已，若有能，仍是可從王良之直御而得。無論怎樣，利益始終無能扭曲或取代事情之真實性而以為更真實者。

孟子最後甚至說：「枉己者，未有能直人者也」。這是說：若人自己不真實，是無以使人或要求他人為真實者。人與人間之真實，故仍由真實性始致，是無以從利益能致者。舉人與人關係言，故更見真實性其根本意義：非唯在事、非唯只與利有關，更先在「人」及「人與人」之真實上。像如此真實性，是只講求利益者無以能見者。孟子不見諸侯，故如王良，求為事之直道而真實而已。君子之為君子，首先取決於此。

〔2〕論君子（大丈夫）之「以順為正」

景春曰：「公孫衍、張儀，豈不誠大丈夫哉！一怒而諸侯懼，安居而天下熄」。孟子曰：「是焉得為大丈夫乎？子未學禮乎？丈夫之冠也，父命之。女子之嫁也，母命之。往送之門，戒之曰：『往之女家，必敬必戒，無違夫子』。以順為正者，妾婦之道也。居天下之廣居，立天下之正位，行天下之大道，得志與民由之，不得志獨行其道，富貴不能淫，貧賤不能移，威武不能屈，此之謂大丈夫」。

若以「直」對人對事為人真實性首先所在，那從「作為人」言，怎樣始為「人」之大（大丈夫）？景春如一般認為，以為人之「大」應如公孫衍與張儀那樣，其強足以致「一怒而諸侯懼，安居而天下熄」，從超越於人、左右着人與天下而為大。這樣之人亦西方從來理想，為如神靈般高倨而有力、為人人所畏。孟子所言正好相反。若必須言「大」，應是作為人而非作為神靈而大，故非從超越極致言，而正相反，從下於人而言。一因人是在禮居後之讓中始為人性，而二在人本然實只一有限存有，是不應從表面之「大」言其偉大，如此反而非事實而虛偽。孟子深明《論語》「禮後」精神，【請參考《論語．八佾》「禮後乎」意思】，人之為大人，故唯由禮而立。孟子「以順為正」實是對禮其精神之勾勒。孟子針對景春而說：「子未學禮乎？」其意故明白：人是否為大丈夫，關鍵全在禮而已。非從禮其內容之行，如「生事之以禮，死葬之以禮，祭之以禮」《論語．為政》【參考前〈滕文公上〉第二章】，而是從禮所體現人自立（「立於禮」《論語．泰伯》）之精神言。唯於人能如禮居後，人始為大。「學禮」故針對人對「立己」道理之明白言。

何謂大丈夫？非從左右或超越他人、而是從能從順他人言。從順非因為卑下，相反，因廣闊無所計較故為順。事實上，在人與人間，能從順他人始為真正困難，人是否大而廣闊，全繫於此。人都以為左右他人始為強大，而不知順從他人、成就其所是，始真為困難。如是困難，實先是從克去自我、並「立為人」而為困難，人難擺脫其自身自我自尊之虛假故。孔子故言「克己復禮」《論語．顏淵》。「以順為正」故始為道，非妾婦之道而已。孟子舉丈夫與女子兩者並言，非為對反，而為指出兩者之道均同在「以順為正」。無論從順於人抑從順於天下人、無論只居室人倫抑天下國家、無論居上抑居下，從順始為人之所以大、為正道所在。故君王之「克己復禮」，即為「天下歸仁」《論語・顏淵》之原因。天下之大均只如此：以禮順為正、為原則而已。故非唯女子，天下人均應如此，此女子真正意思、其德行典範所在，非以為強大始為女權，只更從屬男性性格虛假而已。故若從婚嫁言，在父母前，男女均同然受命於父母，此其順道之正。言「丈夫之冠也，父命之。女子之嫁也，母命之」是從此受命於他人而從順言。所以言「往之女家，必敬必戒，無違夫子」，也只因女子有嫁於丈夫而已，非獨女子始言順。

正因如此，故所謂大丈夫、其所以大，實：「居天下之廣居，立天下之正位，行天下之大道，得志與民由之，不得志獨行其道，富貴不能淫，貧賤不能移，威武不能屈，此之謂大丈夫」。孟子此語深刻而驚讚。人能大，因能居於天下之廣闊而仍正，其正亦對天下能立，其立非由己、而由道，故其得志非一己之大、而由與民言，故若不得志因無我仍無所失，始終能獨行其道，不為世俗富貴所陷、不因貧賤而移、不為現實與強力所屈，此之謂大丈夫。縱使立於天下仍能順於道與民，非以天下順於己；而於失天下時仍能持守己志而獨立，不為現實與強力而屈折，如此無我之大，始為人真正之大。居於天下廣大而非只求一己安居，能順應天下所需並立其正，能行天下所應行大道而非使天下順承己之無道，縱使似有所得然實只全然由人與民，而若只一己仍能獨行其道，不屈於現實與世俗……，人如是種種，始人其大。大故是由於天下與人，非由於己。而若由己，這時自己，非有求於世，只志與存在之獨立而已，不會妥協於無道、為富貴或權勢所屈而已，「此之謂大丈夫」。大故是從人自己言，或順承於道義、或獨立而不屈。能順承於人、能以禮居後精神作為自己生命，這始人格之大。上章所言「直」與此「人之立」，故一從人於事、一從人生命之真實言。二者為孟子對君子其真實性之說明。

*

二、君子之生存〔3、4〕

〔3〕論君子之出仕（求職位）

周霄問曰：「古之君子仕乎？」孟子曰：「仕。《傳》曰：『孔子三月無君，則皇皇如也。出疆必載質』。公明儀曰：『古之人，三月無君則弔』」。「三月無君則弔，不以急乎？」曰：「士之失位也，猶諸侯之失國家也。《禮》曰：『諸侯耕助，以供粢盛；夫人蠶繅，以為衣服。犧牲不成，粢盛不絜，衣服不備，不敢以祭。惟士無田，則亦不祭』。牲殺、器皿、衣服不備，不敢以祭，則不敢以宴，亦不足弔乎？」「出疆必載質，何也？」曰：「士之仕也，猶農夫之耕也。農夫豈為出疆舍其耒耜哉！」曰：「晉國亦仕國也，未嘗聞仕如此其急。仕如此其急也，君子之難仕何也？」曰：「丈夫生而願為之有室，女子生而願為之有家，父母之心，人皆有之。不待父母之命，媒妁之言，鑽穴隙相窺，踰牆相從，則父母國人皆賤之。古之人未嘗不欲仕也，又惡不由其道；不由其道而往者，與鑽穴隙之類也」。

本章表面雖與禮有關，然明顯在言出仕問題。本章出仕與下章食養，構成人其存活之道。兩章意簡明：即若人以德行為人格之道，而德行又與求利益相反，那真實之人是否應如一般人，同樣求為仕與俸祿？因人有生存必須，故孟子之回答明顯肯定：人須有其工作與俸祿。

出仕問題在這裡非從其責任道義、而單純從人生計言。以孔子若「三月無君，則皇皇如也。出疆必載質」是為說明：孔子之皇皇，非言其心切於為仕之道義，單純從其無職責工作言而已。孟子之後所說：「士之仕也，猶農夫之耕也。農夫豈為出疆舍其耒耜哉！」更明白指出：士之仕，是如農夫求食一樣，無論何情況，不會離棄其生計工具。之所以「出疆必載質」，【質為求職位時見面禮，故趙岐注說：「質，臣所執以見君者也」】，這因為必須隨時求職位故。孟子甚至說：士之無職位，如喪一樣，與諸侯之失國無異，亦為人慰問關切之原因，故引公明儀說：「古之人，三月無君則弔」。雖然人必仕，但這並非等於說，為求得位，可不擇手段。故孔子說：「夫子溫、良、恭、儉、讓，以得之。夫子之求之也，其諸異乎人之求之與？」《論語・學而》。

周霄最後之問：「晉國亦仕國也，未嘗聞仕如此其急。仕如此其急也，君子之難仕何也？」是針對孟子以孔子三月無君而不安如此之急言。孟子故引嫁娶為例：從「願為之有室」、「願為之有家」言，無論男女，於適婚年齡必急於成家。之所以急，因其事必「待父母之命，媒妁之言」

始能成，非單純個人之事，其不易在此。孟子以此比喻，為仕所以難，因仍須由於道義，不能不擇手段，故不易得其位。心欲為仕是一回事、為仕而須以道義又是另一回事，不會因前者而違棄後者，其難在此。周霄所以說：「晉國亦仕國也，未嘗聞仕如此其急」，大概因為：晉國（魏）那時雖人亦以為仕為務，然因無所謂道義，故沒有因求為仕而感困難。為仕或求職之難，故在其必須行道義之實，不能為求高位豐厚之職，不擇手段地運用手段與關係，不以正道行。此所以孟子舉婚配之「不待父母之命，媒妁之言，鑽穴隙相窺，踰牆相從」為例，說人不以正當之法求為仕（「不由其道而往」），實「與鑽穴隙之類」無異：只求一己所得，不在乎事之真實。君子非不欲為仕，只因仍真實故「惡不由其道」而已；此所以從政者多「君不君，臣不臣」《論語・顏淵》，求為自身利益而已。

〔4〕論君子之食、養

彭更問曰：「後車數十乘，從者數百人，以傳食於諸侯，不以泰乎？」孟子曰：「非其道，則一簞食不可受於人；如其道，則舜受堯之天下，不以為泰。子以為泰乎？」曰：「否。士無事而食，不可也」。曰：「子不通功易事，以羨補不足，則農有餘粟，女有餘布；子如通之，則梓匠輪輿，皆得食於子。於此有人焉，入則孝，出則悌，守先王之道，以待後之學者，而不得食於子。子何尊梓匠輪輿而輕為仁義者哉？」曰：「梓匠輪輿，其志將以求食也。君子之為道也，其志亦將以求食與？」曰：「子何以其志為哉？其有功，於子可食而食之矣。且子食志乎，食功乎？」曰：「食志」。曰：「有人於此，毀瓦畫墁，其志將以求食也，則子食之乎？」曰：「否」。曰：「然則子非食志也，食功也」。

若前章周霄問「古之君子仕乎？」出於求為仕與人德行品格可不一致，本章彭更之問亦類同：「梓匠輪輿，其志將以求食也。君子之為道也，其志亦將以求食與？」【趙岐注：「梓匠，木工也。

輪人輿人，作車者」】。求為道之君子，是否亦應有求食之志？如此問題，非只因存活而有所必需，更根本地，君子對食或對他人之養其心態態度應怎樣？其志應在此抑不應在乎此？所以有如此問題，因彭更見孟子有「後車數十乘，從者數百人」如此尊貴性，故以孟子為有志於此，或亦接受如此奢泰之養。孟子回答：「非其道，則一簞食不可受於人；如其道，則舜受堯之天下，不以為泰。子以為泰乎？」。換言之，對真實之人言，若非其道，縱使只一簞食也不接受；相反，若有道，就算如天下之貴重，亦可接受。接受甚麼並非問題所在，問題只在是否有其道而已。君子之志故始終在道，非在其他，故舜不以接受天下之尊貴為泰，其志不在此故。孟子反問：「子以為泰乎？」是說：若彭更以此為泰，這實已反映其心志已在食多少上，非在道。如是回答故引致彭更反詰說：「士無事而食，不可也」。問題因而轉移至無功不受祿這問題上。這問題非單純在功與祿之間，更根本地在對為士者價值之質疑，如我們今日以求為德行、或求為人文者（因非生產性職能）其價值質疑那樣。對這樣不事生產（「無事」）之職能，應否有所養或得其食？彭更正是對這樣價值輕視者，亦孟子回答：「子何尊梓匠輪輿而輕為仁義者哉？」之原因。

對士之功勞、甚至對一切求為道者之價值與意義，孟子之回答是：「子不通功易事，以羨補不足，則農有餘粟，女有餘布；子如通之，則梓匠輪輿，皆得食於子。於此有人焉，入則孝，出則悌，守先王之道，以待後之學者，而不得食於子」。

有關「子不通功易事，以羨補不足」一語，通常解為互通成果或如分工合作之意思，如勞心勞力各盡其所能那樣。這樣解釋與孟子意不盡相同。若只是分工合作，那在「農有餘粟，女有餘布」後直言士便可，實無須多言梓匠輪輿。「通功易事，以羨補不足」非分工合作，「功」非單純指成果，而是指成果中之差異，即有多有少這樣差異。故非借助不同成果間之交換以補足對方之所無，而是：當人功勞有所不等時，有些人其成果多、有些人其成果少，如此始有對多者之「羨」，羨其多於他人故。「通功易事，以羨補不足」故是說：人是不應以其過人之所得視為自己所有，而應把自己多出的成果也分與其他人，使從事其他事（職能）之人也能安於其事，不會因其事之功少而放棄改作，如此始對事事有所尊重重視；換言之，非以功衡量事之價值。故縱使某些事其功少，然仍不會因此而不得養，如梓匠輪輿這樣事便是。能使事各有其自身價值與意義，故不應以其所能生產或成就多少衡量。若某些事能特殊地有功，應以其成果輔助其他事，使一切事均能順利完成，此「通功易事，以羨補不足」正確意思。

至於士之意義，孟子所說：「入則孝，出則悌，守先王之道，以待後之學者」不應理解為士對人所有意義，更應單純理解為其人自身之德行而已。換言之，縱使表面上不如梓匠輪輿對人仍有實際意義，然若能守如此德行，仍應為人所尊敬、應視同有功一樣，得其食養。若這樣的人不得其食，實同於說：致力於仁義德行者是不如致力於實務者。孟子並非比較兩者功績，只更單純地比較兩種努力，以人不應只重視現實努力或成果，而無視其他非現實努力、或蔑視無現實成果之事。對價值之肯定應單純因其為價值，非因其功。功之成果應分與無功之努力，使一切事易而人亦各得其食。

對孟子這樣回答，彭更故始說：「梓匠輪輿，其志將以求食也。君子之為道也，其志亦將以求食與？」。換言之，之所以似有如此差別待遇，非彭更價值觀造成，而是士與實務者兩者原初志之差異造成；故為士而不得其食，不應歸咎他人。梓匠輪輿雖未必如農耕有功，然始終，其志仍在食。然為道之君子，其志本非在食，其不得食，故是其自己事，與他人無關。

孟子之回答是：「子何以其志為哉？其有功，於子可食而食之矣。且子食志乎，食功乎？」。孟子這一回答，傳統讀法亦有錯誤。其讀法為：「子何以其志為哉？其有功於子，可食而食之矣。且子食志乎，食功乎？」。這樣讀法，其錯誤原因有三：一為之前言食時，孟子均以「得食於子」、「不得食於子」言此時食之問題。故此處亦應為「於子可食而食之矣」，不應把「於子」連於前而分斷。二為若已有功於彭更，彭更本無任何理由不予其食。得食不得食，若本來即已有功，是不應為任何人決定不予其食者。彭更無以例外。有功而必得食，這理所當然，故無需孟子在這裡多說。三為若以「有功於子」而可食，這背後道理仍與世俗價值觀一樣，以為有現實上之功勞始應有所食，如是又把之前所討論結果完全廢棄。換言之，這與彭更當初言「士無事而食，不可也」相違背。彭更一直以士為無所事事故不應得其食，若孟子言士有功故亦應得其食，這只與彭更看法相同，非不同。而若所不同只為士是否有功，那孟子更不應以孝悌如此含糊之功為士之功，這幾近沒有辯正甚麼。在孟子之「入則孝，出則悌，守先王之道，以待後之學者」四語中，前三者明顯無功之意，故傳統不得不把士之功全放置在第四點上，及不得不把「以待後之學者」中「待」一詞解為對後代之影響與教化，此時之士因而必為上德之士。這些都非孟子句中所有之意。「守先王之道」與「以待後之學者」都只是士其人自己之心懷而已，「待」始終只是「待」而已，非任何客觀教化或影響力這樣功績。若是，這為人人可見之功，是再不能為任何人所能質疑其價值、不能以如此成就為「無事而食」者。

那麼，孟子之意思是甚麼？當孟子說：「子何以其志為哉？其有功，於子可食而食之矣。且子食志乎，食功乎？」，縱使士因其志之不同故其功實亦不同，但不能因這樣不同而無視其價值。士之志在道，非在現實實務上，其功故亦應如此衡量，不應以為唯有現實之功始為功，更不應以其志非在食而無視其功及不予其食。換言之，人是不應對致力於道者與致力於食者有分別待遇，而不能亦賞識人於仁義這樣努力。如能「於子可食」的話，仍應「食之」。如此始真是「通功易事，以羨補不足」。否則，若只以有明顯功者始有食，這實不能算作「通功易事」，亦更沒有「以羨補不足」，此時之以有易無，實仍只是以有易有而已，不能算作「補不足」。人所作之努力，非人人相同，故非能以單一現實收穫為唯一目的與價值。若如是，人類大多數努力將只會被廢棄，甚至，大部分更美善之努力只會為現實利益價值所取代。對彭更，故孟子批評為「子何尊梓匠輪輿而輕為仁義者哉？」。彭更當然不承認自己有這樣差別看法，其辯說兩者志有所不同也只為推究其差異於士之志上，此所以孟子質問：「且子食志乎，食功乎？」意思。意思是說：對彭更而言，究竟人應從其志而有所食、抑應從其功而有所食？所謂從其志而有所食是說：得食與不得食，這應由志先行決定，以志為定奪人之食。如是而不志於食者，不應得其食。相反，若食不食與志不應有關，那無論此時人志向甚麼，都仍應得其食養；故為士者，縱使志非在食，是應於可能時仍應食之，此始為「通功易事，以羨補不足」。甚至，若如人一般以為，食與功應有所關連，那除非人只把功視為現實意義之功，因而只「尊梓匠輪輿而輕為仁義」，否則，是更應對志於道者之努力與意義給予肯定，其食與尊重更應由此，是不應以其為無事而不可食。彭更明知不應「尊梓匠輪輿而輕為仁義」，故以食志回答孟子，換言之，「得食於子」與「不得食於子」，是由其人之志取決，與彭更無關。孟子最後之回答只表示，無論在怎樣情況下，人是不應亦不會單純以志而決定是否應得其食。無論人志向多高、多麼非世俗，仍應為人於食中有所對待，甚至更應以尊貴態度對待這樣非志於食之人。非反其志向，更珍視其志向而已。此亦孟子於本章初不拒「後車數十乘，從者數百人」之原因。非在驕泰，而在對仁義努力者肯定之表示而已。其心非在食，更在道之尊重而已，故「不以為泰。子以為泰乎？」

以上兩章有關君子存活之道，其結論故有二：一為君子之出仕並沒有牴觸其向往德行之心，因而不能以求為仕為現實利益之心，仍必須視乎其求得時之為有道抑無道。二為人不應對志於道者無視其價值與意義，不應因其非致力於現實績效而不予其食與尊貴。而士本身亦無需因其自身之似無事而不敢食諸侯，不能於如此尊貴中泰然自若。其心非在此而在彼便是、非在食而在道便是，是無須如同世俗價值那樣無視或不敢肯定自身價值者。此君子出仕、其食養與道之關係，亦君子於現實存活中所應有心態與道理。其正與不正在此。故孔子三月無君而皇皇，舜接受天下而不以為泰。二者心從無在食上，其志亦從不在富貴。故無論怎樣富貴，心始終仍無愧而能如孔子般直說：「不義而富且貴，於我如浮雲」《論語・述而》。

*

三、君子作為之道〔5、6〕

〈滕文公下〉第五、第六章所討論為君子作為之道。有關作為之道，在《孟子》其他篇章亦多有討論。差別唯在：在這其他地方，若非為說明某些特殊對象內容，如為政這樣作為，便是專就人「作為個體時」其行為與作為言，如〈離婁下〉第六至第十五章便如此。然〈滕文公下〉這裡，都非從行為或對象內容義之「作為」討論，而單純為說明「作為」本身如何始為真實，藉此以言一真實之人其作為之道應怎樣。

「作為」本身之真實性主要有兩面：一為其必須以致人於善為最終目的；因而無論具體內容為何，致人於善必然是一切真實作為最終依歸。二為「作為」本身為了能成功，必須與其執行時之真實性有關。而執行時之真實性（真實地執行），意味着其是客觀的。孟子更以這兩方面對應「作為」中之「時」與「地」兩因素，二者均為一切作為必須考慮之條件。

孟子以怎樣方式討論這「作為」之真實性問題？

〔5〕論作為之真實性一：事之客觀性

萬章問曰：「宋，小國也。今將行王政，齊、楚惡而伐之，則如之何？」孟子曰：「湯居亳，與葛為鄰。葛伯放而不祀，湯使人問之曰：『何為不祀？』曰：『無以供犧牲也』。湯使遺之牛羊，葛伯食之，又不以祀。湯又使人問之曰：『何為不祀？』曰：『無以供粢盛也』。湯使亳眾往為之耕，老弱饋食。葛伯率其民，要其有酒食黍稻者奪之，不授者殺之。有童子以黍肉餉，殺而奪之。《書》曰：『葛伯仇餉』，此之謂也。為其殺是童子而征之，四海之內皆曰：『非富天下也，為匹夫匹婦復讎也』。

湯始征，自葛載，十一征而無敵於天下，東面而征西夷怨，南面而征北夷〔狄〕怨，曰：『奚為後我？』民之望之，若大旱之望雨也。歸市者弗止，芸者不變，誅其君，弔其民，如時雨降，民大悅。《書》曰：『徯我后，后來其無罰』。『有攸不惟臣，東征綏厥士女，匪厥玄黃，紹我周王見休，惟臣附于大邑周』。其君子實玄黃于匪以迎其君子，其小人簞食壺漿以迎其小人。救民於水火之中，取其殘而已矣。〈太誓〉曰：『我武惟揚，侵于之疆，則取于殘，殺伐用張，于湯有光』。不行王政云爾。苟行王政，四海之內，皆舉首而望之，欲以為君，齊、楚雖大，何畏焉？」

本章為討論王者攻伐問題。表面上這似與作為之道無關，然若細想，王者之作為，必作為中正道。而征伐一事，幾近為一切作為中最無道及最負面者。舉王者征伐作為對「作為之道」說明，最好不過。從王者之於最無道征伐之事，故顯作為之道其至正大光明一面。亦因是王者，故更能見其實行時方法之正。從萬章之問：「宋，小國也。今將行王政，齊、楚惡而伐之，則如之何？」可看到，問題是從行仁政這樣問題提問。仁政本來是一切作為中最大善，以此代表作為，完全合理。然萬章之問，非在問仁政本身，而單純針對其實行時所遇有問題而發。實行中所遇問題，其最大亦最困難者，即遇有阻擋與障礙。以這樣情境提問，因而最能顯出此時作為之正道。萬章故問如宋這樣小國，其欲行王政，【萬章用「王政」而不用「仁政」，因此時並非單純仁政、而是仁政介於強國間之事，故以「王政」稱，亦由是顯王者其作為之道】，又遇齊、楚強國惡而伐之，這時應怎辦？怎樣才是王者作為之正道與真實？孟子之回答舉湯與周武王二人為例。有關其中故事，我們不多作述說，只對其中道理作分析：

一、人都以為在作為中其取勝之關鍵在力量之強大，而忽略，若力量其實仍只某些個體自身之事，那在一切力量外，仍是有一更為客觀之本然真實，在這裡，即人民百姓這更廣大而客觀事實。相對於此，無論某些個體其力量多大，如齊、楚之王，始終，仍是無以力量為能無視此更大客觀性。人民百姓其人性，這始至為客觀真實，力量非是。故作為之真實與否，全視乎其是否相對或針對着這樣客觀性而為，非只順承某些力量之私而已，如此始是作為其能真實之原因。如人性或人民百姓其需要這樣客觀事實，是較任何權力力量為更高真實。

故孟子說：成湯「東面而征西夷怨，南面而征北狄怨，曰：『奚為後我？』民之望之，若大旱之望雨也。（…）如時雨降，民大悅」；而武王之伐，「其君子實玄黃于匪以迎其君子，其小人簞食壺漿以迎其小人」，均為人民百姓所寄望。孔子對類同客觀性亦說：「務民之義」《論語．雍也》。這都是從作為之至客觀方面言。「作為」之真實與否、其是否為君子甚至王者之作為，全視乎此。非只是單純善道而已，更是至為客觀之善道、立於至為客觀之真實基礎上。此有關作為其真實性之第一點。

二、真實之「作為」，其發起非為任意主觀決定。湯之征伐，非由於任意理由、非無盡其讓或無盡其容忍。故多次對葛伯予以寬容忍讓甚至協助，而這多次亦表示，其最後決定征伐行動，本身是極必然而客觀，非任憑一己意欲而為。而這又同時說明，一真實作為，是有客觀之時機與情況，如湯直至葛伯「有童子以黍肉餉，殺而奪之」一事後始「為其殺是童子而征之」，故「四海之內皆曰：『非富天下也，為匹夫匹婦復讎也』」。換言之，征伐之起，是隨着人民客觀願望而發，非由一己之意。此其第二點。

三、「作為」除必須依據恰當時機而真實外，本身亦必須有所限制，如不能以征伐為理由傷及無辜。故縱使成湯征伐，然「歸市者弗止，芸者不變」，因「誅其君」而已。同樣，武王伐紂，亦「取其殘而已矣」。能如此只針對其事實而作為，無過不及，這始作為其能真實之原因。「作為」之所以真實，故或基於至為客觀事實與需要之善，其發生亦有待正確時機，而其方法與過程亦無過無不及地真實，如是始能成就一真實作為，為作為之正。孟子最後說：「不行王政云爾。苟行王政，四海之內，皆舉首而望之，欲以為君，齊、楚雖大，何畏焉？」。換言之，若人所作為是人人均客觀地以為真實而善之事，這樣作為，無論成敗，再無可畏懼。作為本身若真實，是無患成敗的。若對成敗仍有所患，這只求為個人利益而已，非為事而真實。若至為客觀並與一己無關，如此作為，是再無可畏懼的，只為與不為而已。真實之人其若有所作為，其道應如此。

〔6〕論作為之真實性二：環境之客觀性

孟子謂戴不勝曰：「子欲子之王之善與？我明告子：有楚大夫於此，欲其子之齊語也，則使齊人傅諸，使楚人傅諸？」曰：「使齊人傅之」。曰：「一齊人傅之，眾楚人咻之，雖日撻而求其齊也，不可得矣。引而置之莊、嶽之閒數年，雖日撻而求其楚，亦不可得矣。子謂薛居州善士也，使之居於王所。在於王所者，長幼卑尊皆薛居州也，王誰與為不善？在王所者，長幼卑尊皆非薛居州也，王誰與為善？一薛居州，獨如宋王何？」

除以上外，還有怎樣道理與作為之真實性有關？孟子舉薛居州例子說明。本章道理有三：一、一切真實作為，除時機外，亦有環境考慮之必須。孟子舉學語言為例再清楚不過。所謂環境，孟子明白指出，不應有相反或違逆其學習者。好的環境與不好環境其差異正在此：即有助其成功、抑違逆其成就這樣差異。人不能以為人在任何情況下均有自主性與獨立自覺性，故人之一切，都或多或少受其環境決定。對一事之實行，故不應以為在任何環境下均能實現，不重視環境所有真實；如此作為，如教育，都只自欺欺人而已，無能有真正成就。若環境不改變，是無法達成一事之真實的。此真實作為所必須關注。

二、一切作為，嚴格言，都非一人能力之事，故「一薛居州，獨如宋王何？」。相反，若在王所處地，「長幼卑尊皆薛居州也，王誰與為不善？在王所者，長幼卑尊皆非薛居州也，王誰與為善？」。王之善不善，故非薛居州一人能成就，必也多人之協力始有所成。【這同意味，人為惡亦非個人之事與能力，必亦有朋黨之輔助與風氣影響，故子貢說：「紂之不善，不如是之甚也。是以君子惡居下流，天下之惡皆歸焉」《論語・子張》】。求為真實作為者，故應尋覓協助者共力而為，非以為個人能力能成就一切。

三、若一善士其作為沒有達成，這並非其個人不善，只其所處環境違逆而已，非其個人不真實。從這意思言，本章可為前章回應：前章言真實作為如何能成功，本章則相反言，真實作為若不能成就，原因何在，必也因環境有過大阻力與違逆而致。

〈滕文公下〉這兩章，故一在言縱使似無道征伐之事，其亦有正道可能，故可有成；另一則言縱使為一善士，其作為亦可無成。如是而明白，一切作為其與客觀關係之必須，而此亦為其成與不成最終原因。作為故不能以個人欲望與私意而為，其真實性全繫於客觀性上。若人有其不可左右之環境客觀事實（第六章），亦同樣可有更深遠而客觀之人性真實在（第五章），作為之真偽、其成敗，故全視乎其所體察之客觀性至何層次：越是真實地客觀，其作為之真實性越大，其成就之可能性越高。以上為孟子對人真實作為道理之說明。

*

四、君子品格〔7、8〕

有關真實之人其品格問題，孟子從兩方面討論：其人之不虛偽、及其果敏。一從人、另一從事言，二者都與人真實性有關。品格可有多方面，孟子選取兩者，因其他如貪婪、狹隘等，都有一定外來原因或目的；唯虛偽與拖延不同，兩者都無外在原因與目的，都單純屬人自己事，其為品格，故至為不真實。人之虛偽，實達成不了甚麼。同樣，於事情中拖延不果敏，也不會為自己帶來甚麼利益。人有如是品格，故純屬人自己事，既非由外來原因、亦達成不了甚麼。能不虛偽又於事直接了當，這樣品格之人，已為真實。

不過，君子人格確仍有多方面。如孔子所言「人不知而不慍」，即為君子品格獨立性之本。

像這樣人格獨立性，孟子在其他篇章亦有論述。【請參考〈萬章上〉對主體性之討論】。事實上，〈滕文公下〉第一章有關君子直道之討論，實已含人格之獨立性在。孟子所引如王良之言：「我不貫與小人乘，請辭」這對利益與枉道之不屑，實亦已是一種人格獨立。人品格獨立性，故均為孔子與孟子視為君子之本。這第七與第八章，所論故是其他方面，如對人與對事方面、非從面對自己生命言。選取虛偽與拖延為代表，仍是恰當。

〔7〕論品格之真實一：不虛偽

公孫丑問曰：「不見諸侯何義？」孟子曰：「古者不為臣，不見。段干木踰垣而辟之，泄柳閉門而不內，是皆已甚，迫，斯可以見矣。陽貨欲見孔子而惡無禮，大夫有賜於士，不得受於其家，則往拜其門。陽貨矙孔子之亡也而饋孔子蒸豚，孔子亦矙其亡也而往拜之。當是時，陽貨先，豈得不見？曾子曰：『脅肩諂笑，病于夏畦』。子路曰：『未同而言，觀其色赧赧然，非由之所知也』。由是觀之，則君子之所養，可知已矣」。

有關「不見諸侯何義？」這樣主題，在《孟子》中多次提及。先有〈滕文公下〉第一章陳代問，後又見於〈萬章下〉第七章萬章問；與本章公孫丑問雖同一，然提問者各章不同。若比較，陳代之問孟子以直道回答，言君子之為君子所在；萬章之問孟子則以禮之義回答，言權勢者與賢者所應有對待關係。今公孫丑之問，孟子回答則以言「君子之所養」為目的。「養」在這裡如修養之養，指人品格；所舉例子為陽貨與孔子，故所言非禮或直問題，而是人虛偽不虛偽這品格問題。

對公孫丑問「不見諸侯何義？」孟子之回答首先是：「古者不為臣，不見」。意思是：「為臣」意謂確有君臣之事；換言之，所以見君，因有作為臣之職責，否則若只一般庶民，縱使君想召見，仍不往見。這點在〈萬章下〉第七章更為清楚：孟子甚至補充說，君若有役事使民，往役為義，然單純往見非義。孟子甚至反問，若有這樣地位差距，君此時為何召見？為其人之賢德？若是，那君反應往拜見，非召見，故孟子說：「吾未聞欲見賢而召之也」〈萬章下〉第七章。然為何因地位差距不見？為何不見反是禮？孟子在「古者不為臣，不見」之後所舉段干木與泄柳兩人不欲見而逃離與躲藏，非為說明不見之道理，只就具體例子，評論二人做法實已太過：若真有所迫，仍可往見，無須逃離或躲藏。

孟子之後所舉孔子與陽貨例子，始是對不見其道理之解釋。【有關陽貨與孔子事，見《論語．陽貨》首句】。「陽貨欲見孔子而惡無禮」是說：陽貨欲見孔子本應因孔子賢德，作為禮，因而應往拜會孔子。然陽貨虛偽，非真重賢，只在乎自身地位與權勢，故不想先往見，而想孔子往見。陽貨明知這樣為無禮，又不想人說自身自大無禮，故運用手段，於孔子不在家時始往拜見，亦饋孔子豚，使孔子不得不回見。孔子知其偽，故亦刻意於陽貨不在家時始往拜。故事言兩人因此遇於途中……。孟子舉這樣故事一方面是為指出往見之禮應是怎樣；而孔子亦有不往見之舉，非僅孟子。然問題是，孔子所以不往見，因陽貨不欲以見賢之禮而見，又知饋豚之偽，故亦不欲往見。除非陽貨真有見賢之心，否則孔子不會往見。然問題是，為何不見？為何不見為禮？原因實簡單：人與人若有地位差距，見面若非由於事，必也在兩者間有所諂媚，地位差距無以使人能以平等姿態面對及相處。古代之人在這樣情況下，既不求見、甚至召亦不往見。此「古者不為臣，不見」之原因。故孟子引曾子與子路之言作解釋，說：「脅肩諂笑，病于夏畦」、「未同而言，觀其色赧赧然，非由之所知也」。「脅肩諂笑，病于夏畦」：竦肩諂笑，其勞苦甚於夏月之治畦灌園；「未同而言，觀其色赧赧然」：未能志、位相合而面不得不有羞慚之色。之所以不見，因不欲有絲毫諂媚羞慚之色而已，換言之，絲毫不想有人與人間之虛偽而已，此君子其品格之真實。故孟子結論說：「由是觀之，則君子之所養，可知已矣」。即於此便可見君子其人之品格。之所以是禮，因這是於地位有所差距時人與人必然有之心態（人性感受）：不想諂媚；故縱使召見，不往見仍為禮之原因。孟子藉由孔子與陽貨例子，所說明即此。

有關君子品格第一點故為：真實之人絲毫不想為虛偽。寧不往見，亦不致己虛偽，此真實之人於人與人間品格。

〔8〕論品格之真實二：不拖延

戴盈之曰：「什一，去關市之征。今茲未能，請輕之，以待來年然後已，何如？」孟子曰：「今有人日攘其鄰之雞者，或告之曰：『是非君子之道』。曰：『請損之，月攘一雞，以待來年然後已』。如知其非義，斯速已矣，何待來年？」

本章意思明白。對國家應去關市征稅並復行古什一賦稅，以減輕人民百姓負擔，這本是義，知其為義便應立即施行，不應拖延，此君子作為之道。孟子以攘鄰之雞言，是明以過錯比喻，言其行（改正）不應有所等待，如由日攘只改為月攘那樣，始終只自欺欺人，毫不見為改正。本章故事，故指出三道理：一、有過必須立即改，如「過則勿憚改」所言《論語．學而與子罕》；二、一切作為應立即為，不應等待或拖延，「敏於事」《論語．學而》；三、作為應以「義」（真實或急切需要）為先、應針對義而為，故孔子說：「君子之於天下也，無適也，無莫也，義之與比」《論語．里仁》。三者總體言時即：為事應盡力、應盡速、果敏地行、不拖延，無論是義抑過失均應如此，此為作為時之品格。本來，為事之道亦有謹慎、節儉、敬事等，孟子這裡特從不拖延言，只更與人自己品格有關而已。若能不拖延，自然對事有所敬，亦必然會謹慎、不浪費，言不拖延而敏，故更具體而落實。

真實之人其品格，故主要在不虛偽、及勤敏不拖延二者上。

*

五、君子與道〔9、10〕

〔9〕論人類之惡與君子之致於道

公都子曰：「外人皆稱夫子好辯，敢問何也？」孟子曰：「予豈好辯哉，予不得已也。天下之生，久矣一治一亂。當堯之時，水逆行，氾濫於中國，蛇龍居之，民無所定，下者為巢，上者為營窟。《書》曰：『洚水警余』。洚水者，洪水也。使禹治之，禹掘地而注之海，驅蛇龍而放之菹，水由地中行，江、淮、河、漢是也。險阻既遠，鳥獸之害人者消，然後人得平土而居之。

堯、舜既沒，聖人之道衰，暴君代作，壞宮室以為汙池，民無所安息；棄田以為園囿，使民不得衣食；邪說暴行又作，園囿汙池沛澤多而禽獸至。及紂之身，天下又大亂。周公相武王，誅紂伐奄，三年討其君，驅飛廉於海隅而戮之，滅國者五十，驅虎豹犀象而遠之，天下大悅。《書》曰：『丕顯哉！文王謨。丕承哉！武王烈。佑啟我後人，咸以正無缺』。

世衰道微，邪說暴行有作，臣弑其君者有之，子弑其父者有之，孔子懼，作《春秋》。《春秋》，天子之事也。是故孔子曰：『知我者其惟《春秋》乎，罪我者其惟《春秋》乎？』

聖王不作，諸侯放恣，處士橫議，楊朱、墨翟之言盈天下，天下之言，不歸楊則歸墨。楊氏為我，是無君也。墨氏兼愛，是無父也。無父無君，是禽獸也。公明儀曰：『庖有肥肉，廄有肥馬，民有飢色，野有餓莩，此率禽獸而食人也』。楊、墨之道不息，孔子之道不著，是邪說誣民，充塞仁義也。仁義充塞，則率獸食人，人將相食。吾為此懼，閑先聖之道，距楊、墨，放淫辭，邪說者不得作。作於其心，害於其事；作於其事，害於其政。聖人復起，不易吾言矣。

昔者禹抑洪水而天下平，周公兼夷狄、驅猛獸而百姓寧，孔子成《春秋》而亂臣賊子懼。《詩》云：『戎狄是膺，荊、舒是懲，則莫我敢承』。無父無君，是周公所膺也。我亦欲正人心，息邪說，距詖行，放淫辭，以承三聖者，豈好辯哉，予不得已也。能言距楊、墨者，聖人之徒也」。

〈滕文公下〉這有關君子之道最後兩章，為討論君子與道之關係這最終主題。一從君子之志於道、另一相反從君子不盲目於道義言，兩章均君子與道道理。

本章所言君子致力於道，在〈離婁下〉第二十、二十一章亦有提及。本章孟子所說道理清晰：

真實之人應以致力於道為生命，因所謂道，也只從人存在、非從其他存有者言。本章始於公都子問孟子何以好辯。公都子為孟子弟子，其為人重視他人一般評論，故非單純問為何孟子好辯，而是問：「外人皆稱夫子好辯」，視外來人人所言為實情。【有關公都子此態度，亦見〈離婁下〉第三十章：「公都子曰：匡章，通國皆稱不孝焉（…）」；請參考〈告子上〉公都子與孟子討論性善時，不知怎樣區別內外（第五章）、及認定世俗對人性之說法（第六章）】。人一般均以人各有自己思想想法，無須如孟子般執着而好辯。孟子所以好辯，因一切有着道之對與否，非單純個人自己意見；故如孔子《春秋》，因見人類無道故有懼，不得不對人之是非作判別。人實必須於道與無道間有所分辨，辯故不得已。事實上，孟子所說：「天下之生，久矣一治一亂」，其中「一治一亂」所指，非歷史進程事實、也非堯舜至孔子之歷史階段，人類存在明顯亂多於治，而縱使孔子作《春秋》，仍不能算作治。「一治一亂」所言為人類存在事實有治與亂兩面：人或可依從道而治、或不依從道而任隨欲望而亂；治與不治故是人類存在兩種事實、甚或為人類存在兩種形態。是因人類存在有如此事實，非單純人倫存活，故人之是否真實，仍須從致力或志於道言。從終究言，人真實與否，關鍵在此。此人生命與道之關係。

人類存在中之亂（禍害），孟子歸納為四：一為大自然對人類之害、二為權勢君主對百姓之害、三為上位階層對社會所造成禍害、而四則為人類思想言論（邪說）對人心之害。人類存在之惡，基本上可總歸為以上四者。

有關第一種，孟子說：「當堯之時，水逆行，氾濫於中國，蛇龍居之，民無所定，下者為巢，上者為營窟。《書》曰：『洚水警余』。洚水者，洪水也。使禹治之，禹掘地而注之海，驅蛇龍而放之菹，水由地中行，江、淮、河、漢是也。險阻既遠，鳥獸之害人者消，然後人得平土而居之」。這第一種禍害，是從使人類無法安定居所生活而言。道其最原始狀態，因而即為人類居所與生活之安定。此治道第一方面。

存在之惡其第二種，孟子說：「堯、舜既沒，聖人之道衰，暴君代作，壞宮室以為汙池，民無所安息；棄田以為園囿，使民不得衣食；邪說暴行又作，園囿汙池沛澤多而禽獸至。及紂之身，天下又大亂。周公相武王，誅紂伐奄，三年討其君，驅飛廉於海隅而戮之，滅國者五十，驅虎豹犀象而遠之，天下大悅。《書》曰：『丕顯哉！文王謨。丕承哉！武王烈。佑啟我後人，咸以正無缺』」。這第二種惡，再非由自然形成，而是在如堯舜這樣王者後，取代其位而為君者，為殘暴之人。此時禍害，仍是從使百姓無以有安定居所生活言，唯非由洪水猛獸，而是由暴君之「壞宮室以為汙池」及「棄田以為園囿」這樣無道佔有而致。這第二類惡，故由上位者權力與暴力構成。

存在之惡其第三種，孟子形容為：「世衰道微，邪說暴行有作，臣弒其君者有之，子弒其父者有之，孔子懼，作《春秋》。《春秋》，天子之事也。是故孔子曰：『知我者其惟《春秋》乎，罪我者其惟《春秋》乎？』」。這一種惡，為惡者已非只在位之暴君，而是擴展至一切上位者，故「臣弒其君者有之，子弒其父者有之」。各統治階層之人，都有其所犯之惡，非獨暴君。而其惡之形態，也非只欲望佔有，更可為人倫間相互殺害。之所以有此可能，因由暴君之出現，人之為「惡人」亦由此突顯；對抗惡因而可轉化為對抗人本身，而佔有欲望，亦可轉化為臣之弒君與子之弒父，此所以孔子懼，懼人倫之道由此泯滅。

對存在最後一種惡，孟子說：「聖王不作，諸侯放恣，處士橫議，楊朱、墨翟之言盈天下，天下之言，不歸楊則歸墨。楊氏為我，是無君也。墨氏兼愛，是無父也。無父無君，是禽獸也。公明儀曰：『庖有肥肉，廐有肥馬，民有飢色，野有餓莩，此率禽獸而食人也』。楊、墨之道不息，孔子之道不著，是邪說誣民，充塞仁義也。仁義充塞，則率獸食人，人將相食。吾為此懼，閑先聖之道，距楊、墨，放淫辭，邪說者不得作。作於其心，害於其事；作於其事，害於其政。聖人復起，不易吾言矣」。這第四種惡，再非只具體惡之行為、亦再非只由於欲望或由於人與人間爭鬥，其本身甚至可作為道理之假象出現，正因如此，其為惡故更難察覺辨識。這種能充盈天下之言，一旦成為天下人之想法，更使惡無窮止，再非因具體對象而產生：既非為財物佔有欲望、亦非人與人爭鬥，更可是如「無父無君」這樣邪說、或「仁義充塞，則率獸食人，人將相食」這樣人類如禽獸般狀態。這一狀態，再非只統治階層之惡，更可廣及百姓本身。「人將相食」形容存活再非生、而是死之事，人由置他人於死地而始能生，故人食人。此人類存在惡之終極。這一種惡，其緣起非只上層階層而已，更由於思想言論，因而深入人心自身，其為惡之影響至巨。本來臣弒其君、子弒其父這樣上層社會之惡已足為百姓所效法，然由邪說、橫議與淫辭，人心更可喪失其應有本性，使是非對錯全然顛倒扭曲、使人與禽獸相等。其惡故再非在欲望與權力間，而直就在人類生存本身，此孟子用「食」一詞意思。單純生存本無所謂惡，一切只如洪水或暴君外來破壞而已。今生存本身已全然為惡，惡直接呈現在存活事中、直接在人民百姓間，故存在直接對反自身，而人亦直接對立人。惡故再非外來事，而內在於一切：既內在於生存、亦內在於人心。「食人」二字標示這一切，亦孟子所以懼。孟子所說：「作於其心，害於其事；作於其事，害於其政」，所言因而是從心至事、從事至政，見惡所涵蓋層面。從人心至存在、從上至下之一切作為，均為惡所及範圍，此思想邪說與言論橫議其滲透力。人故由是非之心之敗壞始真普遍地虛假而無道。

從孟子所說可見，人類其惡之發展，是從對善之侵蝕而形成。先有先王如堯舜，始有暴君如桀紂；先有湯武之討伐，始有春秋之「臣弒其君者有之，子弒其父者有之」；先有孔子《春秋》之作始有邪說淫辭之生。惡都順承善之形態而延伸其領域。一治一亂故為人類存在久矣事實。從心思、心態至生存種種事，無不有治與亂可能。致力於道、抑盡其為惡，這是每人自己之抉擇、每人自己生命。由見人類存在之為惡，真實之人其生命故唯在致力於道而已。此人生命與道必然關係。因惡已瀰漫於人心與生存一切事，無人能免，故人唯致力於道始能真實，否則存在若仍能平常地正常，人也只須盡其人倫之義便足夠，無須更從致力於道言，故可只如孟子說：「仁之實，事親是也。義之實，從兄是也。智之實，知斯二者弗去是也。禮之實，節文斯二者是也。樂之實，樂斯二者。樂則生矣，生則惡可已也。惡可已，則不知足之蹈之、手之舞之」【解釋見〈離婁上〉第二十七章】。

孟子上述四層次，因而亦為人致力於道時之層次與方向：或致力於人生活上之安定、或致力於對惡暴之去除、或致力於正道之傳述、或致力於對言論邪說之止息。換言之，或致力於善治、或致力於去惡、或致力於正道之立、或致力於邪說之辯正。一從生活生存、另一從思想教育言。【「昔者禹抑洪水而天下平，周公兼夷狄、驅猛獸而百姓寧，孔子成《春秋》而亂臣賊子懼。《詩》云：『戎狄是膺，荊、舒是懲，則莫我敢承』。無父無君，是周公所膺也。我亦欲正人心，息邪說，距詖行，放淫辭，以承三聖者，豈好辯哉，予不得已也。能言距楊、墨者，聖人之徒也」】。此後者，即孟子所為，其似好辯由此。

孟子對正邪辯說故非不重要，若知人心最後敗壞亦只由於邪說橫議，那致力於正道之辯與辨，仍必「不得已」。故不能責說這樣努力沒有成就甚麼治道：治與否須從長久言，亦須立於道之正；於邪說橫議之時世，糾正一切故仍為真實生命之事。在從道而治前，人仍須對道明白，因治與亂，已再非本然。始終，人真實與否，是每人自己生命事，不能以現實為由，放棄自身對道致力之真實。故縱使只如孟子那樣，只「言距楊、墨」，然始終，是仍可視為「聖人之徒」者。

人真實與否，故非在其能成就多少治道，而更先在：其自己是朝哪一方向成就生命；生命之真與偽、人之全部真實，首先在此。孟子本章所言，故為人或人類生命之首先，其與道之關係。故孔子說：「朝聞道，夕死可矣」《論語．里仁》。

〔10〕論人與道關係之偽

匡章曰：「陳仲子豈不誠廉士哉！居於陵，三日不食，耳無聞，目無見也。井上有李，螬食實者過半矣，匍匐往，將食之，三咽然後耳有聞，目有見」。孟子曰：「於齊國之士，吾必以仲子為巨擘焉。雖然，仲子惡能廉？充仲子之操，則蚓而後可者也。夫蚓上食槁壤，下飲黃泉。仲子所居之室，伯夷之所築與，抑亦盜跖之所築與？所食之粟，伯夷之所樹與，抑亦盜跖之所樹與？是未可知也」。曰：「是何傷哉！彼身織屨，妻辟纑，以易之也」。曰：「仲子，齊之世家也。兄戴，蓋祿萬鍾。以兄之祿為不義之祿而不食也，以兄之室為不義之室而不居也，辟兄離母，處於於陵。他日歸，則有饋其兄生鵝【本字為「鳥＋我」，同「鵝」】者，己頻顣曰：『惡用是鶂鶂者為哉？』他日，其母殺是鵝也，與之食之。其兄自外至，曰：『是鶂鶂之肉也』。出而哇之。以母則不食，以妻則食之，以兄之室則弗居，以於陵則居之：是尚為能充其類也乎？若仲子者，蚓而後充其操者也」。

〈滕文公下〉最後一章，相對人與道關係，孟子補充說：人與道關係仍須真實，不應盲目。上章雖已言人類存在實治與亂二分，然縱使如此，仍不能盲目執持二者之分便以為有道，反致道於虛假，如本章陳仲子所為。

道與非道本單純針對人言，非能引申於事物身上，亦不能因人類無道便不參與存在所需物事，致已無法存活。物品之廉潔與否，非在物品之使用上，而只在人自己有無貪得之心。不貪圖富貴故不代表不使用財物，以為物品本身亦有廉潔與否區別，硬把道與德行加之於物品身上，區別其有道無道。非從物之傷人言無道，而是把人之無道直視為其身邊一切（他人他物）所有，縱使物品本與有道無道無關、而他人仍須從其自身獨立看待，非從其所關連之人看待。對有道無道如此盲目執着，故是人與道其虛假關係：不應把道之是非黑白殃及其他故。

陳仲子因以為廉潔而不食，像這樣之人，在齊國無道之地，確實難能。但不應以為這樣實即廉潔。孟子所以從廉潔這樣問題切入，因廉潔涉及生存，亦可引申至物品問題。縱使世界無道，人仍必須生存、於生活仍必須使用物品。陳仲子之不食，以為如此便能不沾汙，致使自己耳不能聞、目不能視，故孟子比喻為蚯蚓。縱使居室為盜跖所築、縱使所食之粟為盜跖所樹，人仍須居、仍須食，而這與自身之有道無道或廉潔與否無關。自己之有道無道，這只自己怎樣作為之事，與世間物品之來源無關。陳仲子「以兄之祿為不義之祿而不食也，以兄之室為不義之室而不居也，辟兄離母，處於於陵」，這實只為財物來源之義與不義忽略人倫更根本道義，本身故非為有道。

更甚是，其母殺兄之鶃與陳仲子食，之後陳仲子得知此鶃為其兄受饋而得，有「出而哇之」如此強烈反感反應，這實是盲目地執持黑白以致病態地步，已不能算作有道，更實與道無關。故孟子說：「以母則不食，以妻則食之，以兄之室則弗居，以於陵則居之」，這樣以為有道，實已是無道了。對人倫與物品均妄執是非，而不知如此執着本身始為無道，這時所謂道，實已全然虛假。故孟子結論說：「是尚為能充其類也乎？若仲子者，蚓而後充其操者也」，即這樣作為，是不能視為道、不能為人所效法。若非蚯蚓，是不會仿效這樣行為。

存在雖有道無道而二分、真實生命雖必須致力於道，然這致力，仍須真實：在應言道時言道、在不應時不言，非如盲目信仰那樣，反因信仰而使自己不能分辨是非善不善、又不能致自己行為與所為為真實。人與道之關係雖極重要，然孟子沒有忽略其可有之偽，此陳仲子一章所說明。人與道之關係，亦盡於此。有關〈滕文公〉，我們解釋至此終。

公元二零一零年四月二日

離婁上

論人類存在之本

〈離婁〉章句為《孟子》書中數量最多。而這表示，其所處理主題至為繁複。從〈離婁〉首句「離婁之明，公輸子之巧，不以規矩，不能成方圓；師曠之聰，不以六律，不能正五音」中「規矩」與「六律」便可看到，〈離婁〉主題主要在事物或事情如典範性或根源性之「本」。「本」是從事物根據或根源言。一方面，事物或事情其真偽對錯，都由本而立及分辨。另一方面，《孟子》除對現實性、心、道、人及人性等討論外，還特別對「本」予以一篇，這可見孟子在「道」外，對事情之「本」亦重視。「道」從事物與存在其至美善境地、途徑、方法言，而「本」則從事物間本末先後或終始關係言；「道」多為價值、而「本」則多為事實存在，二者構成事物之兩面。教人對本關注，故是教人對事物所是、及其事實真實反省。以「離婁」命名，故為突顯「本」所有明晰意義。〈離婁〉因而除對事物、事情其真偽分辨外，亦教人，在「道」外，仍須從事物各自之「本」而思並明白。〈離婁〉分組如下：

〈離婁上〉

〈離婁下〉

一、論對人類存在言至根本者〔1至5〕*

〈離婁上〉第一組主要討論以下五者之根本性：先王之道與法為一切道之本、聖人為人之本、仁為一切作為之本、人反求其自身為人作為個體自身之本、最後，天下之本。一切道（道理與真理）、人之作為人、一切作為、人之個體（或人與人）、天下世界，這五者，確實已窮盡存在之層面。孟子所討論並指出，正是這五種存在根本方面其本。

〔1〕道之本

孟子曰：「離婁之明，公輸子之巧，不以規矩，不能成方員；師曠之聰，不以六律，不能正五音；堯、舜之道，不以仁政，不能平治天下。

今有仁心仁聞，而民不被其澤，不可法於後世者，不行先王之道也。故曰徒善不足以為政，徒法不能以自行。《詩》云：『不愆不忘，率由舊章』。遵先王之法而過者，未之有也。聖人既竭目力焉，繼之以規矩準繩，以為方員平直，不可勝用也。既竭耳力焉，繼之以六律正五音，不可勝用也。既竭心思焉，繼之以不忍人之政，而仁覆天下矣。故曰為高必因丘陵，為下必因川澤；為政不因先王之道，可謂智乎？是以惟仁者宜在高位；不仁而在高位，是播其惡於眾也。上無道揆也，下無法守也，朝不信道，工不信度，君子犯義，小人犯刑，國之所存者，幸也。故曰城郭不完，兵甲不多，非國之災也。田野不辟，貨財不聚，非國之害也。上無禮，下無學，賊民興，喪無日矣。《詩》云：『天之方蹶，無然泄泄』。泄泄猶沓沓也。事君無義，進退無禮，言則非先王之道者，猶沓沓也。故曰責難於君謂之恭，陳善閉邪謂之敬，吾君不能謂之賊」。

有關一切道（道理與真理）之本，孟子指出，應在先王之道上。無論人類自身能力多高，如離婁視力之明、如公輸子手藝之巧、如師曠耳力之聰，都仍須有所依據、有所本，否則，仍無以為正、無法達成（事物之）正道。這一說法似簡單，然所引發問題不易。這樣說明實已指出：人類無論多聰明智慧，都不應單純依據自身能力所及、及順承自身所認為而行。問題因而是：甚麼始較人類能力更為根本？我們能怎樣確定此一根本？甚至，其根本性怎樣定奪？孟子對這樣問題之回答是：能構成道之根本，實非單一事物或單一之道，而須由兩方面始成：一為如堯舜之道、另一為仁：「堯、舜之道，不以仁政，不能平治天下」。這裡所謂堯舜之道，指〈滕文公上〉所言先王之道，而此主要亦三方面：一、人與人之禮；二、人存活之養（養民之道）；三、事情與事物之治。對人之立（教）、對人之養、及對事物之治理，這確實為為政三方面，道是從此言為道者。先王之道從具體內容言，故亦此三方面而已。其次是，這些構成客觀上治理之具體方面，必須是為體現或以仁為本、是由仁而為根本。這是孟子對「道」根本性之回答。之所以能為「本」，因一方面確實涵蓋存在一切方面，另一因體現「仁」，而仁又唯一地為人性「善」之真實，故如此道能為一切道之「本」。兩者若缺一，即失去作為道之「本」一意義。【有關仁善治理之道，請參考〈滕文公上〉一至三章】。故：「今有仁心仁聞，而民不被其澤，不可法於後世者，不行先王之道也。故曰：徒善不足以為政，徒法不能以自行」。這是說：單純仁善無法對存在具體問題解決、無法為後世效法（「徒善不足以為政」）；相反，若只為政制制定，不知政制所本在仁，其行亦無法正確（「徒法不能以自行」）。一切政制之設立，必須本於仁、以仁為依歸，若以為是法制便能自行，始終違背人性與人道而已。先王之法，既參照存在真實具體需要、亦同時以仁為依歸，其所以唯一而正、並能為一切道（道理與真理）之本，由此。

若比較西方及中國其他思想，這樣回答確獨特。中國其他思想不單只非以仁為道之本，連視道為人類存在具體方面這樣看法亦闕如。並非沒有具體為政方面，然始終非基於人性及對人性理解而立，故不見以禮、以養民為本。【人類雖有無數政治制度與想法，然都只求為利益與便於治理而已，非以人性之善與真實為本】。而在西方，因西方思想從不正面肯定人性、亦不單純以此世存在之具體為真實，故所求價值，始終非針對存在本身需要、亦非求為回歸人性。善故只抽象之美善、或只順承欲求時之利益益處，非作為道言（非從仁言）。由是制度與法制，往往只落為財物與權利之公平正義，非以人性為依歸。這樣制度，故無法有一終極基礎可能，只能基於思想之（超越）價值與想法、【如自由民主便屬此】、或以自然為訴求（如自然法學所以為）。然道無法只由思想、更無法從超越價值而立。想法只想法而已，本身無必然性與真實性、更非必然終極地客觀。人之事若不以人為本，無論思辨結果似多麼豐碩，始終無以為正確而一致。

當孟子以先王之道與仁結合始為本時，如此之道，既符應人事具體外在真實、亦沒有背離人性內在真實，故無論從存在抑從人性方面言，均見其必然性與真實性。善既非空洞難以界定之善、而存在亦非只純粹物事，更有以人之為人為本；能如此真實而具體，是人類其他思想所無法達致。仁與先王之道這一結合，以這樣結合為道之本，這是孟子多麼深邃明白，其回答亦多麼唯一而簡明，故引《詩》云：「不愆不忘，率由舊章」，並結論說：「遵先王之法而過者，未之有也」。

孟子更具體地把這先王之道與仁之結合，視為上位者與仁之結合，而說：「是以惟仁者宜在高位，不仁而在高位，是播其惡於眾也」。孟子最後更戒說：若事君不以本，只盲目以附和上位權力為本，因而「事君無義，進退無禮，言則非先王之道者」，這實即「吾君不能謂之賊」而已。

【以上是從先王之道與仁兩者結合為道之本言，但更正確，（亦孟子文中意思），應為：因「本」嚴格言應從具體情事言，故道之「本」唯在先王之道上，唯因治道可不必與仁有關，孟子為防範這種理解，故始更以仁為本。孟子意思正確言應為：道以先王之道為本，而所謂先王之道，實基於仁始有之治道而已】。

〔2〕人之本

孟子曰：「規矩，方員之至也。聖人，人倫之至也。欲為君盡君道，欲為臣盡臣道，二者皆法堯、舜而已矣。不以舜之所以事堯事君，不敬其君者也。不以堯之所以治民治民，賊其民者也。孔子曰：『道二：仁與不仁而已矣』。暴其民，甚則身弒國亡，不甚則身危國削。名之曰幽、厲，雖孝子慈孫，百世不能改也。《詩》云：『殷鑒不遠，在夏后之世』。此之謂也」。

若先王禮樂之道與仁政之結合為道之本，那從人言，能知實現這樣道理者，即為人之本，聖人指此。所謂聖人，非從其個人特殊偉大言，反而，聖人也只從人倫言之極致而已；故若能為君而極致如堯、為臣能極致如舜，能在種種人倫分位中而極致，這已為聖人。聖人故為人人於人倫中之典範、為人人之本。「規矩，方員之至也。聖人，人倫之至也。欲為君盡君道，欲為臣盡臣道，二者皆法堯、舜而已矣。不以舜之所以事堯事君，不敬其君者也。不以堯之所以治民治民，賊其民者也」。人對人所應效法者，故非其自我性格或特殊過人方面，反而只是，其人倫之道（聖）而已、人作為人種種分位之典範而已。此對人言故為本。

〔3〕一切作為之本：仁

孟子曰：「三代之得天下也以仁，其失天下也以不仁，國之所以廢興存亡者亦然。天子不仁，不保四海；諸侯不仁，不保社稷；卿大夫不仁，不保宗廟；士庶人不仁，不保四體。今惡死亡而樂不仁，是由惡醉而強酒」。

人類從作為言，其本直在仁。這點在前章引孔子言「道二，仁與不仁而已矣」時，實已指出。孟子這裡只更進一步說，縱使如得天下如此極致作為（或失天下如此作為上大失敗），也在仁（或不仁）

而已，再無其他；故「三代之得天下也以仁，其失天下也以不仁」。人一切作為，無論大至保四海或得天下、或小至個人保四體，均全繫於仁與不仁這一作為之根本而已。

為何如此？人都知事情之處理須以智，然從何意義言，仁為作為之本？對這樣質問，孟子在本篇一章有關「不以規矩，不能成方員」討論中實已指出。孟子在「遵先王之法而過者，未之有也」句後故說：「聖人既竭目力焉，繼之以規矩準繩，以為方員平直，不可勝用也。既竭耳力焉，繼之以六律正五音，不可勝用也。既竭心思焉，繼之以不忍人之政，而仁覆天下矣。故曰為高必因丘陵，為下必因川澤；為政不因先王之道，可謂智乎？」。從句可見，孟子明知事情必須用智，故說「竭目力」、「竭耳力」、「竭心思」；事情處理首先須竭盡一切心思能力，然縱使已竭盡能力與心思仍未足夠，解決方式未必為最正確甚至為正道故。仁之為本，是從這樣層面言。換言之，單純以智解決事情所以未足，因世界非只事物、更是人之世界。有關物固然必須竭盡一切能力心思，然在事物背後，事情仍始終繫於人，而人既是作為之主動者、亦可建樹或破壞，其居於智能上，始終主導並支配一切。若無人自身之立、無仁作為人之本，能力與心思實無所定向、非必然為正面力量。是從這點言，仁始終為一切作為之本，亦孟子所以說：「國之所以廢興存亡者亦然。天子不仁，不保四海；諸侯不仁，不保社稷；卿大夫不仁，不保宗廟；士庶人不仁，不保四體」。在能力與心思外，故必須「繼之以規矩準繩」、「繼之以六律」、及「繼之以不忍人之政」，這是規矩準繩(作為道)之意思。孟子甚至比喻為：「為高必因丘陵，為下必因川澤」，丘陵與川澤這勢之自然，為一切為高與為下者所必須依從，故若「為政不因先王之道，可謂智乎？」：若非以仁為本、為定向，一切能力與心思，雖對物言為智，然對人言(終極地對人類存在言)，是不能稱為智者。此仁為一切作為之本之意思。

〔4〕人與人關係之本：自己之正

孟子曰：「愛人不親反其仁，治人不治反其智，禮人不答反其敬，行有不得者，皆反求諸己，其身正而天下歸之。《詩》云：『永言配命，自求多福』」。

若仁為人作為之本，那人與人一切關係之本先在我、非在他。孟子以「反求諸己」言此時關係：「愛人不親反其仁，治人不治反其智，禮人不答反其敬。行有不得者，皆反求諸己，其身正，而天下歸之」。這說明兩個道理：一、在個體與個體間，都非如人通常認為，必因自我而自私自利。孟子反而指出，在自我與他人間，實都先為善意、非為惡意。二、正因出於善意，故人都以為問題先出於對方而非自己，故對對方有所要求。孟子故刻意以「愛人不親」、「治人不治」、「禮人不答」這自己以為對人正面態度啟始。正因自己已先「愛人」、「治人」、「禮人」，故當對方仍「不親」、「不治」、「不答」時，人與人間問題始發生，亦自己所以歸咎對方之原因。孟子此時道理反而說：縱使自己已先盡善意，但仍應先求諸己、非先求諸人。自身為本是從這更高層次言。非唯在人與人間反求諸己，甚至是在自己已盡善意後，仍須反求諸己。這始以己為本。「反求諸己」故非只如〈大學〉所言修身，而是在已盡善中仍須反求諸己。這樣人格、這樣自我，始為自我中最懿美者。

「反求諸己」所求為何？「其身正，而天下歸之」已明確指出。人反求諸己時，再不只是愛人、治人、禮人這人與人之道，更是求自己之正，換言之，愛人、治人、禮人中之正，非只三者而已。人正因以為已有愛人、治人、禮人，故以為已盡善，而不知，縱使愛人、治人、甚至禮人，仍可未為正。因自己仍有所未正，始有縱使愛人、禮人而人仍不親、不答。非無愛無禮，單純因自己未正而已。自身之正故於人與人關係間為另一事；以身為本、反求諸己是從此言。故只反問有無愛、有無禮仍未足夠，更須反問是否正。在人與人間以一己為本，故是從這更高自我之正言。此孟子本章意思。

「愛人」、「治人」、「禮人」這三種關係，一為如親屬般、二為如君臣或君民般、而三為人與人一般。三者故涵蓋一切人倫關係。在愛人中自己是否真實地仁、愛是否仍能己立立人、抑只是愛惡而已，這於愛人中為自己是否正之原因。同樣，在治人及在禮人中自己是否已智、禮人是否真由於誠敬，這是於治人、禮人中自己之是否正、是否真實所在。故非只愛人、禮人而已，更須求其真實。「反求諸己」故是從反求諸己之是否正或真實言：自己是否真實地愛人、真實地治人、真實地禮人，這始為「身正而天下歸之」之原因；自己真實故。孟子最後引《詩》云：「永言配命，自求多福」，這是說，人心應時刻在配合天命，不應對外有所自我，而應事事反求諸己，這始為真正幸福之原因。

〔5〕天下之本

孟子曰：「人有恆言，皆曰『天下國家』。天下之本在國，國之本在家，家之本在身」。

在「本」之討論最後，孟子述說從人處世界中，甚麼始為「本」這樣問題。我們很容易會把〈大學〉修身、齊家、治國、平天下這一序列套入孟子句中，細讀並非如此。當孟子指出人人常這樣說：「天下國家」時，人都實以天下國家代表至高至大事物層級，並視之為最重要及最根本，以其為一切價值與真實性所由根據，如同我們今日以世界或社會代表一切那樣，一切均以世界趨向為導向、一切均以世界為價值參照。孟子指出，這樣價值觀並非真實。對人恆言「天下國家」，孟子修正說：「天下之本在國，國之本在家，家之本在身」。這是說，無論多高遠偉大事物（如天下），實仍有所本：天下之本在國，國之本在家，而家之本在身。無論多似偉大高遠事物，都只應以人一己之身為本而已，不應以為大者始為一切之本。這與孔子說：「浸潤之譖，膚受之愬，不行焉，可謂明也已矣！浸潤之譖，膚受之愬，不行焉，可謂遠也已矣！」《論語．顏淵》意相近。無論多重要甚至偉大事物，都應以人一己之身為本、都先直在自身眼前、都先關乎自己。

同樣，人亦不應以為只能從世界觀自己，以為人類世界怎樣自己一身便怎樣，因而無能為力，而不知：一切最終仍在自己、在自己怎樣作為、在自己是否真實而已，都非先在他人或天下世界。故有關一切，應先直從自己一身看，非只看着世界與他人、或只從世界反觀自己處境而感無力。一切仍先在自己，非必然無奈地在世界中。【人故不應如海德格爾所說，為「在世界中之存有」】。一切與自己一身有關者，仍可由自己所改變，非因世界而無奈。若是，亦必然一己先無奈而已，始終仍是一己為本。孟子句故非在言事物之客觀次序（如〈大學〉），而只在言：在天下與自己間，無論此時對方多高遠宏大，一切仍先在自己而已、先取決於自己怎樣而已。

從道之本至自身一己為本、從人所應效法之人至自身所有仁之主動與主體性，孟子以上五章，故實勾勒出從人類存在言之種種向度，其至為根本者所在。下組相反，論述人均認為至基本之「存亡問題」，其根本所在。

*

二、論存亡之本〔6至10〕

上組問題孟子所討論種種「本」之道理，都是從事物之本來應然言，然從世俗一般價值或現實，至根本問題往往即生存；人都以此為根本，非以道之應然為本。故孟子在這第二組中，即論述在現實存在中，種種存亡問題之本。而此亦分五章：前兩章言生存之本，後三章則言亡失之本。

〔6〕使道存在之本

孟子曰：「為政不難，不得罪於巨室。巨室之所慕，一國慕之；一國之所慕，天下慕之。故沛然德教溢乎四海」。

存亡之本這樣問題，其首先必然是如何使道能實行這樣問題。這一問題，明顯亦與為政有關。差別唯在：這裡所討論，非為政具體內容，只其作為一事時，是否更有其根本或基本先行之事，是從此而言為為政其事之「本」。

從「為政不難」一語便可看到，孟子所以能以「不難」言，明顯非言為政本身，只言在現實中藉由為政而使道實行，實非困難；故結論為：「故沛然德教溢乎四海」。德教雖仍只教，然這已喻，此時為政結果已近道。若如是，道或德教所以能存或「溢乎四海」，其本何在？關鍵只在「不得罪於巨室」而已。「巨室」指具有政治地位並為賢德之大家，趙岐故注說：「謂賢卿大夫之家，人所則效者」。「不得罪」固然解為通常「不使巨室罪之」意思，然若自己有至上權力，亦可從不降罪或不欺壓賢卿大夫巨室而有所得罪解。換言之，為政所以不難，因若能對一國中賢者有所尊敬重視，如是賢者所慕，亦將為一國人之所慕，這樣仿效關係，是德教「溢乎四海」之原因。從現實言，能重視或不得罪於賢者，因而使賢能得以為一國所慕，這是從為政而能善言最簡易方法；雖非直接，然實已最為簡便。孟子意思因而是說：就算單純考慮現實、就算不從自身德行努力言，因現實始終是一下對上仿效關係，故對賢者有所重視、使賢者為一國所慕，如是便可使一國實行德行。縱使從現實存在言，為政而有道故不難，亦從不得罪於賢能巨室始而已、以賢能巨室為本而已。

孟子這裡明顯有一假定，即賢能者仍是具有勢力或現實力量者（巨室），是在這樣前提下故有影響力。若無這樣前提，那能存活甚至有道地存活，將為下章所討論問題。

〔7〕存活之本

孟子曰：「天下有道，小德役大德，小賢役大賢；天下無道，小役大，弱役強；斯二者，天也。順天者存，逆天者亡。齊景公曰：『既不能令，又不受命，是絕物也』。涕出而女於吳。今也小國師大國而恥受命焉，是猶弟子而恥受命於先師也。如恥之，莫若師文王。師文王，大國五年，小國七年，必為政於天下矣。《詩》云：『商之孫子，其麗不億，上帝既命，侯于周服。侯服于周，天命靡常，殷士膚敏，祼將于京』。孔子曰：『仁，不可為眾也』。夫國君好仁，天下無敵。今也欲無敵於天下而不以仁，是猶執熱而不以濯也。《詩》云：『誰能執熱，逝不以濯』」。

若現實無道，此時存亡之本何在？對這樣問題，孟子說：「天下有道，小德役大德，小賢役大賢；天下無道，小役大，弱役強；斯二者，天也。順天者存，逆天者亡」。這是說：人類存在基本上也只兩種狀態，或有道、或無道。然無論有道無道，始終也只大與小關係而已。此時，小必為大所役，再無其他可能。唯差別在：若是有道，大小是從德行與賢能言；此時之役，故是「小德役大德，小賢役大賢」，即小德與小賢者為大德大賢者所役使。但若是無道，則小大是從力量、勢力之強弱言；此時之役，故是「小役大，弱役強」，即弱小者為強大者所役，非與德行或賢能有關。孟子結論說：「斯二者天也。順天者存，逆天者亡」。意思是說：以上兩者，為如天般事實，不可改易：順天者存，逆天者亡；存亡也唯順承這樣事實而已：有道時順從德行與賢能、無道時也只能順從力量與勢力，否則即亡。齊景公故說：「既不能令，又不受命，是絕物也」，即於無道時世，若既非強者、又不願接受他人命令，這只引致滅亡而已。孟子繼此之討論，正針對此而發。

「今也小國師大國而恥受命焉，是猶弟子而恥受命於先師也。如恥之，莫若師文王。師文王，大國五年，小國七年，必為政於天下矣。（…）孔子曰：『仁，不可為眾也』。夫國君好仁，天下無敵。今也欲無敵於天下而不以仁，是猶執熱而不以濯也。《詩》云：『誰能執熱，逝不以濯？』」。若對巨室尊賢（前章）為生存之道，那在無道時世而恥受命於大國，是仍可效法文王之道而生存。文王之道即仁道而已：或「與民同之」〈梁惠王下〉章二、或「以大事小」〈梁惠王下〉章三、或「發政施仁」〈梁惠王下〉章五、或「善養老者」【〈離婁下〉章十三。亦參考〈梁惠王下〉章五】。換言之，能真實行仁政，必為一切人所接受，故「無敵於天下」，意謂對一切均無以敵對對立方式而為，此無敵意思。正因如此，故孟子引《詩經》說：「商之孫子，其麗不億，上帝既命，侯于周服。侯服于周，天命靡常，殷士膚敏，祼將于京」。這是說，若不以敵對姿態對立他人，縱使如商子孫之多、或如殷士之壯大敏捷，都會對以仁道為法者臣服。孟子故引孔子言說：「仁，不可為眾也」。意謂行仁道者，非以眾之力量多少衡量。仁所能，超乎一般所謂力量強弱與大小。這始孟子所欲指出有關存亡問題真正所本，始終仍繫於仁而已。

〔8〕禍害之本

孟子曰：「不仁者可與言哉？安其危而利其菑，樂其所以亡者。不仁而可與言，則何亡國敗家之有！有孺子歌曰：『滄浪之水清兮，可以濯我纓；滄浪之水濁兮，可以濯我足』。孔子曰：『小子聽之！清斯濯纓；濁斯濯足矣。自取之也』。夫人必自侮，然後人侮之；家必自毀，而後人毀之；國必自伐，而後人伐之。〈太甲〉曰：『天作孽，猶可違；自作孽，不可活』。此之謂也」。

若存、亡全繫於仁，那禍害之發生，其本在哪裡？

從現實層面言，禍害所以發生，其本仍在每人每事自身。如「人必自侮，然後人侮之；家必自毀，而後人毀之；國必自伐，而後人伐之」。一切禍患之本，仍先在人自己，始然後外來。故孟子引孺子歌曰：「滄浪之水清兮，可以濯我纓；滄浪之水濁兮，可以濯我足」；並引孔子言說：「清斯濯纓；濁斯濯足矣。自取之也」。換言之，人是應學會視乎情況而行事，水清則濯纓、水濁則濯足，不應自以為是地、無視於外地任意作為。一切毀譽、一切禍患，實自取而已。故「不仁者」，實無「可與言」；若「不仁而可與言，則何亡國敗家之有」。之所以亡國敗家，實仍因人無視於外、無視於道、甚至無視於自身安危，致不聽進言，只知「安其危而利其菑，樂其所以亡者」，故亡。禍害之本，故亦「自作孽」而已。

〔9〕得與失敗之本

孟子曰：「桀、紂之失天下也，失其民也。失其民者，失其心也。得天下有道，得其民，斯得天下矣。得其民有道，得其心，斯得民矣。得其心有道，所欲與之聚之，所惡勿施，爾也。民之歸仁也，猶水之就下，獸之走壙也。故為淵敺魚者，獺也。為叢敺爵者，鸇也。為湯、武敺民者，桀與紂也。今天下之君有好仁者，則諸侯皆為之敺矣。雖欲無王，不可得已。今之欲王者，猶七年之病求三年之艾也。苟為不畜，終身不得。苟不志於仁，終身憂辱，以陷於死亡。《詩》云：『其何能淑，載胥及溺』。此之謂也」。

若禍害原因先在己，那失敗之原因其本何在？有關失敗，人多只從欲望之得失言。若是如此，再無可說：因欲望而失敗，這應歸咎欲望自身，非其他。那若非欲望而是人事上之失敗，其本在哪裡？如此失敗之本，在未能與對方一體。如為君之失敗，在未能得民，而未能得民，在未能得民心。得失之本故在是否能真得獲對方之心。孟子甚至說：「得其心有道，所欲與之聚之，所惡勿施，爾也」。即對一己之所欲，與之、聚之，對一己之所惡，勿施，如此而已。因心始終不離愛惡，故以己心與人心一致，如此必得其心。正因所得在心，故言「歸」。「民之歸仁也，猶水之就下，獸之走壙也」，都為人自動自發依從、非強行而得。強行者，如獺如鸇，只替深淵趕來游魚，只替森林趕來飛鳥，如桀、紂替湯、武獲取人民心那樣。對人（人心）之得獲，故仍在仁而已。人心本於人性，始終歸向於仁故。此得獲最終所本。

〔10〕自暴自棄之本

孟子曰：「自暴者，不可與有言也。自棄者，不可與有為也。言非禮義，謂之自暴也。吾身不能居仁由義，謂之自棄也。仁，人之安宅也；義，人之正路也。曠安宅而弗居，舍正路而不由，哀哉！」

最後，在存亡禍得外，換言之，在從外在現實言之得失外，存亡亦可單純由一己自暴自棄而致，非必由於外。自暴者，自絕於外；自棄者，自毀於內。故自暴者，人「不可與有言」，因無以即近可能；而自棄者，人「不可與有為」，因其自身無求立。孟子所言自暴自棄非通常一般意思：一般只知從現實所得之努力言自暴自棄，然現實之得，非必為道義。故反而，是否自暴自棄，更應從見世無道因而無奈故自暴自棄，非從現實之無所得言。孟子對自暴自棄之理解故更深一層：自暴是由「言非禮義」而說，而自棄則從「吾身不能居仁由義」而言。我們不應以為孟子之回答又只仁義禮智而已，而應具體地對這樣回答作理解。自棄是說，人最終對自己之放棄，就算此時世界確然無道故使其絕望，然終究地言，之所以自棄，仍是因自己連本能居仁由義之可能也放棄；非只因否定世間之不仁，而實因自己亦否定自身之仁，始有所自棄。自暴自棄故實非由於外、非對向世間現實言，而是對一己之能仁能禮義有所放棄而致、為對向道義而言；非由於見外在世界之不仁不義，而實是對自身仁與禮義之放棄，故為自暴自棄。此始自暴自棄之真實。無論世間怎樣，人自身仍應居仁由義、仍應言禮義。仁義與禮始終在己、始終可為自己生命之真實、始終仍可使自己真實，故無須自暴自棄。人無須跟隨世界而自我毀滅，視自己無所能。仁義與禮始終可為人內在努力，可單純為每人自己生命成就。

孟子最後指出，如孔子所言「仁者安仁」《論語．里仁》，仁實是「人之安宅」；即：人見自己能仁，實是存在上終究之安，故無須自棄。仁乃「人之安宅」，而義乃「人之正路」。若不忘仁與義，人實無自暴自棄之必須。仁義故仍為自暴自棄問題之本。

有關從現實方面言存亡之本，孟子在此〈離婁上〉第三組分析中，把問題分為五，各以一章論述：一、現實中（有道時）能存之道；二、現實中（無道時）不亡之道；三、禍害之本；四、失敗之本；及最後，五、自暴自棄之本。問題困難雖五，然所本亦一：仁與不仁而已。

三、論人道之本〔11至15〕

*

上兩組問題：道應然之本與現實存亡之本，均從較根本或總體層次討論，故多歸結於仁與一己這樣根本性。以下兩組問題，則轉移至較具體層面：或在人道之本、或在人與人關係之本，都從人自身方面落實地言。人道之本分五方面：一、人倫之根本性；二、人自身之根本性；三、養人之本；四、事人之本；及最後五、人自我人格之本。人倫、人自身、人對人之養、人對人之事、及人自我人格之真實，這五者，即從總體角度言，人道基本之五方面。

〔11〕人倫之根本性

孟子曰：「道在邇而求諸遠，事在易而求之難。人人親其親，長其長，而天下平」。

孟子所以從「道在邇而求諸遠」言，因道也只人之道而已，非其他事物或超越者之道。因人都以道為高遠事物，以為高遠始為真實或有其價值，故人從來忽略道其終極唯在人而已，是作為人之道始為道，非從高遠事物言為道。因失卻以人為道，故人類存在從來只處於無道中。正為針對此，故孟子說：人類存在之道，應從近處求，且非困難之事，亦人類自身作為人時之道而已。

所謂人之道，因人亦人倫之存有，故人之道亦人倫之道而已，先在人對人之致力上，此即「人倫」真正意思。人非自我個體而存在，其本更在人與人關係中；而人與人關係，更立足在親屬、上下、平輩（如朋友或社會中一般人）等特殊性；因有如此關係，故人之道、其真實，亦唯在盡其關係中應有道義而已，人之道是從此言。故於情感應盡其情感、於有能即盡為人致力；而若從德行言，即仁義與禮，此即人之道。人不應有在人倫外其他致力者。孟子對人倫之道故極簡明地說：「人人親其親，長其長」。「親其親，長其長」非只言有所關係而已，更言為對方致力：

「親其親，長其長」。二者只人倫至普遍並代表者，若對向朋友平輩，仍有其應有道義，如和睦、如「為人謀而忠，與朋友交而信」等。人若能盡其人倫之道、盡其為人而致力，如此已為人之真實。人之道不外如此，故能盡此人倫之道，亦「天下平」。

仍須注意：一、親親、長長必須是人人之事，否則無以致天下平。人倫之道雖簡易，然仍須為人人之努力始為存在真實。二、以親親、長長為道喻人不應以其他致力為道。就算有其他作為，如求為智，仍須以回歸人倫為本。人之道故不能以人類欲望為法，以為盡圖索發展可為存在目的與意義。一切事故應以人倫本身事為本，否則無以為人之道或人倫之道。事人，如孝悌之「老吾老，以及人之老；幼吾幼，以及人之幼」〈梁惠王上〉第七章，故為事之本，此亦「親其親、長其長」意思。三、從「長其長」可見，上下不應再有絲毫權力或利益關係，否則，只違逆人性之親、和與敬而已。

人對人在相互協助下之和睦、人類在「親其親、長其長」這樣人性關係與致力下，是人類存在其可有最高真實。雖至為和平懿美而無私，然仍極切近而平凡，非高遠困難甚或違背人性與感受。人之道、人倫之道，盡於此。

〔12〕人作為自身時之本：誠

孟子曰：「居下位而不獲於上，民不可得而治也。獲於上有道，不信於友，弗獲於上矣。信於友有道，事親弗悅，弗信於友矣。悅親有道，反身不誠，不悅於親矣。誠身有道，不明乎善，不誠其身矣。是故誠者，天之道也；思誠者，人之道也。至誠而不動者，未之有也；不誠，未有能動者也」。

若人與人關係其道為人倫，那作為個體，其道之本何在？如前四與五章所言，天下之本始終在每人身上，人作為個體，始終有着一種不可磨滅之根本性。孟子本章故進一步討論，人作為個體，其道之本何在？

這裡所言個體之道，非如下面十五章所言人作為自我時其人格之道；人作為自我始其人自己；故言個體，仍是從與人有關方面言，唯所強調非他人、而是自己一面，這是人作為個體意思：人與他人關係中之自己，非其單純自我。為說明這與他人有關時個體之道，孟子故舉種種人與人關係言。孟子分析如下：

所以從「居下位而不獲於上」這問題始，因這最為突顯人與人關係中之個體自身：作為個體，人都先關心自己在人中是否有成，故「不獲於上」為對個體言最為否定。然從「民不可得而治也」表示，此時所言個體仍真實，其所求成，非自我而是他人（民）、非自身利益而更是使民得治。個體若非真實，本無以言其本所在。孟子之推論故始於「獲於上」。

怎樣始能「獲於上」？孟子回答：「不信於友，弗獲於上矣」。這明顯非「獲於上」之條件，而只是說：即若連朋友都無法對其信任，這更無法獲上位者信任。而對得朋友信任，孟子說：「事親弗悅，弗信於友矣」，即若連至親（本有情感者）都對其有所不悅，這樣之人是難於與人有所悅者，故亦難得朋友信任。問題因而為：如何能悅親？孟子回答說：「反身不誠，不悅於親矣」。這是說，在連面對至親仍不誠（因而有所虛假），這無法使親近者感到歡心。孟子藉此說明，「誠」實為在人與人間至根本者。人對人不誠，這於人個體至為虛假。不信與不悅仍可有原因，然對人不誠，這再無任何原因可解釋，純只人自己個體問題而已。「誠」如是故為個體之本、其內在真實，再與外在原因無關。

孟子沒有如〈大學〉或〈中庸〉只止於誠，故進而問，怎樣始能誠？對這終極問題，孟子仍給出一簡單但出人意表回答：「誠身有道，不明乎善，不誠其身矣」。孟子所說非只善或能善，單純善仍未算作誠；誠必須是「明乎善」，因而有一番努力在，非只善或善意而已。確實如此。「誠」實即「明乎善」而已，其困難亦全在此。

人作為個體最終真實，故在誠不誠而已，其他仍可有外在原因。人致力明善、如此心與努力，是人自己的、是其人之真實。正因與原因無關，故此時個體始感動人。而在天地間能首先感動人者，莫過於誠而已，故孟子總結說：「是故誠者，天之道也；思誠者，人之道也。至誠而不動者，未之有也；不誠，未有能動者也」。

〔13〕養人之道之本

孟子曰：「伯夷辟紂，居北海之濱，聞文王作，興曰：『盍歸乎來！吾聞西伯善養老者』。太公辟紂，居東海之濱，聞文王作，興曰：『盍歸乎來！吾聞西伯善養老者』。二老者，天下之大老也，而歸之，是天下之父歸之也。天下之父歸之，其子焉往？諸侯有行文王之政者，七年之內，必為政於天下矣」。

有關養民一問題，孟子本章所說非養民之道本身，只其本而已。【有關養民之道，請參考〈滕文公上〉第三章】。對養人之道之本，孟子以文王為例。養人之本也唯在「善養老」而已，再無其他。養因出於必需，【對弱者扶助亦必須】，對老者之養更是，故養之本莫先於「善養老」。對老者之養故為一切對人之養之本，亦是使人類生命得以真實安定之原因。「老者安之」《論語．公冶長》故亦為孔子首要志向，因從養人或安人言，沒有更較老者需要安養，此孟子有關養人之道其本之說明。

〔14〕事人之道之本

孟子曰：「求也為季氏宰，無能改於其德，而賦粟倍他日。孔子曰：

『求，非我徒也，小子鳴鼓而攻之可也』。由此觀之，君不行仁政而富之，皆棄於孔子者也。況於為之強戰！爭地以戰，殺人盈野；爭城以戰，殺人盈城：此所謂率土地而食人肉，罪不容於死。故善戰者服上刑，連諸侯者次之，辟草萊、任土地者次之」。

若「善養老」為養人之本，那事人之本又何在？孟子舉冉有一反例說明。事人其至大者雖為臣事君，然事人之道實不應從對象、更應從怎樣事人這方面言。之所以舉冉有事季氏為例，因從君所具有權勢地位，更能顯出事人時其正道所在，非必以事君始為事人。對事人之道其本一問題，孟子以一極端但扼要方式說明：冉有之事季氏，「無能改於其德，而賦粟倍他日。(…)不行仁政而富之，(…)為之強戰！爭地以戰，殺人盈野；爭城以戰，殺人盈城：此所謂率土地而食人肉」。從孟子批評可見，事人其本也在致力於德行而已；於冉有事君一例，即協助人「改其德」，非更為「不行仁政而富之」，如使季氏「賦粟倍他日」那樣。若「無能改於其德」，甚至「為之強戰」、「殺人盈野」、「殺人盈城」，如此事人(事君)，應如孟子斥為：「罪不容於死」。事人之道雖有多方面，然其本亦致力於德行、或協助人致力於德行而已，非其他（如使更富有、或助長其欲望與爭鬥之心）。孟子對事人之本回答雖似嚴格，但確實唯一而真實，否則事人也只為利益而已，實非對人有所幫助。致力於德行、或協助人「改其德」，此於事君，即「忠」真正意思。

〔15〕人其自我之本

孟子曰：「存乎人者，莫良於眸子。眸子不能掩其惡。胸中正，則眸子瞭焉；胸中不正，則眸子眊焉。聽其言也，觀其眸子，人焉廋哉！」

最後，有關人作為「自我」之本一問題，對「自我」或「自我意識」，孟子沒有立即否定其事，只作如下要求。

從「存乎人者」一語可見，孟子實針對人其內在自己而言。這內在自己或自我之內在性，實由其眼神呈露。眼神反映人內心，其心中（「胸中」）自我人格。而自我人格之本應在「正」。人非因有自我必然錯誤，只其自我必須正，毫無閃躲躲藏。【參考「浩然之氣」，〈公孫丑上〉第二章】。能正，這始人真正自我所在，否則，人其自我無從坦然不私而瞭然。自我人格之正與不正，本非只眸子之事。事實上，孟子也提及「聽其言」。然人因仍可不語不行，故無從洞悉其心；獨眸子不然：無論何時何地，「觀其眸子」，「人焉廋哉」。人其自我人格，於外表始終無法掩飾，必或多或少地顯露。

*

四、論人與人關係之本（16至20）

繼人道之本，孟子論述人與人關係之本。這人與人關係之本，非作為人倫道理、而是從人與人種種現實關係言。孟子分為五：一、人與人之外在基本關係；二、男女或禮之關係；三、責善或教導關係；四、事人應有關係；五、政治中關係。一以人一般為背景，二以男女為背景，三以父子為背景，四以事親為背景，而五則以君臣及君民為背景。以上五種人與人關係，基本上已涵攝一切人倫關係，既有如朋友之一般、亦有男與女、父與子（子與父母）、及君臣君民等。唯孟子所突顯，非其人倫道理，只其現實中關係所本，故為人與人關係其道之本。

〔16〕論人與人一般關係時最基本之道：恭與儉

孟子曰：「恭者不侮人，儉者不奪人。侮奪人之君，惟恐不順焉，惡得為恭儉！恭儉豈可以聲音笑貌為哉！」

從「不侮人」及「不奪人」言人一般關係，明與現實有關，現實多有「侮人」「奪人」等事，而其正確，無論關係如何，實亦應「不侮人」「不奪人」而已，而此本亦為人人所明白。正因人一般亦知「不侮人」「不奪人」，故孟子所舉為「君」（「侮奪人之君」），原因因居上故有「侮人」「奪人」之力量故。而之所以刻意「侮人」「奪人」，歸根究柢實如孟子所言，「惟恐（人）不順焉」而已。大概人都對他人之不順有所懼，故更求為勢力與朋黨，以力量壓抑一切不順者。侮人奪人故實惟恐人不順己而已。對此，道理故明白是：人實不應求人必順從於己。

然問題是：怎樣始不侮人、不奪人？不侮人在恭，不奪人在儉。有關恭，孔子說：「恭近於禮，遠恥辱也」《論語．學而》、又：「恭則不侮」《論語．陽貨》。「恭」可說為是人與人在態度關係上唯一基本；而其進一步，即禮。恭從態度外表、而禮從行為作為之具體言。若無法以禮為人與人關係之本，最低限度，仍須在態度上以「恭」為本。至於「奪人」，因其反面為儉，故意思非言掠奪。「奪」這裡應言因地位或優越性而傲視於人、一種對人超越感之表示。這仍然是一種態度或姿態，既傷人和與平易、甚至對人有所壓抑欺凌。對這樣奪人，其反面故為「儉」。儉言不奢，故《論語》亦有：「奢則不孫，儉則固。與其不孫也，寧固」《論語．述而》。儉雖似固陋甚至固窮，然不會造成不遜或奪人之感，故孔子寧固。儉雖只從財物言，但實亦為人與人間態度，畢竟，若非為傲視於人，於物根本無需奢侈。對人恭及用物儉，故是人與人一般關係之本。人與人之道，其本在此。

孟子補充說：「恭儉豈可以聲音笑貌為哉」。這是說：恭儉必須誠懇，不能嘻笑巧言以對。嘻笑巧言或直非恭敬，甚或只為掩飾自身實仍只驕傲而已。

恭、儉、不侮、不奪雖似表面之事，然多麼是人與人態度之本，此孟子本章主旨。

〔17〕論人與人（男女）禮之關係

淳于髡曰：「男女授受不親，禮與？」孟子曰：「禮也」。曰：「嫂溺，則援之以手乎？」曰：「嫂溺不援，是豺狼也。男女授受不親，禮也；嫂溺援之以手者，權也」。曰：「今天下溺矣，夫子之不援，何也？」曰：「天下溺，援之以道；嫂溺，援之以手。子欲手援天下乎？」

若一般人與人之本在不侮不奪，那若關係更進一步時，宜在禮。禮非只態度，更涉行為與作為。孟子藉由男女兩性，說明禮其道之本。本章故既言禮本身所是、亦對男女二性關係作原則上說明。

有關男女授受不親一章，通常理解並非沒有誤解。當淳于髡問：「男女授受不親，禮與？」

時，這樣提問所以可能只有兩種情況：一為於孟子時，男女授受不親確是通行之禮或做法，淳于髡之問故針對如此做法是否合符禮之精神而問？這一情況不可能，因從孟子回答只是「禮也」可見，淳于髡之問非問禮之道理，故孟子沒有進一步解釋；且從淳于髡之後繼續追問「嫂溺，則援之以手乎？」及「今天下溺矣，夫子之不援，何也？」可見，其提問實有質問之意，非單純道理請教。【這從孟子最終言：「天下溺，援之以道；嫂溺，援之以手。子欲手援天下乎？」便可看出；孟子只是反駁，非為教導】。淳于髡之問情況應是：於孟子時，男女授受不親非通行習慣，二性關係可能隨便而開放，反而是：唯孟子自己這樣教導，以男女關係應為授受不親，故引致淳于髡質問及反駁。所以為反駁，因「今天下溺矣，夫子之不援，何也？」明顯針對孟子個人而發，非有所認同。

若明白男女授受不親並非當時通行之禮，那我們不應把「不親」視為（禮之）規範，反應視為孟子對禮之說明。若以男女授受不親為禮之禁限，那禮實只如法般負面，非如《論語》所言正面：禮於《論語》只人與人間敬、和與愛如此人性關係之體現，非從禁限或規範言。男女授受不親若非從禁限理解，那其所言只男女二者對其異性因有所敬愛尊重故不親，不隨便任憑己慾而對對方不敬，是從此意義言為禮，非從禁限或規範言為禮。從這前後幾章可見，禮對人之尊敬，始終貫穿着一切人與人關係：不能侮人奪人、父子不因責善而相夷、事親應養志而非只養口體，都由於敬、和與愛，與禁限無關。若以為男女授受不親只由於異性而有所禁限，這實不明禮之真實：禮非法，始終不能單純從禁限言故。

我們更可看到，以兩性關係說明時，實言對一切差異性欲望，其道理唯在敬重，不能任意隨便或自我放縱。若有所謂「他者」這樣問題，其回答也只將如此。甚至，若「他者」已與人類無關，那只會如孔子：「敬鬼神而遠之」《論語．雍也》而已，不會不敬而無禮。【我們今日言多元主義，然事實始終只以強凌弱、求為普世同一而去「他者」。於文化間故只侵略與擴張，非敬重而「不親」。如此無道故非禮】。

淳于髡之反駁：「嫂溺，則援之以手乎？」，明以「義」（必須）反「禮」，亦明針對孟子個人而發。孟子之回答：「嫂溺不援，是豺狼也。男女授受不親，禮也；嫂溺援之以手者，權也」：在重大事情甚至危急情況下，是不應再考慮禮而應先行其義，這亦《論語》言「禮之用」時所特別指出：「小大由之（禮），有所不行」《論語．學而》。

孟子對禮之說明雖極簡，然實已為對禮本質及運用之說明了。其後之「今天下溺矣，夫子之不援，何也？」只無謂強詞，故孟子以「天下溺，援之以道；嫂溺，援之以手。子欲手援天下乎？」終其詰問。

〔18〕論人與人（父子）責善之關係

公孫丑曰：「君子之不教子，何也？」孟子曰：「勢不行也。教者必以正；以正不行，繼之以怒。繼之以怒，則反夷矣。『夫子教我以正，夫子未出於正也』。則是父子相夷也。父子相夷，則惡矣。古者易子而教之，父子之間不責善。責善則離，離則不祥莫大焉」。

責善或教導時應有關係，既根本亦重要。孟子藉責善，更討論父子關係。責善道理有二：一為以正而為，此「教者必以正」意思；另一則須自身先正，否則受教者會以「夫子教我以正，夫子未出於正也」相夷，達不到教導目的。像「以正不行」而「繼之以怒」時之怒，已陷教者於不正；特別是父子關係，更難避免不怒，故為父子間不責善之原因。除非已如孔子這樣老師，【見：「顏淵喟然嘆曰：仰之彌高，鑽之彌堅。瞻之在前，忽焉在後。夫子循循然善誘人。博我以文，約我以禮。欲罷不能，既竭吾才。如有所立卓爾，雖欲從之，末由也已」〈子罕〉】，否則，在一般父子關係中，父子間責善難避免不相夷或不離。父子間不責善、或易子而教，與孔子之「君子遠其子」《論語．季氏》可相互參照。「君子遠其子」言不私，「易子而教」則言不離。父子間能不私不離，始終保持中道之正，這始父子間正確關係。父子相離固然不對，然對子有特殊私心對待，亦非在人格教導上正確，只造成過分自我或不能獨立之心態而已，非人格之正。

〔19〕論人對人事（事親）之關係

孟子曰：「事孰為大？事親為大。守孰為大？守身為大。不失其身而能事其親者，吾聞之矣。失其身而能事其親者，吾未之聞也。孰不為事？事親，事之本也。孰不為守？守身，守之本也。曾子養曾皙，必有酒肉；將徹，必請所與；問有餘？必曰有。曾晳死，曾元養曾子，必有酒肉；將徹，不請所與；問有餘？曰亡矣，將以復進也。此所謂養口體者也。若曾子，則可謂養志也。事親若曾子者可也」。

從「事孰為大？」一語可見，本章主旨明在論述為事。因為事均是為人而為，故事那些人、是怎樣之事，這決定其事之大小。孟子對此之回答是：「事親為大」。事親所以為大，明非因事情本身。若從事情本身言，為政必較事親為大。事親所以大，一因「人人親其親、長其長」〈離婁上〉第十一章為人倫其道之本，故事親為一切事之本；然除此外，事親所以為大，因人一生中人與事多只偶然、亦均可變易，唯自己父母始人一生所維繫，其事故如同自己事，非如工作之偶然。故若不從利益定奪大小，而從所事之人與自己生命關係言，事父母實為人內在生命事，非只外在而已；此所以孟子說：「事親為大」，並結論說：「孰不為事？事親，事之本也」。

然若非從事親而從一己言，此時甚麼始為大？孟子回答說：「守孰為大？守身為大。不失其身而能事其親者，吾聞之矣。失其身而能事其親者，吾未之聞也」。若事親始終從他人言，那若從自己言時，這時之為己應如何？人都以為己在利益與享受，孟子所指出正相反：若從為己言，「守身為大」。理由除「不失其身而能事其親者，吾聞之矣。失其身而能事其親者，吾未之聞也」外，從「孰不為守？守身，守之本也」可見：「守身」實為一切「守」之本，所言為對自身之保護、不使陷於不義。換言之，若從為己一方面言，能使自身不陷於不善、不自暴自棄、使自身能完成一真實生命、守護自己之真實，這從為己言，至為根本而重要。他人只能事或教，無法言守；

故從守言，守身而非守親為大。

若明白事人重要，那事人之道應如何？此由曾子例子說明。曾子之養曾皙與曾元之養曾子，一在養志、另一只在養口體。「將徹，必請所與」與「問有餘？必曰有」兩事指出：曾子之養曾皙，非只口體飽足，更是其心意，故為「養志」。用「養」言志，非言對欲望盲目順從，只言在奉養中，更對對方心關懷，非徒滿足身體需要而已。事人之道故不應單純只事情，更應關注人心與感受，此即養志所言。人於為事多只想及自身利益，縱使非如此而亦及其事本身實仍未足夠：為事之本在人、非僅事而已。本章故既言事人中之大者，亦言事人其道應如何。

〔20〕論在政治中人與人關係之道

孟子曰：「人不足與適也，政不足閒也；惟大人為能格君心之非。君仁莫不仁，君義莫不義，君正莫不正。一正君而國定矣」。

在本組問題最後，孟子討論政治中人與人分位之道。

「適」與「間」在《孟子》中除本義外，無其他用法。「適」言去往，而「間」則言中間或間距、間隔。首句意思單純是：若人不可或不值與其同道，【「道不同，不相為謀」《論語．衛靈公》】，對其政或作為之不是，是無須刻意區別地突出自己不同見解，以示自己所有差異。在政治作為上，除非對方可與議、可與言，否則，對其無道，是無須區別與他之差異性，因這既無改其非、亦只引致自身危殆。此為在政治或權力關係中，人與人基本之道。

對為君者之改正雖緊要，然也只有德行與地位兼有之大人始能格止君心之不是、指出其錯誤並改正。自身若非同時具有德行及地位，對君之不是是無法能有所制止。此為政治關係中人與人或臣與君應有之道。

最後，君與民或君與臣間關係實亦明白：「君仁莫不仁，君義莫不義，君正莫不正」：一切實都取決於君主自身而已。

確實，一旦能正其君，這即一國能安定之原因。縱使如此，能正君者，仍唯大人而已；若只一般情況，仍應以「人不足與適也，政不足間也」為原則。以上為孟子對政治關係中人與人其道之說明。

五、論人存在或人其虛假性之本（21至25）*

在人道之本與人與人關係之本兩組問題後，孟子進入對人類存在其反面之研究：存在所以虛假其根本。因人類存在終歸在人身上，故所討論，實亦人自身虛假性這樣問題（人其所以虛假之本）。這一研究，故回應並延續上面討論，既對反人道與人與人關係，亦同時反面地指出：人或人類從存在言若要真實，應有哪幾方面宜注重。孟子分五點討論，如下：

一、人之不真實性
二、人之不負責任
三、人之欲望
四、人之不誠
五、人之現實心

〔21〕論毀譽之不真實性

孟子曰：「有不虞之譽，有求全之毀」。

有關人類之不真實性，孟子舉毀譽以言。「虞」字傳統依據《爾雅．釋言》解為「度」，不可測度之意，並把孟子句解釋為有意想不到或意料外之贊譽。這樣解釋與本組其他句子均言負面性甚至虛假性不一致。從「有求全之毀」為反語可見，「有不虞之譽」亦應作反語解，故為言不相對應或不相符之聲名，其實非能料想測度故。若通常所以為名聲可不真實，同樣，人遭詆毀亦未必真實，可能因其人有必須顧全之方面，故不得不作或承受詆毀，詆毀非必然真實。對如此毀譽上之不真實性，孟子所欲說明主要有兩點：一為毀譽本身實無真實性：有名譽者無其實、被毀譽者亦可非如表面所見。世間是非莫如毀譽，大都無其真實。一由於人實難洞見事實真相，更難對他人之真實有所明白，故都只能表面地看、表面地聽，如道聽塗說那樣；另一由於毀譽都只建立在世俗一般能力與價值，對真實能力與價值無所明白。能為人所譽者，反只平庸者；

而真有過人所能，反為世俗小人所毀傷，其過人處多不為人所明白故。毀譽故只反映世俗一般識見而已，非有所真實。這是孟子指出「有不虞之譽，有求全之毀」之原因，欲教人明白世間所以為真實非必然真實故，非如譽所譽、非如毀所毀。

其次是：真偽於世俗存在往往以譽毀方式呈現，再無其他更確切方式。世間有關人之真偽是非，都以譽毀這樣方式呈現、都只譽或毀，再無其他。社會從來對人之真偽均只表面，或從出身家世、或從地位財富，均非從真實價值與能力觀人。孟子所言故是：人不應向往由毀譽所顯人之價值、不應向慕名譽聲名這非真實價值，毀譽不應是人所以為真實者。

人類其偽之第一點故在：由毀譽之偽而（對人）不真實。人類之虛假性，往往由毀譽而致。此人類虛假之本：偽莫由於以為真之毀譽而見。

〔22〕論不負責任之虛假性

孟子曰：「人之易其言也，無責耳矣」。

若毀譽所顯真偽為人類第一種虛假性，那其第二種則在不負責任。

無論「易」字解為容易之易抑變易之易，【「易」一詞在《孟子》中所有用法，亦不外二者】，均無改本句意思。前者解為：人所以輕易隨便地說或發表言論；而後者則解為：人所以隨便改變其所說（所允諾）。無論輕易地抑隨便改變其所言，只因人對其所言不感須負責任而已。所以舉「言」，因行為不無後果，非如言，可因只說故似無須承受。孟子藉此指出：人多不負責任、心無責任感因而虛假。若聲名為外在虛假性，那不負責任則為人內在（心態上）虛假性，二者往往有如真實之假象：名外在地似真、言內在地以為真（可信）。外在地，沒有較聲名之偽更易亂真，而內在地，沒有較不負責任之偽更泯滅人真實努力。人類之偽，首先繫於二者。

〔23〕論好為人師之虛假性

孟子曰：「人之患，在好為人師」。

除毀譽與不負責任外，人類更由自我而見兩種虛假性：一好為人師、另一對人不誠；前者求為優越、後者無法優越時【居人之上，孟子這裡所舉為對長者例子】心仍有虛偽之體現。

好為人師是說，人都有駕馭他人之欲望、都想超越他人，就算知爭鬥為不對當，仍會以如師般智慧知識居人之上，達成自我抬舉假象。人固然有種種欲望，但在人之上這樣欲望，幾近為人人根本，甚至主導着其他一切。人類存在可說為由這樣欲望發展而成，形成存在中種種關係與結構。人類存在之惡，故可說為本於此。造成存在中不平等與強凌弱現象，都實由於此。孟子雖從好為人師言，但這只反映，縱使現實成就不如人，人仍會如師般有在人上之求。居人之上這樣之患，既為人類存在爭鬥對立「惡」之本，亦是個體自我欺騙之假象，為真實性之自蔽。好為人師不但不會為對方接受，更只使人感到自身自以為是與驕傲自大而已，反只招致對立或遠去，毫無助益。

繼聲名及不負責任兩種虛假性後，好為人師或駕馭他人這樣欲望，確為人類虛假性形態之一，這為孟子本章意思。

〔24〕論人不誠之偽

樂正子從於子敖之齊。樂正子見孟子。孟子曰：「子亦來見我乎？」曰：「先生何為出此言也？」曰：「子來幾日矣？」曰：「昔昔」。曰：「昔者，則我出此言也，不亦宜乎？」曰：「舍館未定」。曰：「子聞之也，舍館定，然後求見長者乎？」曰：「克有罪」。

作為好為人師之反面，於人事實上居人之下時，人仍有另一種偽，此樂正子一章所言。樂正子為孟子弟子，在《孟子》書中孟子對他評論有兩種極端，一正一負，而這大概與樂正子改過有關。對他批評應在較年輕時，而對他肯定則應較晚年。無論如何，本章文句意思，為孟子借對樂正子之批評，說明人所有不誠之偽。

本章對話所言，為人對人之不誠。正如孟子所說，若真有心見長者，不應借故拖延。「舍館定，然後求見長者乎？」所反映，若非樂正子無誠，再無其他意思。人對人之不誠，明是人之虛假與虛偽，為人類存在虛假性其一根本。

〔25〕論人現實心之虛假性

孟子謂樂正子曰：「子之從於子敖來，徒餔啜也。我不意子學古之道而以餔啜也」。

在上述四種虛假性後，孟子最終以人現實心一虛假性結束。餔啜即飲食，喻人之求現實。本來，人必須為生存不得不現實；然單純為現實而作為、心只懷有這樣價值，這樣現實心態則已太過，言人現實是從此意思言。人類存在若唯有現實價值、心唯有現實利益再無其他，這明是人類之偽：既使存在再無真正價值向往、亦使存在沉淪於利益之害。孟子更指出：若這現實心不只為平日事，更於學古之道而有，這樣心現實之偽，再無法以生存解釋，只能訴諸人自身之虛假而已、一切只「徒餔啜」而已，再無其他。此所以孟子無法想像人其虛假性能致此：「我不意子學古之道而以餔啜也」。

*

六、論存在其終極之本〔26至28〕

〈離婁上〉在論述完人類存在幾組問題後，在結束前，最後討論人類存在從終極言時之本所在。孟子對「人類存在終極」分三方面言：

一、孝或延續繼承
二、仁、義、禮、智、樂之為終極
三、天下之化

〔26〕論人類存在之終極一：延續與繼承

孟子曰：「不孝有三，無後為大。舜不告而娶，為無後也，君子以為猶告也」。

有關存在之終極，孟子首先從孝之延續言。孝之延續所喻有二：一為人類存在之延續、二為人與人生命之締結、連繫與承續。前者實質地、而後者為人類其人性精神之真實。

人類存在之延續本身固非一終極，但若無此延續，其他一切都再無意義可言。人類能延續，故是一切終極之條件。至於從狹義言孝之承續，其意思仍清楚。傳統把不孝有三解釋為：一、阿意曲從，陷親不義；二、家貧親老，不為祿仕；三、不娶無子，絕先祖祀。一為態度上不孝，二為奉養上不孝，而三為延續繼承上不孝。三者從事親這對人方面言，其最不孝應屬第一點。而從無後為大可明白，人生命實非只在其自身；終極地言，人對生命之自覺實非只應視為個人自己者。對如重要事物、對人以生命付出求為成就之事物與價值，人可以生命換取其繼承與延續。生命固然似屬個人自己，然生命之事更往往超乎個體自身。如為師而見人真能繼承及延續其一生學問，如此繼承與延續，更是其自己生命，因其「事」（學問）已超乎其個人生命而為「事」（學問）本身生命。如此言，個體只是「事」生命之延續與承托者，長遠言時，個人生命實只應為人類其大生命之承托者。生命如是非屬個人自己，更是人類的。終究言時，人實不在乎其個人生命，只在乎其以一生承托者，是否有繼承或延續可能，非在乎個人生命本身之永恆化。生命是在人與人間承續，非在個人而已。正因如此，故人類始締結在一起，非作為個體而終極地分離。

生命對生命之承繼與延續，始為生命之安。否則，若不見承續，生命將無法真正安息。無後而不孝所以為大，是從此意義言。非為突顯個人家族，正好相反，正由於家之存在，人始不以自我覺識其自身。孝之延續故是生命純然之延續，既為人與人生命連結之本、亦為人類生命實際上之延續。其意義故甚於一切事業之繼承。孟子只借助舜不告而娶這樣故事，說明人類存在其終極之本所在而已。而此終極，更在人與人生命之締結、連繫與承續；實質地言，為一個體對另一個體之承續。其意義故甚於人類單純從存活言之延續。此孝所以為人類存在終極之原因：人對人之承續，為人類存在其人性之本；此亦孟子所以列為第一。

〔27〕論人類存在之終極二：仁義禮智樂之終極狀態

孟子曰：「仁之實，事親是也。義之實，從兄是也。智之實，知斯二者弗去是也。禮之實，節文斯二者是也。樂之實，樂斯二者。樂則生矣，生則惡可已也。惡可已，則不知足之蹈之、手之舞之」。

若人對人承續因為人與人締結與連繫這人性根本，故為第一義之存在終極，那仁、義、禮、智、樂（音樂或人存在悅樂），從存在終極言，將會是怎樣？

孟子這裡非對仁、義、禮、智、樂五者本身作說明。從包含「樂」而非通常只仁、義、禮、智四種德行，實已表明這裡目的，是為言存在終極狀態，存在畢竟「成於樂」《論語．泰伯》故。所以為存在終極狀態，因這裡所提及「樂」，是視為對惡終止始有，因而為樂其存在至高或終極意義。而於論及其他四者而言「實」時，這已表明，所言非四者之意義或根源等基本問題，而是其「實」，即其最終體現結果，如果實之為植物最終所成那樣。【從「義之實，從兄是也」便可清楚看出，這裡並非對「義作為義」論述，因義無論怎樣，都非只在或主要在從兄而已。故這裡有關仁與義之討論而唯提及「事親」與「從兄」，只能是從存在終極狀態而言，非對仁義本身作討論】。

孟子怎樣從終極狀態述說五者？所謂存在之終極狀態，所指為「人人親其親、長其長，而天下平」〈離婁上〉第十一章這樣理想狀態之達至。此時，仁與義這樣最高德性在人民百姓中，也只不過是「事親」與「從兄」而已，再沒有其他。之所以再無其他可行之仁義，因此時已是從百姓個體言、人人各盡其「親其親、長其長」這使天下平之仁義了。而之所以「從兄」為義，因事實上本也只有「事親」一事，若此事已為兄所承擔，那作為弟，若非「從兄」而「事親」，再也無其他可為。是從這天下平之狀態言，義只剩「從兄」一事。

我們可明顯看到，孟子這裡所述說，是在存在至理想狀態下，仁、義、禮、智、樂五者所剩餘之真實。仁、義、禮、智此時也只不過是「事親、從兄、知斯二者弗去、節文斯二者」而已，而樂此時也只是「樂斯二者」及「足之蹈之、手之舞之」而已，再無其他需要、再無其他更高真實。所謂「知斯二者弗去」是說：此時因已再無其他需要，故智也只剩知仁與義二者、甚至只是知二者弗去之事而已，再無其他智慧需要。而「節文斯二者」是說：因此時人人既已仁且義，又從個體言已盡「事親」與「從兄」，故此時所謂禮，也只不過是對「事親」及「從兄」其禮文之節約而已，如禮實已再無需要那樣。在天下平這至理想狀態，仁、義、禮、智也不外如此而已，再無其他必須。此故為仁、義、禮、智四者之「實」，其最終真實與體現。正因如此，故所謂樂、所謂樂本有之教化意義，也因「事親」、「從兄」這仁義之單純達成，再也無其他必須，只剩「樂斯二者」而已，這已為樂（音樂）之「實」，其最終真實與體現。

孟子對這終極理想狀態最終這樣描述：「樂則生矣，生則惡可已也。惡可已，則不知足之蹈之、手之舞之」。這是說，因存在已如此悅樂，故生命生生之喜悅亦由此而生。由存在之悅樂，故生命各得其所；由人人生命各得其所，故世間之惡盡去；惡得以盡去，故不知再能怎樣形容這樣快樂、不知能以怎樣手舞足蹈表達這內心喜悅。存在於其理想狀態時，也只不過是種種個體自己事之存在而已，只剩如「事親」之仁而已，再無其他更高必須。悅樂最終也只落為人其個體之手舞足蹈如此喜悅而已；非無他人，只音樂再無需從教化共體此意義言，而可如仁之落為只是「事親」那樣，亦同樣落為只是人人其手舞足蹈之悅樂。從存在如此終極真實言，仁、義、禮、智、樂實不外如此。【於此，我們可補充說：若存在理想已然如此，那上章所以從無後言孝之大，正因在各已盡其「事親」之真實中，孝也只落為繼後一事，再無其他。此「無後為大」為終極義之原因】。

〔28〕論人類存在之終極三：君王自身之終極

孟子曰：「天下大悅而將歸己。視天下悅而歸己猶草芥也，惟舜為然。不得乎親，不可以為人；不順乎親，不可以為子。舜盡事親之道而瞽瞍厎豫；瞽瞍厎豫而天下化。瞽瞍厎豫而天下之為父子者定，此之謂大孝」。

最後，若存在已然理想，那從君王角度言，所剩何事？此時，君王應怎樣面對自身之為君王？君王其化天下之終極應是怎樣？

「天下大悅而將歸己」這已明白說，天下平這樣理想，是由自己所達到。這達到非只由於力量，而確實由於仁義，故始「天下悅」。孟子之問題是：此時若自己就是天下之君王，自己將怎樣？對這樣問題，孟子之回答首先是：「視天下悅而歸己猶草芥也，惟舜為然」。這是說：縱使天下已歸屬自己，但能無視於此，不以天下為自己所得、不以天下之平為自己成就，能如此無我之君王，唯舜能。真正王者，應是如此。非不重視天下，不重視天下之歸屬自己而已。天下若能平，這已是唯一目的，歸己與歸誰，這再無意義，故能視天下之歸己猶草芥。相反，縱使自己為天下歸己之王者，舜對自己之認定，仍只視自己如平民百姓般，為一般個體而已。而作為只是一般個體，舜所關心，也只事親之孝而已，非其所擁有天下。故舜「不得乎親，不可以為人；不順乎親，不可以為子」。這是說，舜所認為其自己，亦只其自己之為人及為子，非其為王者。其真屬自己事者，亦「得乎親」與「順乎親」如此事而已，非得天下或天下之歸己。

孟子繼續說：「舜盡事親之道而瞽瞍厎豫；瞽瞍厎豫而天下化。瞽瞍厎豫而天下之為父子者定，此之謂大孝」。舜作為使天下平之王者而仍只以盡事親之道為真正自己事，這事親個人之事始因而能為天下人人之事、為人人向慕之事。舜所作為、其所重視者，故為真正使天下平之道，那使天下人作為個體自己時真實之道，非再在天下之作為自己對象或天下之作為大事這點上。如是而舜個人之孝，始反而成就了天下人之孝而為大孝。

舜甚至不僅如此。舜非只盡事親之道而化天下而已，他更於事親之道中使「瞽瞍厎豫」。瞽瞍為舜之父，市井之人，舜告則不得娶，既娶猶復欲殺之而分其室，故瞽瞍，頑父之致也。「厎」為致，「豫」為和悅。「瞽瞍厎豫」意即感化瞽瞍使其致為和悅。換言之，舜以「盡事親之道」而使瞽瞍因而亦有所感化以致和悅，舜以其孝感化其頑父，這是天下能化之典範與原因。此所以孟子說：「瞽瞍厎豫而天下化」。

這其中道理是怎樣？首先，若能感化、因而改變冥頑不靈之人，使惡人終能為善人，這是感化人之最大者。通常，人是難於如此感化他人的；舜也未能致此。舜所致力，故也只感化其父而已。對人之惡，人實難如此付出以致對其惡能有所感化。舜亦然。但若如此惡人為一己之父，對其感化以至於善，這則仍是自己事、更是自己事。舜故致力於此而已，非以為能感化他人之惡。「瞽瞍厎豫而天下化」故說明幾點道理：一、對惡人之感化，這實為治理天下之本，治理本指此。而舜沒有嘗試或試圖其所不能，但也沒有不從這樣感化而為君；若能致「瞽瞍厎豫」，雖只為其父，但這實已說明，人無論多惡仍是有可感化餘地。二、「瞽瞍厎豫」所教人者為：能感化人者，莫大於至親之人。如同人人能事親即天下平一樣，若人人能以其情感感化其親人，使天下再無惡，這是天下其化之最大者，因化此時亦已為人人事故。舜故以其為君而教示於人：由能使「瞽瞍厎豫」，此亦「天下化」之真正方法。舜雖為在此，其成實在彼；雖始終沒有離其個人事，然其所及已非其個人之事與所能。此「瞽瞍厎豫而天下化」之意義。三、在人之可感化及人人如何能化人外，舜之「瞽瞍厎豫」更教人一事，即甚麼始是為君、所謂君王之事及其作為應何在。而這，亦不外「盡事親之道而瞽瞍厎豫」而已。如孔子所言「為政以德」，實亦「譬如北辰，居其所而眾星共之」，【《論語・為政》。亦參考：「子曰：《書》云：『孝乎惟孝，友於兄弟』，施於有政，是亦為政，奚其為為政？」《論語・為政》】，舜之「瞽瞍厎豫」，故而為「天下之為父子者定」之原因。「定」既從關係之確立、亦從人倫之安定言。能使如瞽瞍般頑父亦「厎豫」，天下人倫間，再無能如此平定，「人人親其親、長其長」〈離婁上〉第十一章，此實為政終極，因為人倫存在之終極故。對舜「盡事親之道而瞽瞍厎豫」，故孟子終結說：「此之謂大孝」。這是說，舜以其個人為人子之事，亦及其為人君之事；既以個人之孝，亦及天下之平，如此之孝，故為大孝。為君者惟舜能致此。此為君極致之道。

孟子在這〈離婁上〉最終三章，實已對人倫存在之終極簡明地盡言。〈離婁上〉始於人類存在種種根本之道：從存亡以至人倫並人道真偽之種種方面，最後終結於此存在終極之道；孟子對這樣問題之深思，實難企及。

公元二零零九年十二月三十日

離婁下

論真與偽之辨

若〈離婁上〉從「本」觀看存在問題，【從人類存在至根本者、存亡、人道、人與人關係、人虛假性、至人類存在終極之本】，〈離婁下〉不同，非以「本」、而以真偽之辨為主題。「本」與「真偽」問題同屬一層次：「本」從事物本身、而真偽從人認識方面言，此所以兩者同為上下篇。〈離婁下〉五分組如下：

一、論為事之真偽（1至5）
二、論作為及作為者之真偽（6至15）
三、論善之真偽（16至19）
四、論傳承學習之真偽（20至24）
五、論世俗價值之真偽（25至33）

有關真偽問題，〈離婁下〉五個主題有着深刻考慮：因真實性首先與為事有關，故孟子先列此為第一。此外，因作為亦可泛指一般作為言，非必為事或大事，故如此真偽問題為次。所以繼而討論善，因善之表面可為假象，其真偽故有特殊意義，為表面與真實分辨之關鍵，更教人：善實亦可有偽。至傳承學習直為人面對道時應有態度，其真偽亦嚴重，學（道）而仍偽，此實偽之致。最後，真偽問題莫過於世俗價值，故孟子以這樣討論終結。如是有關真偽問題，〈離婁下〉相當完整，既有事之真偽、亦有一般作為之真偽；既有對善假象（真偽）之辨、亦有對道傳承學習時真偽之討論；最後更有世俗評價其真偽之論說。〈離婁下〉有關真偽之討論，因而完整。

*

一、論為事之真偽（1至5）

有關為事真偽一問題，孟子分以下五點討論：

一、真實性之判準
二、事情本身（主次大小）之真實
三、事情中待人（君臣間）之真偽

四、事情中作為之真偽

五、事情本身之真偽由人

〔1〕有關真實性之判準

孟子曰：「舜生於諸馮，遷於負夏，卒於鳴條，東夷之人也。文王生於岐周，卒於畢郢，西夷之人也。地之相去也，千有餘里；世之相後也，千有餘歲。得志行乎中國，若合符節。先聖後聖，其揆一也」。

有關真實性之判準，孟子指出：如舜與文王，其地相去千餘里、其世相隔亦千餘歲，然兩者若得為政之志，其作為都同樣合乎為政應有道義節度，因而如有着同一一致準則，此其兩者所以為真實。孟子非在這裡討論為政之道，只為指出：即若（同樣）真實，無論相隔多遠，都始終會一致同一。這一致同一，故為真實所以為真實之標記。

真實性若從知識方面言，通常被理解為判斷與對象之一致相符。然孟子這裡更進一步指出：真實非僅對象事實與判斷之事，更可從人與人之相應言；原因在於，真實性非僅與事物有關，更是人人心中真實時（若有）之相應與一致。非人作為相同便必然真實，而是，若在極端差異這前提下仍一致相同，如此同一必然由於真實，再非偶然而主觀。如此同一，故必然是面對同一事情而有之客觀性，與人主觀性再無關。此真實所以為真實之判準，純然從事情客觀性言故，亦孟子「其揆一也」意思。

我們不應質疑，以為這樣一致性可由集體主觀或共同利益之主觀而致，當孟子刻意指出兩者本來差異時，這樣差異性本已使相互所有主觀無法泯滅。在毫無共通性（地相去千餘里、世相隔千餘歲）這前提下而仍一致，這時一致，始為真實所以為真實之標記。所謂真實，故在極度差異時仍一致者，其一致故出於真實，非由於主觀其他，後者只能偶然，不能一致而必然。同一性若來自同一（相同）原因，無視根本差異性，如此一致，故明顯由於真實。此真所以為真之判準。人之真實性、為政者其人之真實性，其判準在此。孟子〈離婁下〉首章指出這樣道理，故對「真實所以為真實」實深刻地體會與反思。

〔2〕事情本身（主次大小）之真實

子產聽鄭國之政，以其乘輿濟人於溱、洧。孟子曰：「惠而不知為政。歲十一月徒杠成，十二月輿梁成，民未病涉也。君子平其政，行辟人可也，焉得人人而濟之。故為政者，每人而悅之，日亦不足矣」。

在明白真實性其判準後，有關事情之真偽，首先必須從知分辨其主次大小言，事其真實性先在此。孟子舉子產為例。

真實為事，必須針對事之大小與輕重而為。若非如此，縱使似有所作為，仍未能算作真實。子產以自己乘坐之車子讓行人渡過溱、洧，這只對人小恩小惠而已，真實為政不應如此。若能把通車大橋或行人小橋修築好，始為事之真實，非只圖表面恩惠而已。為事應有事情本身先後輕重，若只圖表面，不及其真實，始終無義。孟子甚至說，君子若以平治為政，就算使人必須避其出行，這又有何不可。相反，若以為必須對每人取悅，因而只忙於得人歡心，又怎能是對事之必須有所作為？事情因而實有着表面與真實之差異，此為事真實性之首先。

〔3〕事情中待人之真偽

孟子告齊宣王曰：「君之視臣如手足，則臣視君如腹心；君之視臣如犬馬，則臣視君如國人；君之視臣如土芥，則臣視君如寇讎」。王曰：「禮為舊君有服，何如斯可為服矣？」曰：「諫行言聽，膏澤下於民；有故而去，則君使人導之出疆，又先於其所往；去三年不反，然後收其田里；此之謂三有禮焉。如此則為之服矣。今也為臣，諫則不行，言則不聽，膏澤不下於民；有故而去，則君搏執之，又極之於其所往；去之日遂收其田里。此之謂寇讎。寇讎，何服之有！」

事情中人與人之真實亦重要。孟子舉齊宣王為例。人怎樣對待他人，亦就是他人怎樣對待自己。若「君之視臣如手足，則臣視君如腹心；君之視臣如犬馬，則臣視君如國人；君之視臣如土芥，則臣視君如寇讎」。若君對臣能「諫行言聽」、對臣有故離去而能為其作種種安排、臣去三年不返始收回其田里，這樣能使臣視君如腹心，縱使已為過去，臣仍視為君而服喪。若相反地為，臣只會視其君如仇敵。人對待他人怎樣，他人也將會怎樣對待自己，此人待人之真實，亦為政中君與臣間之真實。

〔4〕事情中作為之真偽

孟子曰：「無罪而殺士，則大夫可以去；無罪而戮民，則士可以徙」。

本章從作為言真偽。「無罪而殺士」與「無罪而戮民」指出兩點：一為殺士與戮民若非由罪，只無所真實；二為若為政只知殺戮，亦絲毫無所真實。孟子意思明白：人作為必須依據真實或有所真實，否則「大夫可以去」、「士可以徙」。對作為無實之人，再無需逗留而為其為事。此所以「齊人歸女樂，季桓子受之，三日不朝」而孔子離去。【見《論語．微子》】。除非人為事有其真實，否則協助其為事也只徒然。

〔5〕事情本身之真實由人

孟子曰：「君仁莫不仁，君義莫不義」。

最後，除事情本身、其中待人與作為之真偽外，事情本身之真偽實由人而已。孟子所言簡明，亦「君」（人）「莫」二詞所表達之必然性，如「君仁莫不仁，君義莫不義」。無論仁抑義，其為事之真實，最終言也唯在人而已；故君若為仁者，其一切作為莫不仁；若君有為義之心，其一切作為莫不義。事之一切終由人定奪，再無其他原因可歸究。此「作為」真偽之最終原因。

孟子以上五章雖環繞政事言，然所說明為「事」之真實性問題。從真實性判準、是否針對事情本質、其中待人與作為、及最後事之一切實由人；從這五者言事情真實性所在，此〈離婁下〉有關真實性首先說明。

*

二、論作為與作為者之真偽（6至15）

〈離婁下〉第二組從「作為」這更廣泛層面探求其真偽問題。因泛指一切作為，非針對事或政事本身，故多從人自己方面言，故亦為作為者之真偽，分十點如下：

一、作為與禮義關係（6）
二、作為中領導與指導關係（7）
三、作為之原則（8）
四、作為之善意（9）

五、作為之節制〔10〕
六、作為之迫切必須（信與果）〔11〕
七、作為中赤子之心〔12〕
八、作為之擔當與負責〔13〕
九、作為與學問之自得〔14〕
十、作為與學問之博約〔15〕

〔6〕作為與禮義關係

孟子曰：「非禮之禮，非義之義，大人弗為」。

一切作為其執行之原則與方向上依據，亦禮與義兩者。禮為人與人敬、和、與愛之人性關係，為人性具體落實於行為、態度者，因而是一切作為應有基礎。義即事情之必須或需要，如病者須醫、老者須養等，都為人類存在需要或迫切性。人類作為，故都應以禮與義為原則與方向，不應無禮（不人性）地行事、或非依據義而致力。此禮與義之根本性。

孟子這裡更指出：人於世間所形成，非真實之禮、所行事非真實之義，故都只使富者更富、或以玉帛始為禮，求禮尚往來。如此之禮與義，縱使仍似為事情，然絲毫非真實，故為真實之人所不為：「非禮之禮，非義之義，大人弗為」。

然為何孟子不從仁、只從禮與義言？仁確為一切行為與作為之本，正因如此，故應為人類存在整體原則或終極，非單就事情之具體言。這裡因所涉只為作為之具體原則，故只從禮與義、非從人類存在終極真實言。

〔7〕作為中領導與指導關係

孟子曰：「中也養不中，才也養不才，故人樂有賢父兄也。如中也棄不中，才也棄不才，則賢不肖之相去，其閒不能以寸」。

若禮與義為作為具體時之總方向與原則，那於執行時，能切中事情而具有能力才幹者，應帶領或指導未能者；這應為執行時應有之道。能如此，事與作為始能真實，並順利達成。

孟子更說：若通達其事者放棄未能者、不對他們予以指導，這樣兩者之差距將越大、而能事者亦越少，為作為中不應有情況。若「中棄不中」、「才棄不才」，這實只作為者求為其自我突出與超越他人、求為個人利益，非為事之善與真實。人類大部分作為實如此：只求為利益、非求為事，故只不才領導（駕馭）有才、不能決定着能者，此人類作為所以虛假。

〔8〕作為之原則（有為者）

孟子曰：「人有不為也，而後可以有為」。

作為之第三點原則，言真正作為者（真實作為者），必有所不為，非但求利益、非毫無原則與道義價值、非無真實性仍為，如只符應權勢、個人現實、或只求譁眾取寵等。求為（事情之）真實，此於作為極重要，否則一切只虛假及徒然而已。真實而有原則、對虛假毫不妥協，如此始為有為者。

〔9〕作為之善意

孟子曰：「言人之不善，當如後患何！」

作為第四點原則雖從「言」言，然關鍵實在善與不善而已。所以從「言」言，因非但行為、連單純說話之不善亦會招至後患。從「言」之不善言，故對作為絲毫不善其戒慎嚴厲。由此，本句意思亦在指出，因作為必與人有關，故必須為其善，最低限度不會對人不善；《論語》故說：「為人謀而不忠乎？」〈學而〉。

〔10〕作為之節制

孟子曰：「仲尼不為已甚者」。

這是說，無論是甚麼事情與作為，都不能太過；故孔子說：「攻乎異端，斯害也已」《論語・為政》。顏淵對孔子之教導亦然，故說：「約我以禮」《論語・子罕》。【亦參考〈雍也〉及〈顏淵〉篇】。孔子從來不過分地為，必有所節制與自制。此亦一切作為必須道理。

〔11〕作為之迫切必須（信與果）

孟子曰：「大人者，言不必信，行不必果，惟義所在」。

這裡所言作為之無須默守信約，甚至無須貫徹至最終結果，明白非言作為可毫無原則、不負責任，因而不信不果；「惟義所在」一語已排除這一切可能。句所教人，故是宜針對或跟隨事情之變化與突發性、依據當時必須而行，非盲目或固步自封，此始作為及作為者之真實。一真實作為，應以事情之急迫性與需要為先，非盲目於承諾。能依據義之必須或急需而有所彈性地改變，這始作為上之真實。

〔12〕作為中赤子之心

孟子曰：「大人者，不失其赤子之心者也」。

孟子所言赤子之心，為如赤子般無邪、無功利現實之心。從前後章均從作為言，這裡所言大人，明指有作為者；不失赤子之心故仍應相關作為言。換言之，真實有所作為者，其作為之心，非求為個人與利益、非失去對事情之志向與深愛、亦非僅現實而無理想、更不會不擇手段地達成目的、或有不正當欲念引導其作為。

作為除從禮義、能力、價值、善意等客觀面言外，於作為者其人之自制節制、靈活彈性而非盲目、至如心之真誠無邪，均為從人（作為者）方面言基本道理。下章更是。

〔13〕作為之擔當與負責

孟子曰：「養生者不足以當大事，惟送死可以當大事」。

「送死」非言喪事，否則若只喪事始算大事、奉養不是，這實非道理。本句仍從作為言，「當大事」指對大事大任之擔當。能擔當大事大任者，應是那些不畏死、不為己生有所求者；若只求養生而畏死、或只求己生而不顧事情之大，都非能有所擔當、不能委以重任。故曾子說：「士不可以不弘毅。任重而道遠。仁以為己任，不亦重乎？死而後已，不亦遠乎？」《論語・泰伯》。真有所作為者，必能擔當負責，非貪生怕死者。

以上有關作為或為事之道理，可兩兩章各成一組，共四組，重點如下：六與七言「事」本身原則：六言必須依據禮與義，七言能力才幹應有關係。八與九言「作為」時之道：八言必須有所價值與原則，而九言必須有所善意，不能對人致害。十與十一言「作為者」執行時之道：十言自制不太過，十一言必須依據情況需要而靈活彈性，不應盲目或默守，失其義之真實。十二與十三言為事者應有心態：十二言不失赤子之心而真誠無邪，十三言能有所擔當負責，非貪生怕死。

若前八章如是組織，那十四、十五兩章則有兩種讀法：一廣義地視為與前八章一體，論述作為之道；另一狹義地分言學問之道，以此視為「作為」之一部分，為「作為」問題之結束。若視與前八章一體，那十四即言在作為中之自得，而十五則言作為中之簡約。而若視兩章單純為對學問之道之討論，那十四所言為學問之深度、而十五則言學問之廣博；兩章言學問其深與博之真偽。

〔14〕作為與學問之自得

孟子曰：「君子深造之以道，欲其自得之也。自得之，則居之安；居之安，則資之深；資之深，則取之左右逢其原。故君子欲其自得之也」。

人所以於學問或作為之事求有所深入，其真實在求為能自得。深入非言深奧或知識之多少，這只深入之假象。以深入從自得言，所強調先為其（個人之）真正通透明白，因真切明白而有所得；縱使似只為一己事，仍為學問所以為真實之本。此所以「古之學者為己，今之學者為人」《論語・憲問》。學問非圖外在目的與表現，而先是自己於其中真正有所得言。學問如此始真實。「深造」故言學問之深入於己、成為己之一部分，由此而通透明白、亦由是而真實，非徒只外在或外表而已，如是始為深入真正意思。深入與否，故與自得與否有關，此孟子對深入之明白與體會。

孟子更說：「自得之，則居之安；居之安，則資之深；資之深，則取之左右逢其原。故君子欲其自得之也」。換言之，於一事能深入至自己有所得，如此自己於其事始能安。於事中能安，這實孟子對人努力之心情心境多麼明白。若不能安，人無以感其事屬自己生命者。安為人與對象內在一體關係。不能安，故不能算作自己而真實。甚至，若於事不能自在而安，是無法深入地對之使用與運用。能對事深入熟練地運用，始能無窮無盡地以之應付自如，使事能提供無盡泉源與滋養、無限地豐富着自己生命、與生命一同茁壯。孟子對深入之內化其體會與說明，與一般所以為深奧深入相差故遠。若非真有所體會，不可能有如此透澈明白。此孟子自己對事情明白之深入示範。

〔15〕作為與學問之博約

孟子曰：「博學而詳說之，將以反說約也」。

最後，真正博學，甚至，所以求廣博地說明解釋事情與學問，非為賣弄自己見識、亦非只由於其事複雜而多方面，而是，博學地總覽，更是為能真實地對其事致能簡約核要地掌握、為能更簡明無誤地通透其事，使人能真正明白其究竟，此始學問或事情求廣博認識時之原因。此亦《書．舜典》「簡而無傲」意思。能簡明扼要而仍正確，這唯由廣博深入而致，非表面膚淺所能。人求博覽若心真實，是為由總覽通透而致能簡明明白，非求為多識。真正之博故必然簡約，不能簡約核要，如一言蔽之，其知之多只自欺而已、無能通透地明白而已；此博學真正意思。

上兩章所言深與博，故為一切學問之道，亦人於事情中能有所真實時之方法：由「深」達致真實而有所得（自得）、由「博」通體明白而能簡約明達。二者若視為作為，實人於事情中之最高所得甚至境界，如由知之、好之而最終能樂之那樣。【深與博所以應同視為作為之道，因若只單純為學問之事，應置於後兩組傳承之道中，非列於「作為」問題內。深與博故應視為作為之道，如自得與能約所言那樣，非僅學問而已】。

作為本組總結，真實作為或作為者對孟子言，有以下特點：依據禮義（人性）而行、以能力者領導、有所價值向往堅守而不妄為、盡善意而為然亦有所患、知節制而不過、相應事義必需而不執泥盲目、不失赤子之心、不畏死生而能擔當、深入而自得、博而能約。以上為孟子對作為（及為學）之道之說明。

*

三、論善之真偽（16至19）

在下面兩組，孟子論述與真偽攸關之兩個問題：一為善或德行之真與偽、另一為人面對道（至真實者）時之真與偽，後者亦同為傳承真與偽之問題。

有關善或德行之真與偽（善或德行之假象），孟子分四章說明：

一、善與人心之關係：人對善之服與不服（16）

二、善與真實之關係：表面之善與長遠之善（祥）（17）

三、善與本之關係：善從根本、非一時言（18）

四、善與德行之關係：善或德行非能虛假地行（19）

〔16〕人對善之服與不服

孟子曰：「以善服人者，未有能服人者也。以善養人，然後能服天下。天下不心服而王者，未之有也」。

若只擺出自己善之姿態以折服他人，縱使為善，人仍不會心服。善之真實在對對方善，以善助人、養人，非以善折服人，此善與人心之關係。故縱使為善，若只為表面姿態，非真實為善，如此善（表面），仍只偽善而已。此善真與偽之首先，亦善與人心所有關係。故不應以為善便必然，仍有待自己心究竟怎樣；若只為折服他人，如此善表面，仍偽而已。

〔17〕表面之善與善長遠之真實（祥）

孟子曰：「言無實不祥。不祥之實，蔽賢者當之」。

若善亦可無善，那表面地感受為善者，實亦可非為真實，「巧言令色」便是。孟子「言無實不祥」意同，謂人說話若無心真實，這樣說話，縱使表面似有所善，然從長遠言，實非真實地善。「祥」非指眼前、而從未來後果之善言，如〈離婁上〉十八章「古者易子而教」那樣，父子間因責善而離，責善雖當下為善，然長遠只使心分離，始終無善，故「離則不祥莫大焉」。「祥」故是從後果長遠言之善，非當下言。「言無實不祥」因而反顯出：其所涉善，只表面當下而已。「實」在這裡，及在《孟子》其他大部分地方，都如果實或結果那樣，既有終極、亦有最後真實之意思。「言無實不祥」因而意指沒有考慮最終結果或真實而徒只一時表面之善，如諂媚無實之言雖似善，然長遠言實不祥。

「不祥之實，蔽賢者當之」是說：只圖表面而不顧後果、因而引致不祥結果或後果之善，其結果最是蔽賢者所應承擔負責，因為他們所造成故。「蔽賢者」指一切只圖當下好處而不理會或甚至阻礙賢德之人，這樣之人，因非真從善之後果考慮、只行善表面之阿諛奉承，故既掩蔽真實賢德者之善、亦往往造成最終不祥後果。

孟子以上兩章故是說，善若只為折服人、或只是表面奉承諂媚，都只善之偽，甚至為不善或不祥之原因。

〔18〕善與本之關係

徐子曰：「仲尼亟稱於水曰：『水哉，水哉！』何取於水也？」孟子曰：「原泉混混，不舍晝夜，盈科而後進，放乎四海。有本者如是，是之取爾。苟為無本，七八月之閒雨集，溝澮皆盈；其涸也，可立而待也。故聲聞過情，君子恥之」。

善若不能只為表面姿態、亦不能短淺而不顧長遠，同樣，善也不能只一時而不從根本言，就算此一時之善似多充沛。孟子用「七八月之間雨集」為比喻：雖一時「溝澮皆盈」，然始終因「無本」，故「其涸也，可立而待也」，即其乾涸，實無須等待多久。唯由本而至者，其善始長久穩定，如「原泉混混，不舍晝夜」那樣。一切事情必須回歸於本，善亦然。無本之善雖一時似是，然始終不能長久而真實。故如「聲聞過情」，若徒只聲聞之表面而無實，其虛假故為真實之人所恥。

〔19〕善或德行非能虛假地行

孟子曰：「人之所以異於禽獸者幾希，庶民去之，君子存之。舜明於庶物，察於人倫，由仁義行，非行仁義也」。

最後，有關善，孟子舉善與德行均不能虛假地行言。「人之所以異於禽獸者幾希」是說：人類與禽獸實無多大差別，若非由於德行，兩者實無異，唯智多少而已。【人類以為由智而區別於禽獸，實不然；若非德行，其行與欲始終同一。思想與能力差異，無足以使人不為禽獸】。故使人類不再只禽獸而為人，亦德行而已，非其他。此德行與人之為人本然關係。人類能力，無論帶給人類多麼好處，故始終仍非善本身。人通常不明於此而已；故對德行，唯「君子存之」，而「庶民去之」。

至於對向德行本身，仍可有真與偽差異。「舜明於庶物，察於人倫，由仁義行，非行仁義也」：雖表面同為德行，然「行仁義」與「由仁義行」始終不一，仍有真偽差異。仁義〔之行〕應寓於庶物與人倫事情中，非以為可有純粹仁義德行本身之事，如為德行而德行、或純粹為德行而有所作為那樣。德行雖為人獸之區別，然始終無能獨立自身而言、無所謂仁義本身之事。縱使為仁義，仍只落於人倫事而具體，非自身為獨立事，如人立法守法、或為宗教而行善那樣。人類故唯「由仁義行」，「非（能單純）行仁義」。此德行之真偽：雖唯一，然始終無以分離於庶物與人倫事而獨立。此德行實行時之真偽。

孟子在以上四章中，藉由對善真偽之討論，說明連善亦可有偽：或以之抑人、或只為表面、或只一時而無本、甚或只為人所標舉而非落實於人倫事而行。事情之真偽故非只其本身事，亦與人怎樣作為有關。

*

四、論傳承學習之真偽（20至24）

在善真偽問題後，孟子進而討論與真實性有本然關係、人在真實前反應問題，即人對古道傳承與學習一問題。對此，孟子分五點討論：

一、周公之傳承與學習：思與行〔20〕
二、孔子之傳承與學習：因義而變通〔21〕
三、孟子之傳承與學習：私淑諸人〔22〕
四、傳承抉擇之道〔23〕
五、傳者與承者之關係〔24〕

〔20〕周公之傳承與學習：思與行

孟子曰：「禹惡旨酒而好善言。湯執中，立賢無方。文王視民如傷，望道而未之見。武王不泄邇，不忘遠。周公思兼三王，以施四事；其有不合者，仰而思之，夜以繼日；幸而得之，坐以待旦」。

孟子本章雖述說禹、湯、文、武、周公五人德行，然若與下兩章相關而讀時，明見主旨在說明周公、孔子與孟子三人怎樣繼承及學習傳統先王之道。之所以列舉三人，因傳承與學習可有三態：一以思而學、二以經籍而學、三跟隨人學。本章雖提及五人，然實是以周公為目的。

禹、湯、文、武各有其自己德行與着重點：禹好善言、湯執中【「執」字在《孟子》中若非手執持物，則只執法之意。湯之「執中」故應言其執法公正，如《論語．子路》「禮樂不興，則刑罰不中」。湯「執中」與「立賢無方」故一為對不賢者、另一對賢者。「中」不宜理解為道之一種特殊狀態，以為在公正外，更有所謂中道本身】並立賢無所限定背境、文王愛民及在道前謙虛、武王對身近或遠去之臣敬重。然周公不同於四者：周公非從為政中而立，只在其致力對前人學習而已，故「周公思兼三王，以施四事；其有不合者，仰而思之，夜以繼日；幸而得之，坐以待旦」。所強調，是其思之努力與行之急不及待。孟子所特別指出，故為周公之「思兼三王」及其「仰而思之，夜以繼日」一事。周公對道之學習傳承，故是由日以繼夜反思而致。孟子所欲指出，主要亦此。

對道之學，須首先盡力反思以達真實明白，再無其他捷徑。而思必須用心透徹，如「其有不合者，仰而思之」，為思方法之微。如對德行，須想及其種種情況可能、或種種對德行之說法與理解，視其是否符合德行之真實等。言周公於思中「幸而得之，坐以待旦」，周公非僅為思而思、非僅思辨而已，更求行之具體真實；其思始終由行而真實，故非空想。

孟子藉由此故言傳承之道之第一點：由思與實行而學。

〔21〕孔子之傳承與學習：因義而變通

孟子曰：「王者之迹熄而《詩》亡，《詩》亡，然後《春秋》作。晉之《乘》，楚之《檮杌》，魯之《春秋》，一也。其事則齊桓、晉文，其文則史。孔子曰：『其義則丘竊取之矣』」。

有關傳承之道第二點，孟子藉由孔子說明。

孟子所言，為從《詩》至《春秋》這一傳承過程。若暫不理會《春秋》是否為孔子所作，【這為孟子意思】，「王者之迹熄而《詩》亡」是說：無論我們怎樣對《詩》定位，《詩》確實具有王者心志與心懷，因而「王者之迹熄」確為「《詩》亡」之原因。孟子故藉由《詩》而標誌出王者時代，並相對指出：由《春秋》所標誌時代，只齊桓、晉文如此霸業時代而已，其中再無王者痕跡。正因如此，述說齊桓、晉文之事者，再無能與《詩》相較，亦孟子所以說「晉之《乘》，楚之《檮杌》，魯之《春秋》，一也」意思，均單純記述史事之書而已。然孟子意是：《春秋》雖表面與《乘》、《檮杌》同一，然實為在《詩》後對《詩》繼承學習者。此亦孔子(《春秋》著者)傳承學習之法。

若從對象內容(「事」)言，《春秋》也如《乘》、《檮杌》一樣，都非以王者為對象；而其「文」也非如《詩》具有王者之志與心懷，只史文而已(「其文則史」)。從何言《春秋》非只《乘》、《檮杌》而能如《詩》，為正道典籍因而能並列於「經」傳統中？孔子從《詩》中繼承甚麼？孟子引孔子言說：「其義則丘竊取之矣」。孔子從《詩》中所繼承取得，是其「義」。換言之，除直接對對象內容或文繼承外，仍可如孔子，間接從《詩》取得其義，透過其所述事情人物意義，學習其所教誨道理；由這樣明白，使道理能運用於齊桓、晉文事中，成《春秋》。《春秋》故不再只如《乘》、《檮杌》為記述，而能為道理傳承之典籍。其內容與文體雖已改變，然其「義」仍一。因再非直接之繼承，只對(所隱含)義之引申，故為一種「竊取」。

孟子透過《春秋》例子對傳承之道作說明，主要為兩點：一在其「義」、另一在傳承可有改變上。前者不變而後者可變。前者亦分兩點：一為在一切經典表面外(其「文」與「事」：內容對象)，實仍有深一層「義」在；二為此「義」必須靠繼承者之努力取得，因非直接故。繼承故並非只能直接，更可對內在深層之「義」繼承，此繼承之道。而有關第二點（傳承可有改變），孔子《春秋》一例子亦明顯：繼承是可轉化為應用，因而在時代或對象完全變質後，仍可存在；「義」無須扣緊在一定對象內容或形式故。縱使時代與情況完全改變、縱使王者迹熄，繼承故仍是可能。繼承因而不受限於任何情況，而可只是繼承者自身之努力，其對「義」之體會與「竊取」。

孔子所以為「聖之時者」【〈萬章下〉第一章。亦參考〈公孫丑上〉第二章】，與此能力有關。有關對《詩》之明白體會，在與子貢與子夏討論或提及《詩》句後，孔子都曾這樣說：「賜也，始可與言《詩》已矣，告諸往而知來者」《論語．學而》、「起予者商也，始可與言《詩》已矣」《論語．八佾》，此實見孔子對《詩》義之體會與「竊取」。【之所以為「竊取」，因可有閱讀者之體會與解釋摻雜其中】。以上為繼承之道之第二點。

〔22〕孟子之傳承與學習：私淑諸人

孟子曰：「君子之澤，五世而斬；小人之澤，五世而斬。予未得為孔子徒也，予私淑諸人也」。

若周公以思而學因仍有王者可為對象，而孔子時王者不再故唯由典籍而學，那孟子情況怎樣？

孟子時代所有，再非王者或如孔子之聖者。「君子之澤，五世而斬；小人之澤，五世而斬」是說：若人有其影響力，無論好與壞，其影響仍可達五世之久。此亦構成另一種傳承可能。故孟子「予未得為孔子徒也，予私淑諸人也」。這裡「諸人」，應指上述君子。孟子意思是說：他無能為孔子徒、無法跟隨其學習，他所能跟隨，也只在孔子後、其時代中試圖繼承孔子之君子。雖如此，這實已為傳承之道其第三種樣態：即縱使王者或孔子不再，人仍可從跟隨其時代人而學，由此對道繼承。這樣學習，甚至可只私下個人對人之跟隨與問學。【刻意言「私淑」可能教人：學習應為私下對人之跟隨，非如今日只學院對人外在之聆聽。跟隨人學，這始學習更真實之道。請亦參考《論語·先進》】。此傳承在思與典籍之竊義外，一更一般之學問方法。

之所以能以這樣方式傳承，因縱使只一般人，其若對人有所影響，其影響力仍可達五世。

換言之，縱使從學問言，人其影響力雖非如王者聖者，然始終仍可在一定時間內維持，亦孟子能得以私淑之原因。孟子因而是在私下跟隨這樣後繼者而學，這仍為傳承之一法。

若比較周公、孔子與孟子三人對道之傳承，並非無所差異。周公以思與實行而學習已表示，其學習與繼承本有在實行上之必須。孔子時情況已改變，孔子之傳承與學再無如周公實行之直接性。縱使如此，孔子仍有在《詩》後對經籍之繼承，並成《春秋》如此作為（「《詩》亡，然後《春秋》作」）。孟子不同，既已無王者實行之可能、亦非如孔子之有所「作」，其繼承只能從個人單純道理之學習言，非再能有所實行。此所以孟子只言自己「私淑諸人也」。這除謙辭外，必亦教人，縱使僅如此，仍可為傳承之一種，甚至更可一般而普遍。作為這樣之人，若有影響力，仍可達五世之久，如君子或小人之澤那樣。無論如何，孟子所言是：就算已非王者時代或已無能成就經典，作為一般人，實仍可有其對人之影響與恩澤，此繼承之意義。一切人（君子或小人），實仍可有其影響力，此傳承之必須。傳承之意義故有三：或如王者之實行、或如孔子《春秋》之使「亂臣賊子懼」，【〈滕文公下〉第九章。若非能如《詩》那樣更光明的話】，甚或在兩者外，可作為君子之澤那樣對人有所幫助或單純使道能在教學關係中傳承下去，如孟子所「私淑」之諸人那樣。

〔23〕抉擇與取捨之最高原則

孟子曰：「可以取，可以無取，取傷廉。可以與，可以無與，與傷惠。可以死，可以無死，死傷勇」。

在傳承三種樣態後，孟子對傳承之道作兩補充：一從繼承者其抉擇言、另一為傳授者對所授之人之選擇。

有關對傳承之抉擇，孟子非從所應繼承之對象內容言，這若非不能限定，也只為對道之繼承而已。孟子這裡所討論，反而是取、與、死三者原則。取、與、死三者所言，為最低層次物事之取、與，及人自己一身之死，三者都從實物言。雖只為實物上之取、與、死，然因已與生死有關，故實包涵其他一切，傳承中取、與、死已含其中。

甚麼為取、與、死之道？有關取，孟子說：「可以取，可以無取，取傷廉」。換言之，「取」其道理簡單：若可以取、可以不取，換言之，這時取實無必需，如是之取已不合道義。「傷廉」

只從自己不需仍取時、對自己廉潔之損傷言而已，這點從可不取便明顯可見。同樣，對人授與若可不授與，這亦代表此時授與無必然性，因而不應為。「與傷惠」亦只從施與者有傷其施與之意義言而已，如人將以其惠仍有所圖那樣。最後，若現實之取與施均應視乎必需，那同樣，對自身之死、對如此重大犧牲，其道理仍一樣：即若可不死，仍不應隨便自我犧牲。若隨便犧牲，無論原因為何，這只「傷勇」而已，即對本應堅守之道，應為其道勇敢地行，不應以為死即是。真正之勇仍應從行義言；死本身非義，故不應隨便殉道，致無所作為。

孟子這三原則實極簡明明確。存在中一切，都存乎義之必需而已，其他只會使自己之取、與、死搖擺不定，對抉擇更難取捨。三原則故為現實生存最高原則，亦取捨所有德行。

這取、與、死之原則用在傳承問題上亦明白：應傳承甚麼、應傳授甚麼、甚至應否為其傳承（道）而自我犧牲，這一切，也單純視乎是否有義之必需而已，再無其他理由。雖極簡明，然一切抉擇問題，原則也不外於此，再無須考慮其他。

〔24〕傳者與承者之關係

逢蒙學射於羿，盡羿之道；思天下惟羿為愈己，於是殺羿。孟子曰：「是亦羿有罪焉」。公明儀曰：「宜若無罪焉」。曰：「薄乎云爾，惡得無罪！鄭人使子濯孺子侵衛，衛使庾公之斯追之。子濯孺子曰：『今日我疾作，不可以執弓，吾死矣夫！』問其僕曰：『追我者誰也？』其僕曰：『庾公之斯也』。曰：『吾生矣！』其僕曰：『庾公之斯，衛之善射者也。夫子曰吾生，何謂也？』曰：『庾公之斯學射於尹公之他，尹公之他學射於我。夫尹公之他，端人也，其取友必端矣』。庾公之斯至，曰：『夫子何為不執弓？』曰：『今日我疾作，不可以執弓』。曰：『小人學射於尹公之他，尹公之他學射於夫子。我不忍以夫子之道反害夫子。雖然，今日之事，君事也，我不敢廢』。抽矢扣輪去其金，發乘矢而後反」。

最後，有關傳授者與繼承者關係，如應傳授給怎樣之人這樣問題，孟子以羿與逢蒙故事說明。

羿為師而仍有過錯，因對所傳授之人不察品格、亦沒有端正自身以教，其選擇逢蒙，可只因逢蒙於射一事有過人天資，羿亦必有與人較高下之心，非視乎人而授，故終招致逢蒙以羿為愈己而殺之，此羿於傳授中之過錯。

孟子之後舉子濯孺子、尹公之他、庾公之斯三人之傳承關係作為比較。庾公之斯所以不射殺子濯孺子，因庾公之斯學射於尹公之他，而尹公之他學射於子濯孺子，雖子濯孺子非直接為庾公之斯之師，然始終因有傳承關係在，而尹公之他又為端正之人，其所授徒（庾公之斯）亦必端正而有品格，故庾公之斯雖有命，然見師承關係而不殺。孟子以此傳授關係對比羿與逢蒙而說：若無道，縱使為師仍可招致殺身；相反，縱使非直接為師，然若選人有道，仍得以存。「尹公之他，端人也，其取友必端矣」，這是尹公之他在傳承上對人品格選擇之謹慎，非為術之傳授而已，更見人應有品格始授。庾公之斯不射殺子濯孺子，可有三原因：一為子濯孺子疾作不能執弓、二為庾公之斯知子濯孺子為端正君子、而三為如其自己所說：「小人學射於尹公之他，尹公之他學射於夫子。我不忍以夫子之道反害夫子」。以上三理由都可為原因，刻意突顯第三者，是為強調在傳授者與繼承者間，本應有對人之尊敬與道義，亦庾公之斯不射殺子濯孺子最終原因。傳承關係仍須有其正、有察人格之正而傳授，此傳承關係中之正道。

我們從上述五章可見，有關道之傳承，其法與意義有三：獨立地思與行、由經籍而學而作、私淑於人而澤。此外，一切取捨與堅持在其義之必需，而所選擇傳授之人，亦必須人格端正而有道。此孟子有關傳承之道所作說明。

*

五、論世俗價值之真偽〔25至33〕

有關〈離婁下〉這最終部分，孟子以人處身世俗中種種價值觀作為終結。正因為世俗之觀法，故直與價值之真偽有關。孟子對此分九點：

一、世俗對人好惡之偽〔25〕

二、世俗中智之偽〔26〕

〔25〕世俗對人好惡之偽

孟子曰：「西子蒙不絜，則人皆掩鼻而過之。雖有惡人，齋戒沐浴，則可以祀上帝」。

傳統以「惡人」為西施美貌之對反，故解為醜陋之人。這樣解釋不妥。若只因相貌之醜便不可祀上帝，這本身毫無道理，且齋戒沐浴與沒有齋戒沐浴，對人醜不醜毫無影響，故不構成原則上差異。「惡人」應指曾為惡或有罪之人，最底限度應為人人所厭惡者，非只樣貌醜陋而已。之所以以西施對比，也只因美貌為人人喜愛故。

本章道理簡明。世人所喜愛者，可因偶然原因而為人人厭惡，如「西子蒙不潔，則人皆掩鼻而過之」。相反，「雖有惡人，〔若〕齋戒沐浴，則可以祀上帝」：雖曾為惡，然若知悔改，縱使是上帝，也不會對這樣之人厭棄。

世俗中人對人都有一定主觀好惡：對一定人排斥厭棄、而對一些毫不值肯定之人喜愛。世俗對人往往也只如此表面而已。人之潔與不潔、世俗對人之價值觀，故都只主觀，毫無真實性在，此世俗對人看法之偽，非人所應執着。

〔26〕世俗中智之偽

孟子曰：「天下之言性也，則故而已矣。故者以利為本。所惡於智者，為其鑿也。如智者若禹之行水也，則無惡於智矣。禹之行水也，行其所無事也。如智者亦行其所無事，則智亦大矣。天之高也，星辰之遠也，苟求其故，千歲之日至，可坐而致也」。

不單只世俗對人價值主觀，就連對智之認定，實非正確：人都以巧智為聰明、以能穿鑿附會之聰明為智，而這實偽。

孟子本章文意是：人對事物之本性，通常都從其「是怎樣」(「故」：所以然)言。然有關事物之是怎樣，應以對人益處為依歸。人對智者若有所惡，皆因智者往往仗賴其聰明以為探究事物本性，由此而穿鑿附會，非單純為人益處而求索。智者若都能如禹之行水那樣，無所造作或虛妄，如無事地、順水自然本性而順應，如此之智，亦再無惡可言。甚至，如此之智，始真為偉大。天之高、星辰之遠，一切事物若都只求其本然怎樣，如此，縱使為千年後之日至（或謂冬至、或謂夏至），仍可簡單地推算出來。

如同人不應對人主觀好惡，同樣，人亦不應以智扭曲事物自然本性以為聰明。對真實智慧之運用，應單純順應事物本然怎樣，不應試圖以智改變一切，求為人類智慧之突出，以智高於、並決定一切，無視是否對人真有所助益。如是之智故偽。

人之價值觀，無論對人抑對物，故都不應隨自身偏好與所能而認定，應辨別事情道理之真實：或見人真實怎樣、或見事物真實本性怎樣，如此始為真實地對人對物。以上為孟子對價值之辨正。

〔27〕世俗中禮與權勢之偽

公行子有子之喪，右師往弔。入門，有進而與右師言者，有就右師之位而與右師言者。孟子不與右師言，右師不悅，曰：「諸君子皆與驩言，孟子獨不與驩言，是簡驩也」。孟子聞之，曰：「禮，朝廷不歷位而相與言，不踰階而相揖也。我欲行禮，子敖以我為簡，不亦異乎！」

世俗中禮幾近曲解為對權勢之趨附，此禮於世俗之偽。孟子舉王驩一事說明。故事中右師即王驩，齊王寵臣。在公行子其子之喪禮中，人都因右師權勢而往奉承，獨孟子不然。王驩故以孟子為不知禮，引致孟子對禮之正。孟子所言固然為禮之正，然孟子不對王驩表示友善，實亦知如此行為即為對權勢之巴結而已。孟子之不為應出於如此原因，不欲如世俗那樣，卑下於權勢。孟子對禮之解釋是：「禮，朝廷不歷位而相與言，不踰階而相揖也」。重點在「不歷位」與「不踰階」上，而這反面地說：所謂權勢，實只一種「歷位」與「踰階」而已、一種人對人之超越而已，非真正禮之精神。禮無論是誰對誰，縱使為上對下，都應有所敬，【見《論語．八佾》：「君使臣以禮，臣事君以忠」】，非獨下對上而已。當孟子對王驩說：「朝廷不歷位而相與言，不踰階而相揖也。我欲行禮，子敖以我為簡，不亦異乎！」時，這實指出：王驩始真無視於禮；因若禮確實應「不歷位」「不踰階」而王驩反以為無禮時，這只反映王驩本身無禮而自大。「不亦異乎」是說：王驩之以為孟子應（對他）以言以揖行禮，以為禮在此，實只無視「不歷位而相與言」及「不踰階而相揖」這禮之真實；換言之，王驩始真無視於禮，以禮為世俗之阿諛奉承。其所謂禮，正去禮之真實，故「異」而偽。

王驩無視於禮而自大，實世俗所以為禮（對權勢始敬）之偽。禮實亦人與人不「歷位」「踰階」、不以權勢示人、及不趨附勢力這樣精神；禮應只為人與人真實人性之敬、和與愛。「相與言」與「相揖」這禮之表面，故仍有待是否「歷位」「踰階」而取決；從權位言，禮之本實在人不超越他人上，非唯在「相與言」與「相揖」上。此世俗所言禮之偽。

〔28〕世俗現實中心憂患之偽

孟子曰：「君子所以異於人者，以其存心也。君子以仁存心，以禮存心。仁者愛人，有禮者敬人。愛人者，人恆愛之；敬人者，人恆敬之。有人於此，其待我以橫逆，則君子必自反也：我必不仁也，必無禮也，此物奚宜至哉？其自反而仁矣，自反而有禮矣，其橫逆由是也，君子必自反也：我必不忠。自反而忠矣，其橫逆由是也，君子曰：『此亦妄人也已矣！如此則與禽獸奚擇哉？於禽獸又何難焉？』是故君子有終身之憂，無一朝之患也。乃若所憂則有之。舜人也，我亦人也；舜為法於天下，可傳於後世，我由未免為鄉人也。是則可憂也。憂之如何？如舜而已矣。若夫君子所患，則亡矣。非仁無為也，非禮無行也。如有一朝之患，則君子不患矣」。

本章雖似正面從「君子以仁存心，以禮存心」等言，然背景明顯針對人於現實中之憂患言，以如此憂患為不真實。因現實關係多負面，故人於現實多憂患。當孟子說：「君子所以異於人者，以其存心也」時，他所指出是：真實之人（君子）其對待一切，因都必然以心，故對一切自然真實地感受及反省。正因如此，故能「以仁存心，以禮存心」，並因而「愛人」「敬人」，亦所以「人恆愛之」「人恆敬之」。如此正面人與人關係，故為「仁者不憂」《論語・子罕》、《論語・憲問》原因。然問題是：人與人在世關係並非如此，多為橫逆而已。對此，一般只視誰有理無理。然這樣實只針對事而已、沒有針對人，因而亦無助於（無解於）人與人關係，為人心始終不安而憂之原因。孟子所指出相反：因一切安與不安實由於人，故真實之人仍先以仁、以禮存心，其反省非先在事情上、更在自己是否已盡仁盡禮對人這點上，這始以心反省意思，故與一般反省不同。孟子更說：「我必不仁也，必無禮也，此物奚宜至哉？其自反而仁矣，自反而有禮矣，其橫逆由是也，君子必自反也：我必不忠。自反而忠矣，其橫逆由是也，君子曰：『此亦妄人也已矣！如此則與禽獸奚擇哉？於禽獸又何難焉？』」。換言之，在已盡人力德行而仍見橫逆時，如此橫逆始與事無關，純然為其人之橫逆而已。此時始可言：「此亦妄人也已矣！如此則與禽獸奚擇哉？於禽獸又何難焉？」對如這樣之人，故再無須理會、無須放於心如有所患。

對憂患孟子解釋是：人必然有所憂患；然憂患有一生與一朝、有真實不真實之分別。真實之人所患唯應為一生者。所謂一生之憂，如：「舜人也，我亦人也；舜為法於天下，可傳於後世，我由未免為鄉人也。是則可憂也」，換言之，即對自己是否能做到如舜之成就、是否有可傳於後世有所憂而已，非患一朝之憂。對這樣終身之憂，故亦「憂之如何？如舜而已矣」，即盡力做到如舜那樣，再無其他方法。真實之人故對外來憂患不以為然、不再存於心。若仍「有一朝之患，則君子不患矣」。真實之人其所存心在此。人非無所患，問題只是，甚麼應存於心及甚麼不應存於心，關鍵在此而已。

在世俗好惡、智、權勢及憂患之偽後，接着即世俗人眼中德行之真偽問題。孟子分三章說明：二十九章論世俗對為道與德行觀法之偽、三十章言世俗對事人（孝）觀法之偽、而三十一章則言世俗對道義觀法之偽，三者都與人德行有關。

〔29〕世俗對為道與德行觀法之偽

禹、稷當平世，三過其門而不入，孔子賢之。顏子當亂世，居於陋巷，一簞食，一瓢飲，人不堪其憂，顏子不改其樂，孔子賢之。孟子曰：「禹、稷、顏回同道。禹思天下有溺者，由己溺之也；稷思天下有飢者，由己飢之也；是以如是其急也。禹、稷、顏子，易地則皆然。今有同室之人鬭者，救之，雖被髮纓冠而救之，可也。鄉鄰有鬭者，被髮纓冠而往救之，則惑也。雖閉戶，可也」。

從世俗觀法言，若是如道如此事情，其為必然，若不為只無德行而已。然這樣觀法實偽。孟子故以禹、稷、顏回三人為例作比較。為道與不為，這須視乎時代為「平世」抑為「亂世」。若時世有道，人應為道；若時世無道，則可不為，如顏淵。換言之，為若無其成果，勉強地為只毫無意義。縱使為道，故仍須視乎客觀情況及自己所能，因而這表示，非求為作為即德行所在。為中仍有德行與無德行之別，而不為亦同樣有德行與無德行之別。禹為道而能「三過其門而不入」、禹、稷為道而能有「思天下有溺者，由己溺之也」、「思天下有飢者，由己飢之也」，是其德行所在。相反，顏回雖不為，然其不為仍有德行在，而此體現為「居於陋巷，一簞食，一瓢飲，人不堪其憂，顏子不改其樂」。無論從生活抑從心態言，顏淵都無因時世不能為道而有所怨尤不樂、無自暴自棄而徒求個人享受，其「居於陋巷，一簞食，一瓢飲」故仍是德行。有德與無德故非只取決於為與不為而已，更取決於為或不為時之怎樣，德行之有無取決於此。故非如世俗以為，德行只單純取決於是否有所作為，以為有為即德行、無為即無德。縱使有為，仍可無德；縱使無為，仍可有德。禹、稷與顏淵雖於為不同，然仍如孔子說，同為賢德；此所以孟子說：〔若〕「易地則皆然」。此為〔與不為〕道時德行之真偽，始終在其怎樣作為而已。

為說明為與不為與客觀情況有關、及為時應有差別，孟子故再舉一比喻說：「今有同室之人鬭者，救之，雖被髮纓冠而救之，可也。鄉鄰有鬭者，被髮纓冠而往救之，則惑也。雖閉戶，可也」。即若打鬭發生在自己身邊，「雖被髮纓冠而救之」可也，因事就發生在自己身邊而急迫故。然若非發生在自己身邊，縱使同樣為打鬭，自己則無由「被髮纓冠而往救之」，這對自己言再無同樣急迫性、甚或再非自己所能救之事。故若非自己所能，孟子更說：「雖閉戶，可也」。此世人對為與不為或對德行之誤解，以為「為」始為德行、不為即無德，此世俗對為道與德行觀法之偽。

〔30〕世俗對事人（孝）觀法之偽

公都子曰：「匡章，通國皆稱不孝焉，夫子與之遊，又從而禮貌之，敢問何也？」孟子曰：「世俗所謂不孝者五：惰其四支，不顧父母之養，一不孝也；博弈好飲酒，不顧父母之養，二不孝也；好貨財，私妻子，不顧父母之養，三不孝也；從耳目之欲，以為父母戮，四不孝也；好勇鬭很，以危父母，五不孝也。章子有一於是乎？夫章子，子父責善而不相遇也。責善，朋友之道也。父子責善，賊恩之大者。夫章子，豈不欲有夫妻子母之屬哉？為得罪於父，不得近，出妻屏子，終身不養焉。其設心以為不若是，是則罪之大者。是則章子已矣」。

孟子舉匡章之孝與不孝為例所作之討論，是有關事人與不事人之真實這一問題。於《論語》，事人之道都先藉由孝討論。從公都子對匡章之反應，並說「通國皆稱不孝焉」可見，此亦世人一般對孝之誤解、對事人觀法之虛假。孟子故以「世俗所謂不孝者五」回應，以世人之道回應世人之錯誤。

章子因母得罪於父，無能勸阻父不殺母，子父責善不達，不得再接近於父，故黜妻屏子、終身不養，為人稱為不孝。孟子所以沒有認為章子不孝，因孝與不孝雖本從奉養言，不養即不孝，然對事情仍須先明白原因。孟子故同樣列舉世俗人認為不孝之原因，有五：一為「惰其四支，不顧父母之養」，二為「博弈好飲酒，不顧父母之養」，三為「好貨財，私妻子，不顧父母之養」，四為「從耳目之欲，以為父母戮」，而五為「好勇鬬很，以危父母」，五者均為人欲望之放縱、為人無德所在。若非由於此，是不應以人為不孝者。章子之不養，只因父子責善相離，再無法接近其父；並為此不能養，故黜妻屏子。孟子故說：「其設心以為不若是，是則罪之大者」。換言之，章子之心從沒有不欲養父，只不能而已。甚至，對此不能，其心深感遺憾。黜妻屏子，是因以為不如此，是罪之大者，只顧自身妻兒而不事父。

孟子藉由上述故事，說明人事人與不事其真實在其背後心意與原因。縱使如孝之根本，仍須依據事情真實判定。一方面須察原因，【如上章須察客觀情況那樣】，而另一方面更須看人心意，是不能單純從表面判斷，此世俗觀法往往虛假之原因。世俗對人與事，若只看其表面，沒有從真正明白，如此觀法只偽而已。

〔31〕世俗對道義觀法之偽

曾子居武城，有越寇。或曰：「寇至，盍去諸？」曰：「無寓人於我室，毀傷其薪木」。寇退，則曰：「脩我牆屋，我將反」。寇退，曾子反。左右曰：「待先生如此其忠且敬也。寇至則先去以為民望，寇退則反，殆於不可」。沈猶行曰：「是非汝所知也。昔沈猶有負芻之禍，從先生者七十人，未有與焉」。子思居於衛，有齊寇。或曰：「寇至，盍去諸？」子思曰：「如伋去，君誰與守？」孟子曰：「曾子、子思同道。曾子，師也，父兄也；子思，臣也，微也。曾子、子思，易地則皆然」。

最後，孟子舉曾子與子思於「寇至」時是否「與守」一例子，說明人道義上真偽一問題。二人在故事中，同樣遇有「寇至」之事。對寇至，曾子離去而子思留守；從表面看，一者無勇另一者有勇。就算非涉及勇，最低限度，於人遇有災難，相助始為道義。故人對曾子有批評之意。然孟子以二人做法均合於道義，原因在於：曾子於武城是作為老師身分，相反，子思之居於衛是作為臣，兩人身分實屬不同。孟子說：作為師是如父兄一樣，而作為臣較為卑微，二者身分不同。曾子之離去故一方面因為師，作為長輩本無須留守，亦為回應武城百姓對曾子敬重之願望，希望曾子能安全離去。【「寇至則先去以為民望」應作如此解釋】。事實上，曾子並沒有真想離開武城，故於離去時，仍對武城臣僕說：「無寓人於我室，毀傷其薪木」。而這表示曾子於寇退即有回返之意，故於寇退居屋有損毀便即說：「修我牆屋，我將反」。對曾子回返而左右之說：「待先生如此其忠且敬也。寇至則先去以為民望，寇退則反，殆於不可」是因為：若曾子寇退即返，這反而顯得曾子之離去，只為對寇至害怕而已，非因民所希望而離去。若是因民願望而離去，是不應急於返回，無須寇退即返，如是只顯得所在乎只寇至一事。曾子弟子沈猶行之言，是為糾正世人一般對曾子誤解而作之補充：「是非汝所知也。昔沈猶有負芻之禍，從先生者七十人，未有與焉」。這是說，曾子並非無勇：於沈猶有負芻之禍時，曾子正好帶着學生七十人於沈猶處，見禍患而七十人無一敢與守，獨曾子留守，此見曾子之勇。【「從先生者七十人，未有與焉」之「與」，與下「與守」義相同。「未有與焉」是言七十子無一與曾子與守。沈猶行所以這樣解釋，表示武城時曾子之離去，在左右眼中，仍認為曾子確實因害怕而去，非由於其他原因】。

孟子藉由這一故事，說明人道義上之真偽。如人是否應「與守」，這實與身分與職責有關。為臣應留守，為師（如父兄）則無須「與守」。留守與不留守，都應先從分位之客觀方面言。若把留守與否只視同勇與無勇，這只世人一般對道義誤解之偽，是不應以單方面對事情定奪，仍須知真正道義所在。況猶行對曾子之勇作解釋，只補充並揭示人對人看法之表面而已，其解釋與道義無關。留守之道義，仍須先視乎分位而行。此世俗觀點之虛假：以為「與守」不「與守」唯與勇有關、或唯「與守」始為道義。此世俗觀法價值上之偽，其往往只表面而單一。如曾子與子思若易地而處，兩人之做法將會同一。禹、稷與顏淵之「易地則皆然」【見前第二十九章】，與曾子與子思之「易地則皆然」故同表示：人表面之差異，仍須視乎全部始為真實。除非易地而仍無所改變，否則不能單純歸咎於人自身。

從二十九至三十一章，故一層一層從為與不為、事與不事、行與不行（與與不與）對世俗觀法之偽作說明；無論哪一者，都有表面與背後真實之差異，亦世俗觀法所以虛假之原因。世俗對德行與道義之觀法，故往往有偽。

〔32〕世俗對人優越性觀法之偽

儲子曰：「王使人瞷〔矙〕夫子，果有以異於人乎？」孟子曰：「何以異於人哉？堯舜與人同耳」。

作為世俗價值之偽，孟子最後論述世俗對人優越性及人自尊心之看法。有關人之優越性，孟子舉自身為例。世人都以優越性觀人，如是形成種種強弱差異，以如權勢、地位、財富、能力等為人之事實，既造成人之自大、亦構成競爭爭鬥，使人與人間以不真實關係維繫在一起，更使不平等尖銳化，扭曲了人單純人性平和關係與存在。

從人類存在言，人之優越性實觀法上之虛妄。大概人亦如此觀孟子，故齊王使人窺探孟子，看孟子是否確實與人差異。孟子得知後所說明白：人與人間，實都只人而已，是無所謂優越不優越者。縱使如堯舜這樣王者，其所有，實與人相同，是無所謂個人自我之特殊者。反而，若有所差異，只人一般都不以人之相同處觀人、力圖突顯種種自我差異性、圖超越於人而已。堯舜若有其偉大，反只在其不自我突顯、不以絲毫差異性觀人，只以人共同處而觀。孟子明知堯舜偉大仍刻意舉為例，正為說明異於人如堯舜，正在其不以「異」觀人而已，此世俗人觀人時之偽。

〔33〕世俗中自尊心之偽

齊人有一妻一妾而處室者，其良人出，則必饜酒肉而後反。其妻問所與飲食者，則盡富貴也。其妻告其妾曰：「良人出，則必饜酒肉而後反，問其與飲食者，盡富貴也，而未嘗有顯者來。吾將瞯〔矙〕良人之所之也」。蚤起，施從良人之所之，徧國中無與立談者。卒之東郭墦閒，之祭者乞其餘，不足，又顧而之他。此其為饜足之道也。其妻歸告其妾曰：「良人者，所仰望而終身也，今若此！」與其妾訕其良人，而相泣於中庭。而良人未之知也，施施從外來，驕其妻妾。由君子觀之，則人之所以求富貴利達者，其妻妾不羞也而不相泣者，幾希矣！

若人與人本平等無所謂差異或優越，世俗人之求為自尊，故亦必然虛假。孟子舉齊人故事說明。

這有一妻一妾而在外只能乞討飯食之齊人，縱使本無能傲視於人處，然於家人面前，仍偽裝尊貴；如此實亦一種自尊心之虛偽而已。孟子這比喻非只針對世間中居下之人，更指世人一般；世人都實如齊人一樣，明知自身無甚可誇耀，然仍裝作了不起，以此為自身之尊貴；縱使只微不足道之過人，仍當作自身偉大成就。此人與人間自我與自尊心之虛偽。人都只以世俗價值為價值、都只知向慕富貴與表面顯赫；如是在世俗中所形成自我，均虛假而偽。其所謂尊貴，實無甚尊貴。

若真有所謂自我，也只應從面對自己生命與努力言，非面對他人而求尊貴與突顯。後者縱使在齊人妻妾眼中，都明知為虛假，終只可悲而已。

然若人本無對自我仰慕，本不會有如此偽裝需要。非人對人無所尊敬，只不求為對自我仰慕而已。人對人自我仰慕、以如此仰慕為自我，實為自我與自尊心產生之原因。此世俗價值觀之所以虛假。

孟子最後所言：「由君子觀之，則人之所以求富貴利達者，其妻妾不羞也而不相泣者，幾希矣」是說：於真實人眼裡，如齊人那樣只以乞討求富貴利達、以為此即富貴利達，實在可悲。「人之所以求富貴利達者」非只言「人之求富貴利達者」，因若是，對齊人妻妾言，本無可泣可羞。唯以為能如此乞討便已為富貴利達，始可羞可泣。孟子之「所以求」指此。換言之，若世人以為求富貴利達即人尊貴所在、以為如此顯耀於人前為一種自尊，在真實人眼中，實可羞可泣。

〈離婁下〉這最終九章，故為有關世俗價值與觀法其虛假性之分析，分為四組如下：二十五與二十六章為有關好惡與智其虛假性之分析、二十七與二十八章為人與人間權勢與憂患其虛假性之分析、二十九至三十一章為世俗人對人作為觀法之偽分析，而最後，三十二與三十三章為對世俗人自我優越性與自尊其虛假性之分析。世俗對人價值之認定、對人之相處、對人之作為、及對人之自我這四方面，故構成世俗觀法其偽所在。有關〈離婁〉，我們分析至此終。

公元二零一零年一月十日

萬章上

論人之主體性

〈萬章上〉以主體性與客體超越性這樣問題為主題。主體性簡單言，即在言人能以一完全獨立及自主方式行作時之狀態。人能主體是說，他再不反應外在而行為、不再受其影響，而能獨立自身，自主於其心志而為。明顯，孟子這裡所說明，是儒學人倫之道這觀點下之主體性。主體性固然可有種種形態，甚至有好與壞，然對我們言，這種種形態之主體，獨儒學所言主體性至為正確。

主體之獨立性，主要從兩方面言：或從其對其對象之全盤掌控而言獨立、或從其自身之立或獨立於外而言獨立。若從全盤掌控對象言，此時主體因從駕馭對象而獨立，故實等同君主性。主體之是好是壞，由其是否主於道言。若無道而能主體甚或能成為君主，這樣主體性或君主性，明顯不善。因而不能單純因是主體便以為善，但也不能因有無道主體而抹殺一切主體性之真實。一切仍有待分辨。

此外，主體性所言「主於⋯」，基本上仍有兩種基礎，而此正由於人本身本有兩貌：或作為人、或作為自我個體。人確實有這兩面相，或是作為人性而言之人、或是從我性而言之自我。主體因而可從人之作為人這方面言，亦可從人作為自我這另一方面言。大部分思想在言主體性時，無論東方抑西方，都只從自我言主體，鮮見從人性這方面言。獨儒學例外。儒學既有人作為自我時之主體性，但更有人作為人時之主體性，此孟子在〈萬章上〉透過舜所言便是。

人其存在若能以主體自主而立，無論從哪方面言，這明為最好，獨立而不受任何外在操控故。然明顯存在非能盡如此：相對於主體而為其反面，即外在客體。人類往往必然在主客關係中存在，故無論哪一方，都在這樣關係中改變，此主客通常之道。能成為不再受客體影響而獨立自身，這因而為主體性最高理想。然相反往往是：因客體也可如主體般獨立，完全不為人類所操控改變，故客體實也可以如主體般姿態呈現。此時客體，因完全獨立並不受改變，故相對人類言，以超越者姿態呈現。從客體方面言之超越性，因而亦為〈萬章上〉主題。孟子對超越性之論述，出人意表。既絕對又不絕對、既超越又不超越，因而無超越性所帶來之惡。超越性所帶來之惡，可想而知，為人類一切惡中之至者，惡此時超越於人類而不可轉移故。這樣超越之惡，往往由西方文明或人類自身造成，如科技知識、資本、社會權力與法制便是。如此由人類製造出來之超越性，因既超越亦絕對，故反陷人類於大不善中。儒學所言超越性相反，既非由人類造成、更非人類所能及，故非無道、甚至直如道地必然。

儒學所言超越性有二：相對人類整體時為「天」，而相對個體自身時為「命」；二者都非人所能左右，故為超越。正由於有這樣超越性，故孟子在超越性問題後進而討論：在面對超越性時，人仍能怎樣（主體地）行為、能怎樣仍有自主性。這主體之行作，孟子仍從仁、義、禮、智四向度言。

以上為〈萬章上〉內容。〈萬章上〉章節編排故分為三組，如下：

一、論主體性（1至4）

二、論客體超越性（5、6）

三、論主體之行（7至9）

讓我們對這三主題作分析。

*

一、論主體性〔1至4〕

有關主體性問題，孟子從四方面討論，如下：

一、人性情感之主體性〔1〕
二、主體對外時自主於道〔2〕
三、主體性與客體性交接問題〔3〕
四、主體性與客體君主性孰優先問題〔4〕

〔1〕論人倫之最高主體性一：舜之慕父母

萬章問曰：「舜往于田，號泣于旻天，何為其號泣也？」孟子曰：「怨慕也」。萬章曰：「父母愛之，喜而不忘；父母惡之，勞而不怨。然則舜怨乎？」曰：「長息問於公明高曰：『舜往于田，則吾既得聞命矣。

號泣于旻天，于父母，則吾不知也』。公明高曰：『是非爾所知也』。公明高以孝子之心為不若是恝。我竭力耕田，共為子職而已矣。父母之不我愛，於我何哉！帝使其子九男二女，百官牛羊倉廩備，以事舜於畎畝之中。天下之士多就之者，帝將胥天下而遷之焉；為不順於父母，如窮人無所歸。天下之士悅之，人之所欲也，而不足以解憂。好色，人之所欲，妻帝之二女，而不足以解憂。富，人之所欲，富有天下，而不足以解憂。貴，人之所欲，貴為天子，而不足以解憂。人悅之、好色、富貴，無足以解憂者，惟順於父母可以解憂。人少則慕父母，知好色則慕少艾，有妻子則慕妻子，仕則慕君，不得於君則熱中。大孝終身慕父母，五十而慕者，予於大舜見之矣」。

本章言舜對父母之情感。舜所以「號泣於旻天」，因不得父母之愛。問題在於，若得不到父母之愛，那只應如萬章引孔子言：「父母惡之，勞而不怨」便是，舜對父母之情感，實奇異。當孟子說：「帝使其子九男二女，百官牛羊倉廩備，以事舜於畎畝之中。天下之士多就之者，帝將胥天下而遷之焉；為不順於父母，如窮人無所歸。天下之士悅之，人之所欲也，而不足以解憂。好色，人之所欲，妻帝之二女，而不足以解憂。富，人之所欲，富有天下，而不足以解憂。貴，人之所欲，貴為天子，而不足以解憂。人悅之、好色、富貴，無足以解憂者，惟順於父母可以解憂」，又說：「人少則慕父母，知好色則慕少艾，有妻子則慕妻子，仕則慕君，不得於君則熱中。大孝終身慕父母，五十而慕者，予於大舜見之矣」時，孟子所指出是：舜之向慕父母，甚至是對反着一切其他而言。孟子這樣說明舜對父母之情感，用意何在？

首先，在上兩引言中，一是為說明，無論人對外在存在有多大憂患，因而亦試圖求取至多以解存在之憂懼，對舜而言，若不能順於父母，縱使得天下，仍不足以解憂。而二則更說明，人在生命歷程不同時刻中各有其所向慕與欲望之對象，而在舜中，至五十仍只慕父母而已。解憂與向慕，一從外、另一從內言。孟子以此欲說明：舜慕父母之情感，所表徵，是人可達致之最高主體。本來，人主體性或從對對象之完全掌控、或從人在存在現實中所能達致之自主獨立言。能掌控對象或能自主獨立，這是通常主體所在。孟子相反。孟子想指出是：從掌控對象或自主獨立言主體，非真正主體或非主體中最高狀態。舜之「天下之士悅之」、「妻帝之二女」、「富有天下」、「貴為天子」都無以解憂，「惟順於父母可以解憂」，說明舜之心已全然與外在無關，其心絲毫不會因外在存在有所憂、亦不會因如此極致所得而滿足。舜之心純然獨立於外在，既不因外在存在而憂患、亦不對外在事物有所欲。舜之為主體，故既不從現實存在之獨立、亦不從對外之主控言。舜其更高主體性，體現在主動對父母之情感上而已。

孟子所以特從情感言，因無論人在其他方面已多麼能自主獨立，情感或感受於人往往只被動、始終至為不能自主，故須理性對情感抑制控制，情感本身最受外來對象影響、只被動反應，未能自主故。故若情感能純然充溢並主動獨立，非由於自身欲望、亦非由於對象之可欲；既非一種存在外在之憂、亦非對外在之欲，若連情感也能達致如此（對對象）無待狀態，純然發自自己心，其人之主體獨立性，始為至高而懿美。此舜主體性之體現。

舜之情感故非源自欲望，如「慕少艾」、「慕妻子」、「慕君」那樣，其情感甚至已達致非對對象反應，既非由於有（受）所愛而悅、亦非由於父母惡之而有所不悅或恨。其慕父母之情，純然自己（發自自己心），因而完全獨立而主體。之所以以慕父母這樣情感言主體性，因若只單純返回自身言獨立性，這仍可只是一種自我欲望、一種在突顯自我主體性時之欲望而已，非真正無欲之主體。舜之慕父母，是其終身、是純然心自己的，故非如欲望之一時。如此之慕，因單純出於其『作為人』，甚至非在其生理或存在需要（如此欲望）上，故再與存在絲毫無關，更與對存在之主控性或獨立性無關。如是慕父母之情感，故最顯人心之純然主動獨立，而此，全只在其人性心而已、甚至全只在其心之德行而已，與自我欲望或存在外在性絲毫無關。

孟子以情感這本至為被動不能主體者說明舜其主體性所在，因而更顯其『作為人』時，其人性主體、及如此主體之為最高主體：作為「人」而非作為「自我」時之主體。非再從存在或自我言、非再從反應與掌控言，純從『人性心』與德行言而已。此「人」（人作為人）可有之最高主體性：非在其自我（我思），在其人性（人作為人）而已。

〔2〕論人倫之最高主體性二：舜之對待象

萬章問曰：「《詩》云：『娶妻如之何，必告父母』。信斯言也，宜莫如舜。舜之不告而娶，何也？」孟子曰：「告則不得娶。男女居室，人之大倫也。如告則廢人之大倫，以懟父母，是以不告也」。萬章曰：「舜之不告而娶，則吾既得聞命矣。帝之妻舜而不告，何也？」曰：「帝亦知告焉則不得妻也」。萬章曰：「父母使舜完廩，捐階，瞽瞍焚廩；使浚井，出，從而揜之。象曰：『謨蓋都君咸我績。牛羊父母，倉廩父母，干戈朕，琴朕，弤朕，二嫂使治朕棲』。象往入舜宮，舜在牀琴。象曰：『鬱陶思君爾』。忸怩。舜曰：『惟茲臣庶，汝其于予治』。不識舜不知象之將殺己與？」曰：「奚而不知也？象憂亦憂，象喜亦喜」。曰：「然則舜偽喜者與？」曰：「否。昔者有饋生魚於鄭子產，子產使校人畜之池，校人烹之，反命曰：『始舍之，圉圉焉，少則洋洋焉，攸然而逝』。子產曰：『得其所哉！得其所哉！』校人出，曰：『孰謂子產智，予既烹而食之，曰：得其所哉！得其所哉！』故君子可欺以其方，難罔以非其道。彼以愛兄之道來，故誠信而喜之，奚偽焉？」

若從舜慕父母可見人之最高主體性，若這樣主體既與存在生存（世界現實）、亦與自身欲望無關，單純由人對人主動（本然）之人性情感而致，【此時情感再非由於自我始有】，那同樣，在外來有所傷害時，人仍可有其獨特主體獨立性。此時主體，如上一樣，非從對對方掌控或逃避言、亦不在駕馭或對抗上，而可單純本於自身人性心之真實、本於心自主於道之真實。

本章仍以舜為例，以兩事言：一為舜父（瞽瞍）不讓舜娶妻、另一為舜弟（象）對舜謀害。有關前者，舜因而不告而娶。孟子解釋說：「告則不得娶。男女居室，人之大倫也。如告則廢人之大倫，以懟父母，是以不告也」。縱使如上章所言，舜對父母之情至五十仍慕，因而其情感純然主動由內，然這不代表，如此情感會使其受外來牽制，如一般情感之被動性那樣。孟子藉着舜娶妻一事刻意指出，若舜告則不得娶；而舜之娶，非以繼後為由，反只單純是男女居室之事。如是更顯出，縱使只私下男女之情，因實仍為人倫自然之事，【孟子甚至以之為「人之大倫」】，故於有所阻攔時，是無須有待於外（父母之同意），就算此時之「外」為心所繫父母，而直可行其事，如是仍為主體地獨立。若明白父母在孟子思想及儒學傳統中之地位與重要性而孟子仍舉這樣理由作為自主性之體現，這是說，若非由於一己個人欲望，【與人倫無關之欲望】，縱使只如男女居室之事，一旦有其人倫人性意義與真實，仍可無視一切外來反對而直行。【此明反《聖經》上帝要求亞伯拉罕祭獻兒子故事與道理】。這仍為人依據人性道時之主體獨立性與自主性所在。當孟子刻意以這樣例子說明時，我們故不應以儒學為一種迂腐禮教傳統（道德規範）或思想。若連孟子亦教人這樣道理，迂腐性是不存在於真正儒學思想中，一切仍只依據人性道與人倫而已，此所以舜仍能主體自主性地行。若有絲毫盲目性在，是不可能有真正主體的。

非獨舜可不告而娶，作為第三者之堯亦同樣可不告而妻舜；因而是說，在社會中人與人關係，仍應單純依據人性道行便是，無須受役於世俗習慣而不能自主。縱使有違社會規範，人仍可主體地自主獨立於道，如孔子「當仁不讓於師」《論語·衛靈公》那樣。非因而自我，只於人倫人性中仍可有主動獨立性而已。

其次是，主體不但可獨立於外地自主於人性道而為，對外來傷害，真正主體仍有其獨立性，非因創傷而必然回應，此孟子以舜與其弟象故事所說明。象約同父瞽瞍多次謀害舜，或焚燒糧倉、或堵塞井口以殺害舜。象不知舜已逃逸，說：謀害舜而殺之皆其功績。把牛羊、倉廩分給父母，自己則分有舜之干戈、琴、弤，並以「二嫂使治朕（象）棲」。從這樣分有顯示，象並非單純因對舜惡恨而置之死地、亦非因貪婪而殺舜。從佔有舜之干戈、琴、弤言，象之謀害舜，是出於對舜懷有很深妒忌與羨慕，而這亦必為舜早已知曉。當象不知舜已逃避殺害而入舜宮，見舜在牀上彈琴時，忸怩地說：我心很鬱悶地想念着你！此時，舜對象說：「惟茲臣庶，汝其于予治」，意思是說：我想念着我的臣民，你來幫助我治理吧。這簡略對話表示：舜不但完全無視於象之殺害自己，亦無視於其面對自己時之虛假。舜所言表示，舜此時心中實絲毫無對象有所憎惡，甚至如無曾發生任何事那樣。非虛假地如是、而是真實地。換言之，所發生之一切、那在人與人間之一切是非善惡，全無半點留在舜此時心中。象怎樣對舜有所不是，絲毫沒有影響他。對其弟外來之謀害，由其對弟人倫之愛而仍主體地獨立至如此地步，既沒有因此而憎惡其弟、亦沒有絲毫懷恨之心，至如一切從沒有發生過那樣。舜希望象協助其治理表示：此時舜對象，仍純然發自自己心；其提議（象協助其治理）為真實，亦本有如此願望，非對所曾發生事而反應。正因如此，故萬章始問：「舜不知象之將殺己與？」孟子之回答「奚而不知也？象憂亦憂，象喜亦喜」是說：舜並非不知象殺己，然其心絲毫不因對方而反應，始終本於人倫之情而純然獨立自己。此心之本然是：「象憂亦憂，象喜亦喜」。非言舜只反應象之憂與喜，相反，舜對象兄弟之愛，本然地實如此，至無從因象怎樣對待自己而有所影響或改變。其人倫心之獨立與真實至此地步：對外來一切絲毫無感反應，只純一於心本然人性人倫真實而已。以人性感人化人，故須由此。

孟子更藉着萬章之後所問「舜偽喜者與？」進一步說明：舜之一切反應均真實。縱使知象怎樣對己，然舜對象仍絲毫無偽。孟子之解釋是：「彼以愛兄之道來，故誠信而喜之，奚偽焉！」。這是說：因舜對弟之愛始終如一，不會因象之作為有所改變，故於象以愛兄之道出現在舜前時，無論是否虛假，舜始終仍如兄長般愛着其弟；無論象偽與否，都無改舜對他之心。縱使象愛兄之道可能只表面，然舜始終切望其弟而誠信地喜悅其來臨。孟子因而說：「故君子可欺以其方，難罔以非其道」。這是說：真實之人固然可被欺騙，但無法因對方之怎樣而改變（心中原本之）道。【請參考：「君子可逝也，不可陷也；可欺也，不可罔也」《論語・雍也》。「罔」指妄為，明知為非道而仍作為】。無論象怎樣，都無改舜對他本有兄長之愛與期盼。對舜言，人性人倫是一回事、現實所發生（具體人之事）又是另一回事，前者不受後者影響改變，此君子於道之獨立本然，故為主體、亦「難罔以非其道」。中國如此主體，故始極致：其為主體始真正獨立於「現實」，非只作為自我、或對向存在言而已；其為主體既在人性道、亦對向現實一切方面言；既從德行、亦與反應（如主控對方或求逃避）無關。

孟子之舉子產例子，亦為再次說明以上道理而已。子產本是慷慨之人，對人多以恩惠，此其人自身本有之道。故於人送子產活魚而子產使校人畜之池時，校人烹魚吃並欺騙子產說魚攸然游走，子產回應說：「得其所哉！得其所哉！」。非子產不知校人對自己欺騙，只是，無論是否受騙，都無改子產對人慷慨之心；校人說甚麼理由，這只校人自己事、是其自己以為得逞欺騙而已，然對子產言，無論甚麼理由，都無改其本惠人之心，故定必慷慨地贈予校人，因而說：「得其所哉！得其所哉」。以為能達成欺騙，亦只校人小人之心而已，與子產之智（是否受騙）毫無關連。

主體之獨立自主、不受外來影響改變，因而是完全的：既不本然盲目依從於外在世界與現實所是、亦不因外來人事怎樣而反應，失去自身心（道心或人性人倫心）本然之獨立。瞽瞍與象故事，一言前者、另一言後者，均為主體對外其主體性所在。能致如此以人性人倫為主體，唯舜始能。

〔3〕論主體性與客體性之外在交接

萬章問曰：「象日以殺舜為事，立為天子則放之，何也？」孟子曰：

「封之也。或曰放焉」。萬章曰：「舜流共工于幽州，放驩兜于崇山，殺三苗于三危，殛鯀于羽山，四罪而天下咸服，誅不仁也。象至不仁，封之有庳，有庳之人奚罪焉？仁人固如是乎？在他人則誅之，在弟則封之」。曰：「仁人之於弟也，不藏怒焉，不宿怨焉，親愛之而已矣。親之，欲其貴也；愛之，欲其富也。封之有庳，富貴之也。身為天子，弟為匹夫，可謂親愛之乎？」「敢問或曰放者，何謂也？」曰：「象不得有為於其國，天子使吏治其國而納其貢稅焉，故謂之放。豈得暴彼民哉！雖然，欲常常而見之，故源源而來。不及貢，以政接于有庳，此之謂也」。

在前兩章對人主體獨立性作討論後，隨後兩章繼而討論主體於面對天下客體時，主體性與客體間交接之道應是怎樣。孟子仍以舜與其弟關係說明。像舜對其弟所有主體情感，如何能與客體公共之道並立？孟子所指出是：如舜這人性親情之主體性，縱使不得不面對一公共客體，仍不失其情感上之主體性。萬章所質疑，正是舜作為君王似公私不分。像這樣質疑，往往為人對儒學之批評：既然舜對不仁之共工、驩兜、三苗及鯀都各分別有所討伐或流放，那為何對象特別寬厚，不但不懲戒、甚至還封為諸侯？孟子之回答是：「仁人之於弟也，不藏怒焉，不宿怨焉，親愛之而已矣。親之，欲其貴也；愛之，欲其富也。封之有庳，富貴之也。身為天子，弟為匹夫，可謂親愛之乎？」。如同對父只應有向慕之情，對弟同樣也只應親愛而已，無論此時父與弟其人如何。而親愛，既不應藏怒、亦不懷宿怨，故不能以相害之心對待。之所以封象於有庳，因舜貴為天子，若對弟親愛，弟亦不應只為匹夫而已，否則無可言親愛。

儒學對親情人倫之道，於人類思想獨一無二；從沒有思想以此為基石。所以如此，原因有二：一為在人與人間，由親情所體現情感至為自然與無條件，其他一切情感始終特殊，因而有所待。縱使因德行而對人人有所兼愛，仍只由於德行而已，非本身為自然。其次是，因親情，長幼之序再非如一般上下關係有所對逆或外在，雖為上下，然仍有人性自然在。對人情感與人與人長幼之序兩者，是人作為人其人性最內在根據，一者使人自然地締結在一起、而另一者又使人能自然地有所分別（長幼之別）。若去此兩者，無論人能以甚麼彌補，都不再能自然或單純地人性。就算能因理性而和諧、或大公無私地兼愛天下，這時和諧與愛，雖仍為人性，然實已有德行之覺識在，非自然而然。人性性向雖內在於人人，然人與人關係則非能如親情般內在，他人始終仍如他者，非能如家般內在而為生命根本。情感之內在性，始人存在之真實，為人及人性最自然體現，與外在和睦兼愛屬不同層次，後者仍須努力維繫。對他人之人性，雖已是一種德行、已是如禮德行之道，然始終無以取代親情此自然人性心懷；人倫存在之親疏差異，亦由此而顯。這樣內在性與人性根本性，在本篇第一章有關舜對其父情感中已提及，孟子說：「人少則慕父母，知好色則慕少艾，有妻子則慕妻子，仕則慕君，不得於君則熱中。大孝終身慕父母，五十而慕者，予於大舜見之矣」。「慕少艾」、「慕妻子」、「慕君」等始終有着「知好色」、「有妻子」、「仕」等作為外在條件或原因，唯獨「慕父母」則無，因人自幼少便如此，亦伴隨人生命而為本。「人少則慕父母」故是說：唯如此情感始至為內在、亦源自人生命本身、並為其本，與任何外在或之後欲望與需要無關。否定親情，無論以甚麼取代、無論此時表面多麼和諧，實已同於否定人性其自然之本了。人作為人固然立於仁、義、禮、智，然作為至單純之人言，人其人性仍先從父母兄弟之情感見。當然，人其自我在社會疏離中多遠去人倫內在真實，故始有瞽瞍與象之為父與弟，均人性泯滅與偽化後之事。孟子言舜五十而仍慕父母，其能無視於瞽瞍而仍保有此人倫情感根本性，其主體獨立性亦無因自我而遠去人性本然，此其人於人性或人倫中之極致，亦舜所以體現人至高主體性之原因。去人性親情，人無論多偉大，都再非作為人存在。仁、義、禮、智雖為終極德行，然始終不離此父子人倫淳樸之本，故仍只：「仁之實，事親是也。義之實，從兄是也。智之實，知斯二者弗去是也。禮之實，節文斯二者是也。樂之實，樂斯二者」。【見〈離婁上〉第二十七章】。人類思想若不立於此，始終無法有最終真實。親情如此人倫，始終為人性根本故。人存在一切終極真實，故由二：一、「人」於存在中之獨一意義與真實；人倫故指為「人」致力而已，非為其他存有者。二、人確有親疏、上下、男女等事實，人其存在特殊性與有限性（人與人間之有限性），故為人道根本，此即人倫所由。【請亦參考：「孝弟也者，其為仁之本與」《論語・學而》及「『孝乎惟孝，友于兄弟』，施於有政，是亦為政。奚其為為政？」《論語・為政》】。

那麼，對舜而言，如何使象不致害於人，這為其對弟情感主體性外，其面對客體時之問題。舜對此困難之解決為：「象不得有為於其國，天子使吏治其國而納其貢稅焉，故謂之放。豈得暴彼民哉！雖然，欲常常而見之，故源源而來。不及貢，以政接于有庳，此之謂也」。雖封象於有庳，然如有名無實那樣，不讓象於有庳能有所作為。舜這一解決，沒有以任何一者否定另一者，既保有為君之真實、亦同時保有為兄愛弟之真實；既仍能主體地親愛其弟、亦能同時兼顧客體之善，此孟子對主體之於客體時，其道之說明。

〔4〕論主體性與客體性之內在交接

咸丘蒙問曰：「語云：『盛德之士，君不得而臣，父不得而子。舜南面而立，堯帥諸侯北面而朝之，瞽瞍亦北面而朝之。舜見瞽瞍，其容有蹙。孔子曰：於斯時也，天下殆哉岌岌乎！』不識此語誠然乎哉？」孟子曰：「否。此非君子之言，齊東野人之語也。堯老而舜攝也。《堯典》曰：『二十有八載，放勛乃徂落；百姓如喪考妣，三年，四海遏密八音』。孔子曰：『天無二日，民無二王』。舜既為天子矣，又帥天下諸侯以為堯三年喪，是二天子矣！」咸丘蒙曰：「舜之不臣堯，則吾既得聞命矣。《詩》云：『普天之下，莫非王土；率土之濱，莫非王臣』。而舜既為天子矣，敢問瞽瞍之非臣如何？」曰：「是詩也，非是之謂也。勞於王事而不得養父母也。曰：『此莫非王事，我獨賢勞也』。故說詩者，不以文害辭，不以辭害志。以意逆志，是為得之，如以辭而已矣。〈雲漢〉之詩曰：『周餘黎民，靡有孑遺』。信斯言也，是周無遺民也。孝子之至，莫大乎尊親；尊親之至，莫大乎以天下養。為天子父，尊之至也。以天下養，養之至也。《詩》曰：『永言孝思，孝思維則』。此之謂也。《書》曰：『祇載見瞽瞍，夔夔齋栗，瞽瞍亦允』。若是為父不得而子也？」

若人倫情感之主體性不會因客體而改變，縱使為君面對天下仍無改其主體情感，那若此時客體非天下國家而是另一人倫關係，如舜所對為堯及其父，這時關係將會怎樣？對這問題，仍須先明白其中困難。

上章所言主體與客體關係，一在對弟之情感、另一在對國家（有庳一地），兩者對舜言均在其下：一為其弟而內在、另一只屬君王個己之地，二者都無能置舜於被動性中，因而所言主體客體，仍只外在。然若交接關係內化，此時之內在交接問題，將難解決：作為居上之舜明可輕易解決外於自身之困難，但若困難為內在地與自身有關，其解決非容易。如此困難有二，其一是：

若堯本為舜之君，於舜為君主時，其對堯應怎樣？換言之，對不再為君之君主（堯），舜應怎樣對待？應內在地視為君、抑外在地視為臣？若視為臣，原本君臣之內在性便不復存在。【堯為君而舜為臣時之尊敬與情感】。若這樣內在情感與尊敬仍存在，那舜仍能以君主姿態對向天下客體？其二是：若如第一章所言，人倫情感（人性）為舜主體性所在，那作為君主時，他能怎樣面對其父瞽瞍：仍內在地以瞽瞍為父（此時，舜仍能為天下君主？）、抑作為天下之君故只能以瞽瞍為臣僕（瞽瞍必須臣服於舜下，不得視為子）？以舜、堯與瞽瞍述說這樣問題似只偶然，然問題關鍵是：作為至高者之君主，應從屬於內在主體性下、以內在主體性為優先，抑以外在客體之君主性為優先？是君主性為本、抑人倫人性為本？這樣困難所以未見於上章，因象非在舜之上，故沒有牴觸其君主性。然無論堯抑瞽瞍，均本為舜之君或父，故有牴觸其君主之絕對性。儒學對此內在主體性怎樣安立？仍以主體內在性（人倫人性）為優先、抑以客體君主性（如國家或公權力）為優先？這樣問題於西方即希臘悲劇中人倫與國家法權間之主從問題。而在西方，始終是以國家法權為優先，亦儒學傳統與這一切思想最大差異。讓我們先對文本作分析。

首先須注意，在舜與堯及瞽瞍兩關係中，其中關係有兩向：一為堯及瞽瞍對向舜、另一為舜對向堯及瞽瞍。前者為：「君不得而臣，父不得而子」，即堯不能視舜為臣，及瞽瞍不能視舜為子。而後者則為：「舜之不臣堯」及「瞽瞍之非臣」，即舜不視堯及瞽瞍為臣（只為父）。前者舜以君主性自居，而後者則舜唯以人性內在性而主體。

咸丘蒙所認為是：舜因為君主，連堯亦須帥諸侯而北面，而瞽瞍亦只能蹙然北面朝其子。如是明以君主性高於人倫，為客觀或客體立場高於人性人倫之內在主觀或主體者。因見孔子反言：像這樣時代將岌岌乎殆哉；故問。孔子明以人倫重於國與法，故《論語》有：「葉公語孔子曰：吾黨有直躬者，其父攘羊而子證之。孔子曰：吾黨之直者異於是：父為子隱，子為父隱，直在其中矣」《論語．子路》。孟子亦然。無論是對堯抑對瞽瞍，舜都沒有要求二人以君主姿態對待自己。像這樣社會一般看法，以權力或國家高於人倫，實非「君子之言，齊東野人之語也」。有關舜與堯關係，孟子解釋有二：一為「堯老而舜攝也」；另一為：舜「帥天下諸侯以為堯三年喪」；二者同說明，舜從沒有以君主姿態、仍只如對君王父母情感地對待堯。這是為何孔子說：「天無二日，民無二王」，而這表示：堯仍在生時，舜沒有視自身為王。無論從攝政抑從人倫關係言，舜對堯始終只以人倫（臣對君）姿態、其心對堯只在尊敬與情感，絲毫無在自身君主性，這即「舜之不臣堯」意思。

咸丘蒙之再問瞽瞍：「瞽瞍之非臣如何？」，因堯本為君，故舜不臣堯可理解。然瞽瞍從沒有為君，故一切非為君者，均只應為舜之臣民，無一例外，亦咸丘蒙引《詩》之意：「普天之下，莫非王土；率土之濱，莫非王臣」，所強調為君主性（國家）之絕對普遍性，縱使有違人倫情感仍然。孟子故針對《詩》而回答：〈北山〉詩意在言「勞於王事而不得養父母也」。詩人所說是：「此莫非王事」，何「我獨賢勞也」；即普天下土地與臣民均本屬王之事，何獨詩人一人賢勞，以此刺幽王役使不均，為詩人怨「勞於王事而不得養父母也」原因。孟子除指出咸丘蒙解讀錯誤外，更指出：縱使為王者，仍不應以為普天之下均為王土、及率土之濱均為王臣。詩所欲指出，非但君主性不為極致，反而養父母這一人倫情感（對詩作者言）始為普遍而根本。故王者實不應以君王姿態自居、不應以君主性無視於人倫情感，這始為君王道理之正。故舜對瞽瞍，仍只孝子而已，非為君：「孝子之至，莫大乎尊親；尊親之至，莫大乎以天下養。為天子父，尊之至也。以天下養，養之至也」。換言之，瞽瞍作為天子父至為尊貴，故不臣；此仍見人倫主體性先於君主性。【家與人倫優先於國】。孟子最後舉具體事例以證此，引《書》言：「祗載見瞽瞍，夔夔齋栗，瞽瞍亦允」。意思是：舜極恭敬地來見瞽瞍，態度如敬慎戰懼，瞽瞍因之而相信其孝。孟子結論說：「若是為父不得而子也？」即難道還有為父不得而子這樣道理嗎？

對儒學之中國傳統言，君主性與人倫二者始終應分割開：君主權力不能無視於人倫，亦不會把二者混淆，以權力鞏固家族之私，如不只封象於有庳，更賦予其權力為所欲為。【或若舜為君而瞽瞍殺人，應棄天下「竊負而逃」，不能以君王權力禁止人對瞽瞍執法。見〈盡心上〉第三十五章。〈盡心〉雖偽作，然對此問題之回答，應出於孟子。唯最後所言：「終身訢然，樂而忘天下」一語有所太過，應為〈盡心〉作者個人心態。〈盡心〉作者多好自得之情，此語應其所加，非孟子原意】。儒學思想不會以權力鞏固家族之情，但也不會以國家權力對人倫情感優先性有所否定，兩者始終須分別而論。若以君主或國家法權為本、置人性不顧，或以權力包庇私情，都只極權權力而已，非有人倫人性之道為先。人倫或為人致力，此始終為存在根本與目的，君主與權力也只為此而有而已，故「子曰：《書》云：『孝乎惟孝，友於兄弟』，施於有政，是亦為政，奚其為為政？」《論語．為政》。中國傳統是不以政治與權力為絕對根本者。【亦參考：「夷狄之有君，不如諸夏之亡也」《論語．八佾》，及《論語》〈顏淵〉〈子路〉等篇】。

因孟子與咸丘蒙曾有對《詩》討論，故仍須對孟子詩論略作說明。【請亦參考拙著《詩文學思想》卷二】。孟子之「故說詩者，不以文害辭，不以辭害志。以意逆志，是為得之，如以辭而已矣。〈雲漢〉之詩曰：『周餘黎民，靡有孑遺』。信斯言也，是周無遺民也」是說：文、辭、志本屬三個不同層面，志最內在而根本，亦為詩之真實所在。辭為志表達於外時不得不有者；而文則更對辭作潤色而已。【參考：「為命，裨諶草創之，世叔討論之，行人子羽脩飾之，東里子產潤色之」《論語．憲問》】。

如〈雲漢〉詩之誇張：「周餘黎民，靡有孑遺」，這是詩文之手法，不能以此為真實。故：「信斯言也，是周無遺民也」，而這因明顯不可能。故若對詩作解釋，是不能以文扭曲辭本欲說明者。而對辭作解說，亦不能只見辭意思而不見作者心志。詩人心志始為一切真實、為詩作之本，故不能以外表表現抹殺其內在真實。

志、辭、文三層次，不獨詩所有。一切事物都同樣可有如此層次：體現在外而似具體者，乃辭；文則為對這樣層次作進一步修飾，亦因而易使人以辭為最根本。當然，若就事物之具體言，辭一層次確可為其全部，如一首詩作為作品所言，即全寓於其辭意涵內容。然因人非只是辭（之外表性），作為人更有自身內在心志，辭（與作品）相對心言，反只片面或局部：心志之真實始終無法全然體現在文辭中。故當人面對文辭時，仍須在辭義外，客觀而深入地體會人心志，非止於文辭而已，否則無以（對人）有所真實明白。

非但對詩，對一切亦然。故孟子說：「以意逆志，是為得之，如以辭而已矣」。這是說：人往往以自身之意相反對象本有心志而解釋，以為這樣便得以掌握對方心志，這實只虛假而已。「意」於此與「志」屬同一層次：「意」從己方、而「志」則從對方言。在未能真明白對方心志時，人往往只以自己意解釋，以為這即對方心志，因而有所背逆，無以真實。

孟子此對詩之說明，實亦可視為對君主性與情感主體性一問題作總結。像「普天之下，莫非王土；率土之濱，莫非王臣」這樣君主性之表面，如辭與文一樣，為人人可見，甚至如普天下地客觀。然正是如此故易掩蓋其內裡真實，那唯在主體內在性中、在人倫情感中心志之本與真實。主體之心，故只能從其志求。君主性縱使能普天下，然始終仍未必即人（人性）之真實。「《詩》言志」《書・堯典》；無論是詩、人心志、抑人倫情感真實（人性主體性），都實一而已。如是真實難為人所知，亦《論語》常強調「人不知而不慍」、「不患人之不己知」《論語・學而》主體心之原因。孟子以《詩》總結這一切，只因詩最反映人心志、最反映心志之情感而已。

*

二、論客體超越性〔5、6〕

有關客體超越性問題，這對反人而從客體方面言之超越性，有二：一為天、另一為命，二者都非人力或人意志可轉移。天之超越性為相對人類言，而命之超越性則相對個體言。儒學所言超越性確實地超越，即非人類可左右或造成，故與西方所言超越性不同。於西方，體現為超越姿態者仍只事物事情，始終由人。之所以有這樣超越事物，實人類求為超越他人或人（人性）時始有。超越性如是非本然為超越，只由人類求為超越時所形成而已，如經濟壟斷中之「資本」、政治權力中之法權與國家機器、現實存活中之「社會」、求為生存力量之「知識科技」、個體求為主體假象之「自我」，甚至，求為對反世俗存在而為心靈向往之藝術創造或宗教價值，如是種種，實人或人類求為超越時所形塑之超越形態，其最終目的非在這些事物身上，而在人藉之而超越他人、求為超越而已。超越性在西方故只從對立人及人性言，非從超越性本身（之絕對性）言。縱使有這樣絕對性，其最終也只人類由不平等甚至相互壓制時之作為手段言而已，如以神靈為絕對真實對人類其人性否定那樣，既否定人倫情感（人）之為最終存在依歸、亦使人心由神性價值而盲目，造就教士階層與宗教在思想與道德倫理上之統治地位。超越性在西方雖以超越姿態呈現，然其本性仍只世俗性、只現實中之（絕對）力量，一種在人與人間之否定性。事物除非能成就自身為這樣力量，否則未能算作「真理」。此西方文明下之超越性。對反地，中國儒學怎樣看待這超越性問題？

〔5〕論天之超越性

萬章曰：「堯以天下與舜，有諸？」孟子曰：「否。天子不能以天下與人」。「然則舜有天下也，孰與之？」曰：「天與之」。「天與之者，諄諄然命之乎？」曰：「否。天不言，以行與事示之而已矣」。曰：「以行與事示之者，如之何？」曰：「天子能薦人於天，不能使天與之天下；諸侯能薦人於天子，不能使天子與之諸侯；大夫能薦人於諸侯，不能使諸侯與之大夫。昔者堯薦舜於天而天受之，暴之於民而民受之。故曰：『天不言，以行與事示之而已矣』」。曰：「敢問：『薦之於天而天受之，暴之於民而民受之』，如何？」曰：「使之主祭而百神享之，是天受之，使之主事而事治，百姓安之，是民受之也。天與之，人與之。故曰：『天子不能以天下與人』。舜相堯二十有八載，非人之所能為也，天也。堯崩，三年之喪畢，舜避堯之子於南河之南。天子諸侯朝覲者，不之堯之子而之舜；訟獄者，不之堯之子而之舜；謳歌者，不謳歌堯之子而謳歌舜。故曰：『天也』。夫然後之中國，踐天子位焉。而居堯之宮，逼堯之子，是篡也，非天與也。〈太誓〉曰：『天視自我民視，天聽自我民聽』。此之謂也」。

為何從君王授位這樣問題討論天之超越性？原因明白：沒有事物能與天下之大相比。若君王能以天下與人，這是說，再沒有能高於或超越君王之君主性者。若無超越君王者，這是說，君王確然最上位而終極。這樣結論明顯不能接受。問題非在超越者本身之有無，在天下之君王是否即最高、其權力因而代表客觀一切。縱使賢德如堯，能否因而視之為最高？孟子之回答明顯否定。非但不能視為最高，縱使如堯，都不能有以天下與人之權力，無論對方賢德與否。【此孟子所以說：「天子不能以天下與人」，而這明顯針對君主性言】。在孟子這樣回答中，請注意一點：事實上確是堯讓位給舜；因而說堯不能以天下與任何人是為表示，堯之讓位，實非由堯所取決。非說一切人事如命定論那樣均非由人，而是，像「天下」這樣人人之事，是不能視為在誰手中之權力；無論怎樣君主，都無能以個人之名支配天下，如個人所擁有佔有那樣。凡屬人人之事者（如天下國家），再不能視為任何個人權力之下。如此事物，因而應為真實地超越，非由權位而為超越；權位故亦不應從超越性言。

這從至公而言之超越性，與西方所言超越性差異很大。從至公言之超越性，【即孟子本章最後所言「天視自我民視，天聽自我民聽」這天與民之等同】，再非能從人（任何個體）、甚至不能從具有如個體意志之神靈言，此言「天」之意思。故縱使為代表國家之至高君主，因仍僅為個體，始終無能視為公、無能具有作為超越者之權利。雖然如此，超越性若非思想虛構、而仍為真實，必須與人類自身有關，不能從其他事物言。【否則又只為對人與人性否定之機制而已，如西方世界下超越性那樣】。換言之，超越性直在人民作為至公者言而已，非能從以為代表國家最高權位之君主言。超越者從這點言沒有遠離人、亦非從對立人性或人類言，如西方以為那樣。中國古代如此超越性，其功能與意義因而亦一：對君主性或類同最高權力與力量彈劾或限制，非如西方超越性，反為助長或鞏固這樣力量而有，因而造就人類存在之不平等與對立及欺壓。

中國古代這樣超越性，正因再非任何力量與權力之代表，故非如人格神那樣，以個體意志姿態呈現、有如意志力般主動性。此亦萬章之問「天與之者，諄諄然命之乎？」而孟子回答：「否。天不言，以行與事示之而已矣」意思。【如近代對意志力之強調，以之為對存在痛苦與虛無之克服，始終仍一種求超越之方法而已，非德行之道。德行之道應如孟子所言，只由「行與事示之而已」】。「示之」非言人格天以行與事示人，【這樣仍只個體，非至公者】，而是，是否如天之作為，是從人民之行與事中所反映出來，如天所示那樣。天所示，故直就是人民之事與意，非有其他。對「（天）以行與事示之而已」，孟子更解釋說：「天子能薦人於天，不能使天與之天下；諸侯能薦人於天子，不能使天子與之諸侯（…）」。「能薦」雖言人可願望，然「不能使」則明言人無能因有如此意欲而有其權力權利，由一己作決定。對人類作為之一切，故非因任何地位權力而能視為私、為一己所欲取決。「能薦」而「不能使」故言權力分位之限制，其應公而無私。雖因分位似擁有其權力，然因事涉人人，非個己事，故縱使有其權力，仍無以「能使」如此。此亦《論語》言：「父在觀其志，父沒觀其行；三年無改於父之道，可謂孝矣」〈學而〉之意，意為如：「孟莊子之孝也，其他可能也，其不改父之臣與父之政，是難能也」〈子張〉：縱使繼承父位一切，仍不能因權力而作改變，視如己所有那樣。【我們今日對權力權利之理解故錯誤：權力不應有絲毫權利、不應以為為決定者】。人實無能意欲並以為能掌控決定一切，以為無所超越者（無所謂公者）。一切作為，縱使為具至高權位之君，故仍必須有其限制，無能自視為超越者。人所能故只行，如「能薦」，至於結果之取決決定，則非人能決定，故「天子能薦人於天」、「諸侯能薦人於天子」，然「不能使天與之天下」、「不能使天子與之諸侯」。求雖可，然得與成就非能視為必然、非能視為自己事，始終仍有公之超越性在。【因仍有所超越，行故須由道，此行所以須為德行】。堯作為君、作為最終權力決定者，也只能「薦於天」及「暴於民」而已，其所薦舜最終怎樣，非堯所能決或左右。人只能作，不能取決決定後果；此後者，最終唯由天（公意）決定，由人民所體現超越性取決而已。孟子故說：「昔者堯薦舜於天而天受之，暴之於民而民受之。故曰：『天不言，以行與事示之而已矣』」。天怎樣示意？天怎樣能不作為意志者而示意？【甚至：天怎樣不作為超越者而示意】。這即萬章最後之問：「敢問：『薦之於天而天受之，暴之於民而民受之』，如何？」孟子之回答是：「使之主祭而百神享之，是天受之，使之主事而事治，百姓安之，是民受之也。天與之，人與之。故曰：『天子不能以天下與人』。舜相堯二十有八載，非人之所能為也，天也。堯崩，三年之喪畢，舜避堯之子於南河之南。天子諸侯朝覲者，不之堯之子而之舜；訟獄者，不之堯之子而之舜；謳歌者，不謳歌堯之子而謳歌舜。故曰：『天也』。夫然後之中國，踐天子位焉。而居堯之宮，逼堯之子，是篡也，非天與也。〈太誓〉曰：『天視自我民視，天聽自我民聽』。此之謂也」。甚麼是「天受之」及「民受之」？天與民在這裡仍作為意志主體？若如是，怎能以之為超越一切意志任意性而為真正客觀？對此，孟子之解釋是：「百神享之」與「事治，百姓安之」。換言之，接受不接受，始終非任何意志之事，甚至非人民百姓作為意志者之接受與不接受，如我們今日所謂民主選舉那樣，這仍只訴諸於人民百姓作為意志時之主觀任意性而已，非代表天其超越客觀性。天其超越客觀性只能純然客觀，與任何人意志無關。而此故唯體現在「百神享之」與「事治，百姓安之」兩者上。前者喻天地萬物由治而呈現之安定狀態，而後者即由人事之治所呈現之安定狀態（人民百姓之真正安定），非其意志之事。安定，這始為（天）真實接受之表徵，為一種由超越所示之接受。不安故與仍未接受為同一意思。【人類存在之安定與否，故為從天超越性言之有道無道】。

中國傳統此言天超越性之接受與否，至為深邃。一方面再非任何意志主體之主觀偶然，另一方面，亦直切人類存在之真實，以存在之安與不安等同天，而此實為存在其最終意義所在。若非如此，人類之作為及取向，只能偶然而主觀任意而已。對舜是否為天所接受，故是從「舜相堯二十有八載，非人之所能為也，天也」而見。甚至，於「堯崩，三年之喪畢，舜避堯之子於南河之南。天子諸侯朝覲者，不之堯之子而之舜；訟獄者，不之堯之子而之舜；謳歌者，不謳歌堯之子而謳歌舜」，如是始確然顯示，舜實為人民百姓（天）所接受；故曰：「天也」。舜如是始

「然後之中國，踐天子位焉」。舜故絕非自「居堯之宮，逼堯之子」，以為「天與」之。

當孟子最後引〈太誓〉以解釋天超越之接受時說：「天視自我民視，天聽自我民聽」，應明白，除言天超越性非在人世外、非對立人或人性而為超越，【天直接即人民百姓其存在事實】，仍有另一意思：於言百姓即天，實只是說：一切應從人民百姓所視所聽這樣感受說而已，非從百姓其主觀偏好或意想而說；非百姓其主觀想法，而是其客觀感受，這始為天所以為天者。再非在任何主觀意欲上，而在至為客觀對事實之感受上。人民百姓或人類單純作為人時之感受（因而人性感受），這始超越於任何人之（主觀）意志與想法，這始為孟子及中國傳統對天與超越性問題之回答。其在人類有關超越性思想中，獨一無二，甚至是獨一無二地正確與深邃。

〔6〕論命之超越性

萬章問曰：「人有言：至於禹而德衰，不傳於賢而傳於子。有諸？」

孟子曰：「否，不然也。天與賢則與賢；天與子則與子。昔者舜薦禹於天，十有七年。舜崩，三年之喪畢，禹避舜之子於陽城，天下之民從之，若堯崩之後不從堯之子而從舜也。禹薦益於天，七年。禹崩，三年之喪畢，益避禹之子於箕山之陰，朝覲訟獄者不之益而之啟，曰：『吾君之子也』。謳歌者不謳歌益而謳歌啟，曰：『吾君之子也』。丹朱之不肖，舜之子亦不肖。舜之相堯，禹之相舜也，歷年多，施澤於民久。啟賢，能敬承繼禹之道。益之相禹也，歷年少，施澤於民未久。舜、禹、益相去久遠，其子之賢不肖，皆天也，非人之所能為也。莫之為而為者，天也；莫之致而至者，命也。匹夫而有天下者，德必若舜、禹，而又有天子薦之者，故仲尼不有天下。繼世以有天下，天之所廢，必若桀、紂者也。故益、伊尹、周公不有天下。伊尹相湯以王於天下。湯崩，太丁未立，外丙二年，仲壬四年，太甲顛覆湯之典刑，伊尹放之於桐。三年，太甲悔過，自怨自艾，於桐處仁遷義，三年以聽伊尹之訓己也，復歸于亳。

周公之不有天下，猶益之於夏、伊尹之於殷也。孔子曰：『唐、虞禪，夏后、殷、周繼，其義一也』」。

若「天」其超越性為人民百姓之感受與安定，那對個體言其超越之「命」應怎樣理解？所謂「命」，歸根究柢實只相關個體於現實中得與不得這樣問題而已。所以稱為「命」，因無論個體怎樣努力，其得或成就，往往與其努力或能力（甚至德行）不成正比，甚至可能是反比。如是始有命問題，如天之超越性那樣，超越於個體所有真實。孟子本章分兩組人作討論：能得獲天下之舜、禹、啟三人為一組，得不到天下之益、伊尹、周公三人為另一組，孔子亦屬此後者。

孟子怎樣分析這樣問題？首先，有關舜、禹、啟三人之得天下，撇開各人德行不言，單從外在因素考慮，主要亦二：一為得天子薦，如舜、禹之情形；此外，二人作為天子相，歷年久、施澤於民多，故得天下。二為如啟之情況，雖沒有天子薦，但因能敬承繼道，非如堯、舜子之不肖，而又正好禹所薦之益，歷年少、施澤於民未久，故相較下，啟勝益而得天下。這兩種得天下之途徑，一者必然、另一者偶然。之所以必然，因既有施澤於民之德行、亦有天子之薦。若如孔子，雖有德行，然若無天子薦，仍無能得天下。至於因偶然因素而得天下者，如碰巧益施澤未久故德行未顯，又非如堯、舜子之不肖，故啟於能敬承繼道、並為天子子，故能得。益情況與孔子相反：一者德行未顯、另一者無天子薦。若以啟與孔子相較，二人雖同無天子薦，然啟所以仍得天下，因為天子子故。如是可見，得與不得，其首要因素在有薦無薦、及本身是否為天子子；其次始為德行與恩澤之顯著與否；再其次則為是否正好無他人作為競逐者，如堯、舜子不肖，故舜、禹能得天下。

至於益、伊尹、周公三人所以不得天下，原因也只一：雖賢德，然所遇時勢為以繼位為法，繼承者雖未必有德行，然若非如桀紂般大惡，是無廢棄繼承者而另求立之理由。故有德行而不得天下，其首要原因也在：其時是否以繼承為法，其次則為繼承者本身德行怎樣。除非遇如桀紂之徒，否則德行雖僅如太甲，賢德者仍不會因一己德行（過人）而得天下。

孟子這一分析說明甚麼？孟子所說明主要亦一點而已：除非在極端情況下，否則單純德行與賢能，不足有得天下可能。是否得天下，故或在得人所薦、或直接由繼承，其他原因，也只輔助性質而已。這結論因而指出：所謂命，在這樣例子中，實即人是否本身為繼承者、或是否有為人所薦，若均非如此，單靠德行與賢能，始終無以得天下。人其外在存在所是（出身或處境），故如天超越性一般，超越每人自身德行之真實，而為其客觀之命。

雖然如此，孟子對命問題之分析，仍有深刻教導。我們歸納如下：

一、得與不得表面上雖為對位置之得，然於桀紂情況中實仍無所得。故得與不得，其真實，不應唯從分位言，更應從確切成就言。縱使如桀紂之已貴為君主，然實仍不得天下而已。

二、德行雖非得天下之第一因素，然始終，作為匹夫而能得天下，實仍因其德行而已，故「匹夫而有天下者，德必若舜、禹」。

三、如啟與益情況，啟之德行雖未如益，然因益施澤未久，而啟則承接堯、舜、禹之恩澤，故為民所歸向。此仍表示：縱使百姓未能分辨啟與益二人德行孰賢，然始終，百姓仍是依據縱使僅為表面之恩澤而取決。此德行仍有之決定性。

四、縱使為繼承而得，始終仍必須具有相當德行，如太甲之悔過並處仁遷義，否則只會如桀、紂那樣，為天所廢。如益時之啟、伊尹時之湯、周公時之武王與成王，故都必須各有其起碼德行，否則只會如堯、舜子那樣，為舜、禹所取代。

從以上幾點可見，縱使命非人可左右，然若非如世俗價值觀法，以為所得即多少、大小，否則，得與不得若從真實成就言，始終須立於德行與真實，非由命所支配。故孔子「不患無位，患所以立。不患莫己知，求為可知也」《論語．里仁》。【亦參考：「不患人之不己知，患其不能也」《論語．憲問》】。

孟子在對上述各人其命作分析後，引孔子言終結：「唐、虞禪，夏后、殷、周繼，其義一也」。孔子所言，為有關「命」至重要結論。孔子以「禪」與「繼」同一或一義，可有幾點意思：一、無論是直接繼承抑由禪讓而得，由於一切真實獲得必須以德行始有所真實，故事實上亦一而已，最終都必須同樣藉由德行始能無所廢。二、無論君王之位是藉由繼承抑禪讓而得，因最終只為對國家之治理，故無論以何方式取得賢者（作為君王），其意義都只同一，為百姓之治而已，非為君王自身而考慮。三、（這為命一問題至切要者：）若連「禪」與「繼」都實如一，那人所至為關注、以為命有其好壞吉凶，實只一種誤解或錯覺：縱使伊尹、周公等得不到天下，然始終，他們之成就毫不比堯、舜為低。一如孔子自己，雖不得天子薦而不得天下，然孔子之成就、其在歷史中之影響，連對孟子言，亦在堯舜之上。【見〈公孫丑上〉第二章末。因而舉例說：巴赫其偉大，絲毫與其在生時地位無關。在生時得至高位者，若非有真實成就，將也只籍籍無名而已】。之所以以為命對人如此決定性、以為得天下始能有大成就，故都只世俗一種盲目執着。人成就之大小、其偉大性，都單純在其德行之真實。無論表面上命如何，都無改其事實與成就。孟子舉堯、舜、禹、啟，又再舉益、伊尹、周公、孔子，實是明白地說：得天下與不得，其義實一而已；是不應以為有命對人之決定性者。非無命之超越性在，而是，縱使人各有命、各有其不能改變處境事實，然成就與否，仍全繫於其人自己之德行與真實而已，與命無關。非只義命分立，而更是，人成就或偉大與否，最終言，實與命無關。【故「子罕言（…）命」《論語．子罕》】。人故非只能受命所決定，仍是可超越其個人不能超越之命運的。以不得天下而仍能為「自生民以來，未有盛於孔子也」〈公孫丑上〉第二章這樣孔子之言作為命問題之結束，其義故深。

*

三、論主體之行〔7至9〕

〈萬章上〉最後以人在面對命之超越性時能怎樣仍為主體這樣問題結束。一方面既銜接前組，故仍以伊尹與孔子為例；但另一方面實為指出：行為於人所以能為獨立主體，實由於仁、義、禮、智四種德行而已。仁、義、禮、智故實為成就人其主體性者。〈萬章上〉這最後部分分三章，主題如下：

一、主體其行之仁〔7〕

二、主體其行之禮與義〔8〕

三、主體其行之智〔9〕

〔7〕主體與仁

萬章問曰：「人有言，伊尹以割烹要湯，有諸？」孟子曰：「否，不然。伊尹耕於有莘之野，而樂堯、舜之道焉。非其義也，非其道也，祿之以天下，弗顧也。繫馬千駟，弗視也。非其義也，非其道也，一介不以與人，一介不以取諸人。湯使人以幣聘之，囂囂然曰：『我何以湯之聘幣為哉！我豈若處畎畝之中，由是以樂堯、舜之道哉！』湯三使往聘之，既而幡然改曰：『與我處畎畝之中，由是以樂堯、舜之道，吾豈若使是君為堯、舜之君哉！吾豈若使是民為堯、舜之民哉！吾豈若於吾身親見之哉！天之生此民也，使先知覺後知，使先覺覺後覺也。予，天民之先覺者也，予將以斯道覺斯民也，非予覺之而誰也！』思天下之民匹夫匹婦有不被堯、舜之澤者，若己推而內之溝中。其自任以天下之重如此。故就湯而說之，以伐夏救民。吾未聞枉己而正人者也，況辱己以正天下者乎！聖人之行不同也，或遠或近，或去或不去，歸潔其身而已矣。吾聞其以堯、舜之道要湯，未聞以割烹也。〈伊訓〉曰：『天誅造攻自牧宮，朕載自亳』」。

伊尹，仁者。【見〈告子下〉第六章：「『居下位，不以賢事不肖者，伯夷也。五就湯、五就桀者，伊尹也。不惡汙君，不辭小官者，柳下惠也。三子者不同道，其趨一也』。『一者，何也？』曰：『仁也。君子亦仁而已矣，何必同？』」】。「伊尹耕於有莘之野，而樂堯、舜之道焉」。伊尹縱使身處畎畝如此處境，無論人以甚麼來聘，都不為所動。湯初以幣聘而無所動心，至湯三使往聘，見湯之誠，以己為能行仁，始改意而往。其往故唯以行堯舜之道為己任而已，故孟子說：「思天下之民匹夫匹婦有不被堯、舜之澤者，若己推而內之溝中。其自任以天下之重如此。故就湯而說之，以伐夏救民」。伊尹之行與不行，純在是否能真實地行仁而已，無待任何其他原因。「使先知覺後知，使先覺覺後覺」，其主動性純由仁而先知先覺，其所以行，亦由此原因；否則也只會如一般聖者：「歸潔其身而已矣」，是不會以任何手段達成個人所欲。以仁而行，故為主體之行。如此之行，再無待其他。孟子說：「聖人之行不同也，或遠或近，或去或不去，歸潔其身而已矣」。「歸潔其身而已矣」，實亦主體無待之獨立性。其所達致獨立性，非但對仁先覺，更在以對象之一切亦對象自身造成，非他人所致。如桀，故曰：「天誅造攻自牧宮，朕載自亳」；意思為：天對桀之討伐，實由其自身造成、源起於其宮室本身；而我（伊尹）只由亳都開始而已；換言之，桀之被討伐，非由我而起。人所作為，對伊尹言，實都各由自身所致，其對主體獨立性之觀法至此。

〔8〕主體與禮義

萬章問曰：「或謂孔子於衛主癰疽，於齊主侍人瘠環，有諸乎？」孟子曰：「否，不然也，好事者為之也。於衛主顏讎由。彌子之妻，與子路之妻，兄弟也。彌子謂子路曰：『孔子主我，衛卿可得也』。子路以告，孔子曰：『有命』。孔子進以禮，退以義，得之不得曰『有命』。而主癰疽與侍人瘠環，是無義無命也。孔子不悅於魯、衛，遭宋桓司馬將要而殺之，微服而過宋。是時孔子當阨，主司城貞子，為陳侯周臣。吾聞觀近臣以其所為主，觀遠臣以其所主。若孔子主癰疽與侍人瘠環，何以為孔子！」

如同上章伊尹雖耕於有莘之野仍無視自身處境，不受物質誘惑，只由仁而行，同樣，孔子之進退亦以禮與義而已，非更有所圖而置自身不義或無禮。

孔子曾於衛與齊。人以為孔子必寄居衛癰疽及齊瘠環家，因二人均為勢力宦臣。然孔子只寄居賢大夫顏讎由家，亦孟子所以解釋說：若居於癰疽及瘠環家，實「無義無命」。所以無義，因寄居在怎樣人家中，亦必與人同流，故無義。之所以無命，因若寄居二人家，其投靠必有所圖，故無命，不安於自身所是（命）而有所圖故。對此「無命」而更有所圖，孟子另舉一事說明：於衛時，彌子瑕【彌子瑕妻與子路妻同姐妹】向子路言孔子可寄居其下，並因而可得為衛國卿相；孔子之回答只是：「有命」，意思是：得為卿相與否，這只命中事，不應為人所圖。

孔子甚至沒有因遭遇困境而不以禮義行。故因不悅於魯、衛而離去時，遇宋司馬桓魋欲對他殺害。在如此阨難中，孔子始終只投靠宋司城貞子家，並為陳侯周臣。【《史記》以司城貞子為陳卿，與趙岐注異。今仍依趙岐注，因孟子確分別言「主司城貞子」與「為陳侯周臣」】。趙岐注說：「不暇擇大賢臣」，意謂孔子沒有為解阨難而投靠有勢力之人。若人於阨難仍無背棄自身進退之道，是不可能於無事中反對道有所棄。孔子之進退，故唯以禮與義而已，非因命（求攀附勢力及求避去阨難）而求改變。其進也以禮，其退也以義，此所以孟子最後說：「吾聞觀近臣以其所為主，觀遠臣以其所主。【言無論近遠，觀人所與群，即見其為人】。若孔子主癰疽與侍人瘠環，何以為孔子」。若孔子非為主體行退唯自主於道，是無需「何以為孔子」如此感歎與稱許。作為主體，孔子故無視命、無視於自身地位與遭遇，其行退只單純主於道義；如伊尹仁之行止，孔子之進退亦禮義而已，無在乎命而獨立。

〔9〕主體與智

萬章問曰：「或曰：百里奚自鬻於秦養牲者，五羊之皮食牛，以要秦繆公，信乎？」孟子曰：「否，不然，好事者為之也。百里奚，虞人也。晉人以垂棘之璧與屈產之乘，假道於虞以伐虢。宮之奇諫，百里奚不諫。知虞公之不可諫而去之秦，年已七十矣，曾不知以食牛干秦繆公之為汙也，可謂智乎？不可諫而不諫，可謂不智乎？知虞公之將亡而先去之，不可謂不智也。時舉於秦，知繆公之可與有行也而相之，可謂不智乎？相秦而顯其君於天下，可傳於後世，不賢而能之乎？自鬻以成其君，鄉黨自好者不為，而謂賢者為之乎？」

最後，有關主體之智，孟子以百里奚故事說明。作為能獨立自身不受外在現實境況左右，主體之智非一般所謂聰明或聞見知識，後者再多也不會成為主體。孟子所言智，故應從明白及知分辨是非善惡言。唯這樣之智，始使人能主體獨立地行。不過，如此之智仍不能取代仁、義、與禮，亦孟子所以舉百里奚而不選其他更有德行者之原因，單純言智與主體關係而已。

如同伊尹與孔子之能自己，百里奚同樣沒有因「自鬻以成其君」【賣身以成就自身君主事業】而不智。百里奚事今已不可確考，然從孟子這裡所記，仍可略知其由。大概百里奚年七十離開虞國而相秦繆公，協助其成霸，【〈告子下〉第六章有：「虞不用百里奚而亡，秦繆公用之而霸」】，人以百里奚有對己喪失，故更扭曲其事，以「自鬻於秦養牲者，五羊之皮食牛」說之。孟子一方面替百里奚辯解，以「鄉黨自好者」都不致於會「自鬻以成其君」，何況能幹如百里奚，怎可能失去自己而以為智。作為年已七十之長者，百里奚不可能不知「以食牛干秦繆公」只汙辱自身而已。能幹如百里奚，故無需因求成就而汙辱自身，此傳聞所以偽。

對百里奚，孟子解釋所突顯，故為其智之主體獨立性：一、晉對虞公賄賂，百里奚非如「宮之奇諫」，知「不可諫而不諫」，其智故知人而辨；二、「知虞公之將亡而先去之」，故察事而明，其防範「不可謂不智」；三、「知繆公之可與有行也而相之」，故知人有能始往作為，「可謂不智乎？」；四、「相秦而顯其君於天下，可傳於後世」，其以能成就對方，故「不賢而能之乎？」。四者均突顯百里奚智與能幹之獨立性：既知對方之不智、亦知事情之好壞得失；既能辨人之能有作為者、亦自身確因協助而成事；如此既沒有不知、亦沒有不能；既能自己、亦能有所成；其成就雖非如孔子或其他賢者般為仁義，然實仍為智之獨立。如是之智，故不可能致自身於汙辱。此智與主體獨立性之關係。

若在命之超越性前人其主體獨立性唯由仁、義、禮、智而致，那四者與主體行作之關係主要亦在兩點而已：一為使其人潔己而自己；二為使其人之行作能真實而獨立，既知自己所能、亦知自己所應為。如是而在行作（而不僅在情感感受）中，能有主體自主獨立性，亦唯由仁、義、禮、智四者而已，非由其他。此孟子對主體之行所作分析。

〈萬章上〉有關主體性與超越性，於此而終。

公元二零一零年一月二十七日

萬章下

論人客體（對待）之道

〈萬章下〉主題對反〈萬章上〉。〈萬章上〉論述人所有主體性，雖亦相對客體超越性言，然始終仍以主體為中心。主體性是從人之能獨立自身言，無論從不反應外來而自己、抑從自守於道而行作，都為主體性主要方面。然人之活在世上，無論多麼主體獨立，始終必然與他人有關，都非能單純以主體道理涵蓋一切。因而相對主體性，仍必須說明人於世中種種有待關係，無論是對世界或存在之態度、或是對待一己生存、甚或是人與人之相互對待，都必須一一說明。這即〈萬章下〉主題。若須為這樣道理命名，相對於主體性，宜稱為客體性之道。此時所謂客體，非相對主體言，【主客關係中之客體、或物性世界客體】，而仍是從人自身，如說「客人」時那樣。人仍是可以一客體姿態棲居於世界或他人中，既主動亦被動地面對他人他物。人雖可作為主體面對一切，但客體地面對世界之姿態始終根本；人其不可免之有限性，使其存在不得不有所待、不能只講求獨立性故。人作為客體這一面相，即〈萬章下〉道理。

〈萬章下〉九章之編排分四組，如下：

一、論人面對存在整體與人在生存整體中之待遇〔1、2〕
二、論人平素中對待關係〔3、4〕
三、論人與現實生存有關之對待〔5至7〕
四、論對至高者之對待關係〔8、9〕

從以上四組問題可見，重點或在與現實生存待遇有關、或是平素人與人之對待。像人與人關係這樣問題，在〈離婁上〉十六至二十章已有討論；差別唯在：〈離婁上〉所討論為人與人種種具體關係道理，而〈萬章下〉所強調，則單純為「對待」這一客體性問題。「對待」所突顯，非其關係應怎樣，而是對待時姿態應怎樣；無論是人應怎樣面對世界他人、或國家應怎樣對待人民生存（待遇）；無論是人平素朋友之對待、抑如何接受他人幫助等對待；甚或是友人不友人這樣極端情況，都為〈萬章下〉所討論。非其關係，只其對待之道，因而為客體性姿態問題。以上為〈萬章下〉與〈離婁上〉差異。

*

一、論人面對存在整體與人在生存整體中之待遇〔1、2〕

〔1〕面對世界之四種極致客體性姿態

孟子曰：「伯夷，目不視惡色，耳不聽惡聲。非其君不事，非其民不使。治則進，亂則退。橫政之所出，橫民之所止，不忍居也。思與鄉人處，如以朝衣朝冠坐於塗炭也。當紂之時，居北海之濱，以待天下之清也。故聞伯夷之風者，頑夫廉，懦夫有立志。

伊尹曰：『何事非君，何使非民？』治亦進，亂亦進。曰：『天之生斯民也，使先知覺後知，使先覺覺後覺。予，天民之先覺者也，予將以此道覺此民也』。思天下之民匹夫匹婦有不與被堯、舜之澤者，若己推而內之溝中，其自任以天下之重也。

柳下惠不羞汙君，不辭小官。進不隱賢必以其道，遺佚而不怨，阨窮而不憫。與鄉人處，由由然不忍去也。『爾為爾，我為我，雖袒裼裸裎於我側，爾焉能浼我哉！』故聞柳下惠之風者，鄙夫寬，薄夫敦。

孔子之去齊，接淅而行。去魯，曰：『遲遲吾行也，去父母國之道也』。可以速而速，可以久而久，可以處而處，可以仕而仕，孔子也」。

孟子曰：「伯夷，聖之清者也；伊尹，聖之任者也；柳下惠，聖之和者也；孔子，聖之時者也。孔子之謂集大成。集大成也者，金聲而玉振之也。金聲也者，始條理也；玉振之也者，終條理也。始條理者，智之事也；終條理者，聖之事也。智，譬則巧也；聖，譬則力也。由射於百步之外也，其至，爾力也；其中，非爾力也」。

作為客體性第一問題，即面對世界與他人時，人作為客體自處之道。此時所面對因為世界與人整體，故列第一。因面對必有我與對方兩面，又因對方（世界與他人）可有不同樣貌，故人再無能單純為主體，更須有其作為「客」之一面。孟子列舉四人（伯夷、伊尹、柳下惠、孔子）作為比較。四人之為「客」觀點極致，均亦聖者客體性之最高樣態。四人所代表客體性為遞進性質：從伯夷作為清者、至孔子作為時者與世界之關係，其差異明顯在（面對世界時）自我（伯夷）與完全無我（孔子）這樣極端。孟子列舉四人，因而實總覽由自我至無我四種代表性對待關係。四者雖以孔子為最高，然因四人均聖者，故不能以為不是，始終仍各為一種德行。唯因清者（伯夷）近於主體、時者（孔子）則完全融入客體中而順承，故後者更是客體性之至。因而若舜代表主體性最高樣態（見前），那孔子則代表客體性最高樣態，此孟子之刻意安排。

首先有關伯夷客體性姿態：「目不視惡色，耳不聽惡聲。非其君不事，非其民不使。治則進，亂則退。橫政之所出，橫民之所止，不忍居也。思與鄉人處，如以朝衣朝冠坐於塗炭也」。伯夷對對象之善惡或正不正特殊地在乎，其清因而對對方明顯有選擇性甚至排斥性。正由於排斥，故非單純客體姿態；其所以孤獨亦由此。雖獨立如主體，然反而有所待，故孟子說：「當紂之時，居北海之濱，以待天下之清也」。這樣姿態之獨立，故有其風範性：「故聞伯夷之風者，頑夫廉，懦夫有立志」。清廉與自立，都為主體面對世界時之姿態（獨立而自主），亦伯夷作為客體時所仍強調。

伊尹略有不同。伊尹，聖之任者，能託付重任者。正因以承擔姿態為客體，故不再強調自身、亦不再如此辨別對象之善惡與正不正。伊尹說：「何事非君，何使非民？」，並「治亦進，亂亦進」。因從承擔觀一切，故對善者惡者唯以先覺後覺而觀，以不善者只後覺而已，其覺與否之責任仍在先覺者身上，故說：「天之生斯民也，使先知覺後知，使先覺覺後覺。予，天民之先覺者也，予將以此道覺此民也」。伊尹對世界之承擔，使其「思天下之民匹夫匹婦有不與被堯、舜之澤者，若己推而內之溝中，其自任以天下之重也」。孟子對伊尹沒有說如「頑夫廉，懦夫有立志」或如下面柳下惠「鄙夫寬，薄夫敦」等語，因承擔非一般人所能效法，否則便亦已為聖。任者雖於風範難有所立，然其德行始終在一己，非從影響言。

柳下惠所以為聖之和者，非見不善而承擔而已，更見對善不善好壞這樣價值有所寬鬆、甚或不在乎，如「不羞汙君，不辭小官。進不隱賢必以其道，遺佚而不怨，阨窮而不憫」；亦不在乎對方怎樣，故「與鄉人處，由由然不忍去也。『爾為爾，我為我，雖袒裼裸裎於我側，爾焉能浼我哉！』」。這樣不在乎一己與對方，使兩者關係易達致和睦，故「聞柳下惠之風者，鄙夫寬，薄夫敦」。此即一種以和睦為〔客體〕姿態者。

對孔子所以為「聖之時者」，孟子首先說：「孔子之去齊，接淅而行。去魯，曰：『遲遲吾行也，去父母國之道也』」。這是說：孔子之離去齊、魯，固然因見兩地無可作為，然亦表示，孔子實不在乎自身之現實生存，其離去故如「接淅而行」，果斷無所留戀或顧慮。【趙岐注說：「不及炊」，即在仍未飽食前便毅然離去】。非但如此，孔子也沒有如伯夷或伊尹那樣，對人有先在選擇（伯夷之「非其君不事」）、或完全承擔不離棄。孔子只視乎對方是否可作為，非在乎自己或他人本身。能如此判別，故智。若孔子有遲遲不捨姿態，也只如他自己所說，因是「去父母國」而已，因念舊情而有不捨而已，非有其他考慮。孔子之對人，故純然依據對方之真實性，既沒有在乎自己想法、亦沒有強調事情外其他方面。甚至，孔子連自己德行亦不過分突顯，沒有如伯夷之重視清、也沒有如伊尹那樣重視任、更沒有如柳下惠那樣把重點放在和。對孔子言，重要唯在事情是否能真實地行，以事之行是否真實決定一切。此孟子以孔子為聖之時者之原因：「可以速而速，可以久而久，可以處而處，可以仕而仕」。孔子能因時與情況處而取決，並純視乎事情真實而作為，無任何堅持執着、亦無在事情外求交際之道，其如此變通，使孔子為集大成者。當孟子說：「孔子，聖之時者也。孔子之謂集大成」時，所以「集大成」者為「時者」，因孔子能隨其對象之怎樣而去留，如與時推移那樣，在自身中含藏一切可能、一切變化彈性，因而達致至高之客體性存在。時間既融合一切，亦以其變化成就一切。孟子更解釋說：「集大成也者，金聲而玉振之也。金聲也者，始條理也；玉振之也者，終條理也。始條理者，智之事也；終條理者，聖之事也。智，譬則巧也；聖，譬則力也。由射於百步之外也，其至，爾力也；其中，非爾力也」。所以集大成，因孔子在種種方面均能涵攝兩端而為整體，既有金聲之肅厲、亦有如玉之溫厚；既能有條理上之始與終、亦能智巧並力聖。玉振喻其感染力、金聲言其（自身）理性條理；智巧言其（對外）行事能力、力聖則言其內在努力。孔子非僅一，更為一切。人縱使有巧智，然未必能誠於努力；伊尹等雖由努力而聖，然又未能如孔子那樣條理通達；故孔子既能射於百步之外而有力、亦能於百步之外由智而中。「爾力也」「非爾力也」更是說：人必多有其自身限制，獨孔子不然：其所能者，非人所能。以如是大能述說孔子，這是有關人對向世界與他人時能有客體性姿態之極致。

伯夷、伊尹、柳下惠、孔子四人可視為兩組：伯夷、柳下惠只強調相處關係，而伊尹、孔子則更能從作為中與對方聯繫起來。伯夷重視自身感受，柳下惠則重視與對方一體感受，此兩人在感受上之自我與無我。至於作為，伊尹之堅持仍為一種自我姿態，未如孔子無我而更能真實。對向世界與他人若非從（自身）感受、則只有從（為對方）作為言，此人作為客體時之兩面。而兩面均有在乎自身與不在乎自身可能，後者更為客體性。孟子列舉四人，故確實窮盡此問題之基本：既有從感受言之自我與無我姿態、亦有從作為言之自我與無我姿態。有關客體性分析而以面對世界與他人之姿態為首章，孟子如此主題故實深思。

〔2〕經濟與待遇問題

北宮錡問曰：「周室班爵祿也，如之何？」孟子曰：「其詳不可得聞也。諸侯惡其害己也，而皆去其籍。然而軻也，嘗聞其略也。天子一位，公一位，侯一位，伯一位，子、男同一位，凡五等也。君一位，卿一位，大夫一位，上士一位，中士一位，下士一位，凡六等。天子之制，地方千里，公、侯皆方百里，伯七十里，子、男五十里，凡四等。不能五十里，不達於天子，附於諸侯，曰附庸。天子之卿受地視侯，大夫受地視伯，元士受地視子、男。大國地方百里，君十卿祿，卿祿四大夫，大夫倍上士，上士倍中士，中士倍下士，下士與庶人在官者同祿，祿足以代其耕也。次國地方七十里，君十卿祿，卿祿三大夫，大夫倍上士，上士倍中士，中士倍下士，下士與庶人在官者同祿，祿足以代其耕也。小國地方五十里。君十卿祿，卿祿二大夫，大夫倍上士，上士倍中士，中士倍下士，下士與庶人在官者同祿，祿足以代其耕也。耕者之所獲，一夫百畝，百畝之糞，上農夫食九人，上次食八人，中食七人，中次食六人，下食五人。庶人在官者，其祿以是為差」。

繼人面對世界樣態後，即相反，人在世間應怎樣被對待問題，其根本亦人在現實生存中之待遇問題。

孟子這有關周室爵祿之記述，對我們今日言，重點已不在考據上。孟子所述說，明為經濟分配中待遇問題之正道。【北宮錡所問周室班爵祿，明為求其正道。當孟子回答而指出：「諸侯惡其害己也，而皆去其籍」時，所言制度亦明為正道，始有諸侯之惡其妨礙自己謀取個人私利，而對有關典籍毀棄】。其反省與意義縱使對我們今日言實仍深遠。我們歸納為三點：

一、有關俸祿之分配，這實是社會經濟最重要問題，較社會怎樣發展問題更為根本：人人之生存為基本故。社會之經濟故必須以養活一切人為大前提，一國財富之分配（俸祿），因而為經濟問題之至根本者。【今日所謂經濟，只國與國富有之競爭，非對人民養活這更真實問題】。孟子這裡所討論被對待（待遇）問題，實即此經濟問題而已。像這樣問題，基本上有兩種方向：一為一切收入預先被決定；另一為收入視乎人自身之競爭力，為人人各自取。前者可以共產主義為代表，而後者則以資本主義為代表。我們通常認為自由經濟始有上進或發展性，共產主義下勞動者只會怠惰；但忽略，強調自由經濟只抹殺經濟本來應使人人飽足而活這樣人性意義、忽略自由經濟只為物質發展，非人能活而富庶這一目的。以物為本這源自西方之經濟，只造就貧富極大懸殊，更構成人類生存上之權力關係，甚至使人類生存素質下降：社會表面之富裕，與人存在素質無關，甚至為反比。

孟子所述說制度，既非單純共產制度、亦非自由無節制之資本經濟。周代之俸祿制度，較兩者為善。財富或俸祿之分配雖仍依據職能分位而有差別，然因是全國統一之分配制度，故不再可能有私下不合理之個人累積；無論職位多卑微，因俸祿為國家整體考慮，故不可能造成生存不合理之被剝削或困難狀態。上自天子下至庶民，都始終在同一分配考慮下，公平而合理地有所差異，非既不合理又不公平之一種貧富差距現象。整國一體之俸祿制度，雖有等級差異，然不會造成如今日之自由競爭，個人財富可無限制地膨脹，或個別情況之無可約束。以國家整體作分配、以俸祿為一公有制度、無私下個人過分之積累，如是是不可能造成不合理或極端之現實差距與困境這樣情況。這為第一點。

二、從孟子所記述制度中，所以不會形成像共產制度因均等而無上進心這樣情況，因社會實仍有種種等級，甚至各等級仍有上、中、下層次，因而可為人努力之依據：人人仍有上進之可能故。縱使同以農維生，故仍有上、上次、中、中次、及下五級，因而仍有上進努力之可能。如是不會因無需上進而不再努力。

三、若單考察至為下級之耕者：「耕者之所獲，一夫百畝，百畝之糞，上農夫食九人，上次食八人，中食七人，中次食六人，下食五人」，社會中之最低收入，因為國家制度公共地考量，不受制於強者對弱者之剝奪，俸祿之最低限度故能以養活一家五口為最基本條件。【一家五口：父母、夫妻、與一子】。上農甚至可養活一家九人。反觀我們今日所謂發達經濟，大部分受薪階層根本不能妄想能活多少人。一家之收入往往必須由父母兩人兩職同擔，頂多也只能養活一、二子女，與古代上農能活九口而言，差距很遠。其人性不人性再明顯不過。孟子記述俸祿制度，其用意故明顯，教人國家對待其人民百姓（生存），怎樣始為人性而正道。而所謂經濟，不應是物質財富運用與開發問題，更應為人民百姓養活及生活安定問題。這始經濟之真正學問。孟子所記述雖表面似只官職等級與俸祿，然所關注，實多麼為經濟之深層問題。

*

二、論人平素中對待關係（3、4）

在存在整體性對待或待遇問題後，孟子以最一般「朋友」關係為背景，討論人與人平素對待應有之道。所以稱為平素，是為對比下組生計待遇或受人周濟時之面對關係言。平素因而指沒有現實性問題在。此時之對待，總歸而言，不外兩種：

一、單純作為人（友）之關係〔3〕

二、在人與人之外「物」餽贈之問題〔4〕

對待人與對待餽贈，構成人與人間一般言時之對待關係。此〈萬章下〉三與四章所論述。

〔3〕論友之對待關係

萬章問曰：「敢問友」。孟子曰：「不挾長，不挾貴，不挾兄弟而友。友也者，友其德也，不可以有挾也。孟獻子，百乘之家也，有友五人焉：樂正裘、牧仲，其三人則予忘之矣。獻子之與此五人者友也，無獻子之家者也。此五人者，亦有獻子之家，則不與之友矣。非惟百乘之家為然也，雖小國之君亦有之。費惠公曰：『吾於子思，則師之矣。吾於顏般，則友之矣。王順、長息，則事我者也』。非惟小國之君為然也，雖大國之君亦有之。晉平公於亥唐也，入云則入，坐云則坐，食云則食；雖疏食菜羹，未嘗不飽，蓋不敢不飽也。然終於此而已矣。弗與共天位也，弗與治天職也，弗與食天祿也，士之尊賢者也，非王公尊賢也。舜尚見帝，帝館甥于貳室，亦饗舜，迭為賓主，是天子而友匹夫也。用下敬上，謂之貴貴，用上敬下，謂之尊賢。貴貴尊賢，其義一也」。

本章人與人對待關係所以只關注「友」一問題，因人與人關係若有特殊，其對待必有所定向，如親情、師徒、君臣之對待，都會隨着關係之特殊而有所必然。唯「友」始純然人與人，無如親情、師徒等為前提。而有關友，這裡又非如《論語．季氏》「益者三友，損者三友。友直、友諒、友多聞，益矣。友便辟、友善柔、友便佞，損矣」等確對「友」本身道理討論，只借「友」言人與人對待問題而已。

若無特殊原因，人與人關係應建立在對對方德行之敬仰上，再無其他更真實原因，此所以孟子說：「友也者，友其德也」。人或只因愛好、或因投契而友人，然這些都非使人與人關係能深化。友情能長久而不致反目怨尤，只由對對方德行與人格之敬仰而致，再無其他基礎可言。道不同、心中價值不同，都無法使友情能坦然無間。正因人與人應以德行為關係，故絲毫人與人對立或超越，無論是以年長抑以所有挾恃對方之年幼與所無，都明非人與人正道，此孟子「不挾長，不挾貴，不挾兄弟而友」意思。與人交往，都不應倚仗任何過人之處，無論是年紀、富貴抑家勢等差異，絲毫不能有這樣存心，否則交往便無以真實。若非由於德行，無論甚麼，交往實難於持久而真誠。

孟子之後舉四人交友為例，孟獻子、費惠公、晉平公、及帝堯。舉孟獻子是為說明其不以家勢富裕（百乘之家）交友；舉費惠公則為說明，他清楚明白其與人之關係：為師即為師、為友即為友、為事即為事，不會混淆關係而交往。舉晉平公例子則反為說明，縱使為大國之君，晉平公對所交隱居陋巷之賢者（亥唐），雖已做到無挾恃自身尊貴，禮下敬賢至「入云則入，坐云則坐，食云則食；雖疏食菜羹，未嘗不飽，蓋不敢不飽也」，然始終，「弗與共天位也，弗與治天職也，弗與食天祿也」，故孟子評說：晉平公之尊賢，只做到「士之尊賢」，非「王公尊賢」。若為後者，更應與其所尊敬賢者同治天職、甚至同食天祿，不應只如一般人對人之尊敬、不應只以為能禮下敬賢不挾尊貴便是。孟子故最後舉帝堯為例。其對舜有所尊敬時，縱使舜只為匹夫，堯仍與舜天位、迭為賓主，此始為天子友人之道。換言之，不挾貴而友人，只從不以己抑人言而已，若真對人有所敬，在自己能力內，仍是應與友共享，如堯「饗舜」那樣。

在人對待人這問題中，孟子最後總結說：「用下敬上，謂之貴貴，用上敬下，謂之尊賢。貴貴尊賢，其義一也」。這是說：人與人雖必有所上下，然若真有所敬，在「不挾」與「與共」道理外，最終言，應上與下為一。人通常只知「貴貴」、只知崇尚上者，不知賢者之尊貴，「貴貴尊賢，其義一也」故是說：貴與賢，實一而已，兩者之相交，應為平等，此所以堯「帝館甥于貳室，亦饗舜，迭為賓主，是天子而友匹夫也」。從不挾、與共，至上下而一，人與人對待中友與尊賢之道，實盡於此。

〔4〕論交際中餽贈關係

萬章曰：「敢問交際何心也？」孟子曰：「恭也」。曰：「卻之卻之為不恭，何哉？」曰：「尊者賜之，曰：『其所取之者義乎不義乎？』而後受之。以是為不恭，故弗卻也」。曰：「請無以辭卻之，以心卻之，曰：『其取諸民之不義也』。而以他辭無受，不可乎？」曰：「其交也以道，其接也以禮，斯孔子受之矣」。萬章曰：「今有禦人於國門之外者，其交也以道，其餽也以禮，斯可受禦與？」曰：「不可。〈康誥〉曰：『殺越人于貨，閔不畏死，凡民罔不譈』。是不待教而誅者也。殷受夏，周受殷，所不辭也。於今為烈，如之何其受之？」曰：「今之諸侯取之於民也，猶禦也。苟善其禮際矣，斯君子受之，敢問何說也？」曰：「子以為有王者作，將比今之諸侯而誅之乎？其教之不改而後誅之乎？夫謂非其有而取之者，盜也。充類至，義之盡也。孔子之仕於魯也，魯人獵較，孔子亦獵較。獵較猶可，而況受其賜乎？」曰：「然則孔子之仕也，非事道與？」曰：「事道也」。「事道奚獵較也？」曰：「孔子先簿正祭器，不以四方之食供簿正」。曰：「奚不去也？」曰：「為之兆也。兆足以行矣，而不行，而後去，是以未嘗有所終三年淹也。孔子有見行可之仕，有際可之仕，有公養之仕。於季桓子，見行可之仕也。於衛靈公，際可之仕也。於衛孝公，公養之仕也」。

本章承上章，繼言交際之道。所以稱為交際，因此時人與人對待不再只從人方面、更可只涉物之餽贈，故為交際、非友。因物（餽贈）均為人所欲，故交際與賢友之道不同。

孟子首先指出，交際中餽贈，其道也只恭敬地接受便是。那為何會有所辭卻這樣問題？原因主要有二：從受者方面言，因受者欲表示自身並非如一般人那樣，對餽贈有所貪圖、為好小惠者，故辭卻。而從贈予者這另一方面言，辭卻則表示受者以贈予者之餽贈為無義甚至不義，故辭卻。對餽贈之辭卻，主要亦此兩原因。【若再有原因，即為不欲贈予者有金錢上耗費；然因已成事、已非辭卻所能改變，故也只能接受而已】。對餽贈孟子之所以以「卻之為不恭」，因在單純交際中，實無須過於突顯自身之清廉，這仍只一種自我形象之執着而已。設想贈予者之感受：若對方只表示不好小惠，如是反扭曲了餽贈原初心意，甚至使交際因此而有所傷害。此「卻之為不恭」原因：無視贈予者心意、或只視贈予者為因利益圖得而贈予，非贈予時本應有喜悅與期盼心情。

若不應因表示一己不好利益而卻，若贈予為不義時，是否能卻？這始餽贈接受與否之關鍵，亦孟子本章所主要討論。解答單純而明顯：若贈予為不義，明顯不應接受，不應更有其他道理，餽贈本身不義故。然問題非因此告終，反而只轉移為餽贈之義不義問題而已。怎樣才算不義？孟子初步回答如下：一、若是「尊者賜之」而非來自居下貧困者之贈予，不構成不義。二、若餽贈是「其交也以道，其接也以禮」，如是是連「孔子（亦）受之」，亦不構成不義。那怎樣之贈予始構成不義？明顯只有「禦人於國門之外者，（⋯）殺越人于貨，閔不畏死，（⋯），如之何其受之？」，換言之，惟有劫掠他人財物以餽贈，縱使「其交也以道，其餽也以禮」，仍不能接受，明顯因不義故。然問題是，今之尊貴者，大多同樣不義，其掠奪表面雖非不法，但實仍是不義，如萬章所質疑：「今之諸侯取之於民也，猶禦也。苟善其禮際矣，斯君子受之，敢問何說也？」。對這樣取之於民而更不義之餽贈，為何其接受反為義？這始有關餽贈義不義問題之關鍵，亦其最難解答處。孟子之回答是：「子以為有王者作，將比今之諸侯而誅之乎？其教之不改而後誅之乎？夫謂非其有而取之者，盜也。充類至，義之盡也」。本句前段明白：孟子反詰說，若王者再起，也不會因現今諸侯取之於民其不義便立即誅之，必也先教之不改始然後誅之。為何先王如此，孟子解釋在句後半段。今人解釋多沿襲朱熹之錯誤，以為「夫禦人於國門之外，與非其有而取之，二者固皆不義之類。然必禦人乃為真盜，其謂非有而取為盜者，乃推其類，至於義之至精至密之處而極言之耳，非便以為真盜也。然則今之諸侯，雖曰取非其有，而豈可遽以同於禦人之盜也哉？」朱熹不明趙岐注解更為正確之意思，妄解「充類至，義之盡也」為〔毫不通順之〕「乃推其類，至於義之至精至密之處而極言之耳」，更曲解「夫謂非其有而取之者，盜也」一語為不該之看法，因而反認為更禍害於民之「非其有而取之者」非盜，只「禦人」者始為真盜，「非其有而取之者」非真盜，如是更掩蓋上位者之惡，使其取之於民為合理。這樣解釋毫無正道，亦全非孟子之意，趙岐原初解釋始是。趙岐注說：「謂非其有而竊取之者為盜。充，滿。至，甚也。滿其類大過至者，但義盡耳，未為盜也。諸侯本當稅民之類者，今大盡耳，亦不可比於禦」。意思是說：夫謂「非其有而取之者」為盜，這只今人竊取之意。盜本非有此意思。至於為何連王者都不立即誅殺取之於民之諸侯，這是因為，這樣的人，已充滿天下了、已非一人個人之事，如「禦人」之盜那樣。今諸侯之「非其有而取之」已為天下之普遍現象，故不再能只以盜視之。「充類至，義之盡也」故是說：當這樣「非其有而取之」已廣及全類均如此時，這實已為義之殆盡，因而再非只盜不盜這樣問題。換言之，王者起作而沒有立即誅殺今之諸侯，非其作為不為盜、更非其作為不如「禦人」者甚，只因如此現象已非只個人、而為整體充類之事，故再非只單純誅不誅問題。孟子沒有以為「非其有而取之者」非真盜，只以如此再非僅盜之問題而已，實從沒有豁免諸侯之不是，如朱熹那樣。孟子之後引孔子故事，正為針對此而發：

「『孔子之仕於魯也，魯人獵較，孔子亦獵較。獵較猶可，而況受其賜乎？』曰：『然則孔子之仕也，非事道與？』曰：『事道也』。『事道奚獵較也？』曰：『孔子先簿正祭器，不以四方之食供簿正』。曰：『奚不去也？』曰：『為之兆也。兆足以行矣，而不行，而後去，是以未嘗有所終三年淹也。孔子有見行可之仕，有際可之仕，有公養之仕。於季桓子，見行可之仕也。於衛靈公，際可之仕也。於衛孝公，公養之仕也』」。

「獵較」，趙岐注說：「田獵相較奪禽獸，得之以祭，時俗所尚，以為吉祥」。孟子所以舉如此例子，明因獵較競賽非正道之事，因已為孔子時之時尚，故借此說明孔子怎樣面對一既為普遍、但又非正道之事，以此說明人應怎樣看待上述諸侯不義一問題。「孔子之仕於魯也，魯人獵較，孔子亦獵較。獵較猶可，而況受其賜乎？」是說：對諸侯餽贈不但接受，孔子甚至更參與當時獵較一時尚，非如時人真有求取其勝，孔子只透過這樣參與，「先簿正祭器，不以四方之食供簿正」。【趙岐注說：「孟子曰，孔子仕於衰世，不可卒暴改戾，故以漸正之。先為簿書，以正其宗廟祭祀之器。即其舊禮，取備於國中，不以四方珍食供其所簿正之器度，珍食難常有，乏絕則為不敬，故獵較以祭也」】。換言之，表面雖參與其事，然孔子實仍於其中盡力行道：雖先僅以文書正其祭器法度，使人不能以四方珍獸作為獵較之用；雖只為漸正，然仍非如表面所以為，「非事道」。面對已成普遍之現象，雖不能即時改變，然在可能範圍內，仍應盡力修正。故孔子不但不離去，甚至（表面上）更參與其事。對萬章之問為何不離去，孟子之回答故是：「為之兆也。兆足以行矣，而不行，而後去」。即孔子仍始終欲起其正之先河，希望如此修正能得以繼續；除非見真不能行，否則不會頓時離去。孟子引孔子故事，非直接與餽贈有關，只為說明面對已成普遍之不義時，接受與不接受，再非與其事之義不義有關。在義已殆盡情況下，問題已非單純因不義而不接受，因此時不義之普遍性，已無選擇餘地。義與不義在這樣時世中，故落為人自己之真實，非再從表面判定，如孔子之仍接受賜予、或甚至參與獵較那樣。若交際之道其要在義不義，那在義殆盡世情下，如孔子退而只簿正其事，實仍為義、非不義。

孟子最終結論說：「孔子有見行可之仕，有際可之仕，有公養之仕。於季桓子，見行可之仕也。於衛靈公，際可之仕也。於衛孝公，公養之仕也」。孟子這有關孔子仕不仕最後之說明，以孔子出仕有三種情況，見行可、際可、及公養均出仕，是說：若可能行道、或若交際以禮（即本章前述「苟善其禮際」者）、又或若以養賢之態而來，均為孔子出仕之可能原因。見道能行一情況不用說、以養賢之心一情況亦不用說，前者客觀並針對事、後者主觀但針對人，然若非此兩原因而單純只為交際一情況，在「苟善其禮際」下，孔子仍會出仕。孟子以此說明，在人一切客體性對待關係中，交際雖可能至為表面，甚至非有義作為根據，然始終仍為對待之道，故應有其反應，非因其為外在或表面而可忽視。交際之表面，或只流為餽贈、或只人與人外表相接之禮，然始終，仍為人與人對待之道，非必因有義始為道。故縱使無道如衛靈公，其以禮際來，仍應有所回應或對待。

為友、尊賢、或單純交際、甚至縱使只餽贈，都為人平素對待之方面。為友從其真實言，而交際從其表面言，此孟子以上兩章所說明者。

*

三、論與現實生存有關之對待關係〔5至7〕

若上兩章論人在平素中對待，那在現實中，與生存（生計）有關之對待問題應怎樣處理？孟子分三章說明：

一、人應怎樣面對自身生計〔5〕

二、人應怎樣對待來自他人（在生存上）之幫助〔6〕

三、上位者應怎樣召見賢者；或：人應怎樣面對在位者；舉賢為任時上與下之召與見（對待關係）應是怎樣〔7〕

〔5〕人求自身生計時之道義

孟子曰：「仕非為貧也，而有時乎為貧；娶妻非為養也，而有時乎為養。為貧者，辭尊居卑，辭富居貧。辭尊居卑，辭富居貧，惡乎宜乎？

抱關擊柝。孔子嘗為委吏矣，曰：『會計當而已矣』。嘗為乘田矣，曰：『牛羊茁壯長而已矣』。位卑而言高，罪也。立乎人之本朝而道不行，恥也」。

本章意思明白。為仕固然本非為貧，如娶妻本也非為養父母。然人實仍有迫不得已之時，其為仕非真為人，但求一己生計而已。若如此，此時道理應是「辭尊居卑，辭富居貧」。非不能為一己生計而仕，而是，此時唯應居卑位之職、拿微薄俸祿，非更為自身顯貴而圖得。若只單純為解決自身生計，非真有所抱負作為，是不應居高位只為己而圖得。如此便即不義。孟子舉「抱關擊柝」是為說明：如守門或打更如此職位，其卑微對人無大影響，若只為求一己生計，應居如是之職。孟子更引孔子為例（倉庫及牲畜管理員），說明人仍可以如此職能自居。孟子結束說，如同位卑而議論上者之事往往會招致一身之罪，同樣，若佔據高位職能而又無行道能力，單純為己佔有，如是應有所羞恥，其所作為均虛偽故。此人對待自身生計時應有之道。

〔6〕生計上他人幫助其對待問題

萬章曰：「士之不託諸侯，何也？」孟子曰：「不敢也。諸侯失國而後託於諸侯，禮也。士之託於諸侯，非禮也」。萬章曰：「君餽之粟，則受之乎？」曰：「受之」。「受之何義也？」曰：「君之於氓也，固周之」。曰：「周之則受，賜之則不受，何也？」曰：「不敢也」。曰：「敢問其不敢何也？」曰：「抱關擊柝者，皆有常職以食於上，無常職而賜於上者，以為不恭也」。曰：「君餽之則受之，不識可常繼乎？」曰：「繆公之於子思也，亟問，亟餽鼎肉，子思不悅，於卒也，摽使者出諸大門之外，北面稽首再拜而不受，曰：『今而後知君之犬馬畜伋』。蓋自是臺無餽也。悅賢不能舉，又不能養也，可謂悅賢乎？」曰：「敢問國君欲養君子，如何斯可謂養矣？」曰：「以君命將之，再拜稽首而受。其後廩人繼粟，庖人繼肉，不以君命將之。子思以為鼎肉使己僕僕爾亟拜也，非養君子之道也。堯之於舜也，使其子九男事之，二女女焉，百官牛羊倉廩備，以養舜於畎畝之中，後舉而加諸上位。故曰，王公之尊賢者也」。

若是他人對自己生計困境有所幫助或施予，應怎樣對待？助人解困之道應如何？一如前（第四章）論述交際之道，雖涉生存困境，然道理仍雷同：接受與否，最終仍取決於禮與義，兩者為人與人對待關係之基本要素。

有關生存上之幫助，孟子分以下幾方面言：一為依靠或投靠他人、二為接受他人救濟、而三則為接受他人之養。對生存困境之解決，應不外三者。

有關第一者：投靠他人時，其地位或位置應對等；換言之，人只應投靠對等之人，不應投靠更高地位者。若投靠非對等者，已非為禮：地位之差距，使投靠與受養再無差別。人故只能投靠地位對等之人，這時投靠，始因對等而僅為協助、非為施捨而失卻自己。故「士（之）不託諸侯」，而「諸侯失國而後託於諸侯」。

至於第二種情況：接受他人物質上救濟，則無地位對等問題；任何人若有能力，都可物質上協助他人解其困境。雖然如此，仍是有周濟抑賜予這樣差異。周濟為在困境時之幫助，只針對困難而有，然賜予不同：賜予非只針對困境，因而可毫無原因、或在長時間中發生。若是平素賜予，接受與否則如交際之道，仍在義與禮而已；然若起因為生存上困境（非單純交際），那此時唯應接受周濟（因這仍為義），不應接受賜予，因賜予與解困無關，故「周之則受，賜之則不受」。除非此時賜予，亦因有常職在，【賜予因所任之職而有】，否則單純接受周濟可、更接受賜予則不可，再無賜予之理由故。

正因如此，故萬章再問：若非因周濟而接受人餽贈，是否有長時間餽贈可能？孟子故以子思故事說明。長時間餽贈，實即養。而養只有以養賢之心始能有所接受，若非如此，養不再能接受。魯繆公對子思之養，「亟問，亟餽鼎肉」，換言之，繆公之餽，只求突顯其為餽贈者姿態，如同施捨般，使子思只感自身如「僕僕」然，如畜犬馬一樣，非真敬賢而養。故孟子說：「悅賢不能舉，又不能養也，可謂悅賢乎？」。若真對賢有所敬重，那或應舉薦使其有任、或真誠地敬養，是不應如施捨或如畜犬馬地無禮。對賢者之養，應使其無感餽贈而時刻抱持感謝或虧欠之心。孟子最後舉堯之養舜為例：堯對待舜甚至至「使其子九男事之，二女女焉，百官牛羊倉廩備」，而之後更「舉而加諸上位」。孟子故慨歎說：此「王公之尊賢者也」。

若投靠他人必由於地位對等、接受周濟必針對困境，那接受人之奉養除非對方真以尊賢之心來，否則無可接受。以上為有關生存生計時對待之道。

〔7〕位與賢間之對待問題、召見與招聘賢者時對待問題

萬章曰：「敢問不見諸侯，何義也？」孟子曰：「在國曰市井之臣，在野曰草莽之臣，皆謂庶人。庶人不傳質為臣，不敢見於諸侯，禮也」。萬章曰：「庶人召之役，則往役。君欲見之，召之則不往見之，何也？」曰：「往役，義也。往見，不義也。且君之欲見之也，何為也哉？」曰：「為其多聞也，為其賢也」。曰：「為其多聞也，則天子不召師，而況諸侯乎！為其賢也，則吾未聞欲見賢而召之也。繆公亟見於子思曰：『古千乘之國以友士，何如？』子思不悅曰：『古之人有言曰，事之云乎，豈曰友之云乎！』子思之不悅也，豈不曰以位，則子君也，我臣也，何敢與君友也。以德，則子事我者也，奚可以與我友？千乘之君，求與之友而不可得也，而況可召與？齊景公田，招虞人以旌，不至，將殺之。志士不忘在溝壑，勇士不忘喪其元。孔子奚取焉？取非其招不往也」。曰：「敢問招虞人何以？」曰：「以皮冠。庶人以旃，士以旂，大夫以旌。以大夫之招招虞人，虞人死不敢往；以士之招招庶人，庶人豈敢往哉？況乎以不賢人之招招賢人乎？欲見賢人而不以其道，猶欲其入而閉之門也。夫義，路也。禮，門也。惟君子能由是路，出入是門也。《詩》云：『周道如厎，其直如矢；君子所履，小人所視』」。萬章曰：「孔子，君命召，不俟駕而行。然則孔子非與？」曰：「孔子當仕，有官職，而以其官召之也」。

若是因尊賢而舉之，使其有任，此時召見，其對待之道應如何？召見是任賢先行之事，必先召見始能任用。召見所涉及，為地位權勢與無地位權勢之賢能者兩者間應有對待關係。在「位」與「賢」兩者間，孰輕孰重、孰先孰後？我們今日在招聘人才時已無視這樣問題，這只因今日聘用人才純由於利益，甚至只形式化地聘用、或只為拉攏勢力與關係，非真為求賢。雖然如此，在人與人間，始終仍有欲召見賢者問題在。怎樣召見賢者、怎樣對待在位者，這為本組最後道理。

「位」與「賢」之對待，主要亦兩面：怎樣對待在位者、及在位者應怎樣對待賢者。有關前者，道理實亦簡單：此時若單純只地位上差距，無其他考量，除非是職能上關係，否則作為庶人，縱使在位如諸侯之召見，都不應往見，不欲因對方勢力地位而有向慕甚至諂媚之意故。人不應單純因權勢地位而有所反應或特殊對待。「庶人不傳質為臣，不敢見於諸侯」故是說：若非如臣一樣有其職能上關係，單純作為庶人，是不應往見諸侯。孟子用「不敢見」一詞，只為從庶人立場刻意突顯對方地位而說而已，萬章之後複述時用「不往見」始本來意思。「庶人召之役，則往役。君欲見之，召之則不往見之」，前者明有責任關係在，故往役；若只單純召見，無確切原因，縱使為在位者，因無義在故不往見。人不應單純為權力地位而反應。此所以孟子更質問說：「且君之欲見之也，何為也哉？」，即為甚麼而想見？若非職能關係，上位者之欲見下位者，又有何原因？若有，除非因對方賢德，否則對無關者之召見，實毫無道義。人不能以為權勢地位即能一切，是不應有這樣心態的。

那若是為對方之賢德，這時召見又應如何？有關這樣問題，回答也應簡單。若對方為賢者，是不應執持權力地位使人折服，而應盡其謙下。故孟子之回答為：「為其多聞也，則天子不召師，而況諸侯乎！為其賢也，則吾未聞欲見賢而召之也」。孟子故舉子思為例說：若仍強調身分地位，連為友亦不可能，何況只是召見。故若仍「以位，則子君也，我臣也，何敢與君友也」，若相反「以德，則子事我者也，奚可以與我友？」」。前第三章論友時已曾指出，若是尊賢而友，實「不可以有挾」，故繆公以千乘之國如此地位姿態友子思，只使子思不悅而已，是無法以權勢地位折服賢者。為說明此，孟子故舉齊景公例子：「齊景公田，招虞人以旌，不至，將殺之」。【亦參考〈滕文公下〉第一章】。縱使權力試圖折服賢者，甚至如齊景公之對待虞人，以為以召見大夫之法召見縱使只為守苑囿之吏必能達其所欲，然「志士不忘在溝壑，勇士不忘喪其元」，換言之，真實賢者，是不會懼怕權力、更不會為不實之抬舉有所誘惑。縱使因此而命喪，仍不會屈服於無道與虛假。

萬章故最後問，若在位者不得不召見虞人，那應以怎樣方法？孟子之回答是：「以皮冠。庶人以旃，士以旂，大夫以旌。以大夫之招招虞人，虞人死不敢往；以士之招招庶人，庶人豈敢往哉？況乎以不賢人之招招賢人乎？欲見賢人而不以其道，猶欲其入而閉之門也。夫義，路也。禮，門也。惟君子能由是路，出入是門也。《詩》云：『周道如底，其直如矢；君子所履，小人所視』」。孟子此言，實再無須執着其中所言等級差異。孟子意思只是：一切召見，只應以其道引見便是，是賢者即以對待賢者之道，如同引見不同位置身分之人，是應有其相應引見之道那樣。換言之，在位者不應以權勢地位以為能為所欲為，一切仍須依據本來真實而行，此孟子引《詩．大東》意思，言一切行作，應如大道那樣平直，是不應以地位權勢而無視地對待一切。故若在下者不應因對方權勢地位而反應，那具有權勢地位者亦不應以自身權勢地位對待他人。此「位」與「賢」對待之道。

對這樣結論，萬章故最後引孔子例子試圖指出，孔子對在位者確然有特殊反應：「孔子，君命召，不俟駕而行。然則孔子非與？」。孟子之回答「孔子當仕，有官職，而以其官召之也」是說：孔子所以如此，非因對方地位之特殊而反應，只因對自身職能負責故如此而已，非由對地位權力之崇尚而致。故孔子自己說：「事君盡禮，人以為諂也」《論語．八佾》。

作為結論可說，無論平素關係抑涉生存現實、無論深交如友抑只平素交際、無論因困境對人有所依賴抑與權勢地位有關，人與人對待均有其禮與義，故不能因困境之迫不得已、或因地位權勢而以為有特殊對待可能。人與人對待此客體性問題，實不能不以其道。

*

四、論對至高者之對待關係〔8、9〕

在結束由對待而顯之客體性問題前，孟子最後論述對至高者應有之對待。至高者非從宗教之神靈而是從人類自身言，故主要有二：一為具有歷史向度之賢德者，另一即君王。二者因代表人類中之至高性，故可視為對待關係之總結、其極致。因具歷史向度之至高者必為賢德之士，而君主之至高性又往往代表至高權力，故這裡所言對待，可視為人對德行與對權力力量對待之正道。

〔8〕對歷史中至高者之對待

孟子謂萬章曰：「一鄉之善士斯友一鄉之善士，一國之善士斯友一國之善士，天下之善士斯友天下之善士。以友天下之善士為未足，又尚論古之人，頌其詩，讀其書，不知其人可乎？是以論其世也。是尚友也」。

孟子從「一鄉之善士斯友一鄉之善士」說起，這是說，從崇尚或向慕言，人性所崇尚，必為善者，無論此時善是從哪方面言。縱使非真正善，始終，人所崇尚，仍是其心中所以為善，並求為與此為友。因人各有其限制或局限性，故所崇尚只能是各自觀點下、或所處世界言之善。此所以孟子從一鄉之士、一國之士、天下之士等言人各自之崇尚。因為對賢善之崇尚，故其人必亦有其善，因而非只一鄉之士、一國之士、天下之士，而是「一鄉之善士」、「一國之善士」、「天下之善士」。無論哪一層次之崇尚，在人與人間，由崇尚而求為關係，只能為友而已，再無其他可能。此「友」作為從廣泛存在關係言時人與人之終極。以友待人，故是人與人交往中可有之終極。【此時所言友是從真實友情言；若只表面或虛偽朋友關係，嚴格言非真正之友】。

孟子這裡從種種層面之遞進言，所指向，實人其至高性、及至高性最終應從怎樣層面釐定。人故由其賢德層次之不同，可見其所屬世界層次之不同；反過來亦然：人由所屬（所處）世界層面之不同，其所有賢能德行亦不同。一鄉之賢不同於一國之賢、一國之賢又不同於天下之賢。故一鄉之（善）士，是無以能辨析或明白天下之賢者，其心中所有（所崇尚），也只一鄉之賢而已。此亦為何天下之賢，於一鄉中，未必能賢於一鄉之賢者，各人所賢（所崇尚）不同故。也因如此種種，故人未必能遇其所欲友者。非無一鄉之善士，其善未足為天下善士所友而已。非其不善，善不同而已。如是始明白，知音難遇其原因何在，亦高舉者所以孤獨無友之原因。非世無善人，其（人人）所崇尚之善不同故。

明白以上後，孟子所欲說明道理有四：

一、縱使人於其現世無友，然始終不應忘記，仍必有歷史上之善士可為友。

二、人能歷史地賢善，這是其賢善之至高者。從人言至高性，故應從歷史之向度（偉大性）、非從如君主之權力力量言。此亦孔子所以「自有生民以來，未有盛於孔子」原因。

三、從人對待歷史中偉大人物亦只能從知其人言，所謂友人，最終及最根本，故實即知人而已、先從知人言而已，此所以孔子常言：「不患人之不己知，患不知人也」《論語・學而》。「知人」對人言實多麼重要：能為人明白，此始為人（從個體言）存在價值與意義，亦人能有真實友情之唯一途徑。

四、能對歷史之賢者有所知、喜愛論述古人者，故無他，「頌其詩，讀其書」而已。而頌詩、讀書，最終故不應止於表面文辭甚至道理，更應明白人（作者）之心懷、其品格與境界、其人自己之全部真實。此所以頌詩、讀書必最終對人類存在整體事實與真實有所明白（「是以論其世也」），否則無以真正明白人其偉大所在。能如此面對歷史中至高者（「古之人」），故是人對待人之最高極致、人對待至高者之極致，亦孟子所以以「是尚友也」如此感歎終全篇。

能明白人各有其不同層次之善、甚至明白可超乎現實存在而在歷史中與古人為友，孟子這對「友」之體察與心懷，實是對人心欲為人所明白多麼深刻體會。作為古之人，孟子亦必期待着如此友情。此亦為對向至高者時之真實、其道理。

〔9〕對君王至高性之對待

齊宣王問卿。孟子曰：「王何卿之問也？」王曰：「卿不同乎？」曰：「不同。有貴戚之卿，有異姓之卿」。王曰：「請問貴戚之卿」。曰：「君有大過則諫，反覆之而不聽則易位」。王勃然變乎色。曰：「王勿異也。王問臣，臣不敢不以正對」。王色定，然後請問異姓之卿。曰：「君有過則諫，反覆之而不聽則去」。

最後，有關對君王這另一種至高性之對待，孟子以與齊宣王之問作說明。有關這樣問題而從「問卿」一事回答，是因卿常近在君主側，若言對待，是應直從這樣近身關係言。其他分位，已遠至無能言真實對待了。

對具有權力地位之君，其對待反不應在對其權力地位之奉承、不應為己利益之取得，而應單純在為其能善而忠諫上。故無論是貴戚之卿、抑異姓之卿，其對君之忠誠，無論是大過抑只小過，均應諫，為其能善故。此所以孟子均從諫言對君之對待，以對反其為權力力量之至高性故。至於若諫而不受，「反覆之而不聽」，作為貴戚之卿，將可易其位；若為異姓之卿，「不聽則去」。各從其所是。權力無論多高多大，必仍有其近至而能易位者；人非神，是無以絕對化自身，始終仍有所待或所為人對待甚至取代可能。縱使不能易位，仍可為人遠去，此權力至高性與賢德至高性之差異：一者可被易位或遠去、另一者更求為友：對權力而遠去、對知心而求近這樣（對待關係之）差異。人與人之對待，終極言，莫過於二者：或使人遠去、或使人近；或為人所易位、或為人所崇尚。如此而已。對至高者仍然。

〈萬章〉有關主體性與客體性（對待）之分析，我們至此終。

公元二零一零年二月六日

告子上

論人性善

〈告子上〉為孟子有關人性善著名之一篇。本篇主題結構亦明顯，主要分為下列四組：

一、人性善之討論與說明（1至6）

二、人性之養與喪失（7至10）

三、對人性之知與思（11至15）

四、作為人性實現之仁其真實性問題（16至20）

孟子把人性善問題定為以上四方面，明為對人性善作辯，以對反一般視人性為惡這樣立論。

在對人性善抑惡探討前，有幾點我們必須清楚明白：

一、人性善惡非從一決定論關係言；無論人性善抑惡，都不應理解為人因此一切行為只能順承其本性而為，沒有反面或例外可能。能稱為善或惡，其前提必然出自人自身自由選擇、非被決定。故若把人性視為如動物本能那樣地對人言為支配性，毫無自由抉擇可能，如此反無所謂善或惡，均非由人自身（自由地）取決故。故把人性視為決定着人善與惡之因素、為人行為之潛在決定者，這實非人性善或惡本來意思。人性能有善惡之分，故伴隨着人意志自由（因而覺識力）始可能。而從善惡言人性時，此時人性，故不再能等同如生理義之本能。非人因而無生存本能，只是，這樣本能不能與人性有關、不能同步而語，二者層次不同，亦與性善性惡無關。生存本能只人之作為動物，而人性或人性善與惡則純就人之作為人、非只作為生物言。

二、因善與惡明為反省性價值，故對善惡之覺識，始終與「性」本身屬不同層次。言性善性惡，故應是從一般性向與感受言，甚至單純為人本然傾向（性向結果）。能隨「性」而行動、與人對善惡之覺識，性善性惡正在兩者間之曖昧始構成問題。言「性」（特別人性），故不能從盲目驅力言，雖為如盲目傾向，然因亦伴隨善與惡感受，故其為性實又與心一體，為從心言之性，非僅行為驅力而已。如此之「性」（有善惡感受之「性」），故始為人性，非一般本能般決定行為之因素。「性」故更應從心言、從心之性向言，不能光從本能或驅力言，後者始終與善惡及善惡之感受無關。以為能由人類行為言性惡、以為「性」為行為之決定因素、因而完全無視善惡之感受與覺識，如此言「性」（人性），故明為錯誤。忽略善惡之為感受或覺識故、過於在乎行為帶來之好壞與利害故。善與惡始終是覺識心感受之事，其為善抑惡更是從人心對善惡之訴求言。言「性」故不能只從行為言，仍須從心感受言，故為性向、非本能驅力。【此所以為精神分析學之本能理論未及，後者仍僅從行為言而已、非從心言】。

三、於言人性善或惡時，必須同時能說明或解釋，何以人會惡或善。這是性善性惡論必須同時說明者。【正因有此必然訴求，故反而可見，善與惡非必由於「性」、更有無窮（外在）原因可能。以惡單純歸咎於人及人性，故必另有目的或意圖】。性善性惡因而非必為（或非單純為）「性」之事，更須由對一切善惡原因之總覽始能定奪；性善性惡故亦非單純對「性」之證明便已，更須反省善惡於人類存在中真正意義與目的（其對人類之意義與目的）。告子之錯誤，明顯與此片面心態有關。

四、那麼言性善或性惡其意圖何在？因若從表面現象觀，人之善與惡均同為事實，那此時仍以善或惡歸結為人本性、甚至稱此為人性事實，其原因明顯為對「人」其存有所是求為定論。言性善性惡，故實非只為解釋或說明人之是善是惡，（人現象地實同有此兩者），而是：以善惡言性（人性），更是為對「人」（及人性）其價值真偽高下之定論，以此為存在價值（善惡）之最終判斷：善應從人或人性、抑從存有其他方面言；此始言性善性惡最根本目的。性善性惡論故非為解釋人其善與惡行為之所由，而是為說明「人」在天地萬物中，其作為一存在者時，其價值地位究是怎樣：為存在之本、抑在人類外，更有在其上之價值與真實。此始性善性惡論最根本目的，借由「性」言而已。言性惡，故是為指出：善其根據與意思應與人或人性無關，其根據應在人作為人之外、在其他事物或價值上；人（人性）此時故非首位、非為「善」。以人性為善抑為惡，最終所言，故為「人」這一存有者於天地間之位置、及究竟甚麼始為「善」。（「善」必須有其人性依據？抑善有其在人性外其他根據？由此後者，從存有者言，「人」非最終極存有、亦無任何優先性或根本性）。對人性善或惡之討論，實以此為目的。以人性為善因而同於說：善即人性、人性即所謂善。相反，以人性為惡亦即同於說：「善」非從人性言，是應有在人及人性外更高或其他善。性善論故為指出：人及人性應被肯定、亦至為根本。相反，性惡論即為指出：人之存有非至根本，必也有在人之上或之外更根本甚至更真實者，其存在始為善與惡甚或一切價值之最終依據，非人或其人性。「人」在天地萬物中之位置，始為性善性惡論最終目的。

五、最後，因人善惡於現象均同為事實，故性善性惡兩種立論其所選取依據至為重要。大部分以人性為惡者只知從眼前經驗事實言，然這如我們所說，最不構成證明，因經驗現象有善人亦有惡人，是無以此為性善性惡證明。西方如康德以野蠻人證明，然這既非如此確定、亦非能就此便視為本性：野蠻非即原始，仍可已有一定智思迷信在。孔子與孟子所引用為說明，反而更為深思。孔子以性之相近與下愚說明，【見「性相近也，習相遠也。子曰：唯上知與下愚不移」《論語．陽貨》】，而孟子則以人心原初狀態（心之四端）說明，兩人所選取根據，出人意表地獨特。這些，我們在正文討論時再作分析。

以上幾點為性善性惡討論必須首先明白者。【有關孟子性善論，請亦參考拙著《形上史論》〈神倫與人倫〉「孟子性善論」一節】。

*

一、有關人性善之討論與說明〔1至6〕

〔1〕何謂人性善問題

告子曰：「性，猶杞柳也；義，猶桮棬也。以人性為仁義，猶以杞柳為桮棬」。孟子曰：「子能順杞柳之性而以為桮棬乎？將戕賊杞柳而後以為桮棬也？如將戕賊杞柳而以為桮棬，則亦將戕賊人以為仁義與？率天下之人而禍仁義者，必子之言夫！」

杞柳為樹木，桮棬為由杞柳做成之器物。告子句雖表面在說：人性如杞柳，仁義如桮棬，由人性成就仁義，如由杞柳做成桮棬那樣；然由孟子之回答顯示：由人性而成仁義，有着兩種相反可能：一為仁義之由人性，是順承着人性而有；另一則以仁義雖由人性而成，然是背逆着人性始有，如人背逆着原有材料之特性而制器那樣。從孟子最後說：「率天下之人而禍仁義者，必子之言夫！」可見，告子必以仁義為背逆着人性始有。無論以仁義外於人性、抑以人及其人性無所仁義，告子故都只「戕賊人」、或「禍仁義」而已。

從孟子與告子此段開首，可見全部問題關鍵首先在人之人性與其仁義德性兩者為一抑為二。若為二，那人性非善、非仁義德性；或：善（德行）非人性所有，甚至與人性無關。問題因而首先是：善（如仁義這樣德行）於人是外來、抑本然？是內於人性抑外於人性？是順承着人而有、抑逆於人性始為善？此時人性，實也即本屬人所有、所是而已。之所以從是否順承人性而言，問題非在德行本身、亦非在人是否能善上，【因若善由外致，能落實於人仍是善，故問題非僅在人是否能善上】，而在人或人性本身究是怎樣？若善同於人性、與人性一致，人（人性）因而為善之本，善再非有其他意思。由是故不能對「人」低貶、不能以人本然有惡；人亦因而應行仁義，仁義亦順承人性而有。否則，若仁義非與人性一致，此時，人及人性或只能為惡、或仁義非為善。這對人及人性之反省，始全部問題所在。孟子與告子所有立場，其差異先在此。

孟子在這首章中，沒有對這兩種立場孰是孰非作討論，反只指出一事，即從最終結果言，兩種立場之差異也唯在下面一點而已：若以仁義為外加於人，這樣看法實已戕賊人，甚至亦已禍害仁義；因若仁義只為外加，人再無任何理由必須依從仁義；人類亦可依從其他法則，無必然依從仁義德行，一切均外來故。【於問題開首便從「仁義」切入，可見問題非僅為「善」而已，更是哪一種善之問題。而對中國傳統言，能對人言為善，實只如仁義這樣德性而已，非再有其他。善（真正善）故必須從人性言，不能從其他可能言、不能從如理性法律規範等言】。

人其人性是否與仁義德行一致，這實左右一切與人類有關之價值。人性問題因而直與人在天地萬物中之位置與價值攸關，存在中一切價值問題，首先繫於此。若人性與仁義德行一致，那人類一切作為，亦先以此為致力，從仁義自立及立人性之真實，是無以立其他事物之真實或價值為人類生命首要者。儒學與人類其他思想理論之根本差異，即在此。人有無本性、人本性究是怎樣，這故非只人類自身問題，更關係着存在及其他一切事物其真實性與價值。孟子這首章因而實指出以下道理：

一、仁義所以為最終價值與德行，因本於人性、與人性一致；其他只能對人言為外在而已，非人性真實（非人性甚或反人性）。

二、一切價值與真理其地位之釐定，先繫乎人自身有無人性善之真實；若有，那人性德行價值即為首要；若沒有，人以外之價值將為首位，並取代人其真實與價值。

三、若以人之外始有價值之真實，那這樣價值，必戕賊人類並禍害仁義。仁義非人性地善，人類存在亦無（最終）善，人類本然無善故。

以上為孟子有關人性問題所首先指出。

正因對人性之肯定與否定關係如此重大，故自第二章始，告子只能從說明人性事實以駁斥人性之道。而一切說明，均以仁義如此德行為外於人性者。這樣結論，可以以下五種方式取代：

一、人根本無一定本性性向：「人性之無分於善不善」。〔2〕

二、人若有所謂本性，這樣本性也只如一般生物本性那樣，只從生存本能言，與仁義這樣德行無關：「生之謂性」。〔3〕

三、若仁義確為人性事實，這時仁義並非如一般以為之德行：仁也只如食色，為主觀好惡，而義也只為對外來之反應，非人性內在，二者故非人性德行（或非德行、或非人性）：「仁，內也，非外也。義，外也，非內也」。〔4〕

四、若有所謂人性內在性，這內在性也只一種對外在情況之反應，非真實地內在於人心：「（義）果在外，非由內也」。〔5〕

五、最後，若不得不承認人有如仁義或善這樣內在性，人實亦同樣有其他內在本性，如此本性甚至人人各異，如有人善、亦有人惡，善惡故同然內在。故除告子「性無善無不善」外，亦有「性可以為善，可以為不善」或「有性善，有性不善」等個體內在性之差異。內於人之本性，故非必為善。〔6〕

以上各種說法，均同達致對仁義為人本性之反駁，為〈告子上〉以下幾章分別提出之論旨。現讓我們一一說明。

〔2〕有關人性對善惡差異性之看法

告子曰：「性猶湍水也，決諸東方則東流，決諸西方則西流。人性之無分於善不善也，猶水之無分於東西也」。孟子曰：「水信無分於東西，無分於上下乎？人性之善也，猶水之就下也。人無有不善，水無有不下。今夫水，搏而躍之，可使過顙；激而行之，可使在山。是豈水之性哉？其勢則然也。人之可使為不善，其性亦猶是也」。

當告子這裡首先提出：「人性之無分於善不善也，猶水之無分於東西也」一論旨時，實已看到，於性善性惡討論中，「性」不應從行為之決定因素言，更應只是人之性向問題。告子實順承此點始提出「人性無分於善不善」這樣論旨。這一論旨所針對，實是人有沒有向善惡惡這樣性向。這樣性向於性善性惡問題極根本：一因善惡必須從性向言，二因善惡作為性向只單向性，非能善惡同時肯定。故若善惡無這樣單向性，如是即已說明二者非性向、甚至善惡亦非如想像中確為「善」為「惡」、亦因而可與人性完全無關。告子立論之切入，對問題言故嚴厲。關鍵故在善惡只單向、因而為性向（向善惡惡），抑善惡非為性向、因而非單向性，此「水無分於東西」比喻所言，亦孟子「人性之善也，猶水之就下也」意思，所指為善一性向之單向性、其無能改變必然性之事實，故為「性」（性向），非其他（人所各有偶然所好性向）。此外，言「水也，決諸東方則東流，決諸西方則西流」明白意謂：人性或人心，是可隨着外在而轉變，非有「性」之一定與必然、更遑論能獨以善為性。由此，性之內與外亦即成問題。孟子順承告子這一切，相反指出：必須區分「性」之內在與人受外在影響這根本差異，故以水之就下與其「搏而躍之」「激而行之」時「勢」（外在）之使然作區分。之所以能從這樣比喻而言（證）性善，關鍵仍在善惡兩者明顯非偶然或平等，非僅如甲與乙兩種不同屬性，而是單一者、亦為單向者。正因如此，善惡實非二、而只一，故只能如水之就下，不能以東西此偶然無必然性比喻。人雖「可使為不善」，然善惡始終因為單一向往，故為性（性向），無以言「惡」為人所好如好善那樣。此所以「人無有不善，水無有不下」；而由這樣必然性，故可見性為必然、亦實性（好、喜好、向往）善而已。關鍵故在善惡之單向性，非如其他性向所好時之偶然那樣，故非能為外來。善惡非二，只一而已。人不能如水無分於東西那樣，無分於善不善。對人類言，善惡差異極大。若言人無分於善不善（如兩者同是外來）、因而可同樣好善與好惡，這實與人類對善惡差異性之覺識與重視不能吻合。從人性感受言，人不能無視善與惡差異之根本性，此所以善惡只能以上下比喻，不能只視為東西之別；其為人性內在性向亦由此：一切外來者對人性言只能偶然無必然性故。對此，若仍欲反駁，只能更深入從以下一點言：性如此內在性，實非從自覺性言，因而可與善惡無關；甚至，善惡亦非一種自覺性，因而與性善價值無關，此「生之謂性」所含意思，亦實對「性」（人性）本身作質疑而已。

〔3〕有關性作為本能之討論

告子曰：「生之謂性」。孟子曰：「生之謂性也，猶白之謂白與？」曰：「然」。「白羽之白也，猶白雪之白；白雪之白，猶白玉之白與？」曰：「然」。「然則犬之性猶牛之性，牛之性猶人之性與？」

若人不能無分於善不善、若善惡於人有如本性般強烈差異，那告子若仍想堅持其反駁，也只能直針對人性本身言，以如善惡、因而人性，實非如此自覺之事；本性也只如一般生理本能衝動那樣，既盲目亦非為人所自覺，最低限度，一旦為生理本能，即再非如善惡所以為，為心向往之事，此告子「生之謂性」所含意思。「生之謂性」是說：若言本性，也只如生存或生理本能那樣，只從其作為生物、非從人自覺性言。這樣對「性」作立論，目的明顯仍是求為外在化一切，因性及性善，正由於內在性始能成立；以「性」從「生之謂性」言，其目的故明顯。

對告子這「生之謂性」，孟子分三層回答與質問：

一、「生之謂性也，猶白之謂白與？」

二、「白羽之白也，猶白雪之白；白雪之白，猶白玉之白與？」

三、「然則犬之性猶牛之性，牛之性猶人之性與？」

所以是這三層次，因關鍵唯在「性」一詞用在人類上與用在其他生物上所指是否同一？換言之，「性」作為人性時所必須內在性，是否能等同一般生物或生理言之「性」（本能），後者始終外在、非如人性內在。【此時之內與外，仍是相關於善惡之覺識言，非僅從生而有言】。若善惡只如生物本能般與生俱來、因而（對心言為）外在，那言性善再也無意義，只生之性、非人性。孟子回答之關鍵，故在對生物之性與人性作區分；非言人不能亦有生之性，只如此生理本能，不能視為與人性同一。怎樣在保留「性」一詞時仍能對生之性與人性作區分？此孟子上述三層次之意義。

孟子第一問所問是：若言「生之謂性」，這是否與言「白之謂白」相同？白色事物因其白色共同性均稱為白；這是否亦是生物均共同從其本能而稱為性意思一樣？告子之回答只能是。孟子再問：白羽、白雪、白玉這三種不同事物之所以共同稱為白，因它們同有白這一屬性？告子之回答也只能是。請注意，孟子此問意思是說：三種事物明顯不同，其相同只在其白這一屬性上，縱使如此，三種白色仍因其物品本身差異故實不同，雖同稱為白，然實非因它們之白相同。若白色事物因白之共同性（相似性）同稱為白，那同稱為白者其白實非必同一，因事物本有差異故非同一故，如「白羽、白雪、白玉」例子所示。換言之，縱使同稱為白，實仍未必同一，此孟子第二提問所指出。同一稱謂因而不必言同一事物，亦可言不同事物。告子故不得不亦承認，「白羽」、「白雪」與「白玉」三者之「白」，因物品不同而實不同。從孟子這兩問中可見，第一問確實從同一性言。而在第二問中，因物品本身差異，故此時之同，再非單一之同，而是具有差異性之同。孟子第三問故是說：若同仍可有異、同仍實異，那有關「性」一問題亦如是：生之性與人性雖同為「性」，然二者隨其所言對象之不同而實不同：生物之性可只為本能、甚至盲目，然人性非如此，其為性因與善惡攸關，故只能為自覺之事，不能僅為生理或生物般反應性。若物品之

「白」仍可因物品而如此差距，那其『作為自身』之「性」，不更應隨物品之不同而更不同？若第二問告子承認物品各有差異，那作為物品所是之本性，不更因物品本身之差異而差異？故若從生物各自本性之不同言，性故非因同為生物而同，亦可因為不同生物而不同，此所以「犬之性」「牛之性」與「人之性」不應同視為一之原因，因物本差異故。「白」所以同一，因其內容只針對屬性表層言，然「性」一詞義雖同一，然因針對事物『各自自身之所是』，故反而不同（不能相同），否則犬、牛、人三者再非三物，而為同一物，本性相同故。由是可見，非因詞義相同其所指必同，仍須分辨其所指為哪一層次事物，為屬性抑為本性，而此有着極大差異。

孟子由白一屬性至白物之差異性、再由白物之差異性至物本性之差異性一層一層往事物之自身內裡回溯，更顯出事物本性之無以同一，否則便為同一事物；這樣回溯，實無以能反駁。同非必然由於同而同，亦可由於異而同。

孟子在第三問中更分別兩層次：一為「然則犬之性猶牛之性？」，而另一為「牛之性猶人之性與？」。這兩層次表示：作為生物犬與牛本性就算同為本能仍有差異，那在人與禽獸間，其本性之差異非只本能差異而已，更是人之性與禽獸本能（生之性）之差異。換言之，人之性再不能只視為「生之謂性」，而是涵有更多，那使人之所以為人而非只禽獸者。若本能之性可被動盲目，人性再不能如此。如仁義或善惡之感受，故不能訴諸於本能（生之性）之盲目性。這是孟子對告子之回答，亦告子無以反駁或否認之原因。縱使人作為生物與一切生物之本能相同，然人作為人之人性，無論怎樣，其意思與內容無法與單純生物之本性（本能）相同。關鍵仍在善惡或仁義之特殊性上。

〔4〕有關仁義是否德行之討論

告子曰：「食、色，性也。仁，內也，非外也。義，外也，非內也」。孟子曰：「何以謂仁內義外也？」曰：「彼長而我長之，非有長於我也，猶彼白而我白之，從其白於外也，故謂之外也」。曰：「異於白馬之白也，無以異於白人之白也。不識長馬之長也，無以異於長人之長與？且謂長者義乎？長之者義乎？」曰：「吾弟則愛之，秦人之弟則不愛也，是以我為悅者也，故謂之內。長楚人之長，亦長吾之長，是以長為悅者也，故謂之外也」。曰：「耆秦人之炙，無以異於耆吾炙，夫物則亦有然者也。然則耆炙亦有外與？」

因如上所述，一切人性問題歸根究柢在善惡或仁義之特殊性上，若不深究其意義或事實，是無以否證人性者：人性不人性，其本直在善惡仁義之性向上故。告子若仍想否認人性，故再不能單純從「性」（人性）本身，必須對仁義作否定。非否定其事實，只能否認仁義為德行（人性之自覺性、心之內在自覺性），以縱使有所謂人性、縱使人性相關於仁義，然若仁義非為（自覺性或內在）德行，我們仍無法說，人性為德行性質（人性為善）。告子之否認仁義本身為德行，故為本章核心。為何告子先從「食、色，性也」言？原因在於：在不得不承認善惡為人之本性時，他仍想同時指出，這所謂人之性，非只善惡而已，亦有如食色這樣由內至之欲望，二者亦如善惡般為自覺性，因而不能以如善惡或仁義等必為由內至自覺性之德行、為人性善所由。換言之，不能以為人性均德性、亦不能以為仁義即德行或與人性向有關：仁因為主觀，故非真實之善；義雖為善，然因只外來，故非本性；此仁內義外意思，亦二者無能為人性善立論之依據。仁（義）如是在告子心中，與食色之性無甚差異，亦食色之性提出之原因。

首先，食色之性不應只理解為如人有飲食與男女居室事這樣生理需求，若如是，這只退回「生之謂性」而已。趙岐解釋正確：「人之甘食悅色者，人之性也」。這是說：人對食色有感享受與悅樂，如是自覺或刻求（性向），故可視為人性一部分：既為性向強烈感受、亦由內至。二者故非只生理本能之事，亦如將討論之仁義，同為人之性（非只生物之性）。

對告子而言，食色故非只為在仁義外同為人性部分，甚至，所謂仁義，實也只如食色一樣而已，非特殊德行性質。告子故繼而說：「仁，內也，非外也。義，外也，非內也」。所謂內，對告子言，如食色，與人主觀私心私欲無所差異，純由於一己而已，故為內。而所謂外，則純然來自對象，非與一己本然有關。告子希望由這對內外之理解，說明仁義非德行。仁作為愛，故仍只一種私心，此其為內時之意思。【所以能視仁為私心，因仁之為德行，正因人人有求為人性對待這樣訴求，其客觀真實性正相對人之人性言。然正因人性在這裡為告子所質疑與否認，故對人有求人性對待這樣訴求不再能視為客觀、不再為真實，故能視仁單純為心之私欲，與他人無關。義由於為客觀需要，無法單純視為人心訴求，故非能同樣視為私心欲求】。而義因涉外在需要，其事實之客觀性雖不能從內解釋，因而似為德行，然正因與對象之客觀性有關，故又不能視為由內（人性）而至，如是亦與人性善無關。把仁視為內、義視為外，故實去仁義其德行性質：若為內，則非善；若為善，則非內。此告子對仁義為人性之瓦解。

以仁為私心（因而非為德行）較易理解：縱使似為善，然因純由人，故仍可視為主觀，由人自己、與對象所需真實善無關。此仁內之意。然義因有對象客觀需要在，故以其非為真實善難；故所能唯在指出其與人性（內）無關，以此說明人性與真實德行（義）實無關。外在性雖真實，然非由人性心；仁雖由人（由心），然可不真實，非必與對象所需有關。告子反駁之法故為：若無能使一切外化而去人性內在性，那仍可由使內外絕然分割，使內（人性）與外（善之真實）分割開，換言之，使內更內、使外更外，因而使二者無關、使人性與真實無關。此告子「仁內義外」意思。

告子對孟子之問「何以謂仁內義外」怎樣回答？告子說：「彼長而我長之，非有長於我也，猶彼白而我白之，從其白於外也，故謂之外也」。首先，有關「長」一詞，不應單純理解為敬長輩，一因敬長輩與義無關，另一因若單純是敬，用「敬」便可，無須更用「長」一詞。「長」意思為對老者或長者因其年紀需要，故有其特殊對待，這雖仍為一種對長者尊敬，然非止於尊敬，更言特殊對待之必須，故為「義」。告子對義外之解釋故是：「彼長而我長之，非有長於我也，猶彼白而我白之，從其白於外也，故謂之外也」。意思是：對方年長而我以對待長者之方式對待他，這對待長者之道實非由於我，而是由於對方為長者之需要，故稱為外；就如同對象為白色而我稱其為白一樣，稱謂雖由我，然實因對象為白外來地所致。【告子意思因而暗喻：義之為義，非由於我自身對德行之向往，而是由於外來對象之必需或不得已。此「義外」所有意思】。

孟子對此之回答是：「異於白馬之白也，無以異於白人之白也。不識長馬之長也，無以異於長人之長與？且謂長者義乎？長之者義乎？」意思是說：（人自身內在性），固然可異於白馬之外來，【意謂白馬之白確然由外】，然無以異於人自身之素白素雅；【「白人」可解為潔白清白或坦率真之人；然更正確應如《易》〈賁〉上九：「白賁」，為素雅無飾意思。〈賁〉六四亦有：「賁如皤如，白馬翰如」，意謂：文化（之化）若達老耆白髮所顯智慧，又如白馬奔馳生命力量姿態之美……。素白（如素樸）故仍反映人之內在，非僅為外在色彩之事】；難道人之白、其素雅亦只能由於外？白人之白故唯由內、非由外。故若用「白」一稱謂為例，白馬之白當然必須視乎外來，然白人之白則不能。告子所言，故只例子問題而已，若換為另一例子（白人），則無法說明「白」必然由外。孟子進一步說：故難道對老馬之對待與對長者之對待是相同？兩者（年老一事實）表面都由外來，然對二者之對待難道仍一樣？意謂若不一樣，那對長者（人）之對待，不再只能視為單純由於外，而亦有由於我自身；畢竟，「長馬」與「長人」明顯不同故。「長馬之長」與「長人之長」，兩者故仍有所差異。而其差異，只能由人其內在人性而致之德行解釋，非能單純由對象之年老解釋，故非單純由外。孟子故結束說：「且謂長者義乎？

長之者義乎？」即對長者扶助一事若為義（因這從對方之為長者言），那人自己對待長者特殊之尊敬（非如長馬）這另一面，難道仍只是義、由外在解釋？怎樣對待長者之道義（敬）故在人自己，非由對方，故實仍由內、並為德行。

對孟子這一回答，告子再辯說：「吾弟則愛之，秦人之弟則不愛也，是以我為悅者也，故謂之內。長楚人之長，亦長吾之長，是以長為悅者也，故謂之外也」。意思是：所以把對待長者視為外，這是從對比仁內而言。仁所以內，因對我自身弟有所愛，對秦人之弟則不愛，如此愛故只由於我，故稱為內。相反，對待楚人之長者，與對待我自身長者實相同（以同樣方法），此時所取悅在對方、非在我自身，故稱為外。【此處十分清楚：作為動詞之「長」，不能單純解為敬，人多只敬其自身長輩，未必同樣敬他人長輩，故「長」非只敬意思。對待長者因有一定客觀需要，故無彼此之分，此所以「長楚人之長，亦長吾之長」】。換言之，義之所以為外，並非單純如孟子以為，可由「長馬」與「長人」之不同而再無外不外事實。縱使對待長者中特殊之敬是由我自身，然由對待楚人之長者與對待我自身長者之方式相同，故可見怎樣對待非單純由我、更非由我愛惡喜好之主觀性，而有客觀上之必需；非為我自身所悅、亦非因對方為我之長者，而是作為義之必需而取悅對方、為對方而非為我自己。

孟子對此最後之回答是：「耆秦人之炙，無以異於耆吾炙，夫物則亦有然者也。然則耆炙亦有外與？」。意思是：對愛吃（嗜）燒肉之人而言，吃秦人燒肉與吃我自己燒肉沒有不同，好吃不好吃並非與是否為我之燒肉有關；若燒肉是否好吃與是我或是秦人燒肉無關，那人對長者之敬、對弟之愛等等，都同樣無能由區別是我與不是我解釋：無論是否為我弟、無論是否為他人長者，無論對待怎樣、甚至無論所必須客觀性怎樣，始終仍有我自身一面在（如愛吃燒肉為我自身之事），非由是我與非我取決（非由燒肉是我抑非我取決）。如此內在一面，故須由人自身（人性）解釋，非能單純由事物事情（客觀）之一面、更非由於是我不是我這樣客觀事實而區分（如由是我燒肉抑是他人燒肉所作之區別）；縱使多麼客觀之一面，如對他人長者之對待，實仍有人自己內在心意與德行在，非僅為客觀必須而已。相反亦然：嗜炙縱使似主觀愛好，但其實都仍有其客觀性在，非能以為因是愛好便必然為個人主觀感受之事。好吃不好吃並非在人主觀認定上，而是由於事物其客觀使然（物之客觀原因：「夫物則亦有然者也」）。若連人愛惡主觀之感受都不能不同時考慮其對象、或都受着其對象之客觀始有所定奪，那在主觀愛好與德行（仁）兩者間，都只是其對對象考慮程度上之深淺而已，都必仍有對對象之（客觀）考慮在。因而不能只以義為外，仁亦必有其外、必亦有對對象之（客觀）考慮，非單純個人私心私欲。若義不可能只是外來之事，必也有人自身方面之努力與心意，故仍為德行、非只為迫不得已時之必然性，那同樣，仁亦不可能只是個人欲望之心，必也有對象客觀之真實與考慮在。若在嗜炙之層次也難言內外，那在德行層次更是。

告子之仁內義外或內外這樣區分，因而不成立。在一切內在性中，必亦有其外在必然性在；相反，來自外來之一切必然性，仍是有人其內在性於其中。這在內外（人我）之間者，正為人性所在。那使感受仍有客觀必然性、與那使客觀必然性仍為感受與心之事，這不正為人性？看似主觀之感受性，不正亦因為人性感受而客觀？表面單純之客觀必然，不正亦因為人其人性感受而亦為主體性？孟子最後說：難道愛吃燒肉也有所謂外嗎？即也有與嗜炙之感受無關時之外在對象本身之事嗎？

作為本章總結故可說：人類德行或人性之事，正是人自己方面與對象客觀方面兩者緊扣一起之事。若告子以為能把這內外絕然判分開而使德行不存在，或歸於純然主觀愛好、或歸於對象之必然性，從孟子對愛好本身之分析，都清楚看到，是無法達成；因連愛好之事，都亦有其對象之客觀性在，是無能單純把內外判分開。告子是無法以內外之判分使仁義不為德行，亦無法以為人性無其德行之真實。此〈告子上〉至本章所有結論。

〔5〕有關內在性之討論

孟季子問公都子曰：「何以謂義內也？」曰：「行吾敬，故謂之內也」。「鄉人長於伯兄一歲，則誰敬？」曰：「敬兄」。「酌則誰先？」曰：「先酌鄉人」。「所敬在此，所長在彼，果在外非由內也」。公都子不能答，以告孟子。孟子曰：「敬叔父乎？敬弟乎？彼將曰敬叔父。曰弟為尸則誰敬？彼將曰敬弟。子曰惡在其敬叔父也？彼將曰在位故也。子亦曰：在位故也。庸敬在兄，斯須之敬在鄉人」。季子聞之曰：「敬叔父則敬，敬弟則敬，果在外，非由內也」。公都子曰：「冬日則飲湯，夏日則飲水，然則飲食亦在外也！」

從上章可見，之所以無法去仁義其德行性質，是由在人性中之內在性無法盡與外在判分開，既無法單純歸究於好惡感受之主觀性、亦無法單純歸究於與人心無關之外在性，那這屬人之內在性，究是怎樣？若對人性德行有所質疑，而又無法從去仁義達致，所剩唯一途徑，即唯從人性其內在性探討：若這內在性也只一種對外在情況之不同反應，非真實地內在於人心，這仍可為對人性之一種否定。此即本章所討論。

從孟季子之問公都子「何以謂義內」而公都子回答說：「行吾敬，故謂之內也」可見，孟季子之問非單純在問「何謂義內」，而是問「何以謂義內」，因而公都子之回答為「故謂之內也」，而這是說，所問非在義或義內意思，而是問義何以為內？何以謂義為內？以義為「內」所指究竟為何、或如何可能？為何在義中仍有「內」可能？公都子之回答也很簡明直接：「行吾敬，故謂之內也」。這是說，對待對方當然由於對方或事情本身，然縱使其事為客觀必然，仍在人自己方面有心與敬意態度在，「故謂之內」。這以上已說明。

之後孟季子所引例子欲指出，因在鄉人與兄之間，若言敬則先敬兄、若言長則先長鄉人（「所敬在此，所長在彼」），故結論實應為「在外非由內也」。之所以有如此結論，因敬雖本似內，然敬之先後與長之先後都非與敬或長之心有關，而是純視乎對象（對鄉人之敬，因兄而居後；對兄之長，相反又因鄉人而居後），故敬、長之心，都實隨着對象而改變；雖為敬、長，然只為對對象之反應，其內故亦只外而已，非真實地內，故結論為：「在外非由內也」。這批評嚴厲。它所指出非只義外而已，更是心敬人之內，實仍隨外而轉變，由如是轉變，故「何以謂義內」？事實上，人內心或內在都只視乎外在對象而改變，如沒有內心自己。若無一真正內心，是無所謂人性本性的，因於人一切，均只為對外在反應而已，實似無本性自身。敬與長之互變、其兩者之隨對象不同而不同，都似說明敬、長之內在性，無自身本然所是。這是繼告子對人性及德行否認後，至為嚴厲批評，直針對〔人性與德行之〕內在性言故。

對這樣批評，公都子固然無法回答。而孟子之回答是：「敬叔父乎？敬弟乎？彼將曰敬叔父。曰弟為尸則誰敬？彼將曰敬弟。子曰惡在其敬叔父也？彼將曰在位故也。子亦曰：在位故也。庸敬在兄，斯須之敬在鄉人」。請注意，孟子之回答與孟季子所舉例子實類同。正因類同，故孟季子以為可以再次結論說：「敬叔父則敬，敬弟則敬，果在外，非由內也」。這是說：該敬叔父時敬叔父，該敬弟時敬弟，故敬仍由於外、非由於內。孟季子所以以為仍能作同樣結論，表明他沒有明白孟子意思，而這表示，孟子之回答實極隱微：表面上看似類同，然實完全不同。對孟子之回答應怎樣理解？首先，作為表示親疏之不同，孟季子舉兄與鄉人，而孟子舉叔父與弟。換言之，以為本對自己親密者先敬，在孟子例子中則變為後敬；而對弟本不有如此敬意，然若弟為尸則對其敬越過一切人之上。不僅如此。孟子回答刻意點出在位與斯須（庸）這空間與時間上因變動而有之差異性，而這一切代表一很重要而為人忽略之事實，即表面上我們會以為在不同情況中其敬先後之不同代表敬由外對象所決定，然當孟子舉出類同但相反之種種情況時，因這些外來情況實無一定（對弟後敬而作為尸則先敬、對兄敬但作為長則鄉人為先、對兄先敬但若是叔父則更應敬在先等等），故反而顯示，在這種種無窮可變之外在情況前，怎樣敬人之道，實內存於每人人性中，非每次在不同對象前都必須重新審視考量一番始知怎樣作為。對象之變化無窮反而表示：此時之原則或道，實內存於每人自己，非再只是對外在之反應、非再只是由於對象。像敬弟一情況，若弟為尸則先敬，其敬高於一切人之上，而這代表，人心中是對作為位之敬清楚明白的，不因其只為弟故不敬，是不會隨其對象之只為弟而有所轉移、有所不敬。同樣，對兄之敬，是平素長久的，不會因鄉人偶爾出現時之先長先酌能有所改變。表面一時隨外在之改變，不會影響其內裡本身固有之道。這表面與內裡之差異、這體現為平素長久（庸）與斯須之差異，正反映出人心之內在與其面對外在一時時之根本差異。非因對外在有所改變而再不見內在，反而從只是一時與是長久這樣差異，更見內在本有之真實。既非只一時、亦非只從對象（如弟之只為弟），更有着人內在對「位」及對所親、所長敬人先在之道存在。從孟季子之例子，故更應見人平素對兄內在之敬與斯須對鄉人外在之敬其差異。人之內在性，因而既長久、亦知輕重先後。此人性其內在性之真實。

最後公都子之說：「冬日則飲湯，夏日則飲水，然則飲食亦在外也！」總結了一切。表面似隨冬與夏有所改變，然所以改變，實因人身體內裡狀態有所必需，非可隨意跟隨其對象，故始冬日必飲湯、夏日必飲水，不會任意地夏日飲湯、冬日飲水，如無視自身身體內在情況那樣。甚至，從變化之有所一定，不更顯示人其內在之存在？而從長遠言，變化之一時，不亦在長久中而顯得再無所變化，因始終，冬日將必飲湯、夏日將必飲水，實無可因任意而改變。若連外在身軀亦有如此內在之必然，更何況是人性心這本然內在者？

〔6〕性善論之結論

〈告子上〉這第六章為有關人性德行或性善問題之最終章，故在作這樣總結前，讓我們再次對上述各章作一總述。上述各章達成之道理如下：

一、仁義德行，實本於人性。因此，人在天地萬物中，為一切存在價值之本，善亦以人性善為本，非任何其他事物。對人性之肯定，其義在此。

二、人性為人之性向感受。而人性感受，不能無視善與惡這根本差異。二者亦只能單向（唯向善惡惡）。

三、「人性」與生物「生之謂性」這樣本能無以相同。人性必有對善惡覺識，非如本能那樣，無覺識地盲目。

四、就連人似主觀之感受（好惡），都實有對客觀真實性之參照；人中之內與外，故無法絕然判分開。換言之，是不能把仁之德行性質只歸結為主觀愛惡、而把義只歸結為客體對象自身之必然。仁與義始終仍為人自己內在德行，非只主觀愛欲或單純對象之必然性而已。

五、人其人性內在性，實由其平素長久與由其知輕重先後而見，故非只是對對象或一時之反應而已。此人性內在性之真實。

以上五道理，更簡約言，即：人性善如此性向為萬物之本；人性為對善惡如此單向性感受之覺識、為對善之性向（向往），非盲目本能性，而是與對象認知有關時人自己德行之致力，其內在知輕重先後而正，非一時反應性。

孟子以上五章實已勾勒人心其人性真實，亦透過這樣討論，非只言人性之所是，更實指出其事實真實。故餘下，若仍欲反駁，也只能訴諸於經驗事實，以事實說其不然，這亦即人通常對性善反駁時所作者。不過，孟子在這裡倣效一般人對性善之反駁時，更是較為細密至不可思議程度。因在一般反駁中，人只從見人之惡便以為無性善，然若真對經驗考察，也只能說：有人善、有人惡，是無以單純歸納為無性善或必然性惡者。公都子之歸納，故始正確；從經驗所直見，只人作為個體本性，非人類整體本性或人性。後者實難於經驗直見。故這第六章所有反駁，只從人個體本性反詰人性其共同之善而已。亦在這裡，故首次遇有從經驗事實對人性證實這樣問題。

公都子曰：「告子曰：『性無善無不善也』。或曰：『性可以為善，可以為不善。是故文、武興則民好善，幽、厲興則民好暴』。或曰：『有性善，有性不善。是故以堯為君而有象，以瞽瞍為父而有舜，以紂為兄之子且以為君而有微子啟、王子比干』。今曰性善，然則彼皆非與？」孟子曰：「乃若其情，則可以為善矣，乃所謂善也。若夫為不善，非才之罪也。惻隱之心，人皆有之。羞惡之心，人皆有之。恭敬之心，人皆有之。是非之心，人皆有之。惻隱之心，仁也。羞惡之心，義也。恭敬之心，禮也。是非之心，智也。仁義禮智，非由外鑠我也，我固有之也，弗思耳矣！故曰：『求則得之，舍則失之』。或相倍蓰而無筭者，不能盡其才者也。《詩》曰：『天生蒸民，有物有則。民之秉夷，好是懿德』。孔子曰：『為此詩者，其知道乎！』故有物必有則，民之秉夷也，故好是懿德」。

公都子首先窮盡了三種可能性：性無善無不善、性可以為善可以為不善、及有性善有性不善。三者一為性與善惡無關；二為性雖與善惡有關，然與二者無一定；而三為性本身雖與善惡有一定關係，但性本身非一、亦可有異。問題是，當公都子能同時列舉這三種不同立場，這已代表：三種立場都無法再宣稱自身為唯一對確者；三者只能以對立性善之立場出現，是難於單獨說明自身為獨一正確。所以如此，因各似有其在經驗中之依據故。

面對這種種立場，孟子怎樣回答？出奇地，孟子沒有對這種種立場一一反駁。原因也很簡單，每種立場都有其經驗事實作為依據，故若為真正正確立場，是應有能力包涵這一切真實經驗；單純對它們反駁，故無濟於事。若單純為反駁，它們間之不同，早已相互否證了，無須孟子再作否定。故孟子之回答反而是：「乃若其情，則可以為善矣，乃所謂善也」。意思是說：正因有如此種種實情，換言之，既有「文、武興則民好善，幽、厲興則民好暴」，亦有「以堯為君而有象，以瞽瞍為父而有舜，以紂為兄之子且以為君而有微子啟、王子比干」，故我們更應順着這些實情而觀，如此便可得知怎樣始為善，而此時之善，即性善所言之善，或即性善意思，其作為道理時所欲說明者。換言之，言性善之目的，最終也只為使人類能〔從人自身言、作為人而〕真實地善而已。若我們已知能怎樣達致如此之善，理論上之爭辯，已再無任何意義。若明知能怎樣使人類善而仍不為，反只執持人性非善之種種說法，這只對人類捨棄而已；如是理論立場，實再無任何意義。【故若對人類不善只由思辨訴諸人性惡、由人潛在本能驅力如此形上不切實機制解釋，而不實在地求其原因而解決，如此實為人類假作思惟真理時之虛假虛偽；性惡論往往由此】。

那孟子怎樣對人類其善惡實情作說明？亦二而已：一為人類作為整體受動時之實情，二為人作為個體自身能自主時之實情；一即「文、武興則民好善，幽、厲興則民好暴」，而二即「以堯為君而有象，以瞽瞍為父而有舜，以紂為兄之子且以為君而有微子啟、王子比干」。這兩情實說明甚麼？

首先，當「文、武興則民好善，幽、厲興則民好暴」時，表面上好像只說一種相對關係。但若我們暫不理會其相對性，這實已指出一極重要事實，即：使人民或社會能善，其法也只在有真正善之執政者而已；人民或社會之一切，實受着執政者影響與引導，再沒有其他。【故孔子說：「善人為邦百年，亦可以勝殘去殺矣。誠哉是言也」，又說：「如有王者，必世而後仁」《論語．子路》】。人民甚至人類能善，也只有如此，非再有其他。而這也說明，人民能善，非沒有方法、非理論上不能。問題只為與不為而已，非不能。故若人只不停造就幽、厲之興，人類當然只會暴戾，如是本性般；若明白此，是不應再說，人之不善或無善，是單純由於人類自身。人在整體狀態下，也只受動而已、非能自主，其行為非能視為自主或由於本性。而若已知人類能怎樣致善，不如此也只一種捨棄而已，非不能、亦非本性只能如此。這是第一點。

若從人個體能自主這方面言，其事實則是：「以堯為君而有象，以瞽瞍為父而有舜，以紂為兄之子且以為君而有微子啟、王子比干」，這是說，人作為個體實可自主其自身，因而縱使以堯為君，仍可有如象暴戾之人；但這不能說，人作為個體必然如此；故可有相反，縱使以瞽瞍為父或紂為君，仍有如舜、微子啟、比干等自覺而獨立為善之主體；而這說明：若從個體自身言，人仍是可自主其善，非必只受動於外來惡而惡。若如象那樣，相反地不受動於外在之善而仍自主其自身之惡，這只其作為個體對自身善之捨棄而已，非作為個體不能善，如舜、微子啟、比干所已證明。孟子故說：「若夫為不善，非才之罪也」。這是說，若作為個體而仍不善，如瞽瞍與象、紂、幽或厲那樣，這只他們捨棄自身而已，非作為人時能力不能致此（非天特殊地使其作為人之能力不能致此）。孟子為何這裡用「才」一詞？當孟子說：「乃若其情，則可以為善矣，乃所謂善也」時，不應忘記，這是針對性善問題而說。而有關性善與否，若不只作為理論而是作為真實言，其最終也只在人之為善這問題上，非在為善外仍有所謂性之善不善問題。故一旦人已知可以怎樣使人人性地為善，這實已為問題之全部。故於「可以為善矣」後，孟子即說「乃所謂善也」，而意思如我們上述，即言這能為善者，實即所謂性善，是沒有在為善外所謂性善者。所以於此用「才」一詞，因「才」正指人作為人時其能為善之能力，天所賦予人其能作為人為善之能力。故若人捨棄善不為，或捨棄自身之善，如孟子說：「若夫為不善，非才之罪也」，即非天對其作為人為善時所賦予能力之不是，而只其個人自己不為而已，非本無此為善之能力。故於「不能盡其才者也」後，即引《詩》云：「天生蒸民，有物有則。民之秉夷，好是懿德」。而這是說，天本來已給予人類其可能致善之能力，人若能秉持着這恆常之道，這是因為他們真正愛好這樣懿美之德行。人對其自身善之捨棄、人對其自身能善之捨棄，這只其不求而已、非天所賦其作為人之才之罪、非其人性本然事實。故「求則得之，舍則失之」。這裡所言「才」，因而直就是四端之心。

這惻隱、羞惡、恭敬、是非之心，均是「人皆有之」的。縱使為瞽瞍與象、紂、幽或厲，都同樣有此心。這是天賦予每人其能為善之才；不為善，故非才之罪，實其個人自己之捨棄而已。固然，四者本身非即為為善、非能即視為為善，故亦只才而已，是仍有待人求之。故如仁義禮智，雖「非由外鑠我也，我固有之」，然始終，仍必須「求則得之」，否則仍只「弗思耳矣」。「或相倍蓰而無筭者，不能盡其才者也」是說：或有人以為自身在求為善，但實只在作遠離善之行為作為，如無算地盲目，因而更倍加遠去所應作為者；像這樣作為，也仍只不盡其才而已，不能算作為善。孟子之後引《詩》云：「天生蒸民，有物有則。民之秉夷，好是懿德」是為說明：天於賦予人其為人之能力時，實已有給予人其為善之道，如天地萬物「有物有則」那樣。人應秉持這樣恆常之道、喜悅於這樣美麗與美好、應用心思求之，是不應妄作為而以為善。孟子舉四端之心，故一方面為同樣回應公都子所引有關人之種種經驗事實，指出作為性善之證明（事實），更應從心原初所有感受而觀。如惻隱、羞惡、恭敬、是非這人人所有之原初心況（性向），更應為人性其本來所是之說明，非只能從事後為善與為惡中始見。但另一方面，舉四端之心及其後之仁義禮智，實亦同時教人：若不想「相倍蓰而無算」，其為善應是怎樣；或：人對善之求索，應秉持甚麼作為恆久之道。

最後，有關孟子從四端之心言人性，我們仍雖作一最終說明。所謂人性，實亦人人感受中所有向往與價值（性向）、其作為存有時（於存在中）最終所求，而此亦即敬、和與愛三者，三者故為禮文於人與人關係中之體現。如孟子所言四端，這則是從人本有感受與感知方面言，如人有辭讓、有所惻隱，這都為人自然性向、為人性特性。至於其他感受，如人喜愛快樂厭惡痛苦，甚或有食、色之性，這雖亦為人類所有，但未必獨人類始自覺地向往，故廣義稱為人性可、狹義言則不可。狹義言時，唯有那些確為人類（作為人）向往之價值，如尊敬、和睦、情感，或人類特有之惻隱、辭讓、羞惡、是非之心，始為人性真正所在。對父母之心，這是人性的，因是人特有之一種情感。若把人類這些人性向往視為連同神靈亦有，因而為一種超越價值而非只人性價值，這只我們擴展其領域至不可知者而已，這些價值始終本於人類自身向往，故為人性的。

以這樣價值或心言人性是說：若不知「性」（人性）實即如此，很易會把「性」視為一種潛藏不可知之動力，隱蔽於現象背後，決定着人行為之一切。性善性惡之討論，往往起因於此，均不知「性」所指為何。若知人性其所謂「性」也只如四端之心感受，或是敬、和與情感這樣向往，這樣人性訴求之為善，實不言而喻，直為眼前可見故。人之為惡，往往亦因如此訴求不得不違而已，如以人無禮無義而行使暴力那樣，實非有違其人性本性，只無知地太過而已。孟子之「乃若其情，則可以為善矣，乃所謂善也」故實極深明。若明白人性所指，實再無須爭論。爭論者只不見其真實所是而已。若明白這些即為人性訴求，那怎樣為善，本清楚明白。甚至，甚麼始為對人類言為真正價值、怎樣價值始本於人性並為人，都幾近自明。其他價值，或刻求違背（如對奇巧之追求）、或更求為成就人性德性始有（如對反現實世俗性時之淳樸）；始終，對人性之向往，這始為一切價值之本，甚至唯一地為價值之真實，其他非是。

〈告子上〉這六章對性善之討論，確已窮盡一切相關問題，再沒有能較此更深思而完整。正因作為獨立個體仍可捨棄其本然人性之善，故對這樣個體，其人性之養與喪失、對人性之知與思問題，即成後兩組主題。

*

二、有關人性之養與喪失〔7至10〕

有關人性之養或其喪失問題，孟子分四點討論：

一、人性敗壞之原因，及個體之特殊性與人性共同性〔7〕

二、人性之養與對其傷害〔8〕

三、養之專心致志〔9〕

四、人性喪失問題（欲望與本心）〔10〕

有關人性之養問題，我們可對比今日所謂教育而言，如此更能見孟子思想之深邃。今日教育，大多只在乎知識傳授，縱使藝術教育可能略為在乎素養，然大多仍以知識與技巧為主。若知素養教育之困難，非知識多少能彌補，那對人性教育，更無從思考起。孟子這裡正針對此困難而發。

〔7〕人性敗壞之原因

孟子曰：「富歲子弟多賴，凶歲子弟多暴，非天之降才爾殊也，其所以陷溺其心者然也。今夫麰麥，播種而耰之，其地同，樹之時又同，浡然而生，至於日至之時，皆熟矣。雖有不同，則地有肥磽，雨露之養，人事之不齊也。故凡同類者舉相似也，何獨至於人而疑之，聖人與我同類者。故龍子曰：『不知足而為屨，我知其不為蕢也』。屨之相似，天下之足同也。口之於味，有同耆也，易牙先得我口之所耆者也。如使口之於味也，其性與人殊，若犬馬之與我不同類也，則天下何耆皆從易牙之於味也？至於味，天下期於易牙，是天下之口相似也。惟耳亦然。至於聲，天下期於師曠，是天下之耳相似也。惟目亦然。至於子都，天下莫不知其姣也。不知子都之姣者，無目者也。故曰：口之於味也，有同耆焉；耳之於聲也，有同聽焉；目之於色也，有同美焉。至於心，獨無所同然乎？心之所同然者何也？謂理也、義也。聖人先得我心之所同然耳。故理義之悅我心，猶芻豢之悅我口」。

孟子以極簡明方式總結人性敗壞之原因，而這唯有二或三（見下）：一因富有而賴；另一因凶歲而暴：「富歲子弟多賴，凶歲子弟多暴」。賴今言懶，但亦可解作有所依賴。子弟言一般未成年、未成家者，其心態易受社會他人影響。從每人自己方面言，人性敗壞，也只因心無立志、無價值堅持、未能獨立其身，無論是心態有所依賴、抑懶於努力與負責，都為人性敗壞之原因，而這往往由過於富有、無需努力或承擔困境而致；人由能承擔始為成人故。物質之富有，無論因奢華物物之欲而使心其人性無法收回外，由富有而致懶或賴，都因生命無所承擔而不知為人，亦始對作為人時之人性無所自覺。此人性喪失之第一原因。其次是，於人中若有所暴，無論其暴以何種方式呈現，或直接為暴力、或間接以權力欺壓他人，都為人性喪失另一直接原因。以凶歲言，也只舉其最外在源起原因而已。畢竟所應明白為：人性之敗壞，實或由於賴與懶、或由於暴，無論以何原因或方式致此仍然。孟子更說：「非天之降才爾殊也，其所以陷溺其心者然也」。換言之，人性之喪失，是從心有所陷溺而致；若仍有心，人性實仍未盡去。由賴懶而無所用心，與由暴戾而失去心，都為人其人性人格喪失之原因。

孟子之後所舉種種例子，無論是種植、為屨、口之於味、耳之於聲、目之於色，都只為說明一事而已：「故凡同類者舉相似也，何獨至於人而疑之，聖人與我同類者」，或「至於心，獨無所同然乎？」。孟子所欲說明，是人人都於他人中，強調自身個體性情性格之差異，以為此即人一切根本，因而不以人本實相同、不以人共同人性為本。孟子所以舉「口之於味也，有同耆焉；耳之於聲也，有同聽焉；目之於色也，有同美焉」是為指出：縱使於食色，人實都人人一致相同。若連這至為個人感受之現實層面都如此（只為共同）、若人在其生活種種層面都只相互倣效而一致，那為何特殊強調人其個體性情性格之差異而不言其共同性、不言人其人性共通性，並以此為人之本？故「何獨至於人而疑之」。甚至，若真對人性有所明白並以之為本，「聖人與我」不亦「同類」而已？聖人不亦只是「先得我心之所同然耳」而已？是還有其個人特殊？是還有不同於人性而偉大者？若心未曾陷溺，「心之所同然者」，亦「理也、義也」。心本然悅於理與義，如口之悅於芻豢那樣。若只知強調個人自我與性情，失去那能為天下之理與義、失去人作為人其心本然之光明與正大，陷溺其心致對理、義無所感，此只更使其作為人狹隘而已，非以為個體之獨特特殊為真有所懿美與偉大者。縱使只為個體，若知對其人性而養，如「今夫麰麥，播種而耰之，其地同，樹之時又同」，其人始終會「浡然而生」，致於成熟與真正成就。故若於賴、懶與暴二者外，仍有對人心與其人性有所陷溺（人性陷溺之第三原因），這必然為人對其個體自我性情與獨特過於強調，以為如此始為成就，而不知，如是實已無知於理與義、無知於人之聖與偉大、及無知於自身之作為人而已。

〔8〕人性之養問題

孟子曰：「牛山之木嘗美矣，以其郊於大國也。斧斤伐之，可以為美乎？是其日夜之所息，雨露之所潤，非無萌蘖之生焉。牛羊又從而牧之，是以若彼濯濯也。人見其濯濯也，以為未嘗有材焉，此豈山之性也哉？雖存乎人者，豈無仁義之心哉？其所以放其良心者，亦猶斧斤之於木也。旦旦而伐之，可以為美乎？其日夜之所息，平旦之氣，其好惡與人相近也者幾希。則其旦晝之所為，有梏亡之矣。梏之反覆，則其夜氣不足以存。夜氣不足以存，則其違禽獸不遠矣。人見其禽獸也，而以為未嘗有才焉者，是豈人之情也哉？故苟得其養，無物不長；苟失其養，無物不消。孔子曰：『操則存，舍則亡。出入無時，莫知其鄉』。惟心之謂與？」

若人性心之敗壞或由於賴、懶，或由於暴，甚或由於過分強調自我獨特性，使心之同然隱滅，那對人性心之培養，應是怎樣？

有關人性心之養，孟子多用譬喻而言。對這些譬喻，故應細思其義。

當孟子說：「牛山之木嘗美矣，以其郊於大國也」時，對人性之美，如同對一切美養成那樣，孟子解釋為因「郊於大國也」。這是說，正由於如牛山一樣，位於大國之郊，故始能保有其美。這實喻人類文化，因往往為人所造作，易失去其本然自然之真，故難保有任何真實之美。故對人真實之養，反不應以更多文明之物薰陶感染，而應盡可能避免受人類文明轉化，始能保有其本然真實。此養首要之事：非更多、而是更少。此亦一切教育所不應忽略者。不應以為人本然或必然無所是而無知，反而更應小心其所接受之事，有否扭曲或隱滅其本有之真。此孟子刻意指出「牛山之木嘗美矣，以其郊於大國也」時意思。

養之其次因而是：不能使之日夜受到斧斤之伐，如是無法得以有所保存。對存在之美、對一切生命得以生生者，孟子以「日夜之所息，雨露之所潤」形容。這是說，縱使為生命，其萌生仍必須由止息始得以成長。人心若無所止息安定、甚至若非日夜均有所安定，實無以有真實成就。至於外來加予，也只應如雨露之潤那樣，溫和而漸進，非風雨而使其「濯濯」然如本「未嘗有材」那樣。孟子甚至說，這「豈山之性也哉？」。大如山之為物，其有材木之多，亦由性本靜而致而已。仁者其性故好靜，亦因而樂山；【見《論語．雍也》】；此「山」所有意義：在由安穩止息而生生無窮而已。

有關人性心之養，孟子故再次以「日夜之所息，平旦之氣，其好惡與人相近也者幾希」作為說明。心之所息、氣之平旦，這是使人能遠去人一般好惡之心者。人性平實而有所止息之心，反由好惡利欲而牿亡，亦人終與禽獸無異之原因：不重視心之所息與平旦之氣故、不靜養其心、性故。

孟子最後引孔子言以喻心說：「孔子曰：『操則存，舍則亡。出入無時，莫知其鄉』。惟心之謂與？」「出入無時，莫知其鄉」為對「舍則亡」之比喻，指人若不安於家居，其終也連其所是之鄉里亦猶如不知，其放其心如此。

孟子本章表面單純之譬喻，實已教人「養」（「故苟得其養，無物不長；苟失其養，無物不消」）所應有道理；無論是對人性心、抑對人類存在中一切懿美者，無論是自然之美、抑人其素養之美，對此一切，須先由安靜平旦而致，非以為求成功而斧伐。此孟子對「養」其深義之說明。

〔9〕養之專心致志

孟子曰：「無或乎王之不智也。雖有天下易生之物也，一日暴之，十日寒之，未有能生者也。吾見亦罕矣，吾退而寒之者至矣，吾如有萌焉何哉？今夫弈之為數，小數也。不專心致志，則不得也。弈秋，通國之善弈者也。使弈秋誨二人弈，其一人專心致志，惟弈秋之為聽，一人雖聽之，一心以為有鴻鵠將至，思援弓繳而射之，雖與之俱學，弗若之矣。為是其智弗若與？曰：非然也」。

繼前，本章論養之專心致志。為事之專心致志，孟子分兩方面言：一從實行、另一從心志。從實行言，若所作為只一曝十寒，必無成功。如孟子之見齊王，若只一日見而十日仍為諂佞者蔽，是無能有所改變者。不能專注持續地為，作為無以真實、無能有成。至於心，心志亦須專一而簡，不能多騖。孟子舉弈為例。所以舉弈，因弈用智為人所共知，不能智思，無以為弈。然孟子於此反指出，縱使有智，若不能專注而用心、盡志所立，縱使能智，仍必無成，此亦弈者共知之事。

心之專注與志之專一，故為「養」之積極條件，「養」無能有他事干擾故。心若仍有利欲、不能自己而心放於外，如是對人心性之養，必有所失，非能專心致志故。專心致志，故與心之平旦靜息，均為人性之養其兩面。「養」故非由外致，只本然者不受利欲所惑或斧斤所毀而已。

〔10〕有關人性之喪失

孟子曰：「魚，我所欲也。熊掌，亦我所欲也。二者不可得兼，舍魚而取熊掌者也。生，亦我所欲也。義，亦我所欲也。二者不可得兼，舍生而取義者也。生亦我所欲，所欲有甚於生者，故不為茍得也。死亦我所惡，所惡有甚於死者，故患有所不辟也。如使人之所欲莫甚於生，則凡可以得生者，何不用也！使人之所惡莫甚於死者，則凡可以辟患者，何不為也！由是則生而有不用也，由是則可以辟患而有不為也。是故所欲有甚於生者，所惡有甚於死者。非獨賢者有是心也，人皆有之，賢者能勿喪耳。一簞食，一豆羹，得之則生，弗得則死。嘑爾而與之，行道之人弗受。蹴爾而與之，乞人不屑也。萬鐘則不辯禮義而受之，萬鐘於我何加焉？為宮室之美，妻妾之奉，所識窮乏者得我與？鄉為身死而不受，今為宮室之美為之；鄉為身死而不受，今為妻妾之奉為之；鄉為身死而不受，今為所識窮乏者得我而為之。是亦不可以已乎？此之謂失其本心」。

最後，孟子於本章對人性之養與喪失問題作總結。

若人陷溺其本性之原因在懶、賴、暴與過分強調自我，而對人本性之養則應在靜養其平旦之性並專心致志，不受外間世界紛擾而旁騖，那從世間外在言，對人性之保有與否，關鍵實唯在世間之價值觀上。有關「魚，我所欲也。熊掌，亦我所欲也。二者不可得兼，舍魚而取熊掌者也。生，亦我所欲也。義，亦我所欲也」，請注意一點：生存與仁義兩者，本都為人人所欲。假若兩者無所衝突而可兼得，沒有人不亦對仁義有所欲。這已說明，如仁義這樣德行，非人或人性所本然抗拒；相反，若人對仁義本亦有所欲，而仁義又非如生存事那樣，與現實利益有關，這表示，對仁義之欲只能由於人性自身，再無其他原因；仁義作為德行，正與人求利益之欲相反或無關故。問題因而非仁義必與人所欲無關，只現實生存與仁義兩者往往不可兼得而已，問題只出於不能兼得上，若能，縱使毫無利益之德行，都仍為人人所欲，因為人性故、為人性本來向往之價值故。

那麼，於「二者不可得兼」時，孟子說：「舍生而取義者也」。為何如此？孟子解釋：「生亦我所欲，所欲有甚於生者，故不為苟得也。死亦我所惡，所惡有甚於死者，故患有所不辟也」。換言之，之所以「舍生而取義」，因對人言，始終是有着較生之事更重要者，故人不會只為其生而苟得。同樣，人雖惡死，然仍有較死更為厭惡之事，在兩者不能兼得時，寧不避禍患而不欲致其所惡。人是有更甚於生死之價值者。正因如此，故「如使人之所欲莫甚於生，則凡可以得生者，何不用也！使人之所惡莫甚於死者，則凡可以辟患者，何不為也！」。「何不用也」、「何不為也」是說：若人再沒有甚於死生之所愛所惡時，此時，其實一切價值再不存在。人若唯有單純求生死之心，實亦人再無任何價值之心了。對生死之欲與惡，故實非由其仍有所愛所惡而以為是一種價值心，相反，價值心只由人於仍有甚於生死之欲與惡時始有，是對反生死始為價值者。「價值」所指實此。人於現實能不擇手段地愛惡，這是人心再無價值始有。甚至，若於死生中有所不擇手段，這只其心中再無所人性價值而已。這是為何孟子以死生愛惡與人性相比。

於死生中，所攸關者，實正是人性而已，再非其他價值。若是其他，縱使能不為一己而貪生怕死，仍未必能不致對方於死地、未必能單純為仁義而行，唯人性心始能如此。唯人由其人性，始會「生而有不用」及「可以辟患而有不為」。孟子甚至指出，像這樣人性之心，實「人皆有之」，只獨「賢者能勿喪耳」。縱使人人皆有這人性心，然未必能不偶爾失去。故見人似偶爾不擇手段，仍不能說人本無人性之心。有與沒有與是否一時喪失，兩者仍不同，不能因有喪失而以為本來沒有。人始終有着價值、甚至有着人性價值以生存，非一切只為生死而生死而已。

這較生死更重要之人性價值，人作為人之自尊，孟子以如下實例說明：「一簞食，一豆羹，得之則生，弗得則死。嘑爾而與之，行道之人弗受。蹴爾而與之，乞人不屑也」。換言之，若人絲毫不得以人之自尊生存，縱使與死生攸關，都為人不能接受。「一簞食，一豆羹」，縱使為乞人，「得之則生，弗得則死」，仍不屑取得。那若非只是「一簞食，一豆羹」而是萬鍾之財富？人不都因這樣富有而放棄其為人之尊嚴？確實如此。然孟子說：「萬鍾則不辯禮義而受之，萬鍾於我何加焉？為宮室之美，妻妾之奉，所識窮乏者得我與？鄉為身死而不受，今為宮室之美為之；鄉為身死而不受，今為妻妾之奉為之；鄉為身死而不受，今為所識窮乏者得我而為之。是亦不可以已乎？此之謂失其本心」。若人不會為「一簞食，一豆羹」而不死，那為何為萬鍾之富而不死？「為宮室之美」？「為妻妾之奉」？抑「為所識窮乏者得我」？「宮室之美」純指物質享受，

「妻妾之奉」則言欲望滿足，而「為所識窮乏者得我」非言對窮乏者救濟與施予，從「得我」言為窮乏者、甚至只為「所識」之窮乏者言，這只求譽於卑下於我之人而已；而之所以只能要譽於窮乏者，因這裡所言求萬鐘，是在失去人性尊嚴（「不辯禮義而受之」）這前提下始得，故縱使已萬鐘，然只能得窮乏於我、或再無自尊與價值之人始能對我奉承與羨慕、只能於這樣之人面前始有如自我之尊貴（「得我」）。失去人性尊嚴而得物欲、得妻妾之欲與由卑下者對己之奉承，難道這是萬鐘或富有之意義？孟子最後說：「是亦不可以已乎？此之謂失其本心」。即：難道不得不如此？人若非由於已失去人性本心之真實，又怎會致於如此？非沒有這樣之人，只是，如上述失去一切人性與價值者，唯由失去人本心，人始會連人性人格不顧而唯知求富貴。

孟子於本章把人性價值對比着種種欲望言，或為生死、或為萬鐘之富、或為宮室之美、妻妾之奉、及甚至為從「所識窮乏者中得我」，其道理明白。若人於生死關頭仍知不會因生死而放棄人性人格，那人於現實欲望前如此卑下、只為求得而放棄其人性人格，實失其本心而已，再沒有其他原因。

從人性為一切價值之本、為至根本不能放棄者，以明人性之養、其敗壞原因、及其完全喪失，可見孟子對人性之養與喪其反省之深切。

三、對人性之知與思（11至15）

若人性喪失為人失卻本心所致，那若情況相反，人若有對人性求得之心，這時有關人性之知與思應怎樣？孟子分五點討論：

一、對人性自覺之途一：求其放心（仁義與人心）（11）
二、對人性自覺之途二：對己心之知（12）
三、對人性自覺之途三：對己之思（13）
四、知大體小體而養（14）
五、論心之官：思之真實（15）

＊

〔11〕對人性自覺之途一：求其放心（仁義與人心）

孟子曰：「仁，人心也。義，人路也。舍其路而弗由，放其心而不知求，哀哉！人有雞犬放，則知求之，有放心而不知求。學問之道無他，求其放心而已矣」。

有關人對本性自覺一問題，孟子以上五點，為一層一層自外而內。這自外而內過程，本身已為一種求其放逸之心。對人性自覺，第一步故即「求其放心」。

對孟子之「仁，人心也」，宜應分辨：其所說為「人心」，非只「心」。這是說，人作為人之心，實即仁而已。仁故是心其人性時。從這點言，仁於人最內在而根本，為人其人性時心之所是。這樣對仁之述說，故非作為德行，而是從人之所是言，因而為天地萬物、甚或存有之本。換言之，若從天地萬物這整體存在言，仁即存在及人心本身之道，亦人作為人之道。此仁於存在整體中之所是。至於義，義即一切存在事物於有所行作時之道，故亦為人於有所行、有所為時之道。仁為人「作為人」之道，而義則為天地萬物其行作應有之道，故為路、為人作為時所應依據者。此仁與義其存在意義。

故若人不依於義行作，其作為無以真實。而若人更不知求其自身之為人，因而喪失作為人之真實，其為人只能虛妄。人類存在之道故本簡明：一在知作為人之真實、另一在知行作之真實，一者在仁、另一者在義，只二者而已。人若自覺自身之為人，這實已是仁。仁本即人心所是、非其他德行故。故連學問，若為真實，也在「求其放心而已」，返回人作為人之心、返回其心之仁而已，這始為真實學問之道，故孟子說：「學問之道無他」。仁義與人之關係，故一在人心之所是、另一為人所行之路，如此而已。求為對人性明白，故先由知此。

〔12〕對人性自覺之途二：對己心之知

孟子曰：「今有無名之指屈而不信，非疾痛害事也。如有能信之者，則不遠秦、楚之路，為指之不若人也。指不若人，則知惡之，心不若人，則不知惡，此之謂不知類也」。

若學問之道也先在「求其放心」，那人對一己之知，顯明首先；孟子以人「有無名之指屈而不信」為比喻。縱使非因疾痛，單純「指不若人」人仍會「遠秦、楚之路」求「有能信之者」，那對自身「心不若人」，反「不知惡」，孟子說：「此之謂不知類也」。「知類」，即知事情其類之輕重先後，知甚麼重要、甚麼不重要。「知類」故實為知甚至智之首先。

舉無名指屈而不直是為指出，若連最不重要、功能最少手指其屈而不直仍為人所惡，而對自身心之不如人反不知惡，這只反映，人實無知而已，連甚麼重要不重要、甚麼應惡不應惡，都無法分辨。如是若以為有知，實無知而已。

知之真實，故先在對己心之知，因至為重要故。知故不應唯在外，更應先能知人自己，後始知之真實。「若人」「不若人」，故都非在外表或外在差異，更在人內裡，如在心所見價值、是否「知類」等等上。知之為知，應先從人與心言，特別自己心之所是。非只自知之明而已，更應是心本然所是。人若不見自己心，無論表面之知如何，始終為知之缺憾。對人性之覺，故亦由知心而啟。

〔13〕對人性自覺之途三：對己之思

孟子曰：「拱把之桐梓，人苟欲生之，皆知所以養之者。至於身而不知所以養之者，豈愛身不若桐梓哉？弗思甚也」。

除須對己心與人有所知外，更須有所思。知己若僅為反省之事，那思更須從長遠之養言：思一己怎樣始為致善。

人平素所用心思只在利害利益間。若非遇有困難而思，一切也只由愛惡行事而已，實「弗思甚也」。孟子以桐梓之養比喻，言「人苟欲生之，皆知所以養之者」。對只拱把大小桐梓，人皆知用心思其所然。然人對自身本應更有所愛、本更應思如何養其身，然事實非如此：人對自身反不知養，其表面所知實非真實之思，此孟子「弗思甚也」意思。非對自身不愛，人不知思而已。

孟子刻意從對象之養、從有所愛、甚至從對向生命言，所指出，實為作為萬物之靈而特有智思之人類，其「弗思甚也」事實。所以「弗思甚也」，因思於人類僅跟隨愛惡欲望而用，故多為向外，所忽略正是更重要者：對自身之反思。此思所有之真與偽。思其最高真實故應在人自己、在人所應最愛者，非在其他、非在所謂真理上。

繼學問之道、知之道，今連思之道亦先在知反思自己而已。從人不知反思其自身可見，人實不知「思」真正之道、其真實。

〔14〕知大體小體而養

孟子曰：「人之於身也兼所愛，兼所愛，則兼所養也。無尺寸之膚不愛焉，則無尺寸之膚不養也。所以考其善不善者，豈有他哉，於己取之而已矣。體有貴賤，有小大，無以小害大，無以賤害貴，養其小者為小人，養其大者為大人。今有場師，舍其梧檟，養其樲棘，則為賤場師焉。

養其一指而失其肩背而不知也，則為狼疾人也。飲食之人，則人賤之矣，為其養小以失大也。飲食之人無有失也，則口腹豈適為尺寸之膚哉？」

從上幾章明白可見，孟子所教，實為人類智思應有之道：由反身於己求其放心以為真正學問、至知一己之心及思如何養己，至本章對知大體小體之別，實明白為對真實智思之形容、其形成、其應有之道。無論學問抑知與思，其道均先在對大體小體之分辨；如人對真偽分辨那樣，更應先在知大體小體。此孟子以養作比喻。

一切事物，實都有大小輕重之分。知事物之大小，即前第十二章所言「知類」。孟子所以重提此問題，因事物事情之大小關係至巨，為一切價值之本，因而善不善，都實以此為據，非人能任意。故「所以考其善不善者，豈有他哉，於己取之而已矣」。這是說：善與不善無他，全視乎人於事情之大小中所選取抉擇者為何而已。僅知小者為不善，善必先從大者言。若相反，以小害大或以小失大，這實只虛妄。

那大小怎樣訂定？孟子說：「飲食之人無有失也，則口腹豈適為尺寸之膚哉？」意思是說：

若人只為飲食而飲食，這實為人賤之之原因，因只知養小失大故。之所以只為養小，因養不應只以尺寸身體之膚為目的。飲食存活於人，是應有更大意義者。事物事情之大小，故實由目的訂定。小者應為大者而有，故因小失大或以小害大，都為人所以為賤。事物意義上之大小、其目的之本與末，因而為善不善之依據。事物一切價值，無論從貴賤抑從善不善言，都立於此。此大體小體意思。

〔15〕論心之官：思之真實

公都子問曰：「鈞是人也，或為大人，或為小人，何也？」孟子曰：「從其大體為大人，從其小體為小人」。曰：「鈞是人也，或從其大體，或從其小體，何也？」曰：「耳目之官不思，而蔽於物。物交物，則引之而已矣。心之官則思，思則得之，不思則不得也。此天之所與我者，先立乎其大者，則其小者弗能奪也。此為大人而已矣」。

本章明為知與思之總結。「鈞是人也」明指人本均是人，本不應有所差異，故「彼丈夫也，我丈夫也，吾何畏彼哉？」〈滕文公上〉第一章。事實上，如前有關人性所言，人確均是人而已，其人性實無差異、無大小之分。【見前第七章】。然何以謂人有所不同，甚至有小大差異？從孟子之回答：「從其大體為大人，從其小體為小人」可見，人之大與小，實仍從其是否知分別大小、輕重而見。知分辨價值與意義之本末先後、其重要不重要，此人所以為大與小。人有所差異，故非在其作為人上，而在其對價值真偽之辨別上。然從公都子之再問：「鈞是人也」可見，雖同為人，何以有人知從其大體、而另些只知從其小體？這樣問題，總結了人之知與思。孟子回答說：「耳目之官不思，而蔽於物。物交物，則引之而已矣。心之官則思，思則得之，不思則不得也。此天之所與我者，先立乎其大者，則其小者弗能奪也。此為大人而已矣」。當孟子這裡以耳目之官對比思之官言時，這與西方哲學對人類心靈能力之分析無異。在哲學傳統中，人作為自我主體均以「思」為本質，亦西方與儒學傳統所以差異之原因。非儒學傳統不承認或不重視「思」於人之根本性，只是，無論「思」作為能力多麼根本，（孟子甚至稱之為「天之所與我者」，為一切能力中之「大者」），畢竟作為人，人性心始更為根本重要，亦西方傳統所忽略甚至否認。因而對西方言，「思」始為最後，非如儒學更以人性心為本。孟子這裡對「思」所以肯定，實藉由「思」，求為對人性自覺並反省而已、由「思」更見人作為人之本心而已，如孔子所言上智那樣。【見「性相近也，習相遠也。唯上知與下愚不移」《論語・陽貨》】。事實上，「思」因似無必然對向、無限定於對象，故由思所開展出之世界，可反過來主導着人類及其人性，規約着存在之一切。孟子所言「耳目之官不思，而蔽於物。物交物，則引之而已矣。心之官則思，思則得之，不思則不得也」，表面為對耳目之官與心之官作區別，甚至以耳目之官因由物欲所引、為物所蔽，故而虛假，然所言實只是「蔽於物」與不「蔽於物」這樣差異而已。若「思」如今日仍可僅如「耳目之官」那樣、仍為物所蔽，如是之「思」實非「思」之真實、非孟子所言「思」。孟子所言，重點故是心在物外之獨立性，由知心與人性而致真實時之獨立性，此始為孟子所言之「思」，借由耳目之蔽對比而已。故仍先是「從其大體為大人，從其小體為小人」，或「先立乎其大者，則其小者弗能奪也」，換言之，仍須先從知道理之大小言，非一切單純由「思」定奪。「思」所以為大、「思」所以能「立乎其大者」，實仍因知人與人性所是而已，此以物為蔽之原因。「思」若無所謂人性、無所謂人本心，縱使為思，仍只物物世界。於西方，故縱使思反身於人，也只反身於思想者作為「我思」、其自我，始終非作為人，故與孟子所言耳目之官無異。於西方，思之官所以不思而「蔽於物」，故因不知別大體小體、不知人與物何者為意義、何者為本。若不能如此，縱使為思，仍無以真實。思故仍須「先立乎其大者」，否則只為小者所奪。【哲學早期如柏拉圖，也知思不應跟隨感官世界而僅為意見；唯其所以為思之對象：理形，實仍只感官物之延伸而已。西方因無知人性心之真實，故始終只能以物理形為心之對象，此故仍「蔽於物」】。雖同為人，何以有人知從其大體、而另些只知從其小體？對這樣問題之回答，故在人是否為物、甚至是否為世界所蔽上。此所以在言人性之養時，【見前第八章】，孟子先言：「牛山之木嘗美矣，以其郊於大國也」原因；所教人亦為先能獨立佇立，不受世間物物所引，此人所以能知「從其大體」之終究原因，亦如「牛山之木嘗美」地、作為人而懿美。

人本「鈞是人也」、本只如百姓各「親其親、長其長」而已，所以仍有大小，只從其是否「蔽於物」這角度言故。蔽不蔽於物，這是人個體之事。故人之有大小，亦只從個體言而已，非作為人而有大小，「鈞是人」而已。人對自身人性之思與否，這個體人性之自覺與努力，始「或為大人，或為小人」，百姓是無從思不思這角度言的。

作為總結，表面上，孟子似只重複着對人性心必須有所思這樣問題，然從西方重思傳統仍未見人真有對人性之思，孟子這裡之再三強調，實非無其重要性。像「學問之道無他，求其放心而已」，又或如「心不若人，則不知惡」，及「弗思甚也」等等，都多麼為深刻體驗與道理。孟子其他篇章很少強調思，唯在面對人性心、對一己之作為人，孟子始以思切入，這是孟子對「思之道」多麼重要說明，求其非再蔽於物，而能反身於人及其人性心。如此之思，始為人之思，非如西方，只求為神之思，後者終也只落為對物之思而已。

*

四、作為人性實現之仁其真實性問題〔16至20〕

從以上各組主題與內容可見，孟子多麼求為對人性辯解，亦見世人多麼對人性忽視，始有孟子以上之辯（辨）。人對人性之忽略，只因不思而已、不作為人獨立地思而已。對自身人性，是不能知而仍有所否定者。仁情況不同。仁作為人性最高實現，始終須由（外在）努力與作為而致，非如人性那樣為本然。而因仁實為人人所知之事，最低限度，為古代中國社會中人人所以為德行之本，故對仁之否定，反而是從其實現或實行之質疑言，非不知或不思之事。若有關人性須從知與思誨人，仁則相反：因仁非為人忽略，而是對其真實性或意義批駁，故孟子必須辯正其實現時之真實，此本組目的。

本組非言仁是甚麼，只對其現實真實性作討論而已。仁本身所是，孟子在〈告子上〉開首便清楚指明為人性對人之德行，即從惻隱不忍人之心而對人作為人有所立與達。這點孟子與孔子一致，亦應為其時代之共識，唯是否願意承認其能實行而已。人作為人之立與達，對儒學與中國傳統言，再沒有更為重要。一切致力於人作為人這樣德行，實亦仁根本意思。其相對應之心，故為「不忍人之心」。

有關仁其實現時之真實性問題，孟子分五點討論：

一、仁之價值地位〔16〕

二、仁為人所以尊貴者〔17〕

三、仁之效用〔18〕

四、仁之真實〔19〕

五、仁為學之彀〔20〕

五點故可分為三方面：仁之價值、仁之效用、及仁之成。五點亦從天之尊貴、人之尊貴、物事之急切、物事之真實、及學之首先言。

〔16〕德行之為天爵

孟子曰：「有天爵者，有人爵者。仁義忠信，樂善不倦，此天爵也。公卿大夫，此人爵也。古之人脩其天爵，而人爵從之。今之人脩其天爵，以要人爵，既得人爵，而棄其天爵，則惑之甚者也。終亦必亡而已矣」。

以天爵稱仁及一切德行是說，它們是作為人生命所應致力者。人生命致力之價值有二類：一為天之價值、另一為人為之價值，德行屬前者、爵位地位屬後者。如孔子「古之學者為己，今之學者為人」《論語．憲問》，孟子亦從古今人做法相比言。古之人以其生命致力於德行價值，地位職能只順承此而有，非刻意求取。今人不同。其所以致力於德行，非為德行本身，只以之作為手段，以取得個人爵位。故一旦得位，即棄其德行，如今人未得位仍知努力，一旦得位再無見努力那樣。這實是現實對價值之利用、其對德行真偽之惑亂。若真實價值只為人所利用，這終只會引致滅亡而已，無能有所成。故無論為個人生命努力、抑為人類存亡關鍵，德行始終應為人唯一之道。無論德行為如仁義般至高狀態、抑如忠信只為個人之平素、甚至只如人一般樂善不倦為善之努力，人類生命，均應以此（德行）為唯一。人類存在，終也只應以大小德行為道而已。此仁義等德行之價值，亦價值其真與偽。天爵所對，故為人類其存在。

〔17〕德行為人之所以尊貴者

孟子曰：「欲貴者，人之同心也。人人有貴於己者，弗思耳。人之所貴者，非良貴也。趙孟之所貴，趙孟能賤之。《詩》云：『既醉以酒，既飽以德』。言飽乎仁義也，所以不願人之膏粱之味也。令聞廣譽施於身，所以不願人之文繡也」。

若如上章所言，德行實為人類存在最終價值與真實，同樣，於每人自己，天實已賦予其所以為尊貴者。非在其過人之聰明能力、更非在其所擁有之財富地位。從人均同樣希望自己有所尊貴這點言，人人於其自身確有所至為尊貴者，而此，在其作為人時之人性與德行而已。若人類不如是觀，這只其不思、不見人尊貴所在，非無此尊貴可能。反而，人所以為貴重，實只外於人自己時之外物，如富貴地位那樣。孟子說，像這樣事物、由人所賦予之尊貴，實亦可為人所奪而致卑賤；在更尊貴者前，這樣尊貴往往只卑微而已，非人自身所有永久尊貴者。確實，人只向慕外在尊貴，然這實只蒙昧而已。孟子故引《詩．大雅．既醉》說：若人飽乎仁義，其所尊貴直在己身，是無須以外表或外在如文繡之美以為自己尊貴者。仁義故非只人應致力之德行，更直是人自身所以尊貴之原因。此仁所有價值、意義、與真實。

孟子對仁價值之兩面，故是從其相較於現實價值言。對仁之討論，故非單純從其作為德行、更是從其作為現實存在之真實言，因而為對仁之一種現實辯護。下章亦同。

〔18〕有關仁之效用

孟子曰：「仁之勝不仁也，猶水勝火。今之為仁者，猶以一杯水救一車薪之火也，不熄，則謂之水不勝火。此又與於不仁之甚者也。亦終必亡而已矣！」

有關仁在現實中之效用，人多以其為無濟於事。個人之仁，改變不了社會或世界甚麼。對這樣質疑，孟子以杯水救車薪之火為比喻，明白地指出：為仁實也有層次大小之分，是明顯不能只以小救大便以為其本身無濟於事。如孔子所說，君王若能「一日克己復禮，天下歸仁焉」《論語・顏淵》。若只是個人之仁，其所及明顯也只在人與人之間。唯作為天下之仁，其所及始達天下，不應不分大小而以為偽。仁所以必勝不仁，因仁本為人性自身故。人是終究無以違悖自身本性；如是，人性訴求實亦存在之規律：見人無禮而報以暴，實亦由此訴求而致。故若似有所未能，非仁本身之事，為者之不足或未誠而已。孟子最後說，以仁為無濟於事者，與不仁實無異，同強化不仁之看法與作為而已、使最終一切消亡而已。

〔19〕仁之熟

孟子曰：「五穀者，種之美者也。苟為不熟，不如荑稗。夫仁，亦在乎熟之而已矣」。

不單只有層次大小之別，仁亦有真實與不實之差異。

孟子這裡以仁比喻五穀種植，以其未熟猶不如荑稗，謂：「夫仁，亦在乎熟之而已矣」。以「成」解「熟」，如趙岐那樣，仍須注意不把「成」理解為成就之成。若如是將毫無意義：仁若必須成始是、不成則不是，這只更毀棄德行之意義與價值，沒有說明甚麼。以「成」解「熟」，因而只應從必須成就真實之仁解；若為仁而不盡其實、不盡其真實，這樣為仁將無所意義。如孔子有關禮文之說明那樣：對禮文之執行，必須達其真實，不能只徒形式外表地進行，如此反使禮之意義有所損害。【見《論語・八佾》：「子曰：夏禮吾能言之，杞不足徵也。殷禮吾能言之，宋不足徵也。文獻不足故也。足，則吾能徵之矣」】。孟子這裡有關仁之說明亦同樣：仁必須真實，只徒仁之外表，【如巧言令色】，反不如不為。

仁怎樣始真實？唯確切明白道所在、明白仁乃立人達人並真實地致此，否則，無論只表面說說、抑如孔子所言「好仁不好學，〔其蔽也愚〕」《論語．陽貨》、甚或如子張問善人之道時，孔子回答：「不踐迹，亦不入於室」【意思為：縱使為善，仍須依據道而行，不能以為不依道義便能真實。見《論語．先進》】，都非仁其真實。若真為仁，仍是有為仁之道、是應明白仁之真實而為，非徒外表無實之仁便已。成熟應從真實解，非從成就解；不熟故為指不真實之仁。孟子意思故是：縱使為仁，仍必須真實，否則不如毫無價值之荑稗。

〔20〕仁為學之彀

孟子曰：「羿之教人射，必志於彀，學者亦必至於彀。大匠誨人必以規矩，學者亦必以規矩」。

最後，孟子替這作為天爵之仁，指出其最根本意義。

本章雖沒有正面提及仁，然因「學」實應廣及一切德行，故不再限於仁而已。作為一貫地論述人性與仁之〈告子上〉末章，從前後章之關聯言，本章所言志與彀，仍明顯指仁。從「射，必志於彀，學者亦必至於彀」清楚看到，對凡任何事，本應志於其應有正確性；若非如此，不如不為。如學射，必須學把弓拉滿（彀）；【彀為規矩，非為目的，後者只求功利而已】；同樣，若仁與人性為一切價值之本，任何作為，亦應以此為所循行方法，故說：「大匠誨人必以規矩，學者亦必以規矩」。這是說，先不論其事本身有無現實上意義與價值，單從學這方面言，除非人不學，否則一切學，仍須從其規矩而學。大匠教人，無論其人與其事最終是否有成，始終仍必先依循規矩而行。從人立志至其一切行為實踐，無論最終怎樣，故都應依據其本應有規矩而行，因這為根本故，其達與不達只其次之事，與根本無關。如學必以規矩那樣，無論是否能終其學，學始終不能略過根本而求捷徑方便、或只圖個人滿足。

孟子這從學必規矩言仁之價值（或言一切規矩所有價值），以規矩之根本性言仁，非如只求效益者那樣，只重視最終實現與成就，實對事情其本真多麼明白。對規矩其真實性所有價值，孟子多麼純然地真實而不世俗功利。作為規矩而有之價值與意義，是無須等待效益成就之功利始為真實。孟子以規矩這本然意義與價值解說人性與仁，這對兩者根本性意義之說明，至為精確明白。

有關〈告子上〉，我們討論至此終。

公元二零一零年二月二十五日

告子下

論人之世俗性格

若〈告子上〉為對人性善及人性心（仁）之論述，【人作為人之心，實即仁而已。仁故是心其人性時】，那〈告子下〉相反，以人世俗性、其世俗價值觀作為論述對象。前者為人本性之美與善，後者則為人在現實中之世俗性格，一種世俗性情或心態。人這世俗性，在〈離婁下〉最後一組問題已曾論述。唯〈離婁下〉因以真偽之辨為主旨，亦多從每人自己角度切入，故那時所討論，只人自己心態下之世俗性，如人對人之好惡、或其自我優越性與自尊等方面，非如〈告子下〉，為對世俗性格之全面討論；非僅個人自身、更直是人類存在本身。若上篇以人性為人本身基設，那〈告子下〉對人世俗性格之分析，是作為世俗存在本身基設而言，因而全面。故第一章立即言食、色之性，因食、色明為世俗欲望之本故。對世俗性格之分析，故非只辯其虛假，更是作為世俗存在之存有論分析，如上篇為對人本性之存有論分析那樣。若我們稱上篇為人性論，那〈告子下〉則為一種世俗（性格）論；趙岐稱這樣性格為「情」，故以〈告子〉總為對人性情之論述。除非我們清楚此時所言「情」指人在世俗中性格而非人心其人性感受，否則易有誤會可能。

〈告子下〉有關人世俗性格分八組問題，各由兩章構成，共十六章。八組主題如下：

一、世俗之價值觀（1、2）
二、世俗行事之法（3、4）
三、世俗對外在性之重視（5、6）
四、世俗對成就之看法（7、8）
五、世俗對良與善之看法（9、10）
六、世俗對智與力量運用之看法（11、12）
七、世俗對作為（為政與出仕）之看法（13、14）
八、世俗對否定性與人養成（培養）之看法（15、16）

*

一、世俗之價值觀〔1、2〕

有關世俗價值觀，孟子先從兩相反極端言，一為構成世俗存在之至基本者、另一相反，為世俗眼裡視為至高者。前者即食與色本性，後者即所謂聖者之大道。前者明為世俗存在之根本，後者雖表面與前者對反，然實仍出於世俗心態，非以為聖者之道便非為世俗心。

〔1〕世俗對現實之看法，及現實心之自相矛盾

任人有問屋廬子曰：「禮與食孰重？」曰：「禮重」。「色與禮孰重？」曰：「禮重」。曰：「以禮食則飢而死，不以禮食則得食，必以禮乎？親迎則不得妻，不親迎則得妻，必親迎乎？」屋廬子不能對。明日之鄒，以告孟子。孟子曰：「於！答是也何有。不揣其本而齊其末，方寸之木，可使高於岑樓。金重於羽者，豈謂一鉤金與一輿羽之謂哉？取食之重者，與禮之輕者而比之，奚翅食重！取色之重者，與禮之輕者而比之，奚翅色重！往應之曰：『紾兄之臂而奪之食則得食，不紾則不得食，則將紾之乎？踰東家牆而摟其處子則得妻，不摟則不得妻，則將摟之乎？』」

從人有食、色之性言，一者固然為生存之本、而另一則為生命之再生與延續，然兩者於人類非僅為這樣生物功能，實更附加上甘食與悅色享受之意義。就算不如此觀食色，最低限度，若食為生存必需不可免，色始終非如此必須。正因如此，故孔子常以色與德行對比而言，【見《論語・子罕》：「子曰：吾未見好德如好色者也」及〈衛靈公〉：「子曰：已矣乎，吾未見好德如好色者也」】，因兩者同沒有生存上之強迫性。我們意思是說：人都以為現實存在不可免，事實不然：構成存在之世俗性，非因不可免之必然性，反由在存在中，人對事物之一種欲望心態，如對食甘味之欲、對好色之悅等等。生物於其生存之不可免上，都不會借由生存之必然性呈現如人類般世俗性。若把食、色視為一者代表生存之必然性、另一者代表感受上進一步享逸欲望，那所謂世俗性，實即以色附加在食上所形成者，即人類從存在必然性中更圖享受時之狀態。是這樣心態形成世俗性。當然，因物質享受而引致他人連生存條件也被剝奪，這是事後之事，然始終，不能以無法生存為理由，視為現實性構成之原因；反而是：現實不現實、世俗不世俗，這只人類自己心態之事，其本只在物質享受欲望，非與生存之迫不得已有關。

任人對屋廬子之問：「禮與食孰重？」及「色與禮孰重？」，正是在一般以為之現實性這前提下所提出之質疑，以為若不現實，便無以生存、無以得妻，故「以禮食則飢而死」及「親迎則不得妻」。這是現實對人性德行常有之反駁，亦人世俗價值觀之所本：單純對物質存在（與享受）重視故。「屋廬子不能對」這理所當然，也正為一般人難對現實問題應對之原因，均以為生存之必然性即現實所以為現實、世俗所以為世俗之原因。這一錯誤，實同時忘卻，人類德行實亦同樣不可免、有其（人性上之）必然性。若只以為唯現實始必然、人性與德行為偶然，如此實無視問題之根本。孟子之回答故是：「於！答是也何有」（即對這樣問題回答有何困難），並直指出其前提之錯誤。全部問題只出於：以為現實存在迫不得已而已：「不揣其本而齊其末，方寸之木，可使高於岑樓。金重於羽者，豈謂一鉤金與一輿羽之謂哉？」。對任何事物之比較，是應從對等位置而作；若起點不對等，是無以真實地比較。若以食、色之現實必然性如此重量為前提，那於禮這德行方面，亦應舉同等重量情況、一種類同迫不得已之情況以作比較，是不應以禮之輕者相較於現實之重者而以為禮不如現實重要。故孟子回答說：「取食之重者，與禮之輕者而比之，奚翅食重！取色之重者，與禮之輕者而比之，奚翅色重！往應之曰：『紾（扭傷）兄之臂而奪之食則得食，不紾則不得食，則將紾之乎？踰東家牆而摟其處子則得妻，不摟則不得妻，則將摟之乎？』」。這是說：為一己現實性（得以生存）傷人因而非禮（喪失人性道義），始見禮與食二者之孰是孰非。若現實與無禮同樣會導致傷害而仍選取現實、放棄人性禮義，這只說明這樣世俗看法，只重視物欲而已，與人類是否受到傷害損害這樣（所謂現實）理由無關。反而，表面上為一己生存而言現實時，這實以無視他人所有傷害或難於生存為前提而已；「現實」之作為理由，故實自相矛盾、亦只片面。因若知不得不以不善始能成就所謂現實之善，如此不善早已牴觸其所言善了。現實心或世俗性心態因而實成不了道理或理據，亦孟子所以以非禮之傷害性指出全部問題所在。以這樣方式指出人性德行之必然性、及現實或世俗心所本有矛盾，並指出現實世俗價值心態之根本事實，如此分析，確為孟子對這樣問題之透徹回答。

〔2〕世俗對德行虛假之看法

曹交問曰：「人皆可以為堯、舜，有諸？」孟子曰：「然」。「交聞文王十尺，湯九尺，今交九尺四寸以長，食粟而已，如何則可？」曰：「奚有於是？亦為之而已矣。有人於此，力不能勝一匹雛，則為無力人矣。今曰舉百鈞，則為有力人矣。然則舉烏獲之任，是亦為烏獲而已矣。夫人豈以不勝為患哉？弗為耳。徐行後長者謂之弟，疾行先長者謂之不弟。夫徐行者，豈人所不能哉？所不為也！堯、舜之道，孝弟而已矣。子服堯之服，誦堯之言，行堯之行，是堯而已矣。子服桀之服，誦桀之言，行桀之行，是桀而已矣」。曰：「交得見於鄒君，可以假館，願留而受業於門」。曰：「夫道，若大路然，豈難知哉？人病不求耳。子歸而求之，有餘師」。

若一般世俗價值均以現實為優先，我們不應以為世俗心態以德行為聖者始有之成就，為對德行之抬舉、以為真有對德行肯定；相反，世俗對德行過高之抬舉，反只使其更不真實、更無能於平素實行而已；換言之，只另一種對德行之孤立、視之為不切實而已，非對德行肯定。

曹交之問：「人皆可以為堯、舜，有諸？」正針對着聖者與平素一般人之差距而發。孟子之回答當然是：「然」。曹交之繼續問：「交聞文王十尺，湯九尺，今交九尺四寸以長，食粟而已，如何則可？」是說：從體格言，曹交之體格確實與聖人無異，然這也只因為食粟之事而已；若非從這方面言，那人怎可與聖人相比較？怎樣始可能為聖人？孟子之回答是：「奚有於是？亦為之而已矣」。意思簡明是，能否如聖人一樣，也只為與不為而已，是沒有聖者與凡人之根本差異、沒有不能跨越之距離。

之後，孟子舉兩事說明，一為對能力、力量之解釋，說：「有人於此，力不能勝一匹雛，則為無力人矣。今曰舉百鈞，則為有力人矣。然則舉烏獲之任，是亦為烏獲而已矣。夫人豈以不勝為患哉？弗為耳」。這是說，若從力量之比較言，能舉百鈞為有力而力不能勝一匹雛者為無力，那人之有力，無論怎樣，都難勝烏獲力量之所能，難道因而便說：由於不能勝烏獲，故為無力？力量若不從與他人比較，是沒有絕對不能之事；而若與人比較，力量無論多大，都始終有所不能。故有關力量與能力之事，實無必須以為能與不能，不會因大小而絕對有所不能作為者。力量大則為大、力量小仍可為小，是沒有絕對不能為之可能，都在人為與不為而已。故若不從比較言，於德行，人都可有為，非必然有所不能。

若從力量言德行，沒有人其能力必然無能作為，那若直從德行之為德行言，我們反而更應說，因德行正是那不以力量、能力行事者，故更無所謂力量或能力不逮這樣問題，德行正相反於力量故。此孟子其第二點回答：「徐行後長者謂之弟，疾行先長者謂之不弟。夫徐行者，豈人所不能哉？所不為也！」。這是說，若以疾行於長者之先、與徐行於長者之後作為德行之比喻，疾行於長者之先若為反德行，那德行也只是徐行於長者之後而已；而徐行於後正因無需能力力氣，故沒有人不能勝任。德行非如力量或能力，是沒有人所不能者。

若第一比喻言能力各有其所是，因而沒有完全不能之能力，那第二比喻更進而指出，德行因非有所求於能力力量（如居後徐行），故必為人人所能。於德行之事，實無所謂不能者。

孟子故總結說：「堯、舜之道，孝弟而已矣。子服堯之服，誦堯之言，行堯之行，是堯而已矣。子服桀之服，誦桀之言，行桀之行，是桀而已矣」。這是說，誰若跟隨堯之行為而為，如服其服、言其言、行其行，那便已為堯。若人反而跟隨桀所作為，縱使只服其服、言其言、行其行，便實已為桀。堯與桀都非難於達致。堯、舜之德行亦無他，孝悌而已；而這因本只人性之事，非與人作為人無關，故沒有所謂能力不逮。

曹交之後所說，雖非不欲向學於德行，然始終仍只一種世俗心，世俗心之一種典型反應：「交得見於鄒君，可以假館，願留而受業於門」。曹交仍以為必須跟隨如孟子般聖始能學，而不直接從自身學起，故孟子說：「夫道，若大路然，豈難知哉？人病不求耳。子歸而求之，有餘師」。這回答實總結了一切。所謂德行之道，亦如大路一樣，為人人所知、甚至為人人所能行。若人有所病其不知不能，實只不求而已。若求，到處都同樣有可學之老師，無須以為特殊聖者始能教。不離平凡與中庸平素微行微言之道，這實為德行之真實。

構成世俗觀法之第一，直在以為有所謂現實性之必然、與德行之難於達至這樣理想性差距上。人之妄求現實、放其心於欲望，而拒斥一切德性、視之為不現實，都只由於這樣觀法之虛偽而已、對價值之虛假看法而已。現實實無如此必然，德行亦無如此困難，都同只人性平素之事而已。

*

二、世俗行事之法〔3、4〕

除世俗有其偏狹價值觀外，其於行事亦往往有偽，而此孟子亦從兩極端狀態言：一為對所認為過於執着固守，以致未能通達而真實；另一相反地過於不理會事情應有真實，只求為手段地達成其事，不理會其後果與對人影響。這兩種為事法，雖一者表現為對真之執着，但事實上都非如此。若言真實，是應對其對象有深入通透與明白，更必須對其後果有所遠慮，是不能只為目前而手段般地求為表面成就而已。以上兩種做法，無論是執着僵固抑過於無原則地求成，都為現實社會中為事時所有最大傷害：或因僵固而虛假、或因無所謂道與原則而妄為。二者都為世俗無能有所真實、無能立或建樹之原因。

〔3〕世俗行事之執着：論詩之怨

公孫丑問曰：「高子曰：〈小弁〉，小人之詩也」。孟子曰：「何以言之？」曰：「怨」。曰：「固哉，高叟之為詩也！有人於此，越人關弓而射之，則己談笑而道之，無他，疏之也。其兄關弓而射之，則己垂涕泣而道之，無他，戚之也。〈小弁〉之怨，親親也。親親，仁也。固矣夫，高叟之為詩也！」曰：「〈凱風〉何以不怨？」曰：「〈凱風〉，親之過小者也。〈小弁〉，親之過大者也。親之過大而不怨，是愈疏也。親之過小而怨，是不可磯也。愈疏，不孝也。不可磯，亦不孝也。孔子曰：『舜其至孝矣，五十而慕』」。

有關世俗之執持其所以為真，孟子本章以解詩例子說明。

本來高子以怨為小人之態，這本身沒有不對，人不應怨尤，這亦孔子常教人道理。然過於執着一對當之事，並因而漠視其對象所有真實，這樣固執、自以為真時之固執，反使自身為錯誤，甚至在真理問題上一種虛偽。故對〈小弁〉之怨，仍應有所分辨。如孔子教人觀人那樣，是必須先察知其手段、原因、及心意或目的始然後下判斷，【見《論語．為政》：「子曰：視其所以，觀其所由，察其所安。人焉廋哉！人焉廋哉！」】，故對如〈小弁〉詩，是應明白其作者之情況、其真實心意、甚至自己應先對人之情性有所明白，始能下判斷。故孟子對〈小弁〉作解釋說：「〈小弁〉之怨，親親也。親親，仁也」。〈小弁〉之怨，如趙岐解釋說：「伯奇仁人而父虐之，故作〈小弁〉之詩曰『何辜于天』，親親而悲怨之辭也」。對親人之大過如無所怨，這實非親而已為疏。故孟子舉兄弟相射例子：能談笑地道人射己，「無他，疏之也」。但若執弓射己者乃自己之兄，這再無法談笑地說其事，必也「垂涕泣而道之」；孟子說：「無他，戚之也」，即與自己有所親故。換言之，人與人因關係有別，故於情感反應上亦有差異。若不考慮其關係而一概視之為同樣，這本身實已虛假。故〈小弁〉之怨與〈凱風〉之不怨，亦只因一者「親之過大者也」而另一者「親之過小者也」。「親之過大而不怨，是愈疏也。(…)愈疏，不孝也」；「親之過小而怨，是不可磯也。(…)不可磯，亦不孝也」。【磯：激動之激。言不應激動而過於激烈地反應；不可磯而磯，這仍是一種不孝】。故孟子兩次評高子為固，固執於其所以為之是，不能更見其對象之所是。在世俗社會中，像這樣不通達人情之固執，比比皆是。不但扭曲了事實，往往更由一己所以為之對確性，傷害其所不應傷害者。這非只解詩問題而已，更是人對人心意與實情之了解，甚至是對人性情感之了解。如對「父攘羊而子證之」《論語．子路》之反應那樣，以為證之始為直、以為國家社會之法始是，人倫之道非是，而不知因人性情感而隱始為人性道理之正，如此對人性人情之不通達，故實偽。這都是世俗於其以為真時常有之偽，亦如此固守地行事之法其虛假所在：順承着社會之價值而無視於人性及其應有道理。

孟子所以選取這樣例子作為說明世俗對自認為對確者之執着，原因在於：世俗所認為真確之道理，多只負面，鮮有能正面者。能言正面道理，已非一般世俗所能。世俗之真，都只從批評或見對方過錯與負面言，如本章高子以其對方為小人那樣。這是世俗真理之典型（通病）。而對《詩》有如此評價，這更顯其心態本來之狹隘。孟子故除教人世俗固態之行事法外，亦同時指出：世俗所謂真理，都只見負面而批評而已，鮮真對道理之正面性有所致力者。

〔4〕世俗以利之行事法

宋牼將之楚，孟子遇於石丘，曰：「先生將何之？」曰：「吾聞秦、楚構兵，我將見楚王說而罷之；楚王不悅，我將見秦王說而罷之。二王我將有所遇焉」。曰：「軻也請無問其詳，願聞其指，說之將何如？」曰：「我將言其不利也」。曰：「先生之志則大矣，先生之號則不可。先生以利說秦、楚之王，秦、楚之王悅於利，以罷三軍之師，是三軍之士樂罷而悅於利也。為人臣者懷利以事其君，為人子者懷利以事其父，為人弟者懷利以事其兄，是君臣父子兄弟終去仁義，懷利以相接，然而不亡者，未之有也。先生以仁義說秦、楚之王，秦、楚之王悅於仁義，而罷三軍之師，是三軍之士樂罷而悅於仁義也。為人臣者懷仁義以事其君，為人子者懷仁義以事其父，為人弟者懷仁義以事其兄，是君臣父子兄弟去利，懷仁義以相接也，然而不王者，未之有也。何必曰利？」

除對自以為真實者之固執外，世俗行事法往往因利益而無視作為之真實、其後果與影響。

手段地行事、以圖一時表面成就、不理會行為所本應關注真實，此孟子舉宋牼為例。

本章雖再次見到孟子對仁義與利之說，然從前後章言，本章用意非僅在仁義與利，而在宋牼以利說秦楚之王一事。對宋牼而言，若秦不接受其說，便將改而游說楚；其游說也只從利不利言而已。其目的(志)雖為兩國不搆兵，然沒有考慮其自身行事方法。孟子對其本意固然沒有意見，畢竟兩國停止戰事必為好事；唯孟子所欲指出，用怎樣手段行事，非對將來沒有影響。

世俗一般行事法，若非如上章所言固守而不深入事實真實，那往往也只求為達成眼前目的、不計較手段或所帶來後果。世俗為事故都非遠慮，此所以孟子以「為人臣者懷利以事其君，為人子者懷利以事其父，為人弟者懷利以事其兄，是君臣父子兄弟終去仁義，懷利以相接」這擴展性方式指出其所引申後果。孟子亦同時指出：不顧後果而行事，往往實即只講究利而已。此亦利所以為世俗價值之原因，只求目前、不理會後果故。若非由利，人自必會深思事情深遠影響。孟子雖沒有明言，然若宋牼以利不利游說兩國，其所有志，必仍只虛假。止兩國戰事若僅由於利，必非由於仁、非以戰事對人有所傷害而不為。以利觀戰事，故實非對戰事求為真實終止。利故非僅手段，必亦同為目的。

除說明世俗行事法外，從兩章亦可見：怨與利實世俗典型兩種心態，一以為真實、另一以為有所成。此兩章所亦有意思。

*

三、世俗對外在性之重視〔5、6〕

世俗觀法所以無法真實，除盲目執着與只講求利益外，其所以無法真實，亦往往因只重視外在、及只觀看外表表面而致。對世俗心態言，存在的，也只外在與外表，是無所謂內在真實者。有關這外在性問題，孟子亦以兩章說明：一為從作為言之外在性、另一即從觀看言之外在性；前者指人行為作為之只圖表面、不理會真實，後者指人於觀看他人他事時，只表面地看、不理會內裡究竟。這從行為作為、及從觀看事情言之表面性，為世俗一般人特點；若非如此，已不算作世俗。

有關那從行為作為言之表面性，其最外表者，莫過於人以物相交，因此時連一己亦可不參與，純以〔外在〕事物代表自己而已，故為外在性最明顯例子。而從觀見言之表面性，若人對物只外表地認知，其錯誤顯明，事物必須深入客觀始無錯誤。然若是人則不同：表面地觀人，這往往非人自己所能察覺，人之真實確難洞透故。這兩章，故一從物事、另一從對人之認知言。此孟子有關世俗其表面性或對外表重視之說明。

〔5〕世俗以物相交之表面性

孟子居鄒，季任為任處守，以幣交，受之而不報。處於平陸，儲子為相，以幣交，受之而不報。他日，由鄒之任見季子，由平陸之齊不見儲子。屋廬子喜曰：「連得閒矣！」問曰：「夫子之任見季子，之齊不見儲子，為其為相與？」曰：「非也。《書》曰：『享多儀，儀不及物曰不享，惟不役志于享』。為其不成享也」。屋廬子悅。或問之，屋廬子曰：「季子不得之鄒，儲子得之平陸」。

季子與儲子同以幣帛與孟子交，對二人贈予，孟子沒有即時回報。之後孟子過兩地時只見季子、沒有見儲子，故為屋廬子質疑。孟子引《書》回答說：享獻之禮，其重要者在儀節，非在物。若儀不及物，雖有物，仍不算享獻，因其人沒有把心意真實地用在享獻上故。孟子意思明白：人不應以為盡禮物贈予便已為心意之表達。物始終只物而已，不能取代人心意與作為本身。若以為禮只在物這外在贈予上，這只虛假之禮關係而已。

那為何季子與儲子兩人都同樣只贈予孟子幣帛而孟子認為兩人心意有別？屋廬子解釋說：季子以物贈予時，其時他確實無法到鄒國見孟子；儲子非如此，儲子本可親往見孟子而不往，以為禮物贈予便可；兩人雖表面上相似，然背後情況實不同。最低限度，儲子對孟子明顯只表面，以為有禮物代表即可，不重視行禮心意與真實。這是孟子對二人反應有別之原因。若季子同樣沒有不得已理由，他是否會如儲子那樣不往見孟子，這不可得而知。孟子所能確定的只是，儲子確然只表面而無誠，故不往報；這是孟子唯一能知者。

孟子藉由這樣故事所欲說明，也只人用物為禮時所應有態度，是不應以為在人與人間只物這樣外表或外在關係、不應以為人所重視唯物（禮物）而已，若僅如此，這也只世俗心態，只知物質與外在利益而不知人性心其所有真實時之心態而已。

〔6〕世俗對人知之表面性

淳于髡曰：「先名實者，為人也。後名實者，自為也。夫子在三卿之中，名實未加於上下而去之，仁者固如此乎？」孟子曰：「居下位，不以賢事不肖者，伯夷也。五就湯，五就桀者，伊尹也。不惡汙君，不辭小官者，柳下惠也。三子者不同道，其趨一也」。「一者，何也？」曰：「仁也。君子亦仁而已矣，何必同」。曰：「魯繆公之時，公儀子為政，子柳、子思為臣，魯之削也滋甚。若是乎賢者之無益於國也」。曰：「虞不用百里奚而亡，秦繆公用之而霸，不用賢則亡，削何可得與？」曰：「昔者王豹處於淇而河西善謳，緜駒處於高唐而齊右善歌，華周、杞梁之妻善哭其夫而變國俗，有諸內必形諸外，為其事而無其功者，髡未嘗覩之也。是故無賢者也，有則髡必識之」。曰：「孔子為魯司寇，不用，從而祭，燔肉不至，不稅冕而行。不知者以為為肉也，其知者以為為無禮也。乃孔子則欲以微罪行，不欲為苟去。君子之所為，眾人固不識也」。

有關世俗只從外表求知人，孟子以與淳于髡之對話說明。在二人對話中，有關對人表面之知（對人之不知），有以下三方面：一、孟子與伯夷、伊尹、柳下惠；二、子柳、子思、百里奚；三、孔子。一不知人；二不知人之意義與功績；三不知人心意之真實。一從名實功績之外表性言；二從賢者之意義與真實言；而三從君子所為言。讓我們逐一說明。

首先有關從名實知人：雖鮮見人真實地如此，然名實相符這樣道理確為人人所知。問題是，名實能否相符，這只人於其職位時，能有完全主動性或自主性始可能，若職能仍有所受制不能主動，人仍難達成其所欲為。甚至，似求為名實而有功績者，可單純為己、非必為人。故真實為人作為者，反不求名實上功績，只求真實為人而已。因而人不因名實而有所功績，非無所為，仍可因人而不得、或其所求更為真實故。孔子曾說：「父在觀其志，父沒觀其行」《論語・學而》；

對人理解，故除從作為外，仍須觀人之志。重名實而似有功績者，故未必確為人而真實，仍可只為己〔名譽〕而已。淳于髡對名實之理解，以為「先名實者，為人也。後名實者，自為也」，故非正確。像這樣劃分，本身明顯只表面。對仁之為人以為即求名實之功，這仍是對仁及對名實非真正理解。其對孟子之質問：「夫子在三卿之中，名實未加於上下而去之，仁者固如此乎？」故只表面，以為人必須盡其功績職能而不應如孟子那樣不能便速離去。孟子故舉伯夷、伊尹、柳下惠三人為例，指出：縱使為仁，人之作為仍可不同，伯夷做法便與柳下惠正好相反，然二人同仍為仁。縱使為仁者，故仍無須做法唯一甚至相同。【請參考：「微子去之，箕子為之奴，比干諫而死。孔子曰：殷有三仁焉」《論語．微子》】。人故不應以為仁者須有名實之功，無名實功者，必只自為而非仁者。這只世俗對功名之看法，亦其對仁者之誤解，更是對不求功名者之不理解。世俗一般所重視，故只為功名這樣能自我表現與外在成就或作為而已，無論對仁者抑對不求功名而隱逸者言，都實非明白其真實。

若對人非真實地明白，同樣，世俗觀法亦無以明白賢者之意義與功勞；非只不明何以人不求名實作為，更是對功績本身無能明白其真實。淳于髡故說：「魯繆公之時，公儀子為政，子柳、子思為臣，魯之削也滋甚。若是乎賢者之無益於國也」。這是說，於子柳、子思為臣時，只看到國家土地之被削奪，未見其更大功績，此為賢者之無用。孟子之回答是：「虞不用百里奚而亡，秦繆公用之而霸，不用賢則亡，削何可得與？」；即像虞國不用百里奚便亡；魯繆公若不因有子柳、子思這樣賢者，其國將更不堪設想；故非賢者無用，實世俗對功績之見過於表面狹隘而已。世俗表面性之第二方面故為：不知賢者意義之真實，亦不知人之真正功勞與功績。

淳于髡繼續反辯說：「有諸內必形諸外，為其事而無其功者，髡未嘗覩之也。是故無賢者也，有則髡必識之」，並舉王豹、緜駒、華周與杞梁之妻等事說明。雖為一般人常有看法，然其錯誤仍在於：只知從表現看、不知從無所表現處見人之真實與所能。這是在知人、知人之意義與功績外，表面性所有無知之最深層而終極者：即以一切唯僅在可見與不可見這樣差異上，以為有必可見、不見即無，這是世俗有關表面性看法最根本錯誤，故始有「有諸內必形諸外」這樣認定，而不知內與外可有着極大差異與距離。孟子故最後舉孔子為例，以人不知人心意之內在而說：「孔子為魯司寇，不用，從而祭，燔肉不至，不稅冕而行。不知者以為為肉也，其知者以為為無禮也。乃孔子則欲以微罪行，不欲為苟去。君子之所為，眾人固不識也」。對孔子之離去，無知者以為孔子只為燔肉不得而去，有知者則以為孔子因無禮而去，非為肉；但孟子更說，若深知孔子者是應明白：孔子這樣離去，實刻意為使人對他有所誤解，以為真為了肉而離去，不致歸罪於魯君，這始孔子速離去真正之原因。孟子所欲指出是：像孔子這樣心意與作為，非人能探入而明白者。縱使似為有知者，其明白仍非真實，何況一般只看表面之世俗人？

孟子結論故總結這樣問題之一切：「君子之所為，眾人固不識也」。這不識，非只因不見，縱使見，仍無以明白。孟子因而指出，真實故非只在見不見這樣層面上，更須有層層或種種深入明白與了解；無論是知人、知人意義與功績、抑知人心意均然。

孟子本章透過三個層次，說明世人對事情與對人看法之表面，無論是人自身、其事情真實、其心意，甚至對知與識層次本身，都無以明白其究竟。世俗對外在或外表之重視，以為一切即在此，實多麼虛假與虛偽，此孟子以上兩章所說明道理。

*

四、世俗對成就之看法〔7、8〕

世俗觀法其第四方面為對成就之看法。成就之模態主要亦二：一為從已有或已是言成，以為已成客觀事實、已成其所是為成就；另一則從勝利、從贏取、從得其所欲言成就。大部分對成就看法只第二種意思；因人都從欲望所得而生存，故成敗都只相關於欲望言；而又因人類欲望都共同地世俗，故人所欲成就，都大致上一致。然除這一般義成就外，仍有另一層成就之意思：如人人都認為事實或現實因確然如是故為真實那樣，事物一旦確實地存在並為事實，無論其價值真偽，對世人言已為一種成就。甚至，若這樣事實更為一時代歷史之事實，無論本身內容怎樣，因已為人人所共同承受，故為一種成、一種更廣義或涵蓋性之成。此即上述第一種「成」之意思，從成為事實言故。世俗一般觀法，都依據着這兩種「成」之意思而行事。此亦孟子在這裡對三者討論之原因。

〔7〕世俗有關成就之第一種看法：從已成為事實言成

孟子曰：「五霸者，三王之罪人也。今之諸侯，五霸之罪人也。今之大夫，今之諸侯之罪人也。天子適諸侯曰巡狩，諸侯朝於天子曰述職。

春省耕而補不足，秋省斂而助不給。入其疆，土地辟，田野治，養老尊賢，俊傑在位，則有慶，慶以地。入其疆，土地荒蕪，遺老失賢，掊克在位，則有讓。一不朝則貶其爵，再不朝則削其地，三不朝則六師移之。是故天子討而不伐，諸侯伐而不討。五霸者，摟諸侯以伐諸侯者也。故曰：五霸者，三王之罪人也。五霸桓公為盛，葵丘之會，諸侯束牲載書而不歃血。初命曰：『誅不孝無易樹子，無以妾為妻』。再命曰：『尊賢育才，以彰有德』。三命曰：『敬老慈幼，無忘賓旅』。四命曰：『士無世官，官事無攝，取士必得，無專殺大夫』。五命曰：『無曲防，無遏糴，無有封而不告』。曰：『凡我同盟之人，既盟之後，言歸于好』。今之諸侯，皆犯此五禁，故曰：今之諸侯，五霸之罪人也。長君之惡其罪小，逢君之惡其罪大。今之大夫皆逢君之惡，故曰：今之大夫，今之諸侯之罪人也」。

本章內容似突兀，也不易明其目的。然兩點仍是明確：一為人以為種種有權勢地位甚至已達某種成就者，如五霸、今之諸侯、今之大夫，都不應如人所以為，於其達到這樣成就地位時，確為一種真實成就，而只應視為種種卑下罪人而已，此第一點。其二是：因孟子都從古、今這歷史向度言，因而實同時意會以下道理：縱使已確然成為歷史事實，因而較一切其他事實更高、更不能為人所轉移，然不能因具有歷史向度而視為有真實性價值，換言之，不應視如此事實上成就為真正成就。真正成就，應從真實價值言，非從代表性事實言。從孟子列舉五霸、諸侯、以至大夫這代表國家上位階層者這方面言，一旦具有這樣普遍地位事實，人都以此為一種真實、一種成就，而不再考究其是非對錯。孟子故以這樣例子指出，縱使全部上位者均如此，然仍不應因為事實而對之不得不肯定，甚至因其普及性而以此為真實成就。成就與否，都非因其地位之代表性而受到肯定，亦非因其代表普遍整體（如今日所言「普世」）因而即為對確。這確實是世俗對成就之看法，以為具有普及知名度便為一種成就或代表真實。而不知，縱使為至高者、縱使為人人所羨慕，都仍可只是罪人而已。非僅從個人、而是從代表上層階層整體之虛假而為罪人。真實與否只應由於道，非由地位名聲、或由代表性與普世而言。孟子對世俗這樣觀法之批評實激進，為大部分言學術理論者不敢。

而從內容言，孟子所指出正是三者（五霸、今之諸侯、今之大夫）所有錯誤，其所為「罪人」之原因。五霸所以有罪，因「摟諸侯以伐諸侯」；今之諸侯所以有罪，因「皆犯五禁」；而今之大夫所以有罪，因「皆逢君之惡」。各於其所是無道地惡，故有罪。人是不應因其地位及代表性豁免其罪行。罪行亦非只因為個體特殊行為始是，普遍為時代人人共同作風則不是。世俗一般看法甚至往往視上位者如此代表性作為為理所當然而認同甚至跟隨，如孟子所言今之大夫那樣，縱使沒有直接為惡權力，然由逢迎其惡仍實惡。【如此逢迎，實一般世俗人姿態，只視乎權力地位而反應，毫不理會是非善惡，以如此力量之普及性為是，反視一切悖離如此力量而無權位但真實者為非】。孟子以罪人稱這一切人，因而是為指出：世俗人這樣盲目與奴性，實多麼無知地虛假。

〔8〕世俗有關成就之第二種看法：以得其所欲為成就

魯欲使慎子為將軍。孟子曰：「不教民而用之，謂之殃民。殃民者，不容於堯、舜之世。一戰勝齊，遂有南陽，然且不可」。慎子勃然不悅曰：「此則滑釐所不識也」。曰：「吾明告子：天子之地方千里，不千里，不足以待諸侯。諸侯之地方百里，不百里，不足以守宗廟之典籍。周公之封於魯為方百里也，地非不足，而儉於百里。太公之封於齊也，亦為方百里也，地非不足也，而儉於百里。今魯方百里者五，子以為有王者作，則魯在所損乎？在所益乎？徒取諸彼以與此，然且仁者不為，況於殺人以求之乎？君子之事君也，務引其君以當道，志於仁而已」。

本章有關世俗成就之第二種看法，即如一般世人，以為人靠能力力量得其所欲即為成就。魯國欲使慎子為將軍，這必然因慎子能戰而勝。能戰勝而得其所欲，均為人以為理所當然成就、以為這即為一己能力。故於孟子對此有所反對時，慎子勃然不悅。孟子故對慎子解釋說：人不應為其所能取而取、不應為其所欲而為，就算這是為所事之人所得之好處仍然。一切取得，是應從真正需要、非從人能力所能取得言。【請參考：「子釣而不綱，弋不射宿」《論語．述而》】。故縱使以慎子能力足以為魯取下齊南陽之地、憑借其能力足以有成，然始終，人是不應以自身所能與所欲作為一己成就。孟子之後舉天子諸侯地制之意義為例，說明地之大小是有所必需：「天子之地方千里，不千里，不足以待諸侯。諸侯之地方百里，不百里，不足以守宗廟之典籍」。故如周公時，非地不足，周公本應亦可有地百里，然仍「儉於百里」；同樣，「太公之封於齊也，亦為方百里也，地非不足也，而儉於百里」。這都說明，縱使對本應有者，人仍可因儉而不取，何況當今之魯，地已五百里多，早已超出所需與所應有，故實不應為能取而取。從客觀言，若有王者興作，反而應對其地有所削減，何況慎子為魯而求取得，非只單純取此與彼而已，更須靠戰事殺人而後得，其無道與不應顯而易見。由此可見，取得本身非成就，競爭戰勝更非是。

孟子最後結論說：「君子之事君也，務引其君以當道，志於仁而已」。真實成就、真實為人之成就，唯從仁言，故事人者應引導人以當道、以為仁為志，這始真正成就，非徒助人得其所欲、更非從能力之能戰勝他人以為成就。

*

五、世俗對良與善之看法〔9、10〕

繼上組問題，孟子故必須對世俗所謂良善作說明。世俗所謂良善，其一是從人人所以為之好處言，以為能得到好處便是良。其二相反，而這往往又是刻意對反前者言，即人以為不求益處好處便是所謂善，而不知善仍須依據道而為，非徒表面良善而已，此始終為世俗觀法之錯誤。

〔9〕世俗對良與善之第一種看法：良好即為好處

孟子曰：「今之事君者，曰『我能為君辟土地，充府庫』。今之所謂良臣，古之所謂民賊也。君不鄉道，不志於仁，而求富之，是富桀也。『我能為君約與國，戰必克』。今之所謂良臣，古之所謂民賊也。君不鄉道，不志於仁，而求為之強戰，是輔桀也。由今之道，無變今之俗，雖與之天下，不能一朝居也」。

孟子首先指出，從世俗一般看法言，「能為君辟土地，充府庫」，甚至「能為君約與國，戰必克」，這於事人者言，是最好不過；能為其所有好處而致力，這即所謂良好。孟子故重言：「今之所謂良臣，古之所謂民賊也」。若以為「富之」「強戰」即為人之優良，不知使人歸向善、不知以仁為志始為真正優良，如此「良臣」，亦古之「民賊」而已，只「富桀」與「輔桀」而已，非真正良好。

對世俗一般以為良好，孟子故總結說：「由今之道，無變今之俗，雖與之天下，不能一朝居也」。若只是依據現時想法做法而為，而對這樣時世觀法無所改變，就算已得天下，實仍難得一天安寧。在這所謂好處之錯誤想法下，人人只知為自身好處而妄求，必相互越其道而不惜傷害對方以取得所欲，故縱使得天下，也難於有所安逸、難於有真實好處。孟子以「富」、「賊」等詞而說，喻富有遍天下者仍可只為賊。像這樣時世與時俗，是無以得一朝安樂可能、實亦非甚麼良好。此世俗對良好觀法與妄求之偽。

〔10〕世俗對良與善之第二種看法：良善從不求為好處言

白圭曰：「吾欲二十而取一，何如？」孟子曰：「子之道，貉道也。萬室之國一人陶，則可乎？」曰：「不可，器不足用也」。曰：「夫貉，五穀不生，惟黍生之。無城郭宮室宗廟祭祀之禮，無諸侯幣帛饔飧，無百官有司，故二十取一而足也。今居中國，去人倫，無君子，如之何其可也？陶以寡且不可以為國，況無君子乎！欲輕之於堯、舜之道者，大貉、小貉也。欲重之於堯、舜之道者，大桀、小桀也」。

對反上章，世俗往往又以為不求好處即為良善，此孟子本章故事所欲說明。古之稅十取一。白圭以為對民有所善故二十取一；既似針對人民而作、亦似不求利己而善。然孟子仍指出，這樣善意實非真實地善。二十而取一，這是貉夷之道。所以如此，因貉地荒蕪，「五穀不生」、「無城郭宮室宗廟祭祀之禮，無諸侯幣帛饔飧，無百官有司」，因而作為政府，二十取一便已足夠。非如中國，因人倫而有着「城郭宮室宗廟祭祀之禮」，亦必須有着「百官有司」，故堯、舜亦不得不十取一，不足用故。故以為能二十取一，這表面雖似善道，然對國家合乎道義所需之治理實有所傷害，得此失彼而已，非真實為善。善故仍須依據道、仍須有所客觀真實，非只一種善意而已。當然，不能二十取一，這應由於需要，若相反，重於十取一，這又非真實，故「欲輕之於堯、舜之道者，大貉、小貉也。欲重之於堯、舜之道者，大桀、小桀也」。二者均非從國與民之真實需要言，故非為善：或只如貉、或只如桀，非堯、舜善道。

孟子對良善之討論，確然是善，既非盲目、亦非虛偽，而是針對客觀需要與真實言：既知人民必須安其居、又知國必須有其城郭宮室與百官有司。真實之善故須從整體需要言，否則，無論為一己利益好處、抑為一己表面善意，都實非真實之良善，此孟子對良善之說明。

*

六、世俗對智及力量運用之看法〔11、12〕

不僅善良有其世俗觀法之偽，對「智之為智」觀法亦然。因智實為人類獨有能力力量，故有關智其真偽之討論，亦同為對力量行使之討論。而這又回應上章所言國家政務之事：雖不得不對需要有所考慮，然亦不能因權力、力量而對人民有所欺壓。本組故既在言世俗對智之看法，亦同時在說明力量運用之問題。

〔11〕世俗對智之看法

白圭曰：「丹之治水也，愈於禹」。孟子曰：「子過矣！禹之治水，水之道也。是故禹以四海為壑。今吾子以鄰國為壑。水逆行謂之洚水。洚水者，洪水也。仁人之所惡也。吾子過矣！」

如孟子〈離婁下〉二十六章以治水言智之真偽，這裡孟子再次以治水為例，說明世俗對智與力量之誤解。白圭之治水，非以疏通河道，使水導入江海，而是以築堤塞穴，使水注入他國；非順水之性，而是以智與力逆之。白圭甚至以為自己較禹治水更為優越，故為孟子所正。孟子所指出是，禹順水之道而治，白圭則只逆水之行而為，只造成洪水而已，非真對水有所治。故為「仁人之所惡」。

孟子這裡固然一方面在言用智問題，然另一方面實同時指出，人都以力量對逆之法以行事。縱使面對大自然，也只知以力量對逆而已，始終只會造成更大災害。此人類以為人力能戰勝自然時之偽。力量對逆之法，實無以真實有所成。若為智，更應順應事物之道而行，非以為對逆更為智慧，此世人對智與力量其虛假看法。

〔12〕世俗對力量之看法

孟子曰：「君子不亮，惡乎執？」

力量與智不僅為對自然對逆，對人類或人自身亦然。

因「亮」一詞只此一用，再無其他出處，而句子本身又極簡單，難以推敲其意思，故孟子本句所言，只能揣測。傳統以「亮」通「諒」，解為「信」。故趙岐直接說：「亮，信也」。若從《論語》觀，「諒」無以解為「信」，反而，「諒」應解為「體諒」或「諒解」。【見：「君子貞而不諒」〈衛靈公〉、及「益者三友，損者三友：友直，友諒，友多聞」〈季氏〉】。「諒」字意指人由識見之廣博而有之一種心胸廣闊，正是如此之寬廣，故能體諒、諒解，甚至原諒他人，不斤斤計較，不固執於表面之是非或一己所認為。若從這樣意思言，孟子句意應為：一真實之人，若連體諒他人之心胸也沒有，還有甚麼應執持而以為對確？換言之，人都以為自己所執持想法與意見為對確，因而對人從來都不寬大；故孟子反說：若對人不能寬大體諒，因而心胸狹小，這樣之執持又有何意義？言不應為君子所為故。孟子用「執」一詞，除了如「執熱」、「執弓」這樣具體意思外，「執」大多只從執法言，如湯之「執中」，亦其公正允當地對不賢者執法而已。【見〈離婁下〉第二十章】。若「執」從這樣方向理解，那「君子不亮」中之「君子」，更應理解為為仕而有官職者，非單純從德行之人言。全句意思故為：若人對人無所體諒或器量，那為何以為一已有所正義而對人有所執壓？言國家權力，實不應作為力量對人（民）有所欺壓。若非先能做到有寬宏諒解之氣度，實不應對人單純以如正義般理由執法。換言之，本句與上句意思相連，前者言人不應以力量對逆自然，後者則言人不應以其所以為對確之權力、力量施壓於他人（如言正義與法治）。兩者均為世人以為力量之道：或為所欲為地肆用、或在正義之名下妄用。孟子故反說：「君子不亮，惡乎執？」。若人本身無所氣度，一切執持之力量，無以為正確。

以上解釋，是從「亮」之為「諒」解。然若不作為「諒」而保留原字本身，那從前句之論智言，本句若仍關連於智，那句意可能為：若人非有通透通達之智慧、非能對一切有所徹底明白，這時若有所固執、執持，以為必然對確，這又有何意義？這樣片面之智，又怎能為真實智慧？「亮」於此故取其明亮之意，喻對事情通透明白。若不能致此，是不應有所執持而以為對確者。故「君子不亮，惡乎執？」。【若這樣解釋，「執」一詞仍只為「執持」之意】。

以上兩種解釋均可，一從力量、另一從智言，都相關前章道理。傳統以「信」解「亮」，若撇開其錯誤不談，意思將為：人若無其可信之真實、人若自身不真實，又有何可執持？言人應以真實為道，不應盲目地執持其他。作為道理，這固然對確、亦重要，甚至可能與智之真實性有關；即若人自身不真實（非為真實），這時若有所執持（自以為聰明、自以為真實之智），又有何意義？

有關孟子此簡短一句，我們所能作之反省，亦唯上述三種可能而已。

七、世俗對作為（為政與為仕）之看法〔13、14〕

*

繼以上種種有關世俗錯誤觀法後，本組則討論世俗對作為（為政或出仕）之看法。

〔13〕世俗對為政與能力之看法

魯欲使樂正子為政。孟子曰：「吾聞之，喜而不寐」。公孫丑曰：「樂正子強乎？」曰：「否」。「有知慮乎？」曰：「否」。「多聞識乎？」曰：「否」。「然則奚為喜而不寐？」曰：「其為人也好善」。「好善足乎？」曰：「好善優於天下，而況魯國乎！夫苟好善，則四海之內皆將輕千里而來告之以善。夫苟不好善，則人將曰：『訑訑，予既已知之矣』。訑訑之聲音顏色，距人於千里之外。士止於千里之外，則讒諂面諛之人至矣。與讒諂面諛之人居，國欲治，可得乎？」

魯欲使樂正子為政而孟子喜而不寐。公孫丑問曰：「樂正子強乎？」「有知慮乎？」「多聞識乎？」。從世俗觀點言，人都以為為政必須靠着種種過人能力或力量，而從不以為政應以德行而為，公孫丑在這裡便如此質問。同樣，在《論語》，季康子亦有相同之問：「季康子問仲由可使從政也與？子曰：由也果，於從政乎何有〔不可〕？曰：賜也可使從政也與？曰：賜也達，於從政乎何有〔不可〕？曰：求也可使從政也與？曰：求也藝，於從政乎何有〔不可〕？」《論語．雍也》。對公孫丑之問，孟子都以「否」回答，唯以樂正子為「好善」：「其為人也好善」。公孫丑之再問：「好善足乎？」明顯反映一般人對單純德行作為能力之質疑。故孟子回答說：「好善優於天下，而況魯國乎！夫苟好善，則四海之內皆將輕千里而來告之以善。夫苟不好善，則人將曰：『訑訑，予既已知之矣』。訑訑之聲音顏色，距人於千里之外。士止於千里之外，則讒諂面諛之人至矣。與讒諂面諛之人居，國欲治，可得乎？」。這是說，在位者若好善，人將千里而至並告之以善；在位者若不好善，則拒善人於千里之外，如是而阿諛逢承讒誣之人入，如此國難有所治。當然，孟子在這裡是從為政之上位者言，因有上位之勢，故單純好善之德行亦有所成，治理本非一人之事故。但若從其他作為言，我們可能不以為然。然若細想，除非所言之作為只表面或只為圖得個人所欲與成就，否則，無論是怎樣事情，其真實成就、能成就真實而非只一己所欲，都必須有賴德行始可能。甚至，此時所謂能力，其背後，都須有相關德行始成其為真正能力。單純無德行之能力，終非能成真實事。世人多不以事情之真實性為重要，但求事情表面之完結與得獲，故不知德行於事情及能力中之決定性，此孟子在這裡單純以「好善」回答之原因，教人在為事與作為中德行所有意義與真實，亦指正世俗一般以為之能力。

〔14〕世俗對為仕者出仕之看法

陳子曰：「古之君子，何如則仕？」孟子曰：「所就三，所去三。迎之致敬以有禮，言將行其言也，則就之。禮貌未衰，言弗行也，則去之。

其次，雖未行其言也，迎之致敬以有禮，則就之。禮貌衰，則去之。其下，朝不食，夕不食，飢餓不能出門戶，君聞之曰：『吾大者不能行其道，又不能從其言也，使飢餓於我土地，吾恥之。周之』。亦可受也，免死而已矣」。

若真實能力應先從德行言，那為與不為，如為仕與不為仕，人都只知從一己利益言，鮮知為仕所應有道義與真實。此所以孟子於本章借陳臻之問說明其道理。

陳臻問：「古之君子，何如則仕？」。因是從「古之君子」言，其問故是為求知為仕（出仕與否）正確之道。雖然如此，以為仕（為事）求為個人不致於飢餓，這始終為人人為仕時首先目的，故確實不能不從這點考慮。然這樣理由，若撇開個人生計不談，實不應為為仕本初志向或目的。孟子故把只為生計之為仕列為為仕三種原因之最下者。

為仕與不為，所涉原因有三：一為志向、二為對待之禮、而三為一己生存。孟子之回答，故環繞此三方面言。其最上是：「迎之致敬以有禮，言將行其言也，則就之。禮貌未衰，言弗行也，則去之」。即雖有禮貌待遇，然至重要仍是志向之可行與否，此為就與去最主要原因。其中是：「雖未行其言也，迎之致敬以有禮，則就之。禮貌衰，則去之」。即志再非首要，若對方能以禮對待，這便足夠，亦去留唯一之決定原因，故迎之以敬則就、禮貌衰則去。最後，為仕最下原因為：「朝不食，夕不食，飢餓不能出門戶，君聞之曰：『吾大者不能行其道，又不能從其言也，使飢餓於我土地，吾恥之。周之』。亦可受也，免死而已矣」。這是說，若對方確然仍誠於其養，雖未能行志，然單純為免於一死，亦有出仕之可能。雖未必致於有禮相待，然對所養，仍不能「嘑爾」或「蹴爾而與之」〈告子上〉第十章。此古之為仕所有三種立場。

在這三種立場中，除言作為中就與去之原因外，仍有三點須注意：一、為仕之首先真實，仍先在志向之實行，若不能，真實為仕者仍不會因此而出仕。二、為仕者縱使未必能真實地為，然都不會在失去人格自尊情況下、不會在無敬無禮對待下仍出仕。雖非求為事之真實，然仍有作為人自尊之真實，是不會於無禮無敬中仍出仕。三、當孟子用飢餓或免於一死言第三種情況時，請注意，這只因飢餓或免於死這樣不得已而已，仍非為利益而出仕，故始終有其人格在，非為利益時所有阿諛逢承、卑躬屈膝而去人格尊貴。此古之為仕者其是否出仕之原因或條件。明顯，今之為仕者則不然。孟子故以此喻今世俗一般為仕與不為，與古為仕者之道其差異，亦在為仕者之真實與人格之尊貴上而已。

從為政與為仕而觀人作為之道，無論從怎樣作為、及為與不為這兩方面言，因而均指出：世俗以為能力之強、與只講求利益時（因而失去志向與自尊）為事者心態，二者之偽。此孟子對世俗有關作為、為事者看法之分析。

*

八、世俗對否定性與人養成（培養）之看法〔15、16〕

若世俗價值觀均不離利益，而利益背後實先求為享樂，那對幸與不幸，世俗亦必有其看法：以幸為善，而視一切不幸為惡。此孟子最後對這樣價值看法之反駁。有關不幸這樣負面性，因對不幸而仍可有之肯定，不能單純為對不幸本身歌頌，故只能從其對人所有正面意義言。故在這最後一組問題中，孟子扣緊對人之養成這樣問題切入，因不幸只有從對人其人格與真實之養成與建立始有所意義，其他方面只對人言單純為負面。而從負面或否定性對人其人格之養成與建立，這樣道理，基本上仍有兩方面可能：一為天地萬物外來對人之否定，即人際遇上不幸對人之意義；另一即為人對人之否定；此所以孟子分為兩章說明。

〔15〕對在世存在中之否定性對人養成之看法

孟子曰：「舜發於畎畝之中，傅說舉於版築之間，膠鬲舉於魚鹽之中，管夷吾舉於士，孫叔敖舉於海，百里奚舉於市。故天將降大任於是人也，必先苦其心志，勞其筋骨，餓其體膚，空乏其身，行拂亂其所為，所以動心忍性，曾益其所不能。人恆過，然後能改。困於心，衡於慮，而後作；徵於色，發於聲，而後喻。入則無法家拂士，出則無敵國外患者，國恆亡。然後知生於憂患，而死於安樂也」。

我們說過，世俗都唯以如幸福、快樂等正面事物為善，而視一切負面性為惡。基本上確是如此，但仍忽略負面性對人所有正面意義，而這即在對人作為人其養成與人格之建立。若非如此，負面性確對人類言再無其他意義。刻意追求存在之負面性，如我們今日之思想與藝術，都對人作為人言無任何正面意義。若甚至試圖從受虐而言快感、或從負面性對人性之破滅而以為能達致人作為另一種存有者，這都實違反人性而已、只使人類更為卑微甚至卑賤而已，非因而對人類及其存在有所提昇。造就英雄之悲劇，最終只造就敢於對抗之勇而已，非使人更成為人。故「天之將降大任於是人也」，也只呈現為對人其個體之否定，始終非以存在其他事物之負面性為正面。故刻意追求或甚至塑造對象與人類存在之負面性，這始終非為正道。

那麼，孟子怎樣分析這對人之人格養成具有正面意義之負面性？孟子分三方面言：一為人之出處、二為人所承受之艱困、而三則為人自身所造成之錯誤對人之意義。這三者，從最外在至最內在，亦為負面性所有三態：一至為外在而人類無法改變或左右，純然不可改變之「命」屬此；二雖仍從外而至，然為個人自身、非必為人人所有，故為個體自己所感為特殊承受者，個人際遇之艱困（命）屬此；三為人或人類自身過錯所造成，作為過錯本可免，然因人類正是會犯過錯者，故錯誤對人或人類言仍應有其正面意義。

讓我們對這三種負面性形態作分析。

一、「舜發於畎畝之中，傅說舉於版築之間，膠鬲舉於魚鹽之中，管夷吾舉於士，孫叔敖舉於海，百里奚舉於市」。孟子列舉上述之人其出身之卑微，也只為指出一事而已：即這外在客觀上之處境，與人其自身所可能有之成就毫無關係；非人必有優良之背景始然後能有所成就。人之所是，與這純然外在境況毫無關係。故無論這純然外在之命怎樣，都應與人其所能與所是無關。嚴格言，這樣負面性故實非為負面，與人無直接或根本關係故。若人以此為負面而有所怨，這也只其個人觀點而已，除非這樣處境同時造成下述第二點個體特殊艱困、除非處境同時為逆境，否則，處境對人言始終只外在，其高與下、貴與賤，與人內在無關、亦與人之養成與建立無關。非以為必須有優良處境始能造就人才，更非以為必須有優良背景始造就成就。此孟子列舉種種處境之原因。

二、「故天將降大任於是人也，必先苦其心志，勞其筋骨，餓其體膚，空乏其身，行拂亂其所為，所以動心忍性，曾益其所不能」。若人在種種處境均可養成其成就，那對一個體其能擔當大任言時之養成，天之道即為使其必須面對種種艱困，從能承擔這種種艱困而致偉大。這些艱困，表面上看時，都似與身體及存活有關，故：「勞其筋骨，餓其體膚，空乏其身，行拂亂其所為」。然若只有這些困難，我們很易想像，應反而造就自私自利之惡人，而非偉大之仁者。孟子故非這樣說。這些與身體存活有關之困難，只在一前提下始產生正面或真正意義，而這為其人必先有所心志、有心懷為人而遠大。若只是個人之利益志向，這仍不算志向，只人人之欲望而已。就算視為志向，也不會有感悖逆，本只個人私下之欲望故。唯有有真實為人之心志者，始於其志向努力中有感悖逆，因此時之志再非個人之事故。

孟子所言，而這始真正事實，為：造就偉大之人，是對其已有之心志有所違逆始使其更偉大者，是「必先苦其心志」的，其他艱困，是在這樣前提下始轉化為正面意義。在有崇高或善良心志之前提下，天對其人所有之種種困難，始使人「動心忍性，曾益其所不能」。「曾益其所不能」是相對「勞其筋骨，餓其體膚，空乏其身，行拂亂其所為」言，而「動心忍性」則是相對「苦其心志」言，意思是：由心志之感困難甚至悖逆，人對其心志始更有所感，使心不只為心而更為志，更自覺其必須致力實行，故如當機立斷那樣，撼動其心。這時之心志，由其感受困苦，故更激起其人之本性，使其縱使未能立即實行，然因人性本性實已覺醒，故反而能由自覺自識而保存，致使其人性本性更為堅忍。人之偉大、大任之人，是由這樣而誕生。此孟子對人之養成與外來負面性其關係之分析，亦見負面性所可能有之唯一意義。

三、「人恆過，然後能改。困於心，衡於慮，而後作；徵於色，發於聲，而後喻。入則無法家拂士，出則無敵國外患者，國恆亡」。若人絲毫無如以上所言外來逆境之否定性，最低限度，人仍是會因有過失與錯誤而被否定。過錯仍可使人有所自覺，因而仍對人之養成有所幫助。此由人自身造成之負面性對人所有意義。

有關這人或人類之過失，孟子之分析如下：過失亦如同心志之困苦一樣，可喚起人之覺醒，唯這些過失，需要長久重現始可轉化為自覺性；唯有在過失之持續中，人始有所覺識與反省可能。而有關過失之自覺性，有二：一為人自身於過錯前有所感，因而過錯於其人心中實有所困，因而有所思慮並圖改變，亦可能於改過之思慮中有所不達，始作為過錯能對人產生正面意義與影響。二為人其自身過錯是由他人態度而始覺識，如見於他人神色、聽於他人忿然難過之聲，始然後有所知喻。對過失而自覺，故或由於自己、或由於他人；或由於所感之困難、或由於他人之難色。孟子最後比喻說：若作為一國或作為一國之君，其內又無諫議規誨而知法度之臣下、外又無敵國外患致其警惕，換言之，如人又無內裡由過失所造成困難之自覺、外又無他人之責備與批評，這樣似無過失狀態，是國家滅亡常有之原因。有過而不知故。作為負面性言之過失，其對人所有正面意義，在此。

孟子對以上全部分析作總結說：「然後知生於憂患，而死於安樂也」。無論是內發之憂抑外來之患，無論是逆境對心志所造成之艱困、抑由過失所造成外在之禍患困難，人始終必須由這樣否定性而養成、或由此而有所成就。若非如此、若一切只是安樂，這反而是人或人類、甚至國家其最終敗亡或無所成就之原因。此負面性或否定性對人其養成與成就所有意義。故非世俗人之只知一味求安樂所能明白。

〔16〕對不教之否定性對人養成之看法

孟子曰：「教亦多術矣。予不屑之教誨也者，是亦教誨之而已矣」。

繼上述從他人教誨而有對過失之覺知，因而有關來自他人之否定性，若這否定性非單純為他人致我於死地之傷害，而仍帶有教導意義，其最極端者，為人對我拒絕其教與關係；此孟子於全書最後一章所言。

人不應因他人對己如此否定便視為惡意或無所正面意義。像這樣否定，仍可為教之術，是亦可本於教者心懷的。人仍是應對人不屑教誨之舉有所反省與改過，不應歸咎於人而怨尤其不是，以為人之對人必須正面並包涵，不能接受更嚴厲對待。此世俗往往求諂媚或相互呵護而虛偽之原因。

孟子這對世俗觀法其深層分析，無論從對存在價值之觀法、對種種行事中所涉事態之觀法、至最終有關正面性與負面性之觀法，是其在所有道理之論述後，對人最後教誨與警惕。從〈梁惠王〉首篇對構成現實之最高範疇始，至此〈告子下〉對世俗性格與看法之分析終，我們實可看到，孟子思想是扣緊人類現實存在而言其道理的。孟子之心與辯即在此，亦為教人真切地能擺脫現實之虛偽、並能無畏地致道而已。有關〈告子下〉之解說，我們至此終。

公元二零一零年三月六日

全書終

附錄

盡心上

〔1〕孟子曰：「盡其心者，知其性也。知其性，則知天矣。存其心，養其性，所以事天也。殀壽不貳，脩身以俟之，所以立命也」。

〔2〕孟子曰：「莫非命也，順受其正。是故知命者不立乎巖牆之下。盡其道而死者，正命也；桎梏死者，非正命也」。

〔3〕孟子曰：「求則得之，舍則失之，是求有益於得也，求在我者也。求之有道，得之有命，是求無益於得也，求在外者也」。

〔4〕孟子曰：「萬物皆備於我矣，反身而誠，樂莫大焉。強恕而行，求仁莫近焉」。

〔5〕孟子曰：「行之而不著焉，習矣而不察焉，終身由之而不知其道者，眾也」。

〔6〕孟子曰：「人不可以無恥，無恥之恥，無恥矣」。

〔7〕孟子曰：「恥之於人大矣！為機變之巧者，無所用恥焉。不恥不若人，何若人有」。

〔8〕孟子曰：「古之賢王，好善而忘勢。古之賢士，何獨不然，樂其道而忘人之勢。故王公不致敬盡禮，則不得亟見之。見且由不得亟，而況得而臣之乎？」

〔9〕孟子謂宋句踐曰：「子好遊乎？吾語子遊。人知之亦囂囂，人不知亦囂囂」。曰：「何如斯可以囂囂矣？」曰：「尊德樂義，則可以囂囂矣。故士窮不失義，達不離道。窮不失義，故士得己焉；達不離道，故民不失望焉。古之人得志澤加於民，不得志脩身見於世，窮則獨善其身，達則兼善天下」。

〔10〕孟子曰：「待文王而後興者，凡民也。若夫豪傑之士，雖無文王猶興」。

〔11〕孟子曰：「附之以韓、魏之家，如其自視欿然，則過人遠矣」。

〔12〕孟子曰：「以佚道使民，雖勞不怨。以生道殺民，雖死不怨殺者」。

〔13〕孟子曰：「霸者之民，驩虞如也。王者之民，皡皡如也。殺之而不怨，利之而不庸，民日遷善而不知為之者。夫君子所過者化，所存者神，上下與天地同流，豈曰小補之哉！」

〔14〕孟子曰：「仁言，不如仁聲之入人深也。善政，不如善教之得民也。善政民畏之，善教民愛之。善政得民財，善教得民心」。

〔15〕孟子曰：「人之所不學而能者，其良能也。所不慮而知者，其良知也。孩提之童，無不知愛其親者；及其長也，無不知敬其兄也。親親，仁也。敬長，義也。無他，達之天下也」。

〔16〕孟子曰：「舜之居深山之中，與木石居，與鹿豕遊，其所以異於深山之野人者，幾希！及其聞一善言，見一善行，若決江河，沛然莫之能禦也」。

〔17〕孟子曰：「無為其所不為，無欲其所不欲，如此而已矣」。

〔18〕孟子曰：「人之有德慧術智者，恆存乎疢疾。獨孤臣孽子，其操心也危，其慮患也深，故達」。

〔19〕孟子曰：「有事君人者，事是君則為容悅者也。有安社稷臣者，以安社稷為悅者也。有天民者，達可行於天下而後行之者也。有大人者，正己而物正者也」。

〔20〕孟子曰：「君子有三樂，而王天下不與存焉。父母俱存，兄弟無故，一樂也。仰不愧於天，俯不怍於人，二樂也。得天下英才而教育之，三樂也。君子有三樂，而王天下不與存焉」。

〔21〕孟子曰：「廣土眾民，君子欲之，所樂不存焉。中天下而立，定四方之民，君子樂之，所性不存焉。君子所性，雖大行不加焉，雖窮居不損焉，分定故也。君子所性，仁義禮智根於心，其生色也睟然，見於面，盎於背，施於四體，四體不言而喻」。

〔22〕孟子曰：「伯夷辟紂，居北海之濱，聞文王作興，曰：『盍歸乎來！吾聞西伯善養老者』。大公辟紂，居東海之濱，聞文王作興，曰：『盍歸乎來！吾聞西伯善養老者』。天下有善養老，則仁人以為己歸矣。五畝之宅，樹牆下以桑，匹婦蠶之，則老者足以衣帛矣。五母雞，二母彘，無失其時，老者足以無失肉矣。百畝之田，匹夫耕之，八口之家，足以無飢矣。所謂西伯善養老者，制其田里，教之樹畜，導其妻子，使養其老。五十非帛不煖，七十非肉不飽，不煖不飽，謂之凍餒。文王之民無凍餒之老者，此之謂也」。

〔23〕孟子曰：「易其田疇，薄其稅斂，民可使富也。食之以時，用之以禮，財不可勝用也。民非水火不生活，昏暮叩人之門戶求水火，無弗與者，至足矣。聖人治天下，使有菽粟如水火。菽粟如水火而民焉有不仁者乎？」

〔24〕孟子曰：「孔子登東山而小魯，登太山而小天下。故觀於海者難為水，遊於聖人之門者難為言。觀水有術，必觀其瀾。日月有明，容光必照焉。流水之為物也，不盈科不行。君子之志於道也，不成章不達」。

〔25〕孟子曰：「雞鳴而起，孳孳為善者，舜之徒也。雞鳴而起，孳孳為利者，蹠之徒也。欲知舜與蹠之分，無他，利與善之閒也」。

〔26〕孟子曰：「楊子取為我，拔一毛而利天下，不為也。墨子兼愛，摩頂放踵利天下，為之。子莫執中，執中為近之。執中無權，猶執一也。所惡執一者，為其賊道也，舉一而廢百也」。

〔27〕孟子曰：「飢者甘食，渴者甘飲，是未得飲食之正也，飢渴害之也。豈惟口腹有飢渴之害，人心亦皆有害。人能無以飢渴之害為心害，則不及人不為憂矣」。

〔28〕孟子曰：「柳下惠不以三公易其介」。

〔29〕孟子曰：「有為者辟若掘井，掘井九軔而不及泉，猶為棄井也」。

〔30〕孟子曰：「堯、舜，性之也。湯、武，身之也。五霸，假之也。久假而不歸，惡知其非有也？」

〔31〕公孫丑曰：「伊尹曰：『予不狎于不順，放太甲于桐，民大悅。太甲賢，又反之，民大悅』。賢者之為人臣也，其君不賢，則固可放與？」孟子曰：「有伊尹之志則可，無伊尹之志則篡也」。

〔32〕公孫丑曰：「《詩》曰：『不素餐兮』，君子之不耕而食，何也？」孟子曰：「君子居是國也，其君用之，則安富尊榮；其子弟從之，則孝悌忠信。不素餐兮，孰大於是！」

〔33〕王子墊問曰：「士何事？」孟子曰：「尚志」。曰：「何謂尚志？」曰：「仁義而已矣。殺一無罪，非仁也。非其有而取之，非義也。居惡在，仁是也。路惡在，義是也。居仁由義，大人之事備矣」。

〔34〕孟子曰：「仲子不義與之齊國而弗受，人皆信之，是舍簞食豆羹之義也。人莫大焉亡親戚

君臣上下。以其小者，信其大者，奚可哉？」

〔35〕桃應問曰：「舜為天子，皐〔皋〕陶為士，瞽瞍殺人，則如之何？」孟子曰：「執之而已矣」。「然則舜不禁與？」曰：「夫舜惡得而禁之？夫有所受之也」。「然則舜如之何？」曰：「舜視棄天下猶棄敝蹝也。竊負而逃，遵海濱而處，終身訢然，樂而忘天下」。

〔36〕孟子自范之齊，望見齊王之子，喟然嘆曰：「居移氣，養移體，大哉居乎，夫非盡人之子與！」

〔37〕孟子曰：「王子宮室車馬衣服多與人同，而王子若彼者，其居使之然也。況居天下之廣居者乎？魯君之宋，呼於垤澤之門，守者曰：『此非吾君也，何其聲之似我君也？』此無他，居相似也」。

〔38〕孟子曰：「食而弗愛，豕交之也。愛而不敬，獸畜之也。恭敬者，幣之未將者也。恭敬而

無實，君子不可虛拘」。

〔39〕孟子曰：「形色，天性也。惟聖人然後可以踐形」。

〔40〕齊宣王欲短喪，公孫丑曰：「為朞之喪，猶愈於已乎？」孟子曰：「是猶或紾其兄之臂，子謂之姑徐徐云爾。亦教之孝悌而已矣」。王子有其母死者，其傅為之請數月之喪，公孫丑曰：「若此者何如也？」曰：「是欲終之而不可得也，雖加一日愈於已，謂夫莫之禁而弗為者也」。

〔41〕孟子曰：「君子之所以教者五，有如時雨化之者，有成德者，有達財者，有答問者，有私淑艾者。此五者，君子之所以教也」。

〔42〕公孫丑曰：「道則高矣美矣，宜若登天然，似不可及也。何不使彼為可幾及而日孳孳也？」孟子曰：「大匠不為拙工改廢繩墨，羿不為拙射變其彀率。君子引而不發，躍如也。中道

而立，能者從之」。

〔43〕孟子曰：「天下有道，以道殉身；天下無道，以身殉道。未聞以道殉乎人者也」。

〔44〕公都子曰：「滕更之在門也，若在所禮而不答，何也？」孟子曰：「挾貴而問，挾賢而問，挾長而問，挾有勳勞而問，挾故而問，皆所不答也。滕更有二焉」。

〔45〕孟子曰：「於不可已而已者，無所不已；於所厚者薄，無所不薄也。其進銳者其退速」。

〔46〕孟子曰：「君子之於物也，愛之而弗仁；於民也，仁之而弗親。親親而仁民，仁民而愛物」。

〔47〕孟子曰：「知者無不知也，當務之為急；仁者無不愛也，急親賢之為務。堯、舜之知，而不徧物，急先務也。堯、舜之仁，不徧愛人，急親賢也。不能三年之喪而緦小功之察，放飯流歠而問無齒決，是之謂不知務」。

盡心下

〔1〕孟子曰：「不仁哉梁惠王也！仁者以其所愛，及其所不愛；不仁者以其所不愛，及其所愛」。公孫丑曰：「何謂也？」「梁惠王以土地之故，糜爛其民而戰之，大敗，將復之，恐不能勝，故驅其所愛子弟以殉之，是之謂以其所不愛，及其所愛也」。

〔2〕孟子曰：「春秋無義戰，彼善於此，則有之矣。征者，上伐下也。敵國不相征也」。

〔3〕孟子曰：「盡信《書》則不如無《書》，吾於〈武成〉，取二三策而已矣。仁人無敵於天下，以至仁伐至不仁，而何其血之流杵也？」

〔4〕孟子曰：「有人曰『我善為陳，我善為戰』，大罪也。國君好仁，天下無敵焉。南面以征北夷怨，東面而征西夷怨，曰『奚為後我』？武王之伐殷也，革車三百兩，虎賁三千人，王曰：『無畏，寧爾也，非敵百姓也』。若崩厥角，稽首。征之為言正也，各欲正己也，焉

用戰！」

〔5〕孟子曰：「梓匠輪輿，能與人規矩，不能使人巧」。

〔6〕孟子曰：「舜之飯糗茹草也，若將終身焉。及其為天子也，被袗衣，鼓琴，二女果，若固有之」。

〔7〕孟子曰：「吾今而後知殺人親之重也。殺人之父，人亦殺其父；殺人之兄，人亦殺其兄；然則非自殺之也，一間耳！」

〔8〕孟子曰：「古之為關也，將以禦暴；今之為關也，將以為暴」。

〔9〕孟子曰：「身不行道，不行於妻子。使人不以道，不能行於妻子」。

〔10〕孟子曰：「周于利者，凶年不能殺；周于德者，邪世不能亂」。

〔11〕孟子曰：「好名之人，能讓千乘之國；苟非其人，簞食豆羹見於色」。

〔12〕孟子曰：「不信仁賢則國空虛，無禮義則上下亂，無政事則財用不足」。

〔13〕孟子曰：「不仁而得國者有之矣，不仁而得天下，未之有也」。

〔14〕孟子曰：「民為貴，社稷次之，君為輕。是故得乎丘民而為天子，得乎天子為諸侯，得乎諸侯為大夫。諸侯危社稷，則變置。犧牲既成，粢盛既絜，祭祀以時，然而旱乾水溢，則變置社稷」。

〔15〕孟子曰：「聖人百世之師也，伯夷、柳下惠是也。故聞伯夷之風者，頑夫廉，懦夫有立志。聞柳下惠之風者，薄夫敦，鄙夫寬。奮乎百世之上，百世之下聞者莫不興起也，非聖人而

能若是乎，而況於親炙之者乎？」

〔16〕孟子曰：「仁也者，人也。合而言之，道也」。

〔17〕孟子曰：「孔子之去魯，曰『遲遲吾行也』，去父母國之道也。去齊，接淅而行，去他國之道也」。

〔18〕孟子曰：「君子之戹於陳、蔡之閒，無上下之交也」。

〔19〕貉稽曰：「稽大不理於口」。孟子曰：「無傷也，士憎茲多口。《詩》云『憂心悄悄，慍于群小』，孔子也。『肆不殄厥慍，亦不殞厥問』，文王也」。

〔20〕孟子曰：「賢者以其昭昭，使人昭昭；今以其昏昏，使人昭昭」。

〔21〕孟子謂高子曰：「山徑之蹊閒，介然用之而成路，為閒不用，則茅塞之矣。今茅塞子之心矣」。

〔22〕高子曰：「禹之聲，尚文王之聲」。孟子曰：「何以言之？」曰：「以追蠡」。曰：「是奚足哉？城門之軌，兩馬之力與？」

〔23〕齊饑，陳臻曰：「國人皆以夫子將復為發棠，殆不可復」。孟子曰：「是為馮婦也。晉人有馮婦者，善搏虎，卒為善士。則之野，有眾逐虎，虎負嵎，莫之敢攖，望見，馮婦趨而迎之。馮婦攘臂下車，眾皆悅之，其為士者笑之」。

〔24〕孟子曰：「口之於味也，目之於色也，耳之於聲也，鼻之於臭也，四肢之於安佚也，性也。有命焉，君子不謂性也。仁之於父子也，義之於君臣也，禮之於賓主也，智之於賢者也，聖人之於天道也，命也。有性焉，君子不謂命也」。

〔25〕浩生不害問曰：「樂正子，何人也？」孟子曰：「善人也，信人也」。「何謂善？何謂信？」曰：「可欲之謂善，有諸己之謂信，充實之謂美，充實而有光輝之謂大，大而化之之謂聖，聖而不可知之之謂神。樂正子二之中，四之下也」。

〔26〕孟子曰：「逃墨必歸於楊，逃楊必歸於儒，歸斯受之而已矣。今之與楊、墨辯者，如追放豚，既入其苙，又從而招之」。

〔27〕孟子曰：「有布縷之征，粟米之征，力役之征。君子用其一，緩其二，用其二而民有殍，用其三而父子離」。

〔28〕孟子曰：「諸侯之寶三，土地、人民、政事。寶珠玉者，殃必及身」。

〔29〕盆成括仕於齊，孟子曰：「死矣盆成括！」盆成括見殺，門人問曰：「夫子何以知其將見殺？」曰：「其為人也小有才，未聞君子之大道也，則足以殺其軀而已矣」。

〔30〕孟子之滕，館於上宮。有業屨於牖上，館人求之弗得，或問之曰：「若是乎從者之廋〔廋〕也？」曰：「子以是為竊屨來與？」曰：「殆非也」。「夫予之設科也，往者不追，來者不距，苟以是心至，斯受之而已矣」。

〔31〕孟子曰：「人皆有所不忍，達之於其所忍，仁也。人皆有所不為，達之於其所為，義也。人能充無欲害人之心，而仁不可勝用也。人能充無穿踰之心，而義不可勝用也。人能充無受爾汝之實，無所往而不為義也。士未可以言而言，是以言餂之也。可以言而不言，是以不言餂之也。是皆穿踰之類也」。

〔32〕孟子曰：「言近而指遠者，善言也。守約而施博者，善道也。君子之言也，不下帶而道存焉。君子之守，脩其身而天下平。人病舍其田而芸人之田，所求於人者重，而所以自任者輕」。

〔33〕孟子曰：「堯、舜，性者也。湯、武，反之也。動容周旋中禮者，盛德之至也。哭死而哀，

非為生者也。經德不回，非以干祿也。言語必信，非以正行也。君子行法以俟命而已矣」。

〔34〕孟子曰：「說大人則藐之，勿視其巍巍然。堂高數仞，榱題數尺，我得志弗為也。食前方丈，侍妾數百人，我得志弗為也。般樂飲酒，驅騁田獵，後車千乘，我得志弗為也。在彼者，皆我所不為也。在我者，皆古之制也。吾何畏彼哉？」

〔35〕孟子曰：「養心莫善於寡欲。其為人也寡欲，雖有不存焉者，寡矣。其為人也多欲，雖有存焉者，寡矣」。

〔36〕曾晳嗜羊棗，而曾子不忍食羊棗。公孫丑問曰：「膾炙與羊棗孰美？」孟子曰：「膾炙哉！」公孫丑曰：「然則曾子何為食膾炙而不食羊棗？」曰：「膾炙所同也，羊棗所獨也。諱名不諱姓，姓所同也，名所獨也」。

〔37〕萬章問曰：「孔子在陳曰：『盍歸乎來！吾黨之士狂簡，進取，不忘其初』。孔子在陳，何

思魯之狂士？」孟子曰：「孔子『不得中道而與之，必也狂獧乎！狂者進取，獧者有所不為也』。孔子豈不欲中道哉？不可必得，故思其次也」。「敢問何如斯可謂狂矣？」曰：「如琴張、曾皙、牧皮者，孔子之所謂狂矣」。「何以謂之狂也？」曰：「其志嘐嘐然，曰古之人，古之人，夷考其行而不掩焉者也。狂者又不可得，欲得不屑不絜之士而與之，是獧也是又其次也。孔子曰：『過我門而不入我室、我不憾焉者，其惟鄉原乎！鄉原，德之賊也』」。曰：「何如斯可謂之鄉原矣？」曰：「何以是嘐嘐也？言不顧行，行不顧言，則曰古之人，古之人行何為踽踽涼涼，生斯世也，為斯世也善，斯可矣。閹然媚於世也者，是鄉原也」。萬子曰：「一鄉皆稱原人焉，無所往而不為原人。孔子以為德之賊，何哉？」曰：「非之無舉也，刺之無刺也，同乎流俗，合乎汙世，居之似忠信，行之似廉絜，眾皆悅之，自以為是，而不可與入堯、舜之道，故曰德之賊也。孔子曰：『惡似而非者：惡莠，恐其亂苗也；惡佞，恐其亂義也；惡利口，恐其亂信也；惡鄭聲，恐其亂樂也；惡紫，恐其亂朱也；惡鄉原，恐其亂德也』。君子反經而已矣。經正則庶民興，庶民興，斯無邪慝矣」。

〔38〕孟子曰：「由堯、舜至於湯五百有餘歲，若禹、皐〔臯〕陶則見而知之，若湯則聞而知之。

由湯至於文王五百有餘歲，若伊尹、萊朱則見而知之，若文王則聞而知之。由文王至於孔子五百有餘歲，若太公望、散宜生則見而知之，若孔子則聞而知之。由孔子而來至於今百有餘歲，去聖人之世若此其未遠也，近聖人之居若此其甚也，然而無有乎爾，則亦無有乎爾！」

《孟子》總義

《孟子》主題總論

〈梁惠王〉論現實
〈公孫丑〉論心
〈滕文公〉論道
〈離婁〉論本與真偽
〈萬章〉論主體性與客體性
〈告子〉論人性及世俗性格

《孟子》主題總歸三類：

一、現實性與世俗性：利、樂、戰、政制、力量與大小強弱、至高性、王者、世俗性、處境與成敗（命）。

二、人之方面：喜悅、憂患、勇、怨、傷痛、心、私心、氣（身）、言、自我、志、人際關係、知與思、知人、君子品格、為仕（事）、學問與傳承學習之道、人之大（偉大）、人之虛假。

三、道本身：道、養民之道、人類存在終極；主體性（人倫內在性）與客體君主性、面對世界客體性之道、超越性（天與命）；人性、德行（仁）、善、禮、和睦與對立、敬、真實性（含作為之真實性）、事物之價值與好壞、事物之意義、對錯。

以上為《孟子》思想全部主題。簡述如下：

一、現實性與世俗性：

利

利雖為孟子常提及議題，然其道理也主要見於〈梁惠王上〉首章而已。從道理言，利非但無必然性，甚至，若以利行事，只會造成更大對立、更引致生存上之違逆與敗壞，與本來所求相反。仁義之道始與人本然所求一致，其真實在此。〔1．1〕。【利欲本於人人各自之主觀，於事未為公故必然虛假，非如為仁之客觀真實】。

樂

快樂雖亦人人所求，然非如利，悅樂本身仍為人性之事，唯須依從道義而有，其道理有四：一、樂非由於物，更先由於心況本身，更由於人之賢善始有。二、樂非先行之事，而應居後，在道義後始應有。三、快樂是共享之事，非私下個人之事。四、人最大快樂，應在見他人快樂而樂。〔1．2〕。

此外，自由為快樂之先決條件。不自由，無論甚麼，都無以為快樂。〔2．2〕。【自由應為一種內在感受或狀態，不應視為外在之「為所欲為」。自由作為內在始正，若為外在地為所欲為則非。同樣，禁限若為外在亦非，若為內在（矩）始正。此禁限與矩之差異。人之所欲，故仍應有所自行約束克制，不應求為自由而為所欲為】。

最後，快樂之至真切者，為見天下人能安樂而樂，如此快樂層次最高，亦無絲毫主觀自私之慮。關懷人類而快樂，此快樂之至。

戰

戰只破壞，無能正面而立。道應純然正面，絲毫不能以為負負得正、或「五十步笑百步」。作為若非純然正面（如養民），亦假象而已。〔1．3〕。

政制

與政制有關道理須注意三點：一、以政制而治，所關心仍只物事而已，非人。二、一切有關人之構想想像，【而這，是一切政制所由立之根本】，雖本虛構，然日後必造成真實。如構想人惡，人將更被造就為惡。三、道怎樣便應怎樣，不應以現實為理由，執着政制而違道。〔1．4〕。

力量與大小強弱

首先，從心理心況言，「樂」與「畏」二者非由於大小強弱而有所差異：小雖畏大而不樂，然大實亦對小（他者）有所畏而不樂，非因為大便必然樂。若從樂言，在大小強弱間，唯大而能仁始真有樂。樂與畏故終非由於大小差異，由仁與不仁而異而已。〔2．3〕。又若見人有對力量屈服，亦只因無力而已；若同等有力，不會有屈服之假象。〔3．3〕。

若從現實言，強大並非不會招致他人或他國對立。唯能有道始無對立。〔2．11〕。若只知以強大負面地對立，始終會引致失敗，強無以絕對故。力量故應純然正面而用，由無所對立而為絕對。強故應從得人（心）言，非從對立人言。〔1．5〕。又如以大取小，仍須依據小國其人民之意願，此行事所宜，否則已為以大欺小。〔2．10〕。

以德行而行始能無待，以力量而行始終有待。此所以人以力量而行時，往往仍需假仁義之名，無法單純以力量之名行事，力量本身始終非道甚至無道故。〔3・3〕。

最後，於現實無道時，存亡之法只能在不對立上：如文王以仁待一切，使人人臣服，如是仍可不為強力所滅。存活非只能從力量之大小多少言，仍有以仁得眾如此存活可能。若非如此，小也只能為大所役而已。〔7・7〕。

至高性

有關至高性，其道理有以下四點：一、所以能為至高，非由自身之高，而是由他人願居其下、願歸順而為高。高者故亦由能如「水之就下」那樣居下而已。〔1・6〕。二、權力或分位是從責任言；不負其責者，應去其權力分位。〔2・6〕。三、人不應因地位之尊貴性而掩蓋其人真實所是，不能因人之地位無視其善惡。〔2・8〕。四、地位或權力之尊貴性，不能無視事情本身客觀真實；人不能單純以權力行事，事情唯依真實而行、非依權力而行。〔2・9〕。

王者

王者之為王者，非在其他，先在「不忍人之心」而已。〔3・6〕。

世俗性

孟子思想雖以心性仁道為主軸，然所對向幾近全在現實與世俗性之對反上，是這樣對向（對反）構成《孟子》一書在道理上之特色。書故由〈梁惠王〉論現實始，以〈告子下〉論世俗性終。後者可視為對人類世界其世俗性之總結。〈梁惠王上〉所言，為現實性可由道而解，而〈梁惠王下〉則繼言，現實性可由客觀真實性而解。現實故不應如人所以為，為不可解之事實。

在〈告子下〉對世俗性作總論前，〈離婁下〉亦有曾對世俗性之討論，重點如下：一、在世俗間，人對人之好惡純然主觀，非有所真實。世俗間之好惡純然表面。〔8・25〕。二、非但好惡為主觀，世人之智思亦為主觀，非為人類之善而用，只求智穿鑿附會之聰明而已。〔8・26〕。三、在世俗中，事情往往只為權貴而為、以權貴為依據，非依據事情本身客觀真實。如禮只為對權貴之奉承，非以禮更為對權勢約束，使不得以權勢超越他人、不得越階而行。世俗中權力，往往無視事情之真實而已。〔8・27〕。四、人本均知自身之平凡，然仍虛偽地以自身之絲毫尊貴以傲視於人、裝作有所了不起，以微不足道之過人視為（自身之）偉大，此自尊心之虛偽。〔8．33〕。從以上幾點可見，世俗中價值，實不外好惡之主觀性、智之偽用、以權貴為依歸、以自我為尊等虛假價值觀法而已。

〈告子下〉對人世俗性格之分析，更是全面。人世俗本性，分八組主題：

一、世俗價值觀之兩面：世俗之以為最基本索求，為食與色。食色索求之所以為世俗，因二者非單純生存之必然，更是其中所圖欲望享受（甘食悅色）；世俗性其根本指此。世俗性故先只為態度（心態），非存活中迫不得已之必須。人只借必然性為藉口，以達成其過分之欲望，亦所以有「以禮食則飢而死」、「親迎則不得妻」之說。然事實是，在食色外，人性禮義更是必然不可免。「以食色為必然」所有之虛假故有二：一由於二者實非必然；二由於禮義實同樣必然，非獨食色如此而已。〔12．1〕。其次是，於言最高價值時，世俗往往過而不實。如以德行為價值時，則以「聖」為至高。如是之過言，實由過高而遠去德行、使其無以真實具體實行而已，非對德行有所肯定。縱使為德行，本亦平實而非絕對，只為與不為之事，無所謂能與不能，故與聖無關。此世俗對至高價值所有之偽。〔12．2〕。從價值態度言，世俗故一以食色為現實，二以德行為過於理想（如以聖始為德行），因而以為有所謂現實及不能現實者，此世俗價值之偽。

二、世俗行事法之兩面：一過於執着於俗，不通達人性與事實，故反往往造成傷害。世俗所以為對確之行，多只負面評論，非對道理正面之致力。〔12．3〕。二則相反，過於無原則地只為求成，而此往往由於眼前一時利益。縱使目的正確，由於不顧慮其所用手段，故往往仍造成有所傷害之後果。〔12．4〕。

三、世俗對外在性之重視：其一見於作為之只圖表面，不理會真實。如人以為有所餽贈便是禮，以為外在物事可取代心意。〔12．5〕。其二則見於想法之表面，對人不求真正明白，如以具有名實者為真，無名實而隱者只求為己；不辨功績之真偽；更不辨（不知）人〔心〕之真偽。真實往往須深入明白，表面地看，此世俗觀見之虛偽。〔12．6〕。

四、世俗對成就之看法其偽有二：一為只從已成看，二為只從勝敗（得其所欲）看。前者如於政治或歷史，具有一定地位權勢甚或左右歷史者便視為真正成就，絲毫不辨其成就是否為真實價值。故世俗多只對無道者逢迎；然逢迎罪惡者實亦同然為罪人，此世間大夫所以多為罪人，徒逢迎罪惡無道之權勢故。〔12．7〕。至於後者，人多以欲望所能與所達為成就，而不知，背道及超乎所需之欲望所得，已不能算作成就。真正成就唯仁，能力與所得非是、競爭而得更非是。〔12・8〕。

五、世俗對良、善之看法其偽亦有二：以好處即為「良」，而不知，世人所以為好處，往往引致憂患，非真正良好。〔12・9〕。相反，世俗以為不求一己好處或單純善意便已為良善，而不知一切仍須從道言。善必須合乎道義，否則縱使為善意，實仍未為善。〔12・10〕。良與善二者均須從客觀真實言，片面之好處或善意非是。

六、世俗對智及對力量運用看法之錯誤：世俗對智過於自恃，多以智對逆對象，而不知：順應自然者始為真正智慧。〔12・11〕。而有關力量之用，縱使此時為國家力量、為公權力，仍應有所寬宏諒解氣度，不應執着正義之名以執法。〔12・12〕。無論是智抑力量，均不應為所欲為，縱使以正義之名亦不應妄用。力量始終只力量，非即解決事情之道；而若智未能真正通達明白甚至周慮，是不應執持而以為必然對確者。

七、世俗對為政與為仕（作為）看法之錯誤：縱使為為政，實亦只需從德行言而已，無須從能力言；一切作為均如此。真實能力先在德行而已，非在能力，此世俗對作為看法之錯誤。〔12・13〕。至於為仕，如個人之作為或求為存活，其所涉有三方面：一志向、二對待（禮）、而三始為存活一目的。志向最先，亦決定為與不為之一切。禮之對待其次，若非有應當對待，仍去而不就。至於求為存活一目的，若非由禮，仍不能如世俗般至於屈辱卑下地求得。〔12．14〕。

八、世俗對不幸或否定性看法之誤：首先，不幸或負面性，若非與人之養成（培養）有正面意義，是無以作為負面性而有價值或意義者。若天對人之否定在其出身之負面處境，這本純然外在，與人所能與所是無關，與其可能成就亦無關。若是個人特殊逆境，如此否定性正為使人能有更大擔當力量；其為否定性而仍有正面意義，只相對有志者言，否則多造成（個體之）惡而已。最後，若負面性是由人自身過失所致，因過失仍可使人有所覺悟，【無論是由自身所有困難，抑由他人怨責】，故如是負面性仍有養成之意義。〔12．15〕。至於人對人之否定，其仍正面有教訓意義者，如在不再教誨時之最終教誨。〔12．16〕。負面性於人類存在之總體意義最後在：人「生於憂患而死於安樂」。此世俗對負面性單純拒斥之錯誤：或以之只為傷害、或以之只為不幸。

處境與成敗（命）

有關處境與成敗，應明白：處境之困難甚至對立，多先由一己造成，非必由於他人。〔2．

12〕。禍害亦多本於人自身，然後始由外來。〔7．8〕。如失敗，多由於未能與對象一體，如君之不以己與人共，故不得民心。〔7．9〕。人自身之敗亡亦可由於自暴自棄：既自絕於外、亦自毀於內。自暴自棄最終實自己放棄居仁由義之可能、自身否定自身仁之可能而已。故若居仁由義，人始終能得其安宅與正路，而此與世之是否無道無關。〔7．10〕。

若處境確然無可奈何，那對處境之應對有三點：一、盡全力應對，死而後已。〔2．13〕。二、「強為善而已矣」，無須再在乎成敗。〔2．14〕。三、捨棄而退讓、躲避而離去。〔2．15〕。無論困難或對立多大，守死善道，這是唯一應行之道。

始終應明白：人無論其善之努力多大、無論有多少協助，都仍可為小人所扭曲，致無成地步。此命所在，故不應因無成而感缺憾。〔2．16〕。

二、人之方面：

喜悅

喜悅之所以人性，因或由心（而非欲望），或若與所得有關，仍只是生活中之基本期盼，甚至往往體現為對王者善治之喜悅，此喜悅人性之一面。〔3・5〕。

憂患

人更應對自身所是有所憂患，非只對外來事情或境況憂患而已。〔8・28〕。

勇

勇只由安人而始為心安之勇；勇仍由致人安樂始為勇。〔2・3〕。

怨

怨只由與他人所得之比較而致。若天下本無得，人其個體又何怨。得與不得若只從一己所得而無關世人之真實，其所得已偽，其時若不得而怨亦偽。〔4・13〕。

傷痛

傷痛亦可有其人性之一面，如「不忍人之心」時之惻隱。〔3・6〕。

心

心為孟子重要主題，亦集中在〈公孫丑〉篇論述。如〈公孫丑上〉所討論心之面相有四：其獨立真實性、其受動於外在、其人性面相、及其自我面相。而〈公孫丑下〉所討論心之次要面相亦有四：人心一般之真實、心之知、心與欲望（私心）、及人之內心。

首先，心雖為外在所動，然仍有其自身真實可能：或如文王心主動時之仁、或如孟子心不惑而知真偽時之真、甚或如人民百姓其單純感受時本然之人性，三者均見心本然獨立真實所在。正因心有如此本然真實，故人之真實應先從心見，非從外在成就見。〔3．1〕。

若以心為人之心靈，其三面為：感受、知性、意志。三者均有其人性之一面：一在惻隱（與喜悅）、二在是非、而三在羞惡與辭讓（羞惡對向欲望、辭讓則從自身之約束言）。而所謂惻隱之心，非單純指憐憫心，後者只相對痛楚，前者更因對象為人。人非因痛苦而懼怕及惻隱，因所傷痛者為人而已。〔3．6〕。

心雖本然內在，然於對向外在時，仍可為外在所動，甚至為外在他者所深入，如心心悅誠服或被侮辱時。〔3．3〕。心之能不動（不受外在改變），須由努力達致。其形態有三：一如北宮黝由性情（勇）所致；二如孟施舍及曾子，非由性情，而由相當程度之反省達致；三則如孟子，確由真實知見（「知言」）達致。三者各有其心不為所動之一面。〔3・2〕。心之能致於真實，須如孟子「知言」「養氣」積極而正面之努力，非只如告子般，只由消極地避免犯錯而致。心之真實，故與志有關。〔3・2〕。

心故非只（被動）感受，其真實更在主動時。被動之心仍可只假象，唯主動之心始全然真實。縱使已是憐憫，仍可不知推度而未及人。王者之心雖在不忍，然不忍仍可只因關注眼前而狹隘。作為王者，特別其對向廣大人民與天下時，其心更應在推度上，由推度於他人而知擴充，如是心始真正真實。感受仍可只個人，唯知為人始更為志，亦往往為志與欲望之差異：對向他人心者為心，違逆他人心者只為欲望。不過，欲望若亦能從推及他人言，如此欲望已為心志。由是可見，推度心何等重要，非只憐憫或惻隱而已。故百姓心雖可止於存活物欲，然為仕者，其心不應再為物欲所繫，而知推度。〔1・7〕。

心若單純從個體自己言，有四面：一、心之誠；二、心之期盼；三、心之無怨；四、心之志。心若真正誠懇，是無需對等地求於對方、或求一定反應回應。〔4・11〕。至於期盼，若由於心，於事不達時仍切望有改變之可能；縱使確然無所獲，仍始終期盼其事之成，與一己事實無關。此心其期盼所以真實並真誠。〔4・12〕。【有關心之無怨與心之志，見「怨」與「志」條（〔4・13〕

〔4．14〕〕】。

最後，甚麼應存於心、甚麼不應存於心，此心首先真實。〔8．28〕。

私心

私心非必不可，仍有其正之可能，人倫親情之私心便如是，唯無害他人便是。〔4．7〕。

私心之錯誤有二：一、以公共事物視為己有；二、縱使沒有據為己有，執行者若不正當，仍有私心（私意）之虞。由後者可見，私心非必從擁有言，一己想法上之私仍為私。〔4．8〕。

私心之惡其至大者，在壟斷而已。人類之惡亦多由此。壟斷有二：除盡佔有一切外（利益），單純勢力或力量之擴張與鞏固同亦為壟斷。二者均人無視需求之道義，以為佔有均只能力之事。此擁有之偽。〔4．10〕。

最後，對私心改過，仍是一種光明無私。〔4．9〕。

氣（身）

人除心志外，亦可由氣而動志、動心（受動）。如是在心身兩者間，非獨心為本，氣亦可反動心，此所以平素須養氣，不為身因一時之氣妄動妄為故。人之真實，故非獨從心言，仍須由平素「養氣」而致真：一切非單純知與不知之事故、人亦非單純由心思主決故、平素身體之力行更是決定故。此平素力行之所以重要。〔3．2〕。

言

人心之真偽，直見於言（行）。言之偽非只見於其欺騙之事，更先為心本身之反映。孟子所舉有四：偏頗不正（詖辭）、過分放任（淫辭）、邪僻（邪辭）與閃躲（遁辭）之辭：【一者局部而不真，二者過分而不實，三者遠去故邪偽，四者逃避故辭窮。均相對道義而有】；如是言辭姿態本身，已反顯其人之偽。言辭之偽（人之偽）故非先在欺騙，更在人自身之不正，與所欺騙內容無關。人是否有道，故無以偽裝。〔3．2〕。

自我

自我之本，在自尊心，非在自我意識（「我思」）。自我對己之肯定，一在其價值，另一在其能獨立。自我對己所恥，故一在自身之不仁（無論從何意義言），而另一在自身之卑下性。故唯為仁之自我，始不會致自我否定：仁既使自我真實，亦於無所成時（卑下時），反求諸己而已，不會怨怒他人。〔3・7〕。

人自我一般真實，或在人格之正與不正，或在其誠。自我其人格之道在正〔7・15〕；【而這往往從眼神顯見】；而人作為自身時之誠，是從面對對象言。誠之本故先在面對父母，及在是否「明乎善」而已。【「明乎善」非只單純善，而是對善有求明白之努力】。〔7・12〕。

如舜之無我（「善與人同，舍己從人」），更藉單純回歸善本身而去己去人自我。人無執着自我，此人至真實時刻，而此往往從謙下與改過見。〔3・8〕。相反，過於執着自我，縱使清高、或過放而不在乎自己，仍有未是。〔3・9〕。

志

志之所以真實、真實之志，必與利益或俸祿無關。志所以為志，在道義而絲毫與現實性無關。〔4・14〕。

人際關係

人際關係雖複雜，然主要亦一般與特殊兩方面。人與人間實無所謂優異性，故不應以所異觀人，人均與人同而已。〔8．32〕。其次是，在人與人間，一切必須以反求諸己為本。若善對人仍有所困難，仍是以求諸己為本。所謂反求於己，求正而已。於愛與禮無以行時，仍以正為本，非愛人、治人、禮人【一者如親屬關係，二者如君臣上下，而三者則指人與人一般時。三者故涵蓋一切人倫關係】便盡是。人與人關係能反求諸己而正，此人真正幸福所在。〔7．4〕。

至於態度，對人態度先在不侮、不奪上。前者恭、後者儉，即不以所有傲視於人。【如嘻笑，實仍是一種不敬而傲而已】。〔7．16〕。縱使有上下強弱差異，人受侮辱始終非由於卑下，在自身德行未足夠而已。縱使只為一般人，若有所努力，始終仍為人所尊重。〔3．4〕。始終，人怎樣對待他人，也將是他人怎樣對待自己，人與人關係之真實在此。〔8．3〕。

至於特殊道理，分述如下：

一、人與人如男女二性特殊關係，其時禮之問題，非為禁限；其授受不親，只由對對方尊重敬愛而已。對存在中一切他者、異者，相互敬重仍為禮與道，非能隨個己自我而行。〔7．17〕。

二、至於責善或教導，縱使為父子，仍不能破壞相互情感與和睦。責善前必須自身行正；而平素關係縱使親近，仍不能過於溺愛，造成責善之必需，此所以「君子遠其子」(《論語》)。〔7．18〕。

三、在無任何特殊關係(如親情、師徒、君臣)或原因，故如平素友人，人與人關係應單純建立在對人德行之敬仰，非在自身愛好或兩人投契上。〔10．3〕。

四、人與人交往，絲毫不能挾持自身之年長、富貴或地位差距。若自身為王公天子，其尊賢更應使同治天職、同食天祿，非只(如士對人)禮貌上之尊敬而已。〔10．3〕。

五、人與人交際，縱使表面，仍不能無視或忽略餽贈問題。對不義之餽贈，若其不義已為時尚普遍事實，仍可有所接受。〔10．4〕。

六、對待來自他人(在生存上)幫助，有三點：只投靠地位對等之人；接受人周濟雖無對等與否問題，但仍只接受周濟，不該接受賜予；最後，除非出自養賢之心，否則不應接受人逢養。〔10．6〕。

七、政治中上與下關係，往往亦倣效而已。於君臣或君民外顯關係中，上者不應有所突顯。縱使對方有所不是，仍無須突顯自身差異性。〔7．20〕。

八、用人，必須盡客觀。〔2．7〕。

九、在位者與賢者間之召見或招聘，其道理有二：一、若非職能上關係，縱使在位者召見，仍不見，無對地位向慕或諂媚故。二、縱使在位，若所召見乃賢者，仍只能謙下求見，不能藉權力地位以見。〔10．7〕。

十、對如君主，應忠諫，不應奉迎其權勢地位或為己求益。〔10．9〕。而諫格，應具有相當地位，此權力中關係之道。〔7．20〕。

十一、對待至高者，如歷史中賢德或一切可崇尚者，其道亦「友」而已。「友」實亦知人而已。【賢善有多種，屬不同層次：有一鄉之賢、有一國之賢、有天下之賢、更有歷史上之賢，後者至高】。〔10．8〕。

知與思

心對以下四者均能有所反省而有知：應然與不應然、是與非、行為之進退、自身之能與不能。【是非之心作為心四端之一，所言知，即以上四者】。

有關應然不應然，最根本者為對利益是否應該之知，人均有如此之知，而此與道德無關。對利益是否應該之知，乃是非心首先體現；是非心非先從德行言，從利益是否應該言而已。〔4．3〕。

有關是與非，人均知其所應承擔責任，及其未盡責任時之不是。之所以似不知，只不知自己能作甚麼、能怎樣行而已。因而人不承認錯誤，實非因不知，不承認而偽而已。〔4．4〕。於行為進退，人實知一切行為之意圖與後果，沒有因不知（意圖後果）而妄抉擇者。〔4．5〕。至於能力，人既知一己能力，亦可因處境而知不能。〔4．6〕。

若非關乎一己，對象之知其首先重要者，在「知類」，即知事情其類之輕重先後、知甚麼為重要、甚麼不重要。「知類」為知之首要，其最重要者，先在知自己心之是否如人，非自己其他方面是否如人。此知首先重要者。〔11．12〕。

人類思惟，實為求達成其所欲而已。人所最愛本應為一己之身，若連此亦不知反省，其思實偽。思是否真實，故先在反身於己、非在對象上。〔11．13〕。

至於事物或事情之知，先在是否能辨別其大小重要不重要而已。人抉擇是否正確，全視乎其是否知事情之大體小體而已。只知對小者選擇，已害（失）其大體了。〔11．14〕。

最後，於人自身，人之大小取決於是否能思。人由思始不蔽，若只耳目之官而不思（思：心之官），雖所對為同一事物，仍無以知大小差異。耳目之官往往為「物交物」而遠去；唯思知止，不為物引而能獨立（判斷），不為物蔽。【換言之，思應有真實，在不為事物所蔽；否則，已非真實之思】。

〔11・15〕。

知人

對人真實之知，有三層次：一為對人一般所是之知，二為對人作為個體獨特之知，而三為對人其歷史價值之知。一其所是，二其獨特，而三為其在人類中之價值或意義。對人真實之知，亦此三面而已。

有關人一般所是，非在其成就或表面作為，更在其心志。

知人其所以獨特不易，人故多只以「姑舍是」回應。知人其所以獨特，不應只在這一面、那一面之比較上，而應確切其人全部真實，如知孔子之「可以仕則仕，可以止則止，可以久則久，可以速則速」。

最後，對人其歷史價值之知，非只知其人，更是對歷史價值本身之知。〔3・2〕。

君子品格

君子之道見於〈滕文公下〉，主要亦五個方面而已：君子之作為君子（直道〔6・1〕與禮〔6・

2〕)、其生存（君子之為事〔6．3〕與食養問題〔6．4〕)、其作為（君子作為之時〔6．5〕與地〔6．6〕)、其品格、及君子與道之關係（君子對道之向往與言論〔6．9〕，及其不盲目於道義〔6．10〕)。

本條目主要討論君子之品格，至於君子之作為君子等等，請參閱「真實性」、「為仕」、與「道」等各條。

君子之品格，主要亦不虛偽及果敏二者而已。二者已足以使人真實。有關不虛偽，如君召，若非有確切事務職責，是不會往見，一因地位之差距無以言交往，二因地位有所差距之對待，已含諂媚或羞慚之必然，非能平心對待；真實之人不會樂見自身如是虛偽，故不會置己於如此情況。〔6．7〕。

至於果敏，真實之人行事立即：既以義為急務、亦敏於事而不拖延、更立即改過。〔6．8〕。

為仕（事）

縱使人有生存現實，然求為仕者仍應單純依據道義而非利益而為，此所以真正為仕者困難不易。〔6．3〕。君子之是否接受（接受他人之養或接受天下），均只在是否為道而已。如是為仕者，縱使無功及無現實所得，然仍無不能泰然自若、亦無須因所得而羞愧。雖然如此，人是否得食，仍不應由其志而取決；縱使志於道者，仍應得其食。〔6．4〕。

除道義外，事情之為與不為仍有其他考慮可能，如分位職責、或他人怎樣期盼等等；為與不為故非只純由事決定而已。〔8．31〕。

事能致真實，必有能者帶導（指導）未能者。有能者故不應放棄教導未能者，否則事情無以真實。〔8．7〕。

「事」之大者有二：事親與守身（不妄為），此每人生命之內在事。而事人，須關注其志與感受，非只養口而已。〔7．19〕。

若從承輔言，若非有所真實，如為政者只言殺（只知負面地作為），是無須輔助或有所作為的。〔8．4〕。

人多不辨事之虛假真實，只以一己之事為重要。對如「非禮之禮，非義之義」等虛假事，大人故不為。【孟子所以不從仁而只從禮義言，因仁其反面為不仁，明顯不是，非如禮與義仍有假象可能】。〔8．6〕。

最後，若為事單純由於現實生計，那只應「辭尊居卑，辭富居貧」而已。〔10．5〕。

學問與傳承學習

學問之道在深與博。深非求為困難，為真有所得而已。學問能有所得，始於生命能安並能靈活運用。【安故為人與事情基本關係，連學問也須如此】。〔8．14〕。學問之博亦非求多，為能簡約核要而已。能簡約核要，學問始通透扎實。〔8．15〕。

有關傳承（對道之繼承），有以下三種可能：一、既積極亦主動自發如周公，藉思之努力與行之急不及待獨立求索。〔8．20〕。二、道亦可從經書繼承。雖非倣效其內容或文體，然仍可從「義」有進一步推演，如孔子繼《詩》後而有《春秋》。〔8．21〕。三、繼承甚至可只隨同代者學習，如孟子私淑其時代之君子。【此亦見代代傳承所有之影響力】。〔8．22〕。

此外，對學問之抉擇甚至對現實之求取，其原則仍為義之真實性與必須性而已。故對可以不取者（因而實無必須性者），其取必致害。〔8．23〕。至於所傳之人，須有人格之端正在，不應只求為術而傳承。〔8．24〕。二者為學問傳承之條件限制。

人之大（偉大）

人之大，非從左右（操控影響）他人言，從能否順承正道而已。順從本身為難事，真正偉大者，故由能順從人類人性之大而為大，非從對立人時之強大以為大。〔6・2〕。

人之虛假

人之虛假，可歸納為以下五種形態：

一、由表面而偽：如毀、譽，大多無其真實。然在人類現實中，真偽往往只體現為譽毀，此人類所以對毀譽重視，亦見人類對真偽看法之表面。此人類虛假性之首先。〔7・21〕。

二、偽亦可見於言之隨便：或輕易地說、或輕易地改變，如此無責任感之心，為人常有虛偽。〔7・22〕。

三、偽亦可見於駕馭或超越他人時好強之欲。縱使非明為爭鬥，仍有「好為人師」之偽。〔7・23〕。

四、人與人間縱使無能駕馭，如弟子對師，仍可有不誠之偽。〔7・24〕。

五、最後，人之現實心為虛假性最後一形態。現實只使真實價值喪失，心再無道義向往，一切只利益而已。孟子所舉例，是至連學古道者仍求為現實；如此虛偽，至為徒然。〔7・25〕。

三、道本身：

道

人類作為只二：或有道、或無道（作亂）。人類存在之惡，可總歸為四類：或為自然災害、或為上位者統治之惡、或為社會上層階級之禍亂、或為思想言論（邪說）對人心之扭曲。惡多順承着善之領域發生，如先有堯舜始後有桀紂、先有湯武討伐始後有臣弒君子弒父、先有正道之出始後有邪說之橫行……；惡多順承着善（之形態）而起，非自創為。而道之致力，故或在善治（百姓生活安定）、或在橫行惡暴之去除、或在經書道理之教化、或在對邪說淫辭之辯正。〔6・9〕。

有關道之討論，主要見於〈滕文公上〉，而這有三方面：一、道之本體；二、從人類存在言道；三、從思想想法或價值觀言道（思想對道之立論）。三者簡述如下：

一、道之本體：作為人之道，道故非任何個人看法，而應為人人可直見。從內涵言，道亦仁善之道而已，其一切均不離此。道因以上兩點而唯一，亦無從可疑。如哲學中「我思」雖亦不可疑（自明），然未能為道，此西方真理與道之差異。〔5・1〕。又：道之所以根本，一在其對存在各方面之涵蓋，二則為其人性仁之善，二者使道根本。存在故非能以上位權力或其他思想真理為本。無論人類思想與技藝多高明，故仍必須以（先王之）道為本。〔7・1〕。

二、存在實亦人與存活兩面而已，故道一在禮〔5・2〕，一在養民〔5・3〕。

三、至於作為思想觀法，道因涵蓋一切（天地萬物）而似最是道，然因萬物非一，道作為觀法故似多樣，難於一致統一，此所以有種種思想主張不同之可能。【以道因善而唯一，只是道作為道之先決條件，否則道與無道無以分別。然作為萬物本體，道因具體觀法差異而可分歧，非因為善而唯一】。然思想對道立論，非儒學或孟子所肯定：萬物與存在均無限地差異而非統一單一，故不應為了統攝萬物與存在，對道思辨地立論。於言事物存在時，道應隨事物之差異而差異，非求絕對。亦由差異性（對價值差異之肯定），明白各事物獨立所是，非磨平一切、或只求一切平等、甚或只求量化【只以大小多少為道】一切而絕對。〔5・4〕。

偏離道之姿態有四：偏而片面（詖）、過分不實（淫）、離道他立（邪）、迴避（遠去）道義（遁）。道不應有任何現實理由作為推託之辭，絲毫推託已偽。若偽而未見為偽，只我們自己亦無道而已。〔3・2〕。

存在非以大者（如世界或天下國家）為本，以小者（如個己之身）為本而已。無論多大層級，均以其中小者為本而已，故天下之本在國、國之本在家、家之本在身。〔7・5〕。

道純在人倫之近與易，不應從遠難處覓。道之本在人倫，在「人人親其親，長其長，而天下平」。〔7．11〕。

有關道之致力，應切實而不應過於執着，應能變通並順應眼前事實，非盲目地信仰、更不應因守道而致害。〔6．10〕。

從為政言，道繫乎是否對賢者（賢能之巨室）敬而重視而已。〔7．6〕。

養民之道

養民之道有三方面：一為經濟、二為教育、三為政制。

經濟有三原則：一、一切應以人民為優先，非以政府或國家需要為先。二、人民應擁有其自身生存條件，故不應助長壟斷或只求財富擁有之自由，更應保證人人能獨立生存、能獨立努力，此始為真正公私所在。三、養民非等同致富。致富只為財力之集結，所形成為不平等（貧富差距），亦經濟上對立與求利益。〔5．3〕。又：養之本在「善養老」而已。〔7．13〕。

教育有三原則：一、養；二、教；三、比試。教育內容則以人倫教養為本。〔5．3〕。

政制有四方面：一、政制必須平等、分明而無偽。二、對不同階層，應有不同考量，盡能照顧一切。三、使生活能共存而親近和睦，至真正安定地步。四、使國家與人民達成一心一體。〔5．3〕。

有關所得，有三點：一、功（所得）多者應分與功少者，使功少之職能得以繼續，不因功少而消滅。如商人所得應分與農民或仕人，使人人所得均等。二、不應以功衡量事之價值。縱使單純有德行而無功之人，仍應視如有功那樣，得其所養。三、現實與非現實職能，所受尊重應同一，所得亦同一，非因不能現實而為人摒棄。故不應以現實功勞摒棄單純致力（如精神）價值者。〔6．4〕。至於待遇問題，亦有三點：一、人人能生存（分配問題）較國家經濟發展更為根本，因而分配應國家整體地執行，俸祿為一公有制度，無私下個人過分之積累。二、社會仍有等級，人仍有努力上進之可能。三、國家最低限度俸祿，以能養活一家五口為準。〔10．2〕。

人類存在終極

有關人類存在終極，主要見於〈離婁上〉篇末。此主要有三點：

一、人類從延續言永恆、以個體生命承續人類生命；此所以孝以「無後為大」，亦孝所有終極意義，從繼承言故。〔7．26〕。

二、若從終極言德行，仁義禮智樂五者於存在已達致至善時，也將只是「事親」與「從兄」如此平常事而已，再無其他。此時之禮與智，也只「節文斯二者」及「知斯二者」而已。而樂，因惡已終結，故只落為個人之手舞足蹈、個人自己之悅樂，再無需從教化言。此德行之終極體現。〔7．27〕。

三、至於為政或至高者，於終極時、即於天下再無事而達至天下平如此狀態時，也只應如舜那樣，不以天下為己所有，如平凡百姓無我地唯事親而已。人類存在至高終極，故不應在任何超越性之向往上，唯在人倫本身事而已，連王者之為政亦只如此：從感化至親之惡，致感化天下人之惡，此存在終極所在。〔7．28〕。

主體性（人倫內在性）與客體君主性

中國言主體，再非如西方相對客體（世界或他人）言，而孟子甚至非從個體自身獨體言。若仍相對外在，這樣主體仍只有待而已，非真正主體。孟子所言主體，非但與外在無關，如舜非因貴為君主而為主體，而是由向慕父母之心而為主體，其主體純然在自身人性、在對父母情感之主動上，非受動於對象（如「慕少艾」、「慕妻子」、「慕君」）、亦非從個體自身言，故純然人性，如孔子「我欲仁斯仁至矣」那樣。此人最高主體性所在。〔9．1〕。

縱使面向外在，主體仍可純然人性，單純主於道，如舜不告而娶，非受限於世俗習慣與社會規範，唯依人倫之道獨立而行而已。縱使為外來創傷或欺騙，仍可主體地回應，無視對方善惡，純憑己心（人倫與道之心）而行。〔9．2〕。

若對象更為客體，如舜於面對天下，仍可單純以人倫與道之心而行，如舜對象（象：舜弟）既如私地親愛、亦制限不使之對人有害。〔9．3〕。

若確然從君主分位言時，舜仍可只以臣姿態對堯、以子姿態對瞽瞍；換言之，無視其為君之客體性，純以人倫之主體為先。人倫主體性之道，始終優先於客體君主之道。於此可見，在主體與客體交接中，既不應以客體為主體（如以權力鞏固家族）、亦不應因客體而否定（犧牲）主體內在性，兩者必須分別而論。君主性故非至高而絕對，人倫人性主體始是。然人倫主體性又非能駕馭客體，以天下為私。此主體與客體性應有之道。〔9．4〕。

最後，若所對為命之超越性，人能怎樣仍為主體？此有三：一如伊尹、二如孔子、而三如百里奚。一、伊尹之主體在仁：既無視自身現實之命、亦無受利物所誘，純由仁而行，此其主體性所在。〔9．7〕。二、縱使在困阨中，孔子仍沒有依靠勢力之人，其進也以禮、其退也以義；孔子之主體故始終在禮義間，無視命運遭遇而行止。〔9．8〕。三　百里奚之主體在智；智非如一般聰明知識，而只為對是非善惡之分辨。其智雖與德行無關，然仍使其行止獨立，不失自身自主性，此智之主體性所在。〔9．9〕。

面對世界客體性之道

相反於作為主體，人亦有單純作為客體時之道。所謂客體，非對向主體言，而是如為客般棲身於種種存在關係中：或是世界、或是一己生存、或是人與人關係、甚或是對向至高者。這客體狀態，既主動亦被動。這樣道理，主要見於〈萬章下〉。在這條目中，我們主要討論面向存在時，客體之四種主要姿態，客體性其他方面，請參考「人際關係」一條目。

人面對世界存在之四種客體姿態如下：一、仍帶有自我般主體獨立姿態，如伯夷之清。二、以承擔對方姿態存在（承托之心懷），如伊尹。三、不在乎一己、亦不在乎對方，因而達致和睦相處者，如柳下惠。四、單純視乎（對方之）真實性而行止，絲毫無一己之姿：既無自我、亦非純然承擔、更不只是不在乎；此孔子之無我。對孔子言，重要的只事是否能真實地行而已，連一己德行都非首先關注而堅持者。以上四種姿態，一與三重視感受，二與四重視作為；又前者在自我（一與二），後者在無我（三與四）。以上為客體於存在中四種姿態。〔10・1〕。

超越性：天與命

超越性在西方均為人類所造（如神靈），然超越性在中國均非人可造，主要亦二而已：對向人類之「天」，及對向個體時之「命」。

由天之超越性可見以下道理：一、人間之超越性無論多高（如君主），都非終極地至上，故都無能以個人支配天下。二、在人類一切作為中，必有其不能自主決定之一面。人所能唯行而已，非能決定所得或成敗。三、天雖超越，然非遠離人性言，更非對立人性而為超越。天最終也即人民百姓心之感受，甚至非人民主觀意欲、非其所意欲。天作為超越者故非個體、非個體意志或權力力量。四、天之客觀性，只由真實平治顯示，與絲毫人之主觀意志無關、亦未必與人民意志有關。五、若從制約言，天只制約君主，非對立人類或人民。〔9・5〕。

有關「命」之道理如下：一、單純德行與賢能，不足以有天下或有所得。二、得與不得應從真實成就解，非從得位或擁有解。三、德行雖非必有成，然始終是真實成就之唯一因素；成就只由德行，單純位實仍無以成。四、人成就大小、其偉大性，最終都視乎其德行之真實而已。

得位與否若有其命，德行亦有其命；如孔子，雖生時不得位而無成，然於歷史，其成就實在堯舜之上。從最終言，成就故只繫於德行，與位無關。〔9．6〕。

人性

人作為人之本，其具體，在人倫而已。人性以人倫之具體為本，此所以人以聖者為典範，因聖者，實人倫之至而已：為君、為臣、為人時之至而已。〔7．2〕。言人性故須注意，非因人性一便無所差異，仍須依據人倫差異性以言。道雖一，仍依據各是其所是而為道。人性故非只求為人人之相同對待，更應順承心感受於人倫中之差異而差異，如此始為真正人性。故非「比而同之」之「一」，而是各有其本（「一本」）之「一」。人性之共同，故從人倫差異立，非磨滅差異性而無分別地言共同。〔5．5〕。

人性問題為孟子思想核心，亦集中見於〈告子上〉。在對此篇總結前，有關人性或性善論，須首先明白五點：一、性非如本能地決定人一切行為；有善有惡已顯示人之抉擇本自由。性善性惡只單就人性（人之作為人）言，非就人之作為生物或作為自我言。二、因善與惡均同見於現象，對「性」之說明，只能援用其他更根本現象或事實，不能單就現實立論；康德故用野蠻人、孔子以性之相近與下愚事實、而孟子則以心四端之原初性說明。三、人本有善惡事實，更稱為性善性惡，其背後必另有用心或意義在。而此在：天地萬物其存在之善究竟怎樣？具有與人性一致之素質、抑背反人性素質？人作為人能於天地中怎樣作為？依於自身人性、抑只能另立其他善？存在應以人為本、抑以其他存有者為本？以人性為價值、抑以其他價值為終極？這始是人性善惡問題所在。四、稱為善惡，已假設覺識心（事後）之反省；能有這樣覺識，已顯人性本然知善惡，否則無以有如此覺識可能。五、善惡二者作為價值之不平衡（善惡之單向性：喜好善而厭惡惡）已表示：其一為本、另一非本。人雖能由善變惡，然作為價值，惡明顯非根本；人所有惡，故必須另作解釋，其善可無須解釋，善為本、為人性故。

那麼，孟子對性善之討論分章如下：

一、人性本善之說明：仁義因本於人性，【人作為人性之心，實即仁而已。仁故是心其人性時】，故為最終價值（根本價值），亦人首先所應致力者。若以其他價值為本然，只戕賊人類並禍害仁義而已；已非切望人類能致善了。（11．1）。

二、反駁一：人無一定本性。對這無一定，回答是：人之作為雖可有相反兩面，但相反兩面可只為順性與逆性兩面而已，無法以此證明無一定本性。況且，善惡作為價值雖相反，但非（如東南西北之）無一定：人對善惡之強烈差異感受，已顯其本性向往一者拒斥另一者。由向往與拒斥，可見一者為性，另一者非是。（11．2）。

三、反駁二：人若有本性，也只生物本能而已，非如仁義之德性與自覺性。換言之，仁義只如本能，非價值或德性自覺，更非德行之事，故不能以此為人性本善。對此之回答是：物品之同一稱謂，不能表示其為事物確然同一。動物之「性」（本能）與人之「性」稱謂雖一，然二者正因為各自之本性，故實不同。「性」一詞因指認事物本然差異性，故無法從作為同一稱謂而以人之「性」亦只「本能」而已：人非禽獸故。若禽獸間本能本已有差異，那人作為人之本性不更是與禽獸本能有所差異？（11．3）。

四、反駁三：若仁義為事實，那仁也只是主觀好惡，義也只是對外來反應，均非內在德性。換言之，縱使人有（屬人之）本性、縱使人本性關連於仁義，然仁義是否必然為德行自覺、抑只為外在反應或主觀之事，如食、色之性那樣？【食色所指非只生理之事，而是人在食色上更有之主觀欲求：對食求甘美、對色求悅樂；二者均人自覺向往之事。換言之，仁義縱使為自覺，仍未必與德行有關；人性所有自覺差異，仍可只人主觀事，與德行無關】。回答：事實上，縱使只為（主觀之）嗜燒肉，其好吃不好吃仍有客觀性在，非單純主觀之認定。故不能以為，愛好只純然主觀。若嗜肉如此，仁義更是如此。一切內在感受必有外在必然性在；同樣，一切外來必然性必亦有人其內在性在；這為內外間之真實者，正人性所在。〔11．4〕。

五、反駁四：人若有內在性，其內在性只是對外在之一種反應，內在非內在於人心者。如是內在性，仍未足為仁義之根據。回答：表面上，人確依據外在情況而反應，但正因外在情況無數多種，甚至往往顛倒對反，故對如此多種情況之最終決定，實仍由人心內在而已。人心之內在性始終為原則，非外在情況能有所決定。況且，從反應之只是一時抑長久，明見外在與內在之差別。〔11．5〕。

六、反駁五：人若有內在性(本性)，也只能體現在個體身上，非人類共同本性，故「性可以為善、可以為不善」，或「有性善、有性不善」。回答：正因現實所見有種種說法或事實可能，故有關性善問題，本不應只從理論切入；若真有對人類其善之關懷、而又知人類何以為惡，那更應致力於使人善，非對人之惡立論而已。若人類之善可由上位執政者所引導，那問題只是為與不為而已，非人性之是與不是。從整體言，人民百姓只受動，非性本惡。個體雖自主其自身善惡，然由其自主性，反明見善惡於人之能獨立，非只由外在所決定。其不善，故不能歸咎於性本身。對人類所切望之善，實已是性善，善再無其他義。作為結論，人性問題本非理論問題，有所爭論只不明人性所指而已，否則，是應見無論善惡，其背後所本仍為人性；而人之惡，實求為人性而不得時之反應態度而已。〔11．6〕。

七、對人性之養與喪失問題。人性敗壞之原因有三：一因富而有賴（過於依賴與懶惰），未能有所承擔與志向；二由凶歲而暴；【二者使人心喪失與陷溺】；三過於強調自我性格，不見人性之共同；而此，縱使口味聲色，於人實仍一致，心於理義故更是。對人性教養，故更應從其共同處，非只強調個體性格而已。〔11．7〕。

八、至於人性之養，有二：一、非以更多文明制造，而應盡保留自然真實，【本性屬此】，不為文明扭曲。二、人心由止息安定而致；外來事物，故應如雨露之潤，如平旦之氣，溫和漸進，非求為好惡利欲。靜養始使人性生生。一切最終故視乎人對人心之態度：若對心不在乎，只使其亡而已。〔11．8〕。此外，養亦必須專注地行，不能一曝十寒。志之專一，是成事之基本。〔11．9〕。

九、人性與現實之總結：仁義之本性與生存現實，二者實都為人所欲有；若能兼得，是人人同必肯定者。如是可見，仁義縱使非源於現實生存而仍為人所欲見，明示其為本性所在，唯與現實欲求衝突時始為人所棄。問題故在兼得，非在仁義是否為本性上。從人往往會捨生取義、甚或不顧性命（不顧現實禍患）而行，更已說明，人本不必然只求為存活而已。那能超乎死生之患者，正為真正價值所在。只求存活之心，亦心無所價值而已。能不計較死生，如是價值，始人性價值。人確會偶爾喪失其人性，然這不同於從來沒有，人始終懷着人性本性以生存，非為存活而已。若因極富之求而喪失人性，這樣心懷，只求為卑下者之奉迎諂媚而已，還能有更大意義？〔11．10〕。

十、最後，有關對人性之求索（知與思），也只在求其放心而已。人之真實，一在人性本心之仁，【人作為人性之心，實即仁而已。仁故是心其人性時】，另一在行事時之義。人一切學問，終亦在求其放心而已。〔11．11〕。

德行（仁）

一切德行（如仁義禮智），因為人性之事，故均本於人心，此德行於心之四端。〔3．6〕。道之作為若仍須視乎時勢，德行則不然。德行非即作為，而是在行作或無作中所透顯之樣態。如不能有所作為時，顏淵隱而居陋巷，此其德行。德行故為怎樣作為，非作為本身。一切作為故仍有德行與無德之分別在。〔8．29〕。

有關仁之實行，孟子之論述分五點：一、仁始為天爵，為最高價值。然人所求，只人爵地位而已。縱使似有對德行求得，仍只為地位本身，此德行於人類中之偽。〔11・16〕。二、人所以尊貴在其仁義，而此直為人自身本有。人捨其本然尊貴，反求外於人時之富貴地位，此其所以蒙昧。〔11・17〕。三、仁之效用，仍有大小差異，故不能以仁之小者未足成大事辯說仁之無用。其為小而已，非無能成就。〔11・18〕。四、縱使為仁，仍有真實不真實之別。【孟子以熟不熟比喻】。若仁未能有所成就，多在其未盡真實而已，非其真實時未能。〔11・19〕。五、如一切事情必有其客觀真實，為仁也必須求其客觀真實；如事情之規矩那樣，非能隨意任意地行。若事有其客觀規矩，仁更是。〔11・20〕。

善

有關善，孟子之論述主要有四點：一、善不能只為姿態、不能以善折服人，而必須對人真實有所善。〔8・16〕。二、善非能只是眼前及表面，必須長遠地真實。行表面一時之善，只「蔽賢者」而已。〔8・17〕。三、善須從根本言，若只是末端一時，如此善非真實。〔8・18〕。四、善最終亦德行而已，非其他。縱使為思想能力，仍未必與禽獸異。而德行或善，只落於事情中，非以為有德行本身，故舜「由仁義行，非行仁義也」。〔8・19〕。

禮

禮之根據有四：一、禮本於人性而正面，非如法本於物事利害而負面。二、禮所以必然，因人性有自下而上之倣效。三、禮所以客觀，因非順承人意欲，【縱使意欲為人人共通共同仍然】，而只以人性為依歸。人性其客觀性，始終為人人所悅而樂見。四、從終極言，禮在自盡（盡一切所能）與自誠而已；盡與誠，二者無所條件。〔5・2〕。

和睦與對立

和睦（人和）為存在中最大力量，甚至非天時、地利可及。人和之為力量，由去一切力量而致。相反於和睦時之對立，實由上位者始形成。人非由禍害而行使權力，單純求為自身利益及更大權力而已。禁限故為對立首先模態。對立之心，故實由上而下，非源於人民或人性本身。〔4・1〕。

敬

敬之真實有三：一、敬非建立在地位之高下，心真實對人尊敬，無以從地位高下言。二、對人敬，必先對人盡忠。不敢得罪權力之敬，亦偽而已。三、德行或年長實較地位為重，不應只以地位為敬。（4·2）。

真實性（含作為之真實性）

真實性雖非獨孟子所有問題，然《孟子》書對此問題仍多所討論，除〈滕文公下〉及〈離婁上〉外，主要見於〈離婁下〉。真實性一問題與作為直接有關，人是否真實，先從其作為顯故。

有關「作為」，其真實性有三：一、作為之目的應在善。人不應以善為無能實現而不真實，善實較力量更為客觀故。二、一切作為之發生，應有時機或情況之客觀性，非能單純由人主觀意欲，此作為應有真實。三、作為不應因為真實便為所欲為，其執行或過程（方法）應有所限制。對真實作為者言，縱使未能成功，心仍無所畏，其作為真實故。（6·5）。

除「作為」本身之真實性外，其與環境間關係亦須真實：一、作為只由配合環境始能真實。相反的環境，使作為無以成就。二、作為亦必須藉着他人協助始能成就，單靠個人力量，作為難以真實。三、不能達成之作為非必不真實，亦可只為環境違逆而已。〔6．6〕。

若從人自身而非從作為言，人真實性首先在是否志於道、及是否不盲目於道義而已。〔6．9〕。其次是，人一切作為應以仁為本。仁為一切作為成敗之本。縱使竭盡一切智力，若不仁，真實仍無以能達成。〔7．3〕。故縱使於事人，仍先以致其德行為本，非助長其無道。協助人使其更有德行，這始是事人之真實。〔7．14〕。最後，若從一般人言，形成人之真實，在直而已。人不直，無以能致真實。而直，無論直從道抑直從事，都從對反利益言而已。利對事情之考量，從來非真實故。〔6．1〕。

〈離婁下〉對真實性以下列各點總結：一、真理應於人人為一致，無例外或偶然差異。縱使相隔千萬里、相遠千萬歲而無以通達，然真實仍一致相同，非因時地而異，此真理為真理之判準。並非相同的（如一時一地之共同）必為真，唯於事情客觀前，人人心志之相同始為真。〔8．1〕。二、真實不能只是表面之取悅或施惠（表面之善），而是針對事情真實之作為。表面之善無以真實地解決其事。〔8．2〕。三、如君真實地仁，百姓亦莫不因此而仁，此為君之真實，亦人作為人之真實。絲毫為上位者而偽，此亦人（百姓）無能為真實之原因。真偽於人類，上下一體。〔8．5〕。四、真實作為者，必有所不為而後真。〔8．8〕。五、真實只見於善意，絲毫惡意必然偽。〔8・9〕。六、真實作為必有所節制約束。〔8・10〕。七、真實作為仍先以事情之迫切性為先，非盲目守約而能。〔8・11〕。八、作為若真實，應如赤子般無功利現實之念。〔8・12〕。九、能擔當大事而真實者，必不畏死。〔8・13〕。

事物之價值或好壞

事物之價值好壞，先視乎人怎樣運用，非作為價值自身而最終決定。如俗樂雖為俗樂，若能「與百姓同樂」，這仍可有莫大意義，非必雅正始為意義。事物之本始終在與人一體分享，非在個己擁有或獨有。甚至，如古樂，其本也只在人與人一體和睦而已。故能如此，已是雅正，非另有所謂雅正。因而，若單純為個人所好，仍唯在能致和睦始為美。美應如此言（如「里仁為美」），非作為個人所好而言。此事物價值或個人所好應有之道。〔2・1〕。

事物之意義

人類存在非能止於一己之主觀，必亦有他人、物事、甚至存在整體更客觀而真實之處境或意義在。事情之主觀性，應回歸存在客觀需要之真實性以定奪。若如是，本似主觀負面之事（如好貨、好色），仍可有其正面意義。〔2・5〕。

對錯

事情之正除從「本」言外（見〈離婁上〉），其對錯，仍可分以下三方面：一、事情非必因其自身而為對錯，如遊觀或遊樂一事之是否對錯，仍有視乎情況（如因事而遊）及程度（如非勞民傷財而有節度）而定奪。相反，縱使本身非不是，仍可於實行時有所不是。此「度」之意義。〔2・4〕。二、事情之對錯，除客觀事實外，仍須視乎主觀理由或原因，如不能孝與不欲孝仍有很大差距，非同一事。對錯故仍須考慮心意事實，非單從客觀事實而觀。〔8・30〕。三、於事情發生時，人只會分辨其事理上之是與非，不知更反省自身仁與禮之是否對錯，以為事只止於事、止於理，不知更有自身心之反省，此始為更重要。是非非只在理，更在人與心。〔8・28〕。

公元二零一七年四月十八日

《孟子》章義

〈梁惠王上〉〔論現實之最高範疇〕

〔1〕利非必然；利之相互對立只更致生存於違逆與敗壞，反有違「利」原初目的。仁義之道始是。【利本然主觀故而虛假，唯仁始客觀而真實；從真實需要，非從主觀之利欲言】。

〔2〕一、樂（快樂）非由於物，更先由於心況本身，甚至更由於人之賢善始有。二、樂不應先行，應居後、在道義後始應有。三、快樂為共享、非私下個人之事。四、最大樂，在見人快樂而樂。

〔3〕論正面與負面性：戰只破壞，無能正面而立。道應純然正面，絲毫不能以為負負得正、或僅「五十步笑百步」。作為若非純然正面（如養民），亦假象而已。

〔4〕一、政制之治，所關心只物而已，非人。二、一切有關人之構想，雖本虛構，然日後必成真實。以人可能為惡，惡人終必為事實。三、道怎樣便應怎樣為，不能以理由而違道。

〔5〕強之負面性、一切負面力量，無以為絕對（無以不敗）。力量應純然正面而用，如此始無所對

立〔而絕對〕。強從得人、非從對立人言。

〔6〕所以能為至高者，非由自身之高，而是由他人願居其下、願歸順而為至高；而此，先由能如「水之就下」那樣居下而已。

〔7〕一、心非只是〔被動之〕感動感受，更可主動。被動之心仍可只假象，唯主動之心始必然真實。二、心之本雖在有所不忍上，然這樣之心仍可有私而偽，故王者之心更應在推度、在心之擴充上，此心之真正與真實。三、心感受雖真，然因可只為個人感受、非對他人感受，故仍可偽。四、憐憫心非必推己及人、非即推度之心。五、心志與欲望之差異，一在為人、另一只為己；一對向他人之心、另一違逆他人之心。六、欲望亦可由推廣於他人而為心志。此心推度及推廣及人之所以重要。七、人民仍可與物欲有所關連，然為士者再不應與物欲有所關連，此始為真正為士者。

〔小結：現實性可由道而解〕。

〈梁惠王下〉〔論個體之現實面相〕

〔1〕一、事物（如音樂）價值之好壞，非最終決定性，更先視乎人自身怎樣運用。如因「與百姓同樂」而好俗樂，由於「與民同樂」為更大意義，故樂非必須雅正始為真實。二、快樂之本質在與人一體（分享），非在個己擁有或獨有。三、古樂其本質也只在人與人一體和睦，非其他。能如此已為雅正，非另有所謂古樂之雅正。四、個人所好，唯在和睦中始為美；美應如此言（如「里仁為美」），非從個人所好言。故不應因個人而違人與人之和睦，此個人所好應有基本道理。

〔2〕快樂之為快樂，須建基在自由上；不自由，無論甚麼，都無以為快樂。又：禁限與矩之差異：前者從外來、後者由內。【自由不應視為「為所欲為」，應只相對被禁限言，換言之，沒有受着禁限便已是自由。相反，若從人主動所欲方面，人應有所自制約束，不應為所欲為。自由故應從人內在言，對向外在時則應有所約束：「矩」或「畜」。總原則是：禁限因純然外來故不是，矩因由內故為正；為所欲為因為外在而非，自由因止於內在而正】。

〔3〕一、「樂」與「畏」二者非由於大小強弱而有所差異，小雖必然畏大而不樂，然大實亦對小（他

者）有所畏而不樂，非以為大便必然樂。在大小強弱關係下，唯大而能仁始真有樂。樂與畏故終非由於大小而差異，由仁與不仁而異而已。二、勇只由安人而始為心安之勇，勇由致人安樂始為真正勇。

〔4〕事情非必因其自身而為對確，如遊觀（遊樂）一事，仍須視乎其情況（如因事而遊）及程度（如非勞民傷財而有節度）而定奪其對錯。本身非必不是之事，仍有待實行時具體情況以定奪。此「度」之意思。

〔5〕人存在非能止於一己主觀，亦有他人、物事、甚至人類存在更客觀真實之困境或意義在。事情內部之主觀性，應回歸人類存在客觀需要之真實定奪。如是本似主觀負面之事（如好貨、好色），仍有其正面意義之可能。

〔前五章小結：如快樂一現實事，其至真實者，為對人類天下言之安樂，如此快樂其層次最高，亦再無絲毫主觀自私之慮。關懷人類而快樂，此快樂之極致〕。

〔6〕權力或分位應從所負責任言，不負其責者，應去其權力分位。

〔7〕如用人，一切人際關係，必須盡客觀。

〔8〕地位之尊貴性，不應掩蓋人其真實所是：不應因地位無視人之惡。

〔9〕地位或權力雖尊貴，然不能無視事情客觀真實，換言之，不能以權力行事。事必須依據真實而行，非依據權力或地位而行。

〔10〕若非事物而只涉及人，如大國取小國，仍須依據小國其人民之意願，此行事之客觀性所在。

〔11〕強大並非不會招致他人或他國對立。唯能有道始無所對立。

〔12〕對立與困難處境，多由一己造成，非必由於他人。

〔13〕若處境確然無可奈何，那一、盡全力應對便是，死而後已。

〔14〕若處境確然無可奈何，那二、「強為善而已矣」，不用在乎成敗。

〔15〕若處境確然無可奈何，那三、捨棄而退讓、躲避而離去。

〔小結：無論困難或強弱差距多大，守死善道，這始終為唯一應行之道〕。

〔16〕無論多麼善之努力、無論多少力量協助，都仍可為小人扭曲，致無成而無奈，此命所在。故不應因無成而感缺憾。

〔小結：現實性由客觀真實性而可解決〕。

〈公孫丑上〉〔心面相有四：獨立真實性、受動於外在、其人性面相、及其自我面相〕

〔1〕一、心縱使在外在被動中，仍有其自身真實可能。二、人之真實只從心、非從外在成就見。三、心之真實有三：其主動仁時之真（如文王）、其知真偽不惑時之真（如孟子）、其人性感受本然之真（見於一切人、人民百姓），三者為心獨立真實所在。

〔2〕一、心能在外在前不動（不受改變），或如北宮黝由於性情（勇），或如孟施舍及曾子更由於有所反省而致，或如孟子確由真實知見（「知言」）達致。二、心之真實、或真實性本身，非只是消極地避免犯錯而真（如告子），更須積極正面之努力，如孟子「知言」與「養氣」。而這首先由志而致。三、主導人者，除心志外，亦可因氣而動志：氣可反動心本身，平素故必須養氣。四、承前，人之真實故非只從心言，亦由平素「養氣」始能真實。五、於人中，一切非先由心思主決、非只知與不知之事，更由平素身體力行決定。此平素力行之所以重要。六、人心真偽，非必與其對人欺騙有關，更可直由言（行）見。心本身之偽先見於言辭，孟子列舉四者：偏頗不正（詖辭）、過分放任（淫辭）、邪僻（邪辭）、閃躲（遁辭）。言辭亦一種行為，其態度可反映人之虛假真偽，與所言內容無關。道始終無法偽裝。故：七、偏離道之姿態

亦有四：偏而片面、過分不實、離道他立、迴避而遠去道義。道無以藉由現實理由而推託；絲毫推託本身已偽。無道而若未見為偽，只我們自己亦無道而已。八、若非如上只從辨偽言，對人真實之知，則應有三層次：一為對人一般所是之知、二為對人作為個體獨特所是之知、而三為對人其歷史價值之知。一其所是、二其獨特、而三為其於人類中之價值或意義。從道言，對人真實之知，亦以上三者而已。九、對人所是之知，非在其成就或表面作為，更在其心志。十、對人獨特性之知實困難，故一般只以「姑舍是」回應。知人其所以獨特，不應只是這一面、那一面之比較，而應切中其人全部真實，如知孔子之「可以仕則仕，可以止則止，可以久則久，可以速則速」。最後，十一、對人其歷史價值之知，非只知人，更應知歷史中價值之真實。

〔3〕一、心雖內在，然仍可為外在他者所深入，如心悅誠服或被侮辱時那樣。二、力量始終有待，德行始無待。三、力量仍須假仁義之名，無法單純以力量之名行事，此見力量之非道甚至無道。四、對力量屈服，只因無力而已；若同等有力，不會有屈服之假象。

〔4〕侮辱非由於卑下無力量，由自身德行未足夠而已。一般人所以為人輕視，因無所努力；若有，始終仍為人所尊重。

〔5〕一、心之喜悅非必只為個人欲望，更有其人性一面；非只在人倫，更可在生活中基本期盼。二、縱使為生活所得，然人民於此所喜悅，更先為國家統治者之善道，此所以如此喜悅多為人性。

〔6〕一、人之傷痛亦有其人性一面，如「人皆有不忍人之心」時之惻隱心。二、王者之為王者非在其他，先在「不忍人之心」而已。三、惻隱心非憐憫心，後者只相對痛楚、而前者則因對方為人。人非因懼怕痛苦而惻隱，因對方為人而已。四、人心靈三方面：感受、知性、意志，均有其人性一面。一在惻隱（與喜悅）、二在是非、而三在羞惡與辭讓（羞惡從欲望言，辭讓則從對自身之約束言）。五、一切德行（如仁義禮智之自體），因為人性之事，故均本於人心其人性，此即四端之心。

〔7〕自我之本在自尊心，非在自我意識（「我思」）。自我對自身之肯定，一在其有所價值、另一在其獨立性。自我（對己）之所恥，因而一在自身之不仁（無論從何意義言）、另一則在自身之卑下性。故唯為仁之自我，始再無自我否定。仁唯一地使自我真實；縱使無成，仍只會求諸己、不會怨怒他人。

〔8〕人無自我而真實，從謙虛與改過見。如此自我至為真實。舜所以無我，由去己與去人之自

我、單純從善而致無我（「善與人同，舍己從人」）。

〔9〕過於執着（自我之）清高，仍只自我之偽。同樣，過於不在乎自己而似無我，實仍只自我之偽。

〈公孫丑下〉〔心次要方面有四：一般人心之真實、心之知、心與欲望（私心）、內心〕

〔1〕一、人和（和睦）為存在中至大力量，甚至非天時、地利可及。二、人和因去一切力量而為一種力量。三、對立實由上位者形成。如權力行使所以有所對立，實非因有所禍害，往往單純為自身權力與利益之膨脹而已；如此形成之禁限，為「對立」首先模態。四、人與人對立之心，故實自上而下，非源於人民或人性。

〔2〕一、真實尊敬、敬重，非建立在地位之高下；心若真實對人尊敬，無以從地位高下言。二、對人真實有所敬，必先對人忠實（直對向其人內在）。若敬只因不敢得罪權勢，如此敬，亦偽而已。三、若從外在關係言，德行甚至年歲仍較地位為重，不應只以地位始為有所尊敬。

〔3〕心之知有四：一、知應然不應然；二、對是與非有所反省；三、知行為進退；四、知自身之能與未能。【是非之心作為心四端之一，所言知，即以上四者】。縱使撇開道德問題，人對利益

之應然不應然都實本有所知。利益心之知，實是非心最根本體現；是非心非先從德行本身言，從利益言而已。

〔4〕一、從客觀方面言，人都知是與非。人似對是非不知，只不知自己能作甚麼、應怎樣行而已；若知，人應知其所應承擔者，換言之，知其未盡責任時之不是。二、人不承認錯誤，非因不知為錯誤，不承認而偽而已。

〔5〕人對自身行為，都知後果與意圖，沒有不知意圖後果而抉擇者。

〔6〕人雖知一己能力，然仍可因處境而知不能。有關能力之知，既相關能力、亦相關處境。

〔7〕非不可有私心，唯私心仍有其正之可能，如人倫親情之私心便是，但仍須無致害他人。

〔8〕私心之過有二：一、以公共事物視為己有（以公為私）；二、縱使沒有據為己有，執行若不正當，仍可因為私意而有私心之虞。想法上之私仍為私。

〔9〕縱使私心為過，能改過仍光明無私。

〔10〕私心之大惡在壟斷，此亦為人類最大惡。壟斷有二：一、勢力或力量之鞏固與擴張；二、盡佔有一切利益。二者均人以為一己能力者。

〔11〕個體自我之內心有四：一、心之誠；二、心之期盼；三、心之無怨；四、心之志。心之誠

懇不應求對方對等地待己、亦不必求一定反應或回應。

〔12〕心之期盼有三：一、其事本身；二、事若不達，仍求可有改變；三、縱使一己無所獲，心仍應期盼其事本身之成，非只與一己利害有關。以上三者為真實誠懇期盼之道。

〔13〕心之怨由天下人能得但個己不得而致；若天下本無得，個己又何怨。得與不得若只關乎一己而無關乎世人之真實，其不得而怨已偽。

〔14〕真實之志必與利益或俸祿無關，只在是否能行而已。志應絲毫與現實性無關。

〈滕文公上〉〔對道之討論主要有三面：一、道本身；二、人類存在之道（存在之必然與必須）；三、**思想想法或價值觀下之道**（思想對道之立論）〕

〔1〕一、道非任何個人看法。因本只人之道，故為任何人（作為人）均可知見。二、道亦仁善之道而已，若有其他，亦不離此而言。如是道唯一並無可疑。【「我思」雖亦不可疑，然未必為道，故非作為道而不可疑。此「我思」之真理與中國道之差異】。

〔2〕存在之道其第一方面在禮：一、禮本於人性而正面，非如法本於物事利害而負面。二、禮

所以能必然，因人性有自下而上倣效關係。三、禮所以客觀，因只以人性事實為依歸，非依從人意欲，縱使共通仍然。四、人性所以客觀，因終為人人所悅而樂見。五、禮最終根據，在自盡（盡一切所能）與自誠；而自盡而誠，是無條件的。

〔3〕存在之道其第二方面在養民。養民之道有三面：一經濟、二教育、三政制。養民經濟有三原則：一、一切以人民為優先，非以政府或國家需要為先。二、人民應擁有其自身生存條件，故不應助長壟斷或只求財富擁有之自由，更應保證人人能獨立生存、能獨立努力。此始為真正公私所在。三、養民非等同致富。致富只為財力之集結，所形成為不平等（貧富差距），亦經濟中對立與利益掛帥所由。教育原則有三：一從養、二從教、三從比試之等級言。而教育內容，則仍以人倫教養為本。政制有四方面：一、政制必須平等、分明無偽。二、對不同階層，有不同微細考量，盡能照顧一切。三、生活能共存而親近和睦，致真正安定地步。四、使國家與人民能達成一心一體。

〔4〕於天地萬物，道因涵蓋一切而最似為道，然因萬物非一，道故反而最不明確，亦種種思想主張不同觀法之所由起。【以道一為善，這只道作為道之先決條件，否則道與無道再無分別。然道作為萬

物本體時則可分，為由種種具體內容所顯，非只道其善之唯一性而已】。對道之觀法與立論，都關乎其本體而具涵蓋性，為儒學或孟子所不主張：萬物與存在無限差異故。道故不應由於思想想法，不應為「統攝萬物與存在」之觀點。於事物存在中，道隨事物差異而差異，非有所絕對。肯定差異性實亦肯定價值上之差異，故非求一切價值平等、或求量化（大小多少）之絕對性。

〔5〕一、人性雖一，然非人倫無差異。見人倫之差異性始為直道，事物各是其所是故。二、以人性為說而求人人相同，與以人性為心感受而有真實差異，前者非道，後者始是。三、「比而同之」之「一」與生命各有其本（「一本」之「一」）二者實差異：前者偽、後者真。

〈滕文公下〉〔君子（真實之人）之五個方面：一、君子之作為君子；二、其生存；三、其作為；四、其品格；五、其與道關係〕

〔1〕人之真實性首先在直；不直，無以為真實。直之為直，正從對反利益之大小言。【利對事情之考量，從來非真實】。

〔2〕人之是否大，非從能否左右（操控影響）他人言，從能否順承正道言而已。順從難，故更偉大。

人之真正大，由能順從人類之大而為大，非從對立人時之強大以為大。

〔3〕欲為仕者非必求為現實利益，仍須視乎其有道無道。真實之人於其生存（如求為仕），仍是單純依據道義而非利益而為，其為仕故困難不易。

〔4〕一、君子之是否接受（如接受他人之養或接受天下），均在是否為道而已。二、人之所得，所得（功）多者應分與所得少者，使所得少之職能得以繼續，不因所得少而消滅。商人所得故應分與農民、仕人，使人人所得均等。三、從道言，不應以功（所得）衡量事情之價值。縱使單純有德行而無功之人，仍應視如有功那樣，得其所養。四、現實職能與非現實職能，其所受尊重應同一，所得亦同一，非因不能現實而被摒棄。故不應以現實功勞摒棄單純致力如精神價值者。五、人是否得食，不應由其志而決定；縱只志於道，仍應得食。六、士雖無功、亦非現實，然仍無須於現實所得中不能泰然自若、無須因所得而羞愧。

〔5〕「作為」之真實性有三：一、其目的應致人於善；善較力量具更大客觀性，故不應以善之作為無以能真實。二、「作為」其發生應有客觀性，伴隨時機或情況之真實，非單純由人主觀意欲。三、「作為」其過程（方法）應有所限制，非因為真實便為所欲為。能具備以上條件，縱使失敗，一切作為仍無所畏懼，本身真實故。

〔6〕「作為」與環境間之真實性亦有三：一、作為只由配合環境始得以真實，故不能無視環境而作。相反的環境，使作為無以能成就。二、真實作為非能靠個人，必有人共力輔助。三、作為若不能達成，非必不真實，可只環境違逆而已。故不應視其作為為不真實。

〔7〕人之品格，一在不虛偽、另一在果敏而已。二者已是人作為個體時真實性之本。若非有君臣具體事，縱使君召，仍不往見。地位之差距使交往無以單純，其中面對必有諂媚或羞慚之偽；真實之人是不置己於虛偽情態的。

〔8〕真實之人行事立即：立即改過、敏於事而不拖延、及以義為急務。

〔9〕人之真實性最終在：其是否志於道，及其是否不盲目於道義。有關人與道，可有三點：一、人類之作為，實也只二：有道與無道（作亂）。二、亂之形態有四：或為自然之害、或為上位者之惡、或為社會上位階層之禍害、或為思想言論邪說之使是非對錯顛倒，扭曲人心。三、惡順承善之領域而生，故先有堯舜後有桀紂；先有湯武討伐始有臣弑君、子弑父；先有正道始有邪說。惡非本然，順承善而起而已，非惡為根本。致力於道故可有四：或在善治、或在去惡、或致力立道、或對邪說辯正。

〔10〕然致力於道仍應真實切實，不應過於執着；應能變通並順應眼前事實，非盲目地信仰、或

因守道而致害。

〈離婁上〉〔事情之正應從「本」言〕

〔1〕無論人類思想與技藝多高明，仍須以先王之道為本。道所以根本，一因道涵蓋存在各方面，另一因仁為人性之善，二者使道根本。存在之本既非在上位權力、或在思想真理上。

〔2〕人作為人之本在人倫，其典範為聖者所體現。聖人實只人倫之至而已，如為君、為臣之至而已，非不可及。

〔3〕人作為應以仁為本。仁為一切作為成敗之本。縱使竭盡智能，若不仁，仍無以行，此所以仁為一切作為之本。

〔4〕人與人間反求諸己始是本。縱使已善對人而未能，仍應反求諸己，無以求諸人為本。而反求於己，求為正而已。非愛人、治人、禮人便已盡是，仍須先在正。若愛與禮無以行，人與人關係仍以一己獨立之正為本。能反求於己而正，此人真正幸福所在。

〔5〕存在非以世界或天下國家為本，以個己之身為本而已。所求層次無論多偉大，都以其中所

含更小而基本者為本：故天下之本在國、國之本在家、家之本在身。

〔6〕〔以下論存亡之所本〕：人類存在之有道、道能行，其本在對賢者（賢能之巨室）有所敬與重視而已。

〔7〕於現實無道時，存亡之法只能在不對立：如文王以仁待一切，使人人臣服，如是仍可不為強力所滅亡。力量非只從大小多少言，仍有以仁得眾如此存活可能。若非如此，在無道之世，也只能小為大所役而已。

〔8〕禍害之本必先在人自身，然後始由外來。

〔9〕失敗之本，在未能與對象一體，如君之不得民。而得人心之方法，以己與人共而已。

〔10〕亡亦可由自暴自棄而致：或自絕於外、或自毀於內。所謂自暴自棄，終也實一己放棄居仁由義之可能、否定自身仁之可能而已。若能居仁由義，人始終得其安宅與正路，與世無道無關。

〔11〕〔以下論「人」道所本〕：一、人倫為人道之本。存在之本非在遠與難事，在人倫之近與易而已；「人人親其親，長其長，而天下平」而已。

〔12〕二、人自身之本在誠。自身是從面對他人言，非言自我。誠之本先在以誠面對自身父母；

而誠本身，則在是否「明乎善」。「明乎善」非單純言善，仍有對善求明白之努力。

〔13〕三、養人之本，在「善養老」而已。

〔14〕四、事人之本，非助長其無德之行，使其致於德行而已。

〔15〕五、人自我之本在正與不正之人格。自我其人格之道在正。而是否正，可從人眼神而顯見。

〔16〕〔以下論人與人具體關係之本〕：一、人與人外在關係（態度），先在不侮人或不奪人。故基本態度一在恭、另一在儉，後者言不以所有傲視於人。【嘻笑仍一種不敬人而已】。

〔17〕二、人與人於有內在或特殊關係，如禮於男女二性間，仍非單純以禁限言。授受不親只由對對方尊重敬愛而致。存在中一切差異對象，其道與禮應在相互敬重，非能隨便依個己自我而行。此對向一切他者時之道。

〔18〕三、人與人責善或教導關係（如父與子），不能作為破壞相互情感或和睦之原因。一方面責善前須自身行正、另一方面平素關係不能過於溺愛，迫使有責善之需，此所以「君子遠其子」。

〔19〕四、事人以事親為大，此每人生命內在事。若從自己言，「守身而不妄」為事之最大。守護自身與守護至親，此事之大者、亦事之本。而事人，須關注其志與感受，非養口而已。

〔20〕五、君臣或君民間關係，不應有所自我突顯。縱使對方不是，仍無須突顯自身之異，「道不

同不相為謀」而已。除非亦同有位，否則不應隨便指責；此政治權力中關係之道。上與下關係往往亦倣效而已。

〔21〕〔以下論人虛假性之本〕：一、人之不真實，明見於表面。在人類現實中毀譽往往虛假，毀譽非由有所真實故。由毀譽，故往往可見人之虛假性，亦人虛假性之本。

〔22〕二、人自身之虛假，先見於其不負責任，特別是言之隨便。無論輕易地說或輕易地改變，都實因無負責之心而已。

〔23〕三、人欲望之所以偽，因有駕馭或超越他人之意。縱使知爭鬥為非，仍有「好為人師」之假象。

〔24〕四、縱使無駕馭他人之可能，如弟子對師，仍可有不誠之虛偽。

〔25〕五、最後，人現實心是人所有虛假性之本。現實心使真正價值喪失，使心再無向往，一切只求為利益，而無視存在應有真實。人甚至連從事價值向往之事（如學古道）仍帶有現實心，此所以如此向往徒然。

〔26〕〔以下論人類存在之終極，而此有三〕：一、人類之延續：以個體生命承續人類生命、致力於繼承，此存在首先終極。永恆性應從人類生命、非從個體言。此「無後為大」時孝所有

更深層意義。

〔27〕二、仁義禮智樂五者在存在已達至善時，其終也只「事親」與「從兄」而已，再無其他。【所以「從兄」，因所剩唯「事親」一事而已。因兄為長、為事親之首，故作為弟，於事親中也只能有如「從兄」之事而已】。此時禮與智，也只「節文斯二者」及「知斯二者」而已。樂此時之意義，因惡已終結，故只落為個人之手舞足蹈、個人自己之悅樂，再無需從教化言。此仁義禮智樂五種德行於終極時之事實。

〔28〕三、於天下達至平天下之化時，如君王之至高者，應只如舜那樣，不以天下為所有，無我地視己只如一平民百姓，所關心亦一般百姓事親之事而已。人類存在之至高終極，故非在任何超越價值或向往，而在人倫本身事而已，連為政之王者亦應如此：從感化至親之惡，致感化天下人之惡，此存在終極所在。

〈離婁下〉〔真偽之辨〕

〔1〕〔以下論為政者（為事）之真偽〕：真實所以為真實，縱使相隔千萬里、相遠千萬歲，仍應一

致而相同、非因時地而異，此真理為真理之先決條件。真理應於人人為一致，無例外或偶然差異性。非一切相同必為真，唯於事情客觀前，人人心志相同始為真。如為政，所涉因為人人共同之事，故應有相同真實。真理或真實性，故是在毫無通達狀態下仍有所一致者，非一時一地之共同而已。

〔2〕真實非表面，非只對人取悅或施惠，而是事情真實之致力。只求表面取悅而非對事真實地解決，非真實。

〔3〕人怎樣對待他人，將是他人怎樣對待自己：此人與人間之真實。

〔4〕為政者若無所真實，是無需輔助其作為。為政而只言殺（只知負面地行作），無為政之真實。

〔5〕人作為之真實，非只在其誠，從最終言仍在怎樣上，如為君之是否仁義，是其真實性最終所在。一切莫不先由君故。

〔6〕〔以下論作為者之真偽〕：人類作為可有一種假象性真實、表現為真實時之假，如「非禮之禮，非義之義」那樣。真實者故應知分辨，不為似真而實假者所誤。【孟子所以不從仁而唯從禮義言，因仁反面為不仁，明顯不是，非如禮義仍有假象可能】。

〔7〕在事情作為中，必須有能者帶領或指導未能者。有能者不應放棄教導未能者，否則事情無

以真實。

〔8〕真實作為者，必有所不為，此人真實性應有基本原則。

〔9〕作為之真實，在有真實善意與有所患。

〔10〕真實作為必有所節制約束。

〔11〕真實作為仍先以事情之迫切性與急需性為先，非只盲目遵守約定而已。

〔12〕作為若真實，應如赤子般無功利現實之念。

〔13〕真實作為者因不畏死，故能擔當大事而真實。

〔14〕學問所以求深，非求表現為深奧困難，為真有所得而已。所學能深入於自己而有所得，如此之學始真實，此學問之所以能安。【「安」為人與其事之內在關係】。於內容能深入，必亦其事已深入自己生命。

〔15〕學問之博非在多，在求為能簡約核要地明白，有通透之實。

〔16〕〔以下論善之真偽〕：善須真實地對人有所善，不能以善折服人；善不能只為姿態。

〔17〕善非能表面及只是眼前，必須是長遠地真實。行表面一時之善，只「蔽賢者」而已。

〔18〕善必須從本言，若只末端一時，其善非真實。

〔19〕善終亦德行而已，非其他。縱使有思想能力，仍未必與禽獸異。至於德行或善本身，德行應落於事情中，非以為有德行本身之行，舜故「由仁義行，非行仁義也」。

〔20〕〔以下論傳承學習者之真偽（人對真實之反應態度）〕：道之繼承，首先在思之努力與行之急不及待，如周公。

〔21〕若從經書求道之繼承，此時繼承非必從內容或文體，仍可繼承其「義」而有進一步發展，此孔子繼《詩》而有《春秋》。

〔22〕除對道反省或繼承經籍外，仍可如孟子由私淑君子而傳承；如此繼承雖未必有所作為與成就，然仍可有影響力。

〔23〕至於一般於現實中繼承之抉擇（現實之最高原則），只在是否有義之必需而已，故「可以取，可以無取，取傷廉（⋯）」。

〔24〕最後，傳承須有人格之端正在，不應只為術而傳承。

〔25〕〔以下論世俗價值之真偽〕：世俗對人之好惡純然主觀；世俗間之好惡純然表面。

〔26〕非但好惡，世人智思亦主觀，多只求智之穿鑿附會聰明而已，非為善而用。

〔27〕對如禮（或道）之事，世俗只求以權貴為依據，非依據事情客觀真實。世俗權力多無視事情

真實而行；故如禮，亦只人對人奉承而已，非禮之不越階而行、不以權勢超越人。

〔28〕世俗之理（是非對錯），不知反省自身之仁與禮，以為事僅止於理，不知更有人自身反省之必須。是非非唯在理，更在人與心，此是非之真實。如憂患，人更應對自身有所憂患，非只對外來事情境況憂患而已；憂患應是一生內在、非一朝或外在而已。甚麼應存於心、甚麼不應存於心，此心首先真實。

〔29〕於作為，仍須視乎時勢是否可行，非因為道便盲目地行。作為非即德行，德行非即作為；作與無作，各仍有德行在，故顏淵隱而居陋巷，非求自身享樂之快，此仍為德行。德行故為怎樣作為，非作為本身。一切作為故仍有德行與無德之分別在。

〔30〕除客觀情況，「作為」仍須視乎心意，如不能孝與不欲孝仍有很大差異。事仍須視乎主觀原因，非只從為與沒有為觀而已。

〔31〕除以上，為與不為仍有其他考慮，如分位職責、或他人怎樣期盼等等，非只純由事情取決。

〔32〕人與人無所謂優異性，故不應以所異觀人；人均與人同而已。

〔33〕人都知自身之平凡；然人都虛偽地以一絲尊貴傲視於他人、都裝作了不起，並以微不足道之過人視為自身之偉大，此自尊心之偽。

【世俗中價值問題，故不外好惡之主觀性、智之偽用、以權勢為依據、只知理而不知自省、好求作為而不知德行、不知所以存心、不分辨事情之主觀客觀事實、以表面優異為價值、以自我自尊為貴等價值觀法上之虛假而已】。

〈萬章上〉〔主體性（人倫內在性）與客體君主性問題〕

〔1〕主體本義雖從對外獨立性言，然這主體義，實仍有待客體存在。孟子所言主體，始與外在（存在或自我欲望）本然無關：舜非由貴為君主而為主體，反只由（自身）心向慕父母而為主體，其主體在人性心，故只為對父母之主動情感。如是舜之情感非被動欲求、非受對象而動，如「慕少艾」、「慕妻子」、「慕君」那樣，而是純由自身人性心所向，完全無待對象所是。此人作為人（人性）最高主體性所在，如孔子「我欲仁斯仁至矣」那樣。

〔2〕從面向外在世界言，主體同樣亦可純然本於人性心，單純主於道之真實，舜故不告而娶，無受限於世俗習慣與社會規範，純依人倫應有之道而獨立。縱使為外來創傷，仍可有純然主體性之回應：完全無視對方之善惡，純憑己心（人倫之心與道）而行與反應。

〔3〕主體之面對天下客體，始終仍單純本於人倫心之道而已，故舜對象（象為舜之弟）既如私地親

愛，然所給予象之權力，只有名無實，不使能為惡於他人，致國人有所惡。

〔4〕最後，主體內在性若必須與外在客體性相對，心之主體性仍應置於外在客體性上，故舜縱使已為君，仍以臣姿態面對堯、以子姿態面對瞽瞍。縱使為君已為客體事實，人倫主體性仍淩駕其上，既為本亦為普遍，客體事實只居後而已。人倫主體性之道，故仍優先於客體君主之道。

【主體性與客體性之道故有二關鍵：既不以權力鞏固家族，以客體為主體；亦不會因客體而否定（犧牲）主體內在性，兩者必須分別而論。君主性故非至高而絕對，人倫主體性始是。然人倫主觀性又非能有私地駕馭客體，以天下為私。此主體性與客體性應有之道】。

〔5〕〔以下兩章論超越性：對人類而言之「天」，及對個體而言之「命」〕：【超越性在西方均為人類所造（如神靈），然超越性於中國均非人可造】。有關「天」，有以下七點：一、人無論多高，都非終極地至上。縱使為最高君主，仍無能以個人支配天下。此天之超越性首先意義。二、縱使為超越者（天），都不能遠離人或人性而言，更不可能從對立人性而為超越。三、超越者只制約個體（如君主），非對立人類或人民。四、超越者自身因而非個體、非個體意志、權力、或力量。五、人類一切作為，必有不能自主、超越其存有之一面。人所能故只在「行」，非在

「得」。六、天之客觀純然，只由真實平治顯示，與絲毫意志主觀決定無關。七、天最終也只人民百姓之「感受」，而這甚至非人民百姓（主觀）之「意欲」。

〔6〕有關「命」問題，有以下四點：一、單純德行與賢能不足以有天下或有所得。二、得與不得應從真實成就解，非從得位或擁有解。三、德行始終是成就之唯一因素；縱使不得位，是否有成仍只能由德行、非由位致。四、成就之大小、偉大性，最終只在德行之真實而已。得與不得只外表，一切成就最終仍由德行之真實決定。對個體言，最終故只是否有德行之真實而已，非有命之必然；成就故始終與命無關。

〔7〕在命超越性下，人仍能為主體之道有三：一、從仁而為主體，如伊尹：無視於自身現實（命）、亦無受利與物所誘，一切純由是否能仁而行，此其主體性所在。

〔8〕二、從禮義而為主體，如孔子：縱使困阨，孔子仍無求依靠勢力之人，其進也以禮、退也以義，此其無視命（遭遇）時行止之主體性。

〔9〕三、從智而為主體，如百里奚：此時之智，非一般聰明知識，只為對是非善惡之分辨而已；能為主體之智在此。百里奚之智與德行無關。然純由於智，人仍可主體地行，不失自身行作時之獨立自主性，此從智言之主體性所在。

〈萬章下〉〔客體性之道：人對待世界與存在、對待一己生存、對待人與人關係等姿態問題〕【客體性之道即人既主動亦被動地面對他人他物時之道理。而此有八：一、人面對世界存在；二、人在世中被對待（待遇）問題；三、人平素之對人（友）；四、人平素由物（餽贈）之交際；五、人怎樣對待其自身現實生計；六、人怎樣對待他人在生存上之幫助；七、有位者與賢者間之對待關係（召見與招聘賢者問題）；八、人對至高者對待之姿態】。

〔1〕人面對世界存在之四種極致姿態：一、仍有主體獨立性之清者（故仍有自我）：如伯夷。二、以承擔對方姿態存在者（具承托心懷者）：如伊尹。三、不在乎一己亦不在乎對方而只求達致和睦相處者：如柳下惠。四、單純視乎對方或事情真實性而行止，絲毫無一己姿態，既不自我、亦不純然承擔、更不只以不在乎姿態相對：此孔子之無我。孔子所重視，唯事之是否能真實地行而已，連一己德行都非首先決定因素。以上四種姿態，一與三重視感受，二與四重視作為；一與二有我，三與四無我。

〔2〕人在世中被對待（待遇）問題，有三點：一、人人之生存（分配問題）較國家經濟發展更為根本

重要；分配應國家整體地執行，俸祿為公有制度，個人私下不應有過分之財產積累。二、社會仍以等級使人有努力上進之可能。三、最低限度俸祿，應以能養活一家五口為準。

〔3〕人平素對人（友）問題：在無特殊關係，如親情、師徒、君臣情況下，人與人關係應單純建立在對他人德行之敬仰上，既非在自身愛好、亦非在兩人投契上。人與人交往，絲毫不應挾持自身之年長、富貴或地位。甚至，若為王公天子，其尊賢更應使對方同治天職、同食天祿，非只如士對人那樣，只禮貌上之尊重而已。

〔4〕交際中餽贈問題：交際非必只以義，表面之往來亦不能忽略：縱使餽贈無義，若已為時尚普遍事實，仍可接受。

〔5〕人對自身生計之對待：若只求為生計，為仕者應「辭尊居卑，辭富居貧」。

〔6〕怎樣對待他人在生存上之幫助，有三點：一、只應投靠地位對等之人。二、接受人周濟雖無對等問題，但仍只能接受周濟，不該接受賜予。三、受養若出自養賢之心始能接受，否則不受。

〔7〕有位者與賢者間之對待、或召見招聘賢者問題：一、若非有職能上關係，縱使在位者召見仍不往見，不使自身有對地位高者向慕或諂媚之偽。二、若為賢者，在位者應只謙下地求

見，不能藉自身權力地位召見。

〔8〕對至高者對待之姿態有二：一、若是歷史上至高賢德者（一切值人崇尚者），其道仍在「友」。而「友」，即知人而已。又：人之賢善有種種層次：有一鄉之賢、有一國之賢、有天下之賢、更有歷史上之賢，此後者至高。

〔9〕二、對如君主之至高者，只應忠諫，不應奉承其權力地位或為己求益。

〈告子上〉〔論人性或性善〕

首先宜明白三點：一、性非如本能地決定人一切行為；有善有惡已顯示人之抉擇本自由。性善性惡只單就人作為人言，非就人之作為生物言。二、從一般現象所見，人均有善有惡，故有關「性」之說明，只能援用其他更根本現象或事實作為說明，不能單就現實所見立論；盧梭故以原始人、康德以野蠻人、孔子以性之相近與下愚之事實、孟子則以心四端之原初性說明。三、以人善惡之事實更稱為性善性惡，其背後必另有用心或意圖在。而此即：天地萬物存在之善究竟應與人性素質一致、抑背反人性？人於天地中之作為，應依於自身人性、抑只能另立他種善而為？存在應以人為本、抑以其他存有者為本？這始人性善惡問題根本所在。此外，一、稱為善或惡，已假設覺識心事後之反省；人能對善惡有所覺識，已顯人性本然之善，否則無以有如此覺識可能。二、善惡二者作為價值之不平衡已表示，其一為本、另一非本，善惡故為單向性，非兩無關屬性（如東與西）。人雖能由善變惡，然這明顯非根本；惡故必須另作解釋，善無此解釋需要，因善為本、由本性故。

〔1〕有關人性本善之說明：一、仁義因本於人性，【人作為人性之心，實即仁而已。仁故是心其人性時】，故為（存有上）最終價值，亦人首先所應致力者；其為價值亦最根本。二、若以其他價值為本，實只戕賊人類並禍害仁義而已；如此已非求為人類之善。

〔2〕反駁一：人無一定本性。孟子回答：人之作為雖可有相反兩面，但這未能否證因而無一定本性；相反兩面可只為順性逆性兩面，非必無一定本性。且善惡作為價值確然對反，非只如東南西北之無一定。人對善惡差異之感受強烈，已顯示其本性對善有所向往、對惡有所拒斥。由向往與拒斥，故見一者為性、另一者逆性（非為本性）。

〔3〕反駁二：人若有本性，也只生物本能而已，非如仁義之德性與自覺性。換言之，仁義只為

本能，非價值或德性自覺，因而實非德行之事，故不見人性之為本善。孟子回答：物品稱謂之同一，不能表示其為事確然同一；動物之「性」（本能）與人之「性」稱謂雖同，然正因「性」所指為事物各自之本性，故二者本性實不同。正因「性」指認事物之本然差異性，故無法因為同一稱謂而以人之「性」亦只「本能」而已：人始終非禽獸故。若禽獸間本能本已有差異，那人作為人之本性更應與單純本能義之「性」有所差異。

〔4〕反駁三：若仁義為事實，那仁也只是主觀好惡，義也只是對外來必須者之反應，均非內在德性。換言之，所質疑是：縱使人有本性、縱使人本性關連於仁義，然仁義是否必然為德行自覺、抑可只為對外在之反應（義），或如食、色般主觀之事（仁）？【食色所指非只生理事，更是人在食色中所有之主觀欲求與感受：對食求甘美、對色求悅樂，二者均同為人類自覺之事。因而縱使自覺，仍未必與德行有關；人性所有自覺，仍可只主觀事，與客觀德行無關】。孟子回答：縱使只為嗜燒肉，其好吃不好吃仍有客觀性在，非單純能為主觀認定；故不能以為，一切愛好只純然主觀。若嗜肉如此，仁義更如此。一切內在感受必有外在必然性在，同樣，一切外來必然性必亦有人其內在性在。這為內外間之真實者，正人性所在。

〔5〕反駁四：人若有內在性，此內在性只是對外在之一種反應，內在非內存於人心、非人性。

若內在性非單純由人心，而只對外在情況反應，如是內在性，仍未足為仁義所由立之根據。孟子回答：表面上人確實依據外在情況反應，但正因外在情況有無數多種、甚至往往顛倒對反，故對如此多種情況之最終決定，實仍由人心內在性而已。人心內在性始終為原則，非外在情況純然決定一切。又：從長久所行與一時反應，仍明見內在與外在之差異。

〔6〕反駁五：人若有內在性（本性），只體現在個體身上，非人類共同本有，故「性可以為善、可以為不善」，或「有性善、有性不善」。孟子回答：正因現實所見有如此種種事實、亦有如此種種相反解釋可能，故有關性善一問題，實不應再只從理論立論切入；若真對人類之善有所關懷，而又知人何以為惡，那更應只致力於使人善，非對人之惡更而立論。若知人類之能善或惡實只由上位者影響引導，故以人之惡由如潛藏形上本能驅力解釋，不切實從事情原因求解決，這實只人類自身之虛妄虛偽而已。問題因而只為與不為而已、非（人性之）是與不是問題。人類整體仍可只受動，非性本惡。同樣，若個體仍可自主其自身善惡，非必受動於對方或環境，那從這樣自主性，實更明見善惡於個體中之獨立性，非只為外在決定。個體之善與不善，故不能歸咎於性本身，如由天所決定那樣。最後，人之欲人類善，這實已是性善所本，性善再無其他義。因而作為結論，人性問題本非理論問題；若有所爭

論，實本不明白人性所指內容為何而已，若明白，是應見無論善惡，其背後所本仍為人性善；人之惡，實求為人性而不得時之反態而已。

〔7〕〔人性之養與人性喪失問題〕：人性敗壞原因有三：一、因富有而賴（過於依賴與懶惰），未能有所承擔與志向；二、由凶歲而暴。二者使人心喪失與陷溺。三、人過於強調自我性格，不見人與人之共同；縱使於口味、聲色，若於人實仍一致相同，那心於理與義更是。對人〔人性〕之教養，故應從其人性共同處、非從個體性格而養。

〔8〕人性之養有二：一、非以更多文明制造，而應盡保留人自然或本然真實，【本性屬此】，不致為文明所扭曲。二、人心由止息安定而致；一切外來，故只應如雨露之潤地溫和漸進，如平旦之氣，非求為好惡利欲。靜養始使人性之生生可能。一切最終實視乎人對人心之態度而已；若對人心不在乎，只使其消亡而已。此人性心「養」之問題。

〔9〕除上述外，人性心之養亦須專注地行，不能一曝十寒。志之專一，為成事之基本。

〔10〕若從世間角度言，仁義本性與生存現實二者實都為人本所欲；二者若能兼得，是人人同必肯定者。如是可見，縱使仁義非與現實有關而仍為人人所欲，故二者確為人本性所在、唯從人性自身解釋；唯因現實往往與仁義衝突，始為人因利益而摒棄而已。問題故在二者未

能兼得上，非在仁義非為本性上。此外，人實往往會捨生取義、甚至往往不顧性命或現實禍患而行，如是說明，人實不必然只為存活而活。那能超乎死生之患者，正真正價值所在。只求存活之心，故只心無所價值而已，非存活本身為唯一價值。能不計較死生，如是價值實人性而已，非其他。人確然會偶爾喪生其人性，然這不同於從來沒有；人始終藉着人性本性以生存，非為存活而存活而已。若因極富之求而喪失人性價值，這樣之心，只求卑下無人性價值者之奉迎與諂媚而已；在如此外，還能有更大意義？

〔11〕〔對人性求索時之知與思有五點〕：一、求其放心而已。人之真實，一在人性本心之仁、【人作為人性之心，實即仁而已。仁故是心其人性時】、另一在行事時之義。人一切學問，故終亦應在求其放心而已。

〔12〕二、而有關知，首先重要者，亦「知類」，即知事情〔其類〕之輕重先後、知甚麼為重要、甚麼不重要。而知類最重要者，在知自己心是否如人，非自己其他外在方面是否如人。此知首先關鍵。

〔13〕三、人類所以思，為求達成其所欲而已。然人所最愛本應為一己自己，若連此亦不知反思，其思實偽。思之真實，故應先在反身於己，非在任何對象上。此思之真實所在。

〔14〕四、一切事物或事情，都有其大小重要不重要之部分，人之抉擇是否為價值、是否正確，都視乎其是否知事情之大體小體。只知對小者選擇，實已害其大體，或最低限度，失其大體了。

〔15〕五、縱使於人自身，其大小實仍取決於其是否能思而已。人由能思始不蔽；若只知用耳目之官而不知用思（心）之官，縱使所見對象似同一，實仍無知其大小差異，耳目之蔽由此。這裡所言思與蔽，非只單純關乎對象方面；蔽往往只由於「物物」，由「物交物」引致遠去真實；故與思差異。思之為思、其能真實，故在知止，知不為物所引，否則仍只耳目之官，非真實之思。思故從獨立於物言始為思，否則亦只耳目而已。【換言之，思應有真實，在不為事物所蔽；否則，已非真實之思】。

〔16〕〔仁（作為人性真實）實現時是否能真實之問題。而此有五方面〕：一、仁為天爵、為價值之最高真實，非如爵位地位，只人所求價值。人縱使有求於德行，實也只為了爵位地位而已，此德行於人類中之偽。

〔17〕二、人所以尊貴在其仁義。然人只知求外在富貴與地位以為尊貴，不知人自身尊貴所在。

〔18〕三、仁之效用仍有大小；不應以仁未足成就大時之小，辯說仁無用。其小而已，非無能

成就。

〔19〕四、縱使為仁，仍有真實不真實之分，孟子以熟不熟比喻。仁而不盡其真實，仍只外表而已，其未能有所成就在此。

〔20〕五、如一切事情（如學）必有其客觀真實，為仁也須求其客觀真實、盡其充足。如學先從規矩而立，非隨意地行，仁更是。在言成就前，事與仁本如規矩地有所客觀，故不能無視於此本來而徒求現實成就與效用。一切仍須以本為本，此規矩意思。

〈告子下〉〔對比上篇之人性論，本篇論人世俗性格。分八組主題〕

〔1〕〔世俗價值觀有二〕：一、世俗以為最基本者（價值），為食與色。食色所以為世俗性之本，因二者非單純從生存必須性言，更指如甘食悅色之主觀享受。世俗性其根本由此。世俗性故先為一種生存態度（心態），非存活中迫不得已之必然性。人多借如此必然性為藉口，以達成對食色過分之欲，故始有「以禮食則飢而死」、「親迎則不得妻」之說。然事實是，在食色必然性外，人性禮義實同樣必然不可免，非只現實始為必然。此人唯以食色為必然時之

虛假：一由於二者實非必然、二由於禮義實同樣必然，非只食色如此而已。

〔2〕二、若從德行言，世俗以為最高者為聖者。從聖言德行，實由過高而使德行遠去現實、使德行無以實行，非真對德行有所肯定。德行本無絕對性，只人為與不為而已。德行又正因非力量之事，故無所謂（能力上）能與不能。從以上兩點可見，世俗性之本一在只以食色為現實、二以德行為過於理想地高遠；一以為有所謂現實、二以為有所不能現實（德行），二者為世俗虛假之價值觀。

〔3〕〔世俗行事法有二〕：一、過於執着。世俗因執着於俗，不通達人性與事實，故反而往往造成傷害。又世俗所以為對確，多只負面評論，非正面對道理之明白與致力。

〔4〕二、世俗往往由眼前一時利益，過於無原則地求成。縱使目的正確，然由不顧慮其所用手段，故往往只造成有所傷害之後果。

〔5〕〔世俗對外在性之重視有二〕：一、世俗價值見於其作為之只圖表面，不理會真實。如以為餽贈便即禮，不知物始終只物，不能取代人真實心意：物只表面外在，人心意始真正內在。

〔6〕二、世俗對外在之重視，亦見於觀法之表面，不理會事情內裡究竟，特別對人不求真正明白，而這往往見於以下三方面：一、以名與功績始為真實，以不求名而隱逸者只為己；二、

不辨功績之真偽；三、不辨亦不知人〔心意〕之真實。真實非只在見與不見，更有着深入明白之必須。只從表面及表現看，此世俗觀看之虛假。

〔7〕〔世俗對成就之看法有二：一、從已成之事實看；二、從得其所欲之勝敗定奪成就〕：一、縱使政治上有所地位權勢，仍不應視為成就。縱使能左右歷史、成就歷史事實，仍不應算作真實成就。成就應從真實價值（道）言，非從事實言（如地位甚至歷史性）。縱使為普遍事實，若非本然真實，仍不應被視為成就。同樣，縱使只為對無道之逢迎，仍應視為罪。【逢迎罪惡者亦為罪人。世間所以無所真實，除在位者虛假外，亦在逢迎者之虛假上】。

〔8〕二、人能力及欲望所達者，若非有道而真實，不能算作成就。超乎所需之欲望所得，亦不能算作成就，已背離道故。取得本身非成就，取得之能力非必能力，競爭戰勝更非是。故唯仁始真正成就，單純能力與所得非是。

〔9〕〔世俗對良、善之看法有二〕：一、好處不應視為「良」。世人所以為好處者，非真正良善，其背後始終引致、甚至造成種種憂患而已，絲毫非良善。

〔10〕二、良善亦不應相反地只從不求一己好處言；縱使為善意，仍必須從道言始為善。善必須合乎道義，否則縱使為善意，實仍非善。良善故須相對客觀需要與真實言，應從整體、非

從單方面好處或只從善意言。

〔11〕〔世俗對力量運用及對智之看法〕：一、有關智：智不應求為逆行，能順應而自然，此始為智。

〔12〕二、有關力量：縱使為國家力量或公權力，若非有寬宏諒解氣度，仍不應以正義之名而徒執法。力量與智均不應為所欲為，亦不應在正義之名下妄用。力量始終只為力量，非解決事情之道。若智未能真正通達明白甚至周慮，是不應有所執持而以為必然對確者。

〔13〕〔世俗對為政與為仕（作為）之看法〕：一、一切作為，縱使為政，實只需從德行言而已，無須從能力言。此世俗對作為錯誤之看法；真實能力在德行而已。

〔14〕二、若是個人、甚至只是為求生存之作為，其所涉有三方面：一為志向、二為對待（禮）、而三始為生存一目的。志向最為首先，亦決定一切為與不為。禮之對待其次，若非有應當之對待，則仍去而不就。而三，若是求為生存，若非由禮，仍不能屈辱地卑下求得。此作為基本之道。

〔15〕〔世俗對不幸及否定性之看法〕：【應明白：不幸或負面性，若非與人之養成有正面意義，是無以為有價值者】。一、天對人之否定有三：一、其出身之負面處境；而這與人之是否可能成就毫無關

係；純然外在處境，與人其所能與所是無關。二、個人之特殊逆境，而這正是人能有更大擔當力量所由養成之必須條件；然這類負面性，只相對有志向者始有正面意義，否則多造成〔個體之〕惡而已。三、人由過失而致之負面性：因過失仍可使人有所自覺，【或由自身所有困難、或由他人之忿責而覺醒】，故仍有養成之意義。負面性對存在最終意義在：人類「生於憂患而死於安樂」。

〔16〕二、人對人之否定，非應為人與人之傷害，而應如棄絕教誨時之最終教誨。此從人而來否定性之正面意義，仍求為對人教誨故。